本书为国家社科基金项目“检察官豁免权研究”（17BFX177）最终成果
“浙江省地方立法与法治战略研究院（智库）成果”

JIANCHAGUAN
HUOMIANQUAN YANJIU

检察官豁免权研究

魏腊云 —————— 著

法律出版社
LAW PRESS · CHINA
—— 北京 ——

图书在版编目（CIP）数据

检察官豁免权研究 / 魏腊云著. -- 北京：法律出版社，2025. -- ISBN 978 - 7 - 5197 - 9484 - 2

Ⅰ. D926.3

中国国家版本馆 CIP 数据核字第 2024WC1028 号

检察官豁免权研究
JIANCHAGUAN HUOMIANQUAN YANJIU

魏腊云　著

策划编辑 田　浩
责任编辑 田　浩
装帧设计 贾丹丹

出版发行 法律出版社
编辑统筹 法商出版分社
责任校对 王　丰　裴　黎
责任印制 刘晓伟
经　　销 新华书店

开本 710 毫米×1000 毫米　1/16
印张 22.75　　**字数** 317 千
版本 2025 年 3 月第 1 版
印次 2025 年 3 月第 1 次印刷
印刷 北京新生代彩印制版有限公司

地址：北京市丰台区莲花池西里 7 号（100073）
网址：www.lawpress.com.cn
投稿邮箱：info@lawpress.com.cn
举报盗版邮箱：jbwq@lawpress.com.cn
销售电话：010 - 83938349
客服电话：010 - 83938350
咨询电话：010 - 63939796

书号：ISBN 978 - 7 - 5197 - 9484 - 2　　**定价**：96.00 元

凡购买本社图书，如有印装错误，我社负责退换。电话：010 - 83938349

序

检察官豁免权制度是检察官司法责任制度的题中应有之义，检察官司法责任豁免制度的构建则需要法理上的支撑。魏腊云同志以检察官豁免权研究为题，在完成国家社科基金项目“检察官豁免权研究”的基础上，吸收了鉴定专家提出的富有价值的意见，并听取了其他专家意见，进一步凝练研究思路，反复推敲、谨慎思考，写就此书，实属不易。

检察官豁免权研究的选题及论证均富创新性，能够为我国检察官豁免权制度建立的合理性与正当性提供系统的理论基础，并通过实证研究为检察官豁免权制度在我国的建立与完善提供理论依据。该书的突出特色体现在是从法理学角度而非诉讼法学的角度对检察官豁免权进行研究，因而整体框架是法理学的分析框架。首先，运用语义哲学分析方法，在对豁免权及相关概念进行辨析的基础上，系统分析检察官豁免权的性质，探讨检察官豁免权的内部结构和外部结构及二者之间的关系。其次，分别从检察官豁免权的理论基础、伦理基础和制度基础三个方面对检察官豁免权的正当性进行了探讨：提出了准司法官理论、制度利益衡量理论、有限理性理论和允许的风险理论是检察官豁免权的理论基础，深入论证了尊严、理性和正义是检察官豁免权的伦理基础，还分别探讨了美国检察官豁免权和中国检察官司法责任豁免的制度基础。该书还从实证分析的角度系统梳理了美国检察官豁免权制度的起源及制度变迁历史，实证分析了美国检察官豁免权法律关系的具体内容及我国检察官责任豁免制度的实践，并对我国检察官责任及责任豁免制度文本进行了规范分析。最后，在深入分析富有中国特色的检察官司法责任及豁免权制度特点的基础上，针对检察官司法责任及豁免规范中存在的问题提出了构建检察官司法责任豁免制度和检察官职业保障制度的建议。

该书视野开阔，对于检察官豁免权的研究动态把握全面准确，论证方法合理，对检察官豁免权制度的设计较为合理，反向划定了检察官司法责任的范围，在责任与豁免之间做了一个接近合理的选择，为促进司法改革和实现司法公正提供了一个新思路，具有重要的实践意义。

学界关于检察官豁免权的研究成果较少，可供借鉴的理论和案例不多；因此，作者从检察官责任追究和检察官职业保障两个方面对检察官豁免权制度进行了构建，虽然内容略显单薄，但实属不易。作为同门师兄，祝愿魏腊云博士能够进一步潜心研究检察官豁免权相关问题，取得更多学术成果，为我国的法学事业作出应有贡献。

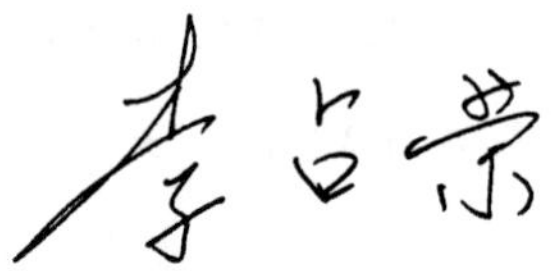

目 录

Contents

第一章
绪　论

第一节　研究的缘起

随着司法责任制改革的推进，检察官司法责任制仍然面临着不少问题和挑战，特别是检察官司法追责与检察官依法履行法定职责保障之间的矛盾日益凸显。党的十八届四中全会审议通过的中共中央《关于全面推进依法治国若干重大问题的决定》提出要“完善确保依法独立公正行使审判权和检察权的制度”，并且明确要求建立健全司法人员依法履行法定职责保护机制。随后，最高人民检察院、最高人民法院、国务院相继出台了相应的规定，如最高人民检察院于2015年9月25日出台的《关于完善人民检察院司法责任制的若干意见》明确规定了检察官对其履行检察职责的行为，应当“承担司法责任，在职责范围内对办案质量终身负责”；将检察人员的司法责任分为三种类型：故意违反法律法规责任、重大过失责任和监督管理责任；并列举了各种类型司法责任的若干情形，对在司法实践中存在的“检察人员究竟是否必须对错案承担司法责任”这一争议问题，提出了明确的意见：“司法办案工作中虽有错案发生，但检察人员履行职责中尽到必要注意义务，没有故意或重大过失的，不承担司法责任。”

中共中央办公厅、国务院办公厅于2016年7月21日印发了《保护司法人员依法履行法定职责规定》，这一文件强调检察官非因法定事由、非经法定程序不被调离免职，进一步完善了对检察官错案责任豁免的条件。该文件明确规定，检察官非因故意违反法律、法规或者有重大过失导致错案并造成严重后果的，不承担错案责任，[①] 并且规定了不经惩戒委员会审议，检察官不受错案责任追究。这是对检察官司法责任追究的程序限定，既体现了对检察官依法履行法定职责的保护，又是对检察官行使检察权的监督和制约，能够有效平衡检察官责任与检察官职业保障。随着司法责任制改革的深入推进，为了构建公平合理的司法责任认定和追究机制，提升检察官司法办案质量，真正做到权责一致，2020 年 8 月，最高人民检察院通过了《人民检察院司法责任追究条例》，对检察官司法责任（包括故意违法违纪责任和重大过失责任、监督管理责任）的认定标准、追责程序、追究机构等作出了严格规定，同时该条例明确了检察官的司法责任豁免的具体情形，这显然是对检察官司法履职的保护，也是促进检察官司法履职的重要举措。

从中共中央《关于全面推进依法治国若干重大问题的决定》，到最高人民检察院出台《关于完善人民检察院司法责任制的若干意见》第一次明确将司法责任分为三类，原则性规定了检察人员对司法办案履行职责行为不承担司法责任的适用条件，即不存在故意或重大过失并且尽到必要注意义务，再到《保护司法人员依法履行法定职责规定》明确规定保护司法人员履职，不承担错案责任，最后到《人民检察院司法责任追究条例》和《检察官惩戒工作程序规定（试行）》，既规定司法责任的认定标准、追责程序、追责机构，又明确规定检察官司法责任豁免情形，体现了在司法体制改革的大背景下，国家对检察官司法责任制及责任豁免制度的高度重视。

司法责任制改革作为司法体制改革的关键，对提高司法质量、效率和公信力具有决定性影响。司法责任制改革的目的是通过倒查问责机制，不断提升司法办案质量和司法公信力。但如果一味强调对检察官司法责任的追究，而忽略对检察官的职业权利保障和身份保障，那么检察官在司法办案中，必

---

① 参见《保护司法人员依法履行法定职责规定》（2016）第 11 条。

然为了规避责任风险，而将所办案件交由检察长或检察委员会来决定，最终导致检察官司法责任制无法落实，司法质量不仅得不到提升，司法效率也更加低下。我们既要思考如何通过完善的检察官司法责任制度监督制约检察官，促使其正确履职，又要思考如何保障检察官积极、正确地行使检察权，提升司法效率和司法质量。随着司法体制改革的不断深入，我国司法责任制改革也实现了重要转向，即从强调责任追究到责任追究与责任豁免并重的转变。然而，不得不指出的是：我国构建检察官非故意或重大过失履行诉讼职责的责任豁免制度才刚刚起步，在完善司法责任制的过程中，重心依然是"对检察官行使检察权的监督制约"，强调检察官司法责任。检察官办案质量终身负责制、错案责任制等责任承担制度存在以下几个方面的不足：一是部分检察官因害怕追责而不积极依法独立行使检察权，二是检察官的身份地位难以保证和职业保障难以实现，三是检察官责任承担与责任豁免的对接未能实现。并且，我国没有像西方发达法治国家那样明确规定检察官豁免权，在进一步落实司法责任制改革的进程中，检察官责任豁免能否作为检察官的一种权利，是不可回避的问题。

理论界对于检察官豁免权的研究成果鲜见。如何推进检察官责任豁免制度的完善，实现对检察官司法责任制度的反向界定，并且丰富检察官职业保障制度的内容，是必须认真思考的问题。笔者将围绕以下问题展开研究：（1）检察官豁免权的内涵和外延究竟是什么？检察官豁免权的逻辑构成中，究竟存在哪些要素？检察官司法责任追究与责任豁免之间的关系如何？检察官豁免权是特权还是权利？（2）我国检察官豁免权的理论基础、伦理基础和制度基础是什么？正当性何在？检察官的身份及职业如何得到保障？（3）通过实证分析美国检察官豁免权发展历史及豁免权制度的现状能为中国带来的借鉴意义是什么？中国检察官责任与豁免制度的现状发展如何？（4）如何构建中国检察官豁免权制度，实现检察官司法责任追究与责任豁免之间的平衡、实现对检察官职业保障制度的丰富与发展。本书的研究思路：在对检察官豁免权的内涵界定的基础上，确立检察官豁免权的正当性和我国检察官豁免权的存在空间，构建我国检察官豁免权制度。

第二节 研究综述

检察官豁免权本应是与检察官办案责任相伴而生的概念，只不过在司法体制改革的大背景之下，为了提升办案质量和提高司法公信力，国家强调对检察官办案责任的追究，在一定程度上忽视了检察官的责任豁免，“重责任轻豁免”[①] 使得司法追责与履职保障之间的矛盾日益凸显，作为检察官职业保障权利的检察官豁免权在一定程度上被忽视。以《人民检察院司法责任追究条例》的实施为标志，检察官司法责任制改革正在从强调责任追究向责任追究与责任豁免并重转变。检察官豁免权的研究开始受到关注，随着司法体制改革的不断深入，改革框架得以确立，其中，完善司法责任制度是整个司法体制改革的关键所在。在检察系统，要想牵住这一司法改革的“牛鼻子”，就必须真正还权于检察官；只有权责一致，才能真正落实检察官的司法责任制。实施省以下检察院的人财物省级统管，能够在一定程度上解决司法的地方化和行政化问题，促进检察官依法独立行使检察权。完善检察人员分类管理将稳步解决检察官的职业化问题，真正落实检察官司法责任主体。健全检察人员履行法定职责保护机制，能够加强检察官的职业保障，能够更好地保障检察官依法独立行使检察权。检察官豁免权制度是对检察官依法行使检察权的保障，是检察官的职业保障制度，同时也是检察官司法责任制的题中应有之义，可见，检察官豁免权制度是连接检察官职业保障制度和检察官司法责任制之间的桥梁。同时，检察人员分类管理中所蕴含的精英思想是对检察

---

① 汪国平：《检察人员司法责任追究与免责范围的文本分析及完善建议》，载《西南政法大学学报》2018 年第 4 期。

人员专业素养的信任，与之对应的绝不仅仅是司法责任，更应该是检察官的司法责任豁免，因此，司法体制改革必然要涉及检察官责任豁免问题。检察官豁免权研究能够为检察官司法责任制和职业保障提供学理支撑，也将随着司法体制改革的深入变得更加具有实践指导意义。但是，在推进司法体制改革的进程中，无论是理论界还是实务界，虽然都意识到检察官司法责任制改革是重点，但是尚未认识到检察官豁免权制度对检察官司法责任制度的重要意义。国内只有为数不多的学者在探讨司法体制改革问题时论及检察官豁免权。但国外比较完善的检察官豁免权制度，为国内学者提供了研究基础。综观国内外有关理论成果，学界主要围绕以下几个方面展开了研究。

一、检察官豁免权是否应当存在及其理由

"检察官豁免权是否应当存在"涉及检察官责任制度构建问题；涉及如果出现错案，受害人的权利如何救济的问题；涉及如何平衡公共利益与私人利益的问题。如果检察官豁免权应当存在，理由是什么？如果检察官豁免权不应当存在，理由又是什么？围绕着该问题的回答，理论界和实务界出现了两种针锋相对的观点：肯定说和否定说。

（一）肯定说

"肯定说"赞同"检察官豁免权应当存在"。综观理论界和实务界的探讨，"肯定说"实为占据主流的观点。尽管检察官豁免权源于司法豁免权，最早确立司法豁免权的英国却没有开创检察官豁免权制度，相反，美国在开创了早期的检察官豁免权制度后，有关检察官豁免权的判例日渐增多，检察官豁免权制度引起了理论界和实务界的关注。美国法院通过大量的判例，逐渐确立了检察官豁免权的基本原则，法官们倾向于检察官应当享有豁免权。肯定检察官应当享有豁免权的理由主要有以下几个方面。

一是基于豁免权历史的分析。肯定检察官应当享有豁免权的学者基于对豁免权产生和发展历史的分析，认为豁免权理念在普通法国家根深蒂固，豁

免权制度历史悠久，经历了从立法豁免权到司法豁免权的历史演变，具有普通法传统的国家不会轻易废弃立法豁免权制度，而作为准司法官的检察官毫无疑问享有豁免权。美国 1871 年《民权法案》支持豁免权，也是 1983 条款的原始版本。1983 条款诉讼并非要阻止官员们包括检察官积极履行职责。例如，法官罗杰斯（Rogers）审理亚瑟利诉戈夫（Yaselli v. Goff）案时肯定检察官绝对豁免权的一个重要理由是："如果美国的检察官不是司法官，至少是政府的准司法官。检察官不仅行使重要的司法职能，而且参与执法。赋予法官、陪审员、律师和政府执行官员豁免权的理由也同样适用于检察官。"①检察官的诉讼行为是作为准司法官的职务行为，属于准司法行为，因此检察官应当享有豁免权。罗杰斯法官反驳了"美国的公诉检察官仅仅是在执行法律"这一说法，认为"检察官不应享有豁免权"的观点违反了公共政策，在法理上站不住脚。罗杰斯法官的这一理由往往为那些对检察官豁免权持肯定意见的学者和法官所引用。

二是基于制度利益的衡量。任何一项制度的设计，都必须追求公平、正义、效率，维护公共秩序，同时又要尽可能地保障公民的自由，公平、正义、效率和秩序等更多地在维护公共利益，自由则更能直接体现个人利益，制度设计其实就是利益的考量。构建检察官豁免权制度的目的是维护公共利益。罗杰斯认为，公共利益要求公职人员在履行其职能时应该自由而无畏地履行职责，这些人员往往占据重要职位，并与政府、司法部门存在密切关系，包括法官、检察官等。如果检察官在代表国家公诉时能够享有豁免权，那么他们就不用担心被提起诉讼有可能带来的民事责任，因此不用惧怕外界的压力，从而促进其积极而无畏地履行职责；美国著名的大法官勒尼德·汉德（Learned Hand）认为，如果检察官对于其履行检察官职责的行为，享有不受诉讼和不出庭作证的免责权，通过豁免权的保护让检察官免受被报复的恐惧，那么检察官便能无畏地依法独立行使职权，守护法律，维护

① Yaselli v. Goff, 12 F. 2d 404, 56 A. L. R. 239 (1926).

公正正义。

检察官享有豁免权能促使其高效履职，实现司法的效率价值。检察官享有豁免权能保证检察官免遭不必要的民事诉讼之累，无须应对无聊的诉讼。史蒂文·马克·莱德曼（Steven Mark Laiderman）认为，司法豁免权能够确保免于无理取闹的诉讼之累，促使检察官高效履职。检察官享有豁免权能确保其不用担心报复性诉讼，以免对提出指控犹豫不决，能够促使其积极履职。[①] 丹尼尔·沃伊斯劳（Daniel Woislaw）指出："如果检察官被追究民事责任，无聊的诉讼将分散其职责。"[②] 检察官积极高效履职正是检察官豁免权制度维护公共利益的目标所在。检察官豁免权制度在一定程度上容忍检察官犯错误，可能会影响到遭受检察官错误行为侵害的受害人的私人利益，或者说受害人的权利有可能得不到救济。因此，检察官豁免权不可避免地会使维护公共利益与维护私人利益之间产生张力。

如何对公共利益与私人利益进行平衡呢？勒尼德·汉德（Learned Hand）法官在审理格雷戈尔诉比德尔案（Gregoire v. Biddle）[③] 时，对该问题进行了探讨，他认为，正是基于制度利益衡量的结果，检察官应当享有豁免权。勒尼德·汉德法官认为赋予检察官绝对豁免权是在不可避免的两害之间（容忍检察官犯错误与让检察官处于不断的被报复的恐惧中）求得平衡，如何平衡总要作出选择，如何选择呢？"最好不要让不诚实的官员犯下错误，而不是让那些试图尽职尽责的人受到不断的报复恐惧。"[④] 也就是要避免检察官被当事人恶意提起诉讼。

我国有学者从另外一个角度阐释了检察官豁免权是基于制度利益衡量的

---

① See Steven Mark Laiderman, *District and Prosecuting Attorneys*: *Absolute Immunity Granted to Prosecutors is Limited to Quasi - Judicial Acts*, 20 Washburn Law Journal, p. 632 (1981).

② Daniel Woislaw, *Absolute Immunity*: *Applying New Standards for Prosecutorial Accountability*, 26 George Mason University Civil Rights. Law Journal, pp. 349, 351 (2016).

③ See Gregoire v. Biddle, 177 F. 2d 579 (1949).

④ Gregoire v. Biddle, 177 F. 2d 579 (1949).

结果。该观点认为，如果检察官豁免权规则被废止或严格限制其适用，会导致刑事司法系统运作的破坏，为此付出的社会代价要远远大于公民个人所获得的利益。换言之，如果检察官豁免权规则得以维持，即便牺牲了某些个人利益，社会公共利益也将得到维护。

三是基于检察官豁免与检察官责任关系的平衡。检察官豁免与检察官责任并非矛盾关系，而是相容关系。确认检察官豁免权的目的是保护检察官，促使其积极履行职责，追究检察官责任的目的是通过制裁那些存在不端行为的检察官，教育其他检察官正确履行其职责。检察官享有豁免权并不排斥检察官责任的承担，检察官豁免权与对检察官不端行为的刑事制裁和道德纪律制裁并行不悖，若出现检察官不端行为，刑事责任和伦理责任可以作为制裁检察官不端行为的手段。彼得 · A. 乔伊（Peter A. Joy）和凯文 · C. 麦克穆尼格尔（Kevin C. McMunigal）认为："道德纪律制裁的威慑填补了对检察官起诉不法行为的威慑。"①

（二）否定说

虽然"否定说"是在与"肯定说"论战的过程中发展起来的观点，不在学界及司法实务界占主流，但是其对肯定说的质疑引发了学者们对肯定说的修正，使"肯定说"出现了内部的分歧。"否定说"反对检察官豁免权的存在，认为检察官不应当享有豁免权，其主要理由有以下几个方面。

一是检察官享有豁免权对警察等执法人员来说不公平。持这种理由的学者主要基于检察官的法律定位，认为检察官的主要职责是执行法律而非司法，因而其法律定位是国家的行政官员而非司法官员，同样作为执法人员，同样作为行政官员，检察官享有豁免权，对那些不享有豁免权的警察等执法人员来说是不公平的。例如，一些犯罪嫌疑人，也就是潜在的被告，为了争取证人豁免权而与检察官进行信息交易，在信息交易中检察官不须付出任何代价就能对自己的不端行为享有绝对豁免权；但相似情况下，如果与犯罪嫌疑人

---

① Peter A. Joy & Kevin C. McMunigal, *Do Two Wrongs Protect a Prosecutor*? 25 - *SPG*, Criminal Justice, p. 24 (2010).

进行信息交易的是警察，警察只能享有有限豁免权，这对警察等执法人员来说是不公平的。此外，如果作为执法人员的检察官受到豁免权的保护，其就不太能够理解那些在类似情况下对非司法官员造成的压力，检察官权力越来越大，有可能造成国家权力失衡，对其他不享有豁免权的公职人员同样不公平。

二是检察官享有豁免权对受害人而言是不公正的。约翰·P. 塔代伊（John P. Taddei）教授认为：检察官享有豁免权能促进其积极履行职责，但是也容易形成对检察官的过度保护，检察官无须担心惩戒，无所畏惧，更有可能出现不端行为，这对受害人来说更加不公正。① 检察官受到豁免权的保护意味着在一定程度上放弃追究检察官民事责任，而"这种放弃追究责任的制度的结果是导致数以千计的无辜刑事被告陷入困境：检察官们错误地剥夺他们的权利，但他们却得不到救济"②。检察官豁免权将有碍于受侵害人因检察官不当行为遭受侵犯后的宪法权利救济，这对受害人而言是不公正的。

三是检察官享有豁免权将制约检察官责任的追究，可能导致检察官不当行为难以得到惩戒。如果检察官受到豁免权的保护，同时，对检察官不当行为的纪律制裁不能真正发挥作用，司法监督等专业监管制度缺乏，刑事起诉因某些抑制因素而难以追究检察官刑事责任，不仅导致检察官的不当行为得不到惩戒，而且对检察官的行为缺乏一般监督，以致冤假错案频出，严重影响司法公信力。③ 丹尼尔·沃伊斯劳认为，专业监管、司法程序和替代责任的手段不足以创造必要的检察官问责制，以惩罚和防止大量的起诉不端行为。

---

① See John P. Taddei, *Beyond Absolute Immunity: Alternative Protections for Prosecutors Against Ultimate Liability for § 1983 suits*, 106 Northwestern University Law Review, p. 1883 (2012).

② Daniel Woislaw, *Absolute Immunity: Applying New Standards for Prosecutorial Accountability*, 26 George Mason University Civil Rights Law Journal, p. 349 (2016). See generally An Epidemic of Prosecutor Misconduct, Center for Prosecutor Integrity (2013), http://www.prosecutorintegrity.org/.

③ See Joseph F. Lawless, *Prosecutorial misconduct*, Matthew Bender & Company, Inc, p. 2. Prosecutorial misconduct has reached epidemic proportions, and, like a disease, cuts across geographic and socio-economic boundaries to infect the criminal justice system.

有一项研究表明，自1970年以来，在超过2000件因检察官的不端行为遭到撤销指控、撤销定罪或减刑案件中，只有44起案件导致了对检察官的纪律处分，但没有一名检察官因不端行为被提起刑事诉讼。[①] 赋予检察官豁免权是弊大于利，“因为冤假错案频出，而法院和律师协会几乎没有惩戒存在不端行为的检察官，他们拒绝刑事被告获得赔偿的权利，拒绝制裁犯错的检察官”[②]。道德规则对检察官不端行为的制约有限[③]，彼得·A. 乔伊和凯文·C. 麦克穆尼格尔则指出，“检察官豁免权也破坏了对检察官不法行为的具体和普遍威慑，近几十年来，许多广为人知的误判就说明了检察官的不当行为。检察豁免权也可能阻止监督检察官对下级检察官的监督行为”[④]。

学者们围绕“检察官豁免权是否应当存在”的讨论，经历了“检察官豁免权应当存在→质疑检察官豁免权→检察官绝对豁免权是否应当存在→检察官豁免权的界限是什么”的转向，取得了一些理论成果，这些恰恰构成本研究的基础。可以看出，持肯定说和否定说的学者们的论战后来逐渐转向有关“检察官是否应当享有绝对豁免权”的研究。“肯定说”的观点得到学界及司法实务界的有力支持，持“肯定说”的学者进一步探讨检察官豁免权的外延，认为检察官豁免权存在绝对豁免权和相对豁免权之分。持“否定说”的学者在论战中则实现了论题的转移，由论证“检察官豁免权不应当存在”转向论证“检察官绝对豁免权不应当存在”，这看似在否定检察官豁免权的存在，却并没有完全否定检察官豁免权，而只是反对检察官绝对豁免权的存在；他们指出应该废除或大大削弱检察官履职行为的绝对豁免原则。随着持“否定说”的学者们论题的转移，“肯定说”与“否定说”俨然达成检察官豁免

---

① See Margaret Z. Johns, *Reconsidering Absolute Prosecutorial Immunity*, Brigham Young University Law Review, pp. 53, 70 (2005).

② Daniel Woislaw, *Absolute Immunity*: *Applying New Standards for Prosecutorial Accountability*, 26 George Mason University Civil Rights Law Journal, p. 350 (2016).

③ See Peter A. Joy & Kevin C. McMunigal, *Do Two Wrongs Protect Prosecutor*? 25 – SPG, Criminal Justice, p. 24 (2010).

④ Peter A. Joy & Kevin C. McMunigal, *Do Two Wrongs Protect Prosecutor*? 25 – SPG, Criminal Justice, p. 24 (2010).

权应当存在的共识，只不过对“检察官豁免权应当在多大范围内存在或者说检察官豁免权存在的界限究竟是什么”这些论题存在争议。

二、检察官绝对豁免权与相对豁免权

如上所述，持否定说的学者在质疑检察官豁免权时，逐渐实现了话语的转向，转而质疑检察官绝对豁免权。无论是持“肯定说”的学者还是持“否定说”的学者，都赞同检察官豁免权的类型划分，认为检察官豁免权可以分为绝对豁免权与相对豁免权（有限豁免权）。“检察官绝对豁免权在很大程度上得到政策主张的支持。”① 在此基础上，学者们探讨了检察官绝对豁免权与检察官相对豁免权的含义及其各自的范围。

（一）检察官绝对豁免权与相对豁免权的含义

有的学者认为，检察官豁免是无条件的豁免，即便是诸如“恶意起诉”“故意隐藏证据”等因素也不能推翻其对检察官利益的保护，绝对豁免权是检察官对履行诉讼职责的准司法行为在司法程序上免受民事诉讼的管辖。凯文·C. 麦克穆尼格尔（Kevin C. McMunigal）认为，只要是在职责范围之内，检察官绝对豁免权可以免于司法程序的启动。怀特（White）大法官认为，只要检察官的行为在豁免权的范围之内，绝对豁免权就能使诉讼归于无效。还有的学者认为，检察官绝对豁免权在实体上排除检察官对受害人承担民事责任的可能，因此，检察官豁免权是检察官个人不承担民事责任的权利。“对于检察官而言，绝对豁免原则阻止公众追究检察官民事责任，因为它免除了检察官对侵害刑事被告宪法权利的责任。”②布赖恩·W. 怀斯（Brian W. Wice）认为，检察官在所确定的职权范围内，行使立案和追捕犯罪嫌疑人以及刑事起诉职权时，享有绝对的豁免权。

检察官相对豁免权即检察官有限豁免权，是指可为一定的事实所推翻的

---

① Daniel Woislaw, *Absolute Immunity*: *Applying New Standards for Prosecutorial Accountability*, 26 George Mason University Civil Rights Law Journal, p. 351 (2016).

② Imbler v. Pachtman, 424 U. S. 409 (1976).

豁免权。检察官能否受到豁免权的保护，不仅取决于案件的具体案情，还取决于检察官的起诉动机及所取得证据，即检察官履职行为是否具有“客观合理性”，或检察官履职行为是否具有正当性。如果检察官履职行为能够通过审查，证明检察官履职行为具有“客观合理性”或“正当性”，那么该检察官享有豁免权，受到豁免权的保护。也就是说，只有检察官的确违反了法律，才不受豁免权的保护，需要承担相应的民事赔偿责任。因此，有学者认为，在受害人提起对检察官的诉讼后，虽然因被告提出了享有豁免权的主张，法院可能会进行简易判决，但该被告为自己提出的豁免权辩护并不会立即导致诉讼失败，法院会引入某项标准，以此来衡量被告官员的行为，如果检察官的行为具有正当合理性，依然会受到豁免权的保护。玛格丽特·Z. 约翰斯（Margaret Z. Johns）教授认为，检察官压制无罪证据及有其他不端行为均只能适用有限豁免权而不是绝对豁免权。①

（二）检察官绝对豁免权与相对豁免权的衡量

虽然英美法系国家的法院认为绝对豁免权对保护检察官非常必要，部分学者认为绝对豁免权是必不可少的，是保护检察官的必要工具，如果没有绝对豁免权，检察官将遭受“1983 条款诉讼”之累。但是相对于相对豁免权而言，绝对豁免权存在很多弊端，而有限豁免权恰恰能够摒弃这些弊端。

检察官绝对豁免权容易造成误判，损害刑事司法体系。玛格丽特·Z. 约翰斯认为，绝对豁免权袒护了不诚实的检察官，不能阻止检察官极度不当行为，导致受害者的权益实际遭受侵害后，无法得到救济，民权立法的目的因此受挫，刑事司法系统的完整性也遭到了破坏。绝对豁免权阻碍了法律制度的实施，造成了法律的混乱并将法律复杂化了。② 还有学者认为，绝对豁免权是不公正的，因为它使错案受害人无法从侵权者那里获取损害赔偿金，而

---

① See Margaret Z. Johns, *Reconsidering Absolute Prosecutorial Immunity*, 2005 Brigham Young University Law Review, p. 53（2005）.

② See Margaret Z. Johns, *Reconsidering Absolute Prosecutorial Immunity*, 2005 Brigham Young University Law Review, pp. 123 – 140（2005）.

且绝对豁免权容易让检察官恶意甚至错误提起诉讼导致误判，威胁公共安全和浪费公共资源，有损刑事司法的公信力。

劳伦斯·克莱德·莫里森（Lawrence Clyde Morrison）指出，绝对豁免权是对检察官的过度保护，[①] 而且对善意履职检察官的保护而言没有必要，因为相对豁免权就足以提供保护。约翰·P. 塔代伊认为法院应该考虑以下事实："绝对豁免的幌子实际上并不是保护检察官免于承担其在职期间犯下的错误的个人责任的必要条件。"[②] 法律可以以与绝对豁免权对等的方式保护检察官，同时补偿因检察官的错误行为导致其宪法权利遭到侵犯的人。现有的赔偿立法、私人保险和其他替代责任机制已经为检察官提供了足够的保护。约翰·P. 塔代伊认为，各种赔偿法律、政策、保险和其他保护措施，实际上已经建构了比较完善的检察官保护制度，加上相对豁免权作为绝对豁免权的替代方式，既可保护检察官，又可保障受害人的权利，使检察官免于承担最终责任。"鉴于现有多种检察官保护的替代措施，法院应该一劳永逸地拒绝适用令人困惑的检察官绝对豁免权判例。"[③] 玛格丽特·Z. 约翰斯在分析检察官绝对豁免权的不合理性后指出，诚实的检察官不需要绝对豁免权的保护，因而绝对豁免权是不必要的，"不需要绝对豁免来防止无聊的诉讼或保护司法程序"[④]。相反，"追究检察官的不端行为的责任将有助于维护刑事司法系统的完整性"[⑤]。

与之相应，相对豁免权获得了部分学者和法院的青睐，"相对豁免权平衡了两个重要利益——在公职人员不负责任地行使权力时追究其责任的需要，

---

① See Lawrence Clyde Morrison. *Absolute Immunity for Prosecutor*; *Too Broad a Protection*: *Imbler v. Pachtman*, 10 Southwestern University Law Review, p. 305 (1978).

② John P. Taddei, *Beyond Absolute Immunity*: *Alternative Protections for Prosecutors against Ultimate Liability for § 1983 Suits*, 106 Northwestern University Law Review, p. 1908 (2012).

③ John P. Taddei, *Beyond Absolute Immunity*: *Alternative Protections for Prosecutors against Ultimate Liability for § 1983 Suits*, 106 Northwestern University Law Review, p. 1887 (2012).

④ Margaret Z. Johns, *Reconsidering Absolute Prosecutorial Immunity*, 2005 Brigham Young University Law Review, p. 55 (2005).

⑤ John P. Taddei, *Beyond Absolute Immunity*: *Alternative Protections for Prosecutors against Ultimate Liability for § 1983 Suits*, 106 Northwestern University Law Review, p. 1908 (2012).

以及在公职人员合理履行职责时保护他们免受骚扰、分心的需要”①。“相对豁免权能够为所有人提供足够的保护，当然，那些明知违法者除外。”② 玛格丽特·Z. 约翰斯教授认为，相对豁免权既能保证诚信的检察官免责和免遭无端的诉讼，又能让那些因检察官不端行为遭受权利侵害的受害者得到救济。相对豁免权为检察官提供了充分的保护，确保他们独立履行职责，而不会过分胆怯或分散注意力。③ 检察官相对豁免权可以为刑事司法系统提供充分保护，同时为检察官不当行为提供必要的补救措施。相对豁免权制度与国家赔偿制度相结合将比现行制度更加公平。托马斯·J. 福尔茨（Thomas J. Foltz）断言，相对豁免权将取代绝对豁免权，诚信的检察官不必担心诉讼之累。④ 因为对检察官提起诉讼要求追究其责任的条件足够严苛，能够消除毫无根据或骚扰性的诉讼；相对豁免权已为检察官提供了有效的保护，可以最大限度地减轻诉讼负担，并保护除“明显无能或明知违法者”之外的所有人；法院拥有有效的工具，可以最大限度地减少或惩罚无效的诉讼。

（三）检察官绝对豁免权与相对豁免权的界分方法

学者们在论争检察官绝对豁免权和相对豁免权利弊的同时，致力于探讨“区分绝对豁免权和相对豁免权的界限和方法”，那些早期注意到检察官豁免权的学者主要通过列举的方式，对检察官绝对豁免权和相对豁免权进行界分。玛格丽特·Z. 约翰斯认为，检察官绝对豁免权不能运用于检察官已压制无罪证据的案件和检察官在取得绝对豁免权之前从事不当行为的案件。⑤ 压制无罪证据违反了检察官的客观义务，检察官当然应该承担起责任。欧文·切梅林斯基（Erwin Chemerinksy）认为，“检察官绝对豁免权适用于检察职能而

---

① Pearson v. Callahan, 555 U. S. 223 (2009).

② Burns v. Reed, 500 U. S. 478, p. 480 (1991).

③ See Margaret Z. Johns, *Reconsidering Absolute Prosecutorial Immunity*, 2005 Brigham Young University Law Review, p. 56 (2005).

④ See Thomas J. Foltz, *Prosecutorial Immunity No Longer Absolute*, 8 Crim. Just, p. 21 (1993 - 1994).

⑤ See Margaret Z. Johns, *Reconsidering Absolute Prosecutorial Immunity*, 2005 Brigham Young University Law Review, p. 145 (2005).

非检察官职位……检察官对检察行为享有绝对豁免权，但对调查行为和行政行为不享有绝对豁免权”[①]。此处的检察行为是一种狭义的检察行为，即准司法行为。相对豁免权取决于其行为时的动机和情境，取决于审判时所取得的证据。为了确定检察官的具体行为是否属于绝对豁免权的范围，法院采用功能测试或分析方法，检察官从事起诉等准司法行为享有绝对豁免权，检察官从事行政管理行为、侦查行为则享有相对豁免权。运用这种功能分析方法[②]时，起决定性作用的是特定检察官的行为的功能性质到底是检察功能还是行政功能，而不是执行该行为的人的地位是否为检察官，因为即便是检察官，也会履行行政职能。如果该行为的功能是准司法职能则享有绝对豁免权，如果该行为的功能是其他职能则只享有对损害赔偿责任的有限豁免权。[③] 因此，检察官若试图寻求绝对豁免权的保护，则承担着举证责任，以证明受到争议的行为是司法而非行政管理职能。[④] 伊布勒诉帕赫特曼（Imbler V. Pachtman）[⑤]案作为检察官享有绝对豁免权的典型案例，确认了检察官绝对豁免权的界限，检察官对其准司法职能享有绝对豁免权，对其类似于警察的侦查职能或行政执法职能、行政管理职能享有有限豁免权。

在伊布勒诉帕特曼案中，怀特法官确认了检察官对其准司法职能即检察职能（prosecutorial function）享有绝对豁免权，对其类似于警察的侦查职能（investigatory function）或行政执法职能或行政管理职能（administrative function）享有相对豁免权，并确立了功能分析方法来区分检察官的准司法职能与行政管理职能、调查职能。如果检察官作为管理者，对其履职行为不享有绝对豁免权。还有学者认为，检察官的准司法职能包括启动诉讼及相关诉讼职能，检察官在履行诉讼职责时需要就各种敏感问题作出决定，这些问题

---

① Erwin Chemerinsky, *Prosecutorial Immunity*, 15 Touro Law. Review, pp. 1643 – 1644 (1999).

② See Willis v. Blevins, 957 F. Supp. 2d 690 (E. D. Va. 2013). Van Guilder v. Glasgow, 588 F. Supp. 2d 876 (N. D. Ill. 2008).

③ See 42 U. S. C. A. § 1983. Nelson v. Green, 965 F. Supp. 2d 732 (W. D. Va. 2013).

④ See Nelson v. Green, 965 F. Supp. 2d 732 (W. D. Va. 2013).

⑤ See Imbler V. Pachtman, 424 U. S. 409 (1976).

包括是否向法院提交案件（在英美法系国家还需要向大陪审团提交案件）、是否提交有关证据和信息、是否起诉以及何时起诉、是否要求证人出庭等。检察官履行上述职能时是准司法官，对其准司法履职行为享有绝对豁免权。通常情况下，比较容易区分检察官行为究竟属于何种职能，但是，在某些时候，就某些决定而言，要在准司法职能与行政管理职能、调查职能之间划出明确的界限，可能有些困难，例如，无论是启动刑事诉讼程序还是出庭参加诉讼，都可能需要获取、审查和评估证据，检察官在从事这些行为时到底是属于诉讼职能还是侦查职能或行政管理职能，需要对其认真分析。从 20 世纪 90 年代初期直至 2012 年，美国联邦最高法院通过一系列判例试图区分检察官“检察职能”和“调查职能”。职能主义的方法是不是解决检察官绝对豁免权和有限豁免权的科学方法呢？职能主义方法真的能将检察官的起诉职能和调查职能、行政管理职能区分开吗？

有的学者赞成采用职能主义方法对检察官的履职行为进行分类进而区分绝对豁免权和有限豁免权，如欧文·切梅林斯基（Erwin Chemerinsky）教授赞成采用职能主义方法，将检察官的豁免权分为绝对豁免权和有限豁免权①；但有的学者则反对职能主义方法，他们主要从以下几个方面展开论证。

首先，依据职能主义方法决定适用绝对豁免权还是相对豁免权是不公平的。为了说明这种不公平性，劳伦斯·克莱德·莫里森举了一个极端的假想案例：一名警察与一名检察官合谋“陷害”一名刑事案件的被告，为了让刑事案件的犯罪嫌疑人受到制裁，检察官在调查阶段或侦查阶段建议警察伪造了证据，并且在审判阶段使用伪证，隐藏无罪证据，使被告在经历了从侦查到起诉再到刑事审判这一系列司法程序后，最终被判有罪并被送进了监狱。该被告此后要么服刑，要么在人身保护令申请获得成功后，提起 1983 条款诉讼，起诉检察官及警察，并提出损害赔偿请求。根据职能主义方法，检察官

---

① See Erwin Chemerinsky, *Prosecutorial Immunity*, 15 Touro Law. Review, p. 1648 (1999).

因其诉讼职能享有豁免权，但同一案件中的警察因其侦查职能，不享有豁免权。同样的案子，同为合谋陷害，检察官不需要承担个人民事责任，警察则有可能被追究民事责任，显失公平。[①]

其次，职能主义方法无法真正地区分绝对豁免权和相对豁免权。在上述假想案件中，如果检察官在调查阶段伪造了证据而在审判阶段使用伪证，那么检察官的职能究竟是调查职能还是司法职能呢？其行为受到绝对豁免权的保护还是相对豁免权的保护呢？此外，将调查职能区分为为启动起诉而进行的具体调查与为了解信息而进行的一般调查（前者被认为是准司法职能，受到绝对豁免权的保护，后者被认为是普通的调查，类似于警察的侦查，不属于准司法职能），这种原则是否可行呢？因为对调查进行区分时就必须要考察检察官调查的目的到底是什么，或者说必须要考察检察官调查的动机是什么？可是，法院如何确定检察官调查的动机呢？最直接的证据应该就是检察官的证词，那么检察官在提供证词时就必须要考虑自己是否需要承担损害责任，这又会陷入无法真正确定检察官动机的未解之痛，职能主义方法成了难以适用的方法，无法真正地区分检察官行为的性质。为此法院引入了“直接因果关系”标准、“以伤害为中心”[②]标准和“近似因果关系”[③]标准，学界也作了进一步探讨。

最后，“直接因果关系”的标准区分检察官是否对其调查职能享有豁免权。检察官的行为与伤害结果之间应有直接的因果关系，不得被其他行为所取代，否则，检察官便享有绝对豁免权，不需要承担民事责任。伊斯特布鲁克（Easterbrook）法官认为，如果检察官在调查阶段伪造证据，随后在审判中错误地使用伪造证据，这是一种取代行为，打破了调查阶段伪造证据与原告最终丧失自由之间的因果链，因果链中的这种中断使检察官免于承担对先

---

① See Lawrence Clyde Morrison, *Absolute Immunity for Prosecutor*; *Too Broad a Protection*: *Imbler v. Pachtman*, 10 Southwestern University Law Review, p. 319 (1978).

② See Michaels v. New Jersey, 50 F. Supp. 2d 353, 363 (1999).

③ See Field v. Wharrie, 740 F. 3d 1107, 1115 (7th Cir. 2014); McGhee v. Pottawattamie City., 547 F. 3d 922, 933 (8th Cir. 2008).

前伪造证据的责任，而在审判中使用伪造证据的错误也因检察官的绝对豁免权而免于承担责任，从本质上讲，在审判中使用伪造证据的第二个错误可以保护检察官免于对先前制造证据的错误承担责任。①

"直接因果关系"与"以伤害为中心"的观点②有些相似。"以伤害为中心"意味着民事索赔还必须证明索赔人遭受的损害是由被起诉的检察官造成的，如果不能证明，检察官则享有绝对豁免权。如检察官伪造证据并没有对被判有罪的被告人造成伤害，直到检察官在审判时提出这一伪造的证据，由于检察官对公诉行为享有绝对豁免权，检察官伪造证据并没有对被判有罪的被告造成伤害，检察官对起诉前的行为依然享有绝对豁免权，这样一来的结果导致检察官绝对豁免权扩大到调查阶段。伊斯特布鲁克法官的观点实际上扩大了绝对豁免权的适用范围。"'以伤害为中心'的方法允许他们制作证据，收买愿意撒谎的证人，并且只要他们在审判时引入这些行动的成果，就可以从事任何其他不道德或疏忽的行为，他们享有绝对豁免权。"③

此类观点遭到了彼得·A. 乔伊和凯文·C. 麦克穆尼格尔的质疑，纽曼（Newman）法官也持相反观点，他们认为可以建立一个"近似因果关系"标准，将检察官在调查阶段的行为与诉讼阶段错误定罪的伤害联系起来，检察官使用伪造证据并未打破调查阶段伪造证据与原告最终丧失自由之间的因果链，这种后续使用并非真正的独立行为，而且检察官在伪造证据时，可以预见原告最终会丧失自由。因此，检察官不应享有绝对豁免权。

可见，在使用职能主义方法界分绝对豁免权与相对豁免权时，学者们所持的标准不太一样，"近似因果关系"标准和"以伤害为中心"的方法都得到了法院的支持。美国第二巡回法院、第八巡回法院、第十巡回法院采用

---

① See Peter A. Joy & Kevin C. McMunigal, *Do Two Wrongs Protect Prosecutor*?, 25 - SPG Criminal Justice, p. 25 (2010).

② See Daniel Woislaw, *Absolute Immunity: Applying New Standards for Prosecutorial Accountability*, 26 George Mason University Civil Rights Law Journal, p. 361 (2016).

③ Daniel Woislaw, *Absolute Immunity: Applying New Standards for Prosecutorial Accountability*, 26 George Mason University Civil Rights Law Journal, p. 361 (2016).

“近似因果关系”标准,[①] 反对扩大检察官绝对豁免权，第三巡回法院和第七巡回法院采用“以伤害为中心”的方法，扩大检察官绝对豁免权，因而调查职能和公诉职能尚未能真正区分开来。

还有的学者认为，在使用职能主义方法界分时，引入时间因素有助于区分起诉职能与调查职能、行政管理职能。时间标准是区分绝对豁免权和相对豁免权之间界限的可靠因素。他们认为，有两个时间标准可以选择，一是确定合理根据逮捕的时间，在确定合理根据之前，检察官不能履行诉讼职责，可将检察官行为归为侦查职能，确定合理的逮捕根据之后则可将检察官的行为归为诉讼职能。“在有合理根据逮捕嫌疑人之前，检察官既不是，又不应该认为自己是一名公诉人。”[②] 二是确定合理根据起诉的时间。巴克利诉菲茨西蒙斯案（Buckley v. Fitzsimmons）[③] 创立另一个时间标准来区分检察职能和调查职能的一般规则，即在发现“合理根据”起诉前的检察行为被视为调查行为，在发现“合理根据”起诉后的行为可归为检察职能行为。但丹尼尔·沃伊斯劳认为，这并不意味着所有检察官在提起诉讼后的行为都是明确的诉讼职能行为。[④]

国外学界围绕检察官绝对豁免权和相对豁免权展开了许多有益的探讨，尤其是有关检察官绝对豁免权和相对豁免权的利弊及二者的界分方法，但是对于什么是绝对豁免权，什么是相对豁免权，并没有从理论上很好地界定二者的内涵，由此导致了绝对豁免权和相对豁免权的外延并不确定。在探讨职能主义方法时，无论是引入直接因果关系标准、以伤害为中心标准和近似因

---

① 第二巡回法院在审理 Zahrey v. Coffey 案时采用了近似因果关系标准，法院认为检察官应该对伤害负责，这种伤害直接来自受豁免保护的行为，而他的受豁免权保护的行为却是由不受豁免权保护的行为所引起的。因为不受豁免权保护的行为与伤害结果之间有因果关系，所以检察官应该对伤害结果负责。第八巡回法院在审理 McGhee v. Pottawattamie 案时，也采用了近似因果关系标准，认为检察官应对侦查阶段的行为负责任。

② Buckley v. Fitzsimmons，509 U. S. 259，274（1993）.

③ See Buckley v. Fitzsimmons，509 U. S. 259，274（1993）.

④ See Daniel Woislaw，*Absolute Immunity*：*Applying New Standards for Prosecutorial Accountability*，26 George Mason University Civil Rights Law Journal，p. 359（2016）.

果关系标准，还是引入时间因素，并不足以区分检察官绝对豁免权和相对豁免权。时间标准看似比较客观，但实际上包含许多不确定的因素，如时间标准中的“合理的根据”究竟是什么？这需要我们作出相应的解释才能作出判断。

国内学界围绕检察官绝对豁免权和相对豁免权的讨论比较少，一方面是因为国家赔偿制度对冤假错案的受害人的民事权利进行救济，在特定情况下，国家才可通过追偿的方式要求检察官承担民事责任，因而检察官的民事责任事实上被豁免，即国家检察官的民事责任事实上受到了绝对豁免权的保护；另一方面是因为我国的司法行为原本不具有可诉性，受害人不能直接就检察官的履职行为提起民事诉讼要求检察官承担侵权责任。随着近年来司法责任制度改革的深入，司法责任能否豁免成为学者们关注的问题。但由于我国有关司法责任豁免规则的立法存在缺陷，学者们在探讨司法责任豁免规则的时候对检察官的绝对豁免和相对豁免规则进行了有益的探讨，认为我国在完善司法责任改革制度时，应该细化和具体化不同类型的检察官司法豁免规则，尤其是应该明确检察官责任豁免的范围与限度。①

总之，关于检察官豁免权究竟是绝对豁免权还是相对豁免权，国内外学者存在相当大的争论，经历了以下4个阶段：（1）肯定检察官绝对豁免权阶段，学者及司法实务界普遍认可绝对豁免权，认为绝对豁免权能够促进检察官积极履职。（2）质疑检察官绝对豁免权，相对豁免权受到重视阶段。检察官绝对豁免权经过实践的发展，引发了学界对绝对豁免权的深思，一部分学者开始理性地分析绝对豁免权，认为绝对豁免权在促进检察官积极行使权力的同时，也对检察官极度不当行为形成了过度保护，受害者的民事权益得不到及时救济，反而破坏了刑事司法系统。很多学者在此阶段实现了关注重点的转移，对相对豁免权的合理性展开了初步研究。（3）理性分析绝对豁免权与相对豁免权的利弊及适用范围的界限阶段。随着相对豁免权案例不断出现，绝对豁免权依然被法院所适用，学界和实务界理性分析二者的利弊，并尝试

---

① 参见林竹静：《检察官司法责任豁免的规则构建》，载《国家检察官学院学报》2017年第2期。

对其各自适用范围进行界定，大部分学者赞同检察官绝对豁免权适用于准司法职能，而相对豁免权适用于调查职能。(4) 深入探讨绝对豁免权和相对豁免权的界分方法阶段，包括以下几种方法：职能主义方法、直接因果关系标准与间接因果关系标准。对检察官绝对豁免权与相对豁免权的深入探讨更是引发了学者们对检察官责任与检察官豁免权之间关系的思考。

三、检察官豁免权与检察官职责的关系

检察官对其准司法职能或调查职能享有豁免权，因而豁免权应作为检察官的职业权利。检察官职责包括检察官职权和检察官责任，二者之间的关系究竟如何？这是学者们在探讨检察官豁免权时，无法回避的问题。学者们从不同角度探讨了检察官豁免权与检察官职权、检察官责任之间的关系，主要包括检察官责任与检察官豁免权之间的关系、检察官豁免权与检察官履职保障之间的关系两个方面。

(一) 检察官责任与检察官豁免权之间的关系

检察官责任是检察官在司法办案中因不当行使检察权而产生的责任。检察官豁免权是检察官对其履行司法办案职责的行为享有免于诉讼不承担责任的权利。检察官责任与检察官豁免权均与检察官的履职行为有关，学者们围绕检察官责任与检察官豁免权之间的关系，展开了研究，形成了两种典型的观点，一是“对立说”，二是“统一说”。

1. “对立说”。否定检察官豁免权，尤其是否定检察官绝对豁免权的学者，往往认为检察官责任豁免与检察官责任追究之间是绝对对立的关系。他们认为，检察官责任是检察官违反了义务而产生的责任，检察官豁免权则是检察官对自己的侵权行为不承担相应的侵权责任，如果检察官受到豁免权的保护，意味着即便存在检察官不当行为，检察官的责任最终也将得到豁免。尽管有很多错案被发现，但当受害人提起侵权诉讼时，检察官往往以豁免权为由来对抗，造成了事实上检察官的责任难以被追究，这将导致检察官责任制度的落空。豁免即免责，检察官豁免是对检察官责任追究的否定。

2. “统一说”。持这种观点的学者认为，检察官责任追究与检察官责任豁免之间既有矛盾，又互为补充、相辅相成。追究检察官的办案责任可以监督制约检察官行使检察权，检察官责任豁免并非免除检察官的所有责任，主要是通过免除检察官的部分民事责任、司法责任、纪律责任等，可以保障检察官依法独立积极行使检察权，从而维护司法的公正，守护正义。朱孝清在梳理了人类司法责任制度的演进历史后指出，“司法权作为一种权力，也会被滥用甚至导致腐败，因而必须通过责任追究等措施对司法权进行控制”[①]；同时，又必须遵循司法的基本规律，保障司法官员依法独立和公正行使司法权，只有建构司法责任豁免等制度，才能对依法独立行使司法权形成制度上的保障。“责任追究和责任豁免二者相辅相成，缺一不可。”[②] 还有学者认为，有责任就应该有豁免，检察官责任追究制度与检察官责任豁免制度都关系到司法责任制度改革的成败。钟琦论述了建立检察官司法责任豁免制度的重要意义，他认为，确立检察官司法责任豁免规则是对检察官依法履行职责的保护，不但能够帮助检察官从制度上抵御外部压力和责任风险，而且关乎司法责任制改革的成败。[③] 龙宗智、陆旭等则认为检察官豁免制度是对检察官追责制度的完善，检察官豁免权的设立是对司法追责制度的不断完善。陆旭、王文萍主张应构建司法人员豁免制度，作为对错案责任制度的必要补充和限制。[④] 错案责任制度应被正确应用，对于领导干预导致的错案，司法人员的责任应予以豁免，检察官的身份地位应得到豁免权的保障，不受随意处置，目的是保护司法人员正确履职，实现实质正义。万毅、杨炯指出，建立检察官豁免制度，与确立追责机构、规范追责程序一样，是完善我国检察官责任追究机制的重要组成部分。[⑤]

---

① 朱孝清：《错案责任追究与豁免》，载《中国法学》2016 年第 2 期。

② 朱孝清：《错案责任追究与豁免》，载《中国法学》2016 年第 2 期。

③ 参见钟琦：《检察官司法责任豁免制度探析》，载《司法改革论评》2017 年第 2 期。

④ 参见陆旭、王文萍：《错案责任制视角下的司法人员豁免制度》，载《犯罪研究》2016 年第 2 期。

⑤ 参见万毅、杨炯：《检察官责任追究制：现状、解读与完善》，载《江苏行政学院学报》2020 年第6 期。

在笔者看来，“对立说”只看到了检察官豁免权与检察官责任矛盾的一面，将检察官豁免与检察官责任追究的关系简单化了，未能正确理解检察官豁免权的内涵，未能看到二者价值诉求的统一，即未能看到对立背后的统一。“统一说”则对二者的关系有着更深入的理解，能够正确揭示出二者的联系，正确认识到检察官豁免制度是对检察官责任制的补充与完善，但缺乏对二者关系的深入思考，缺乏系统深入的论证，尤其是缺乏对检察官司法豁免与检察官司法责任之间关系的思考。二者之间对立统一的理论基础是什么，是有效地推进司法责任制改革必须解决的问题。

（二）检察官豁免权与检察官履职保障之间的关系

对于检察官豁免权与检察官履职保障之间的关系，国内外学者主要围绕检察官豁免权是否能够保障检察官履职展开讨论。

肯定检察官豁免权的学者们认为，建立检察官豁免权制度能够促进和保障检察官积极行使职权，检察官豁免能实现权力与责任的平衡。“对某些特殊职业（职责），如不予豁免某些责任，就会出现责任大于权力的情况，从而影响该职责的正常履行。只有对部分责任予以豁免，才能在该职业中实现权力与责任的平衡。”① 在第五届中国检察基础理论论坛上，谭世贵、陈光中、樊崇义、龙宗智、万毅等学者认为，在强调明确司法责任标准、范围等基础上，还要重视司法责任豁免，加强检察官履职保障的完善。有学者肯定检察官豁免权对检察官职权保障的积极作用，认为检察官受到豁免权的保护，则不用担心日后可能被追究责任，因而会更加积极行使其职权，因此检察官豁免权能够促进并保障检察官积极履行职权。

赋予检察官豁免权并不是为了赋予检察官特权，而是为了公共利益。检察官享有豁免权，他们才可以无所顾虑地思考，独立地判断和独立地行使检察权。我国林竹静检察官认为，检察官司法责任豁免规则是检察官履职保障制度的重要组成，责任豁免规则的构建是也是对检察官履职保障制度的完善。

---

① 朱孝清：《错案责任追究与豁免》，载《中国法学》2016年第2期。

梁经顺检察长将检察官有限司法豁免制度作为完善检察官履职保障机制的重要内容。[①] 检察官豁免权的保护可以在很大程度上避免检察官瞻前顾后，促进检察官积极履职，使检察官的法律地位不因正当履职而居于不利地位，避免检察官履职受到外界干扰，确保其依法独立公正行使检察权。[②] 高丽蓉、姜昕认为，建立司法豁免制度是保证检察官依法履行职权的要求，建立有限的职务豁免制度是检察官身份保障制定完善的要求。[③] 左仰东认为，有限的检察官职务豁免是检察官职业身份保障机制的重要内容。谭世贵、陈党认为，建立责任豁免制度是保证检察官依法履行职责的要求。王守安认为，应当建立检察官职务行为豁免制度，即检察官依法履行职务的行为不受指控和法律追究。[④] 莫丽华认为，错案责任与职业保障应当并举和协调设置。为此，应当设置检察官行使豁免权的诉前程序。[⑤]

否定检察官豁免权的学者则否定“检察官豁免权能够保障检察官行使职权”的观点，认为检察官豁免权是对检察官的过度保护，即便检察官不受豁免权的保护也不会影响检察官履职，更不会阻碍检察官积极独立行使职权。还有学者认为犯罪嫌疑人被检察官提起公诉并获定罪之后，再针对办理其案件的检察官提起民事诉讼，要求其承担民事责任不会阻碍检察官独立行使其职权。[⑥]

综上所述，学界主要围绕检察官豁免权是否应当存在，检察官绝对豁免权与相对豁免权的范围和界限是什么以及检察官豁免权与检察官职责之间究竟关系如何等问题进行了探讨，取得了一些研究成果。检察官豁免权是否应当存在涉及检察官豁免权的正当性问题，围绕着该问题的回答，理论界和实

---

① 参见梁经顺：《检察官履职保障机制有待完善》，载《检察日报》2015 年 6 月 15 日，第 3 版。

② 参见林竹静：《检察官司法责任豁免的规则构建》，载《国家检察官学院学报》2017 年第 2 期。

③ 参见高丽蓉、姜昕：《检察官身份保障制度之完善》，载《人民检察》2011 年第 6 期。

④ 参见王守安：《论检察官职业保障制度的建构》，载《河南社会科学》2015 年第 6 期。

⑤ 莫丽华：《美国检察官豁免制度与启示》，载《人民检察》2016 年第 1 期。

⑥ See Lawrence Clyde Morrison, *Absolute Immunity for Prosecutor; Too Broad a Protection: Imbler v. Pachtman*, 10 Southwestern University Law Review, p. 305 (1978).

务界出现了“肯定说”和“否定说”两种针锋相对的观点。肯定检察官豁免权应当存在的学者们基于历史和理性的分析，从制度利益衡量的角度，认为应当保护检察官，合理平衡检察官豁免权和检察官责任之间的关系。持“否定说”的学者则表达了对豁免权的担忧，认为赋予检察官豁免权不仅对警察等不公平，也将导致检察官的不当行为得不到惩戒。无论是持“肯定说”的学者还是持“否定说”的学者，都认为检察官豁免权可以分为绝对豁免权与相对豁免权（有限豁免权）。在此基础上，学界探讨了检察官绝对豁免权与检察官相对豁免权的含义及其各自的范围，以及区分绝对豁免权和相对豁免权的界限的方法。如何平衡检察官豁免权与检察官责任、检察官履职保障之间的关系，也是学者们关注的问题。这些研究成果构成了检察官豁免权研究的基础，但研究尚存在以下几点不足之处。

首先，在探讨检察官的责任豁免时，学界并没有明确揭示检察官豁免权的内涵；国外学者主要通过案例评析来探讨检察官豁免权的正当性，但没有从理论上深入系统探讨检察官豁免权的正当性问题，没有系统地探讨过检察官豁免权的理论基础，也未从逻辑上分析检察官豁免权的逻辑结构，没有对检察官豁免权制度进行溯源分析；对于我国检察官豁免权制度问题，国内外尚缺乏系统研究。

其次，学界对“检察官豁免权应当在多大范围内存在或者说检察官豁免权存在的界限究竟是什么”这些论题存在争议。检察官的行为既有职责行为又有个人行为，对检察官的哪些行为需要豁免，并没有得出恰当的结论。绝大部分学者认可检察官的职责行为应该得到豁免，检察官的职责行为并不限于公诉行为，还有检察官的行政行为及类似于警察的调查行为、侦查行为。为什么检察官对公诉行为享有豁免权，公诉行为与其他职责行为的界限在哪儿？如何进行区分？与公诉有关的行为是否能够得到豁免？对于这些问题并没有在理论上得到很好的论证。而且，学者们也并未深入探讨检察官对其公诉行为享有豁免权的理由。这种理论上的缺失导致学界无法提出具体的制度设计方案，更多地停留在原则性的建议上。

再次，将检察官豁免权分为绝对豁免权和相对豁免权的法理依据不足，同时，检察官豁免权究竟是绝对豁免权还是相对豁免权，国内外学界存在相当大的争论。有关绝对权利与相对权利的区分的依据是义务人是否特定，但从学者们的讨论来看，检察官绝对豁免权与检察官相对豁免权之间的划分，并不是以义务人是否特定作为标准，而是依据职能主义方法，其外延不能穷尽，即便是以职能主义进行界分，也并不足以区分检察官绝对豁免权和相对豁免权。职能主义方法以准司法职能或司法职能为划分标准，若检察官的履职活动能被划入准司法职能或司法职能，则享有绝对豁免权，反之，则不享有绝对豁免权。基于此，学界将检察官的调查活动或侦查活动分为具体调查和一般调查，一般认为检察官开展具体调查的动机是启动起诉，除此之外则是一般调查，具体调查是检察官履行准司法职能的体现，而一般调查则不属于准司法职能。但学界目前的研究仍然无法解释：检察官下令进行调查的动机是有效地提起诉讼，但最终作出了不起诉的决定，这种调查到底属于一般调查还是具体调查？即便最终提起诉讼，也无法确定具体调查是否会比一般调查产生更多的报复诉讼，如果不能以合理的程度确定具体调查将引发更多的报复性诉讼，那么就没有理由给予具体调查与一般调查不同程度的豁免权。

对绝对豁免权与相对豁免权的区分尚须引入其他标准，从逻辑上来说，这种划分不严谨。检察官豁免权法律制度起源于判例法国家，学界普遍认为国外检察官的豁免主要依靠判例法确认，并认为判例改变了以前检察官责任绝对豁免的原则，但很少有人研究国外的成文法中有关检察官豁免权的规定。现有的研究成果主要集中于对国外检察官豁免权判例的评述，理论界和实务界在探讨检察官豁免权时，注意到了检察官绝对豁免权和相对豁免权的界分方法，但是学者们对这些标准的探讨缺乏深入，因而对检察官的责任究竟是绝对豁免还是相对豁免始终存在分歧，并没有深入探讨西方国家的民事责任豁免制度，也没有深入探讨个案和具体应用场合，甚至以偏概全。

最后，缺乏对检察官豁免权的规范分析，对我国检察官豁免权法律制度的梳理不到位，对国外的检察官豁免权制度的梳理也仅限于介绍判例，没有深入研究国外判例和具体的应用场合。我国有关检察官豁免权法律制度没有统一规定，散见于《检察官法》《国家赔偿法》等成文法、最高人民检察院的司法文件以及其他国家机关的政策性文件。学界对我国检察官豁免权法律制度的存在空间到底有多大缺乏深入探讨，在实践层面，我们国家检察官司法责任豁免已经有了初步尝试，但依然是重惩戒或重责任的追究，这导致检察官承受了较大心理压力，为了规避责任风险，不愿积极行使职权。在司法责任制背景下，学界提出的应对之策主要集中在检察官责任豁免的法律层级，停留在粗线条框架层面，在具体的可行措施方面缺乏探讨，无法给检察官豁免权制度设计提供合理的建议，以至于我国对检察官豁免权制度构建等问题的研究少有人问津。此种研究状况与我国完善司法责任制、建立健全司法人员依法履行法定职责保护机制的司法改革要求不相适应。

笔者希望通过本课题的研究，进一步厘清检察官豁免权的内涵，深入探讨检察官豁免权的理论基础和制度基础，并对检察官豁免权制度进行规范分析，试图为我国检察官豁免权的制度构建提出建议。

第三节　研究框架与研究意义

一、大体框架

本课题研究分为四个部分，一是检察官豁免权内涵，二是检察官豁免权的正当性，三是检察官豁免权制度的实证分析，四是检察官豁免权制度的构建。前两章主要从理论上系统地探讨检察官豁免权的内涵，后两章主要通过对相对完善的美国检察官豁免权制度的历史发展进行规范分析，对我国检察官责任及责任豁免制度进行了文本分析，并针对我国检察官责任豁免规范中存在的不完善之处提出了建议。构建检察官豁免权制度，从而维系责任承担与责任豁免之间的平衡、实现司法和谐。

（一）检察官豁免权内涵

豁免权是主体因其特殊的职能身份，对其履职行为排除或免受司法追诉，或免于承担普通公民应承担的义务、责任，其享有的法律地位免于为他人而改变的自由。豁免权法律关系的主体是某些特定职业或身份的人，豁免权是主体的职务行为或角色行为权利，豁免权的本质是不适用某些法律规则的自由，豁免的法律后果是全部或部分不承担责任。豁免与赦免的本质、功能、适用对象和适用时间、适用效果等存在很大不同，与免责的适用时间、适用的主体和对象、适用后果不同。检察官豁免权的内在逻辑结构是检察官豁免权法律关系中所必然包含的要素及要素间的逻辑关系，包括主体、客体和内容。检察官作为豁免权主体的法律地位因免受追诉受到法律的特殊保护，检察官豁免权是国家为了保障检察官依法独立地积极履行其准司法职责，对其准司法行为导致的结果不予以指控或者追究，即检察官的准司法行为不受某些法律后果约束或不适用某些法律规则。检察官豁免权的本质在于：检察官不受某些法律后果约束或不适用某些法律规则的自由。只有当检察官对其准司法行为不承担司法责任，检察官的豁免权才能真正得以实现，其法律地位才能得以保持。检察官豁免权与检察官责任、权力之间的对当关系是外部逻辑结构的基础。检察官豁免权是检察官的正当权力、职业保障权利、程序性权利和公法权利。检察官豁免权分为检察官绝对豁免权和检察官相对豁免权、检察官积极豁免权和检察官消极豁免权、检察官民事责任豁免权和检察官司法责任豁免权。检察官责任追究与检察官责任豁免并非完全对立关系，而是既有对立又有统一，检察官司法责任豁免是指检察官免受司法责任的追究，不受某些司法责任规则的约束，不承担司法责任或者减轻或免于承担司法责任。

（二）检察官豁免权的正当性

检察官豁免权有其存在的正当性。检察官豁免权存在的理论基础、伦理基础和制度基础从三个不同的角度回答了检察官豁免权应当存在的理由。检察官的准司法官职责论、制度利益衡量理论和有限理性理论、允许的风险理论等构成了检察官豁免权的理论基础。检察官受到豁免权的保护，使检察官身份和地位得到尊重和认可，也是对检察官自主性和独立性的保障；检察官豁免权建立在检察官的司法理性和客观义务的伦理基础之上；报应正义是对检察官豁免权的反思，功利正义恰恰是对检察官合目的性的检验，整体正义则是检察官豁免权对社会效果的追求。因而，尊严、理性和正义是检察官豁免权应当存在的伦理基础。主权豁免制度、公民权利保护制度、职业行为豁免制度、检察官相对独立制度以及检察官的纪律惩戒制度构成了美国检察官豁免权的制度基础；我国检察机关的宪法定位、检察官司法责任制度和检察官职业保障制度等则是我国检察官豁免权的制度基础。

（三）检察官豁免权的实证分析

检察官豁免权在司法实践中的历史与现实是什么样呢？为此需要考察豁免的历史发展和现有的规范。美国检察官豁免制度起源于司法豁免。美国最早确立司法官员豁免原则的应是 1868 年的兰德尔诉布里格姆案，1871 年的布拉德利诉费希尔案则为检察官豁免权的渊源，直到 1896 年，美国才真正确立检察官的民事责任豁免权，从司法官员豁免权到检察官豁免权的确立经历了近三十年时间。自 1896 年至 1975 年，美国检察官民事责任绝对豁免权制度得到了迅速发展，但 1976 年美国联邦最高法院通过伊布勒诉帕赫特曼案，确认了检察官绝对豁免权的界限，此后，对检察官绝对豁免权进行了限制，进入检察官相对豁免权与绝对豁免权平行发展阶段。从检察官豁免权的历史发展来看，美国检察官豁免权的主体是那些具有检察官职业身份的主体或者虽然不具有检察官职业身份，但履行检控职责的主体，包括联邦检察总长，联邦检察官和地方检察官以及行使检控职能的其他人员。他们因为履行准司法职责而被给予特殊保护。美国检察官豁免权的内容具体体现为：国家为了保障检察官依法独立积极履行其准司法职责，对其准司法行为导致的结果不予指控或者追究，即检察官的准司法行为不受某些法律后果约束或不适用某些法律规则，其法律地位不因其准司法行为的结果而改变的自由。检察官豁免权实际也是一种免受国家法律评价，排除国家司法管辖的权利。根据美国有关检察官豁免权的法律原则及司法实践，检察官对其不端行为也享有豁免权。检察官几乎不因为不端行为而承担民事法律责任或受到纪律惩戒。

中国已形成比较独特的检察官责任追究制度，检察官责任豁免与检察官责任追究虽然存在矛盾，但二者又统一于检察官责任制度中，因此，检察官责任豁免是检察官责任制度的必要组成部分。检察官责任制的表述经历了错案责任追究制到检察官办案责任制的转变，再到检察官执法过错责任追究制度向检察官司法责任制的转变，如建立和全面推行“主诉检察官责任制度”和“办案责任制度”，完善“执法责任制”和“执法过错责任制”，最后到落实“司法责任制”和“司法责任制综合配套改革”等提法上的转变，体现了中央对检察官司法责任制改革的重视。中国检察官司法责任豁免的规范性文件主要散见于最高人民检察院、最高人民法院、中央政法委、国务院下发的司法文件，从错案责任豁免规范、司法瑕疵责任豁免规范到检察官民事责任豁免规范和检察官、检察官办案组与检委会委员之间的司法责任及豁免。

检察官履职保障规范包括职责身份保障、职业权力保障规范，检察官职业尊严、人身安全保障规范。检察官豁免权恰恰是检察官履职保障的重要内容，对检察官职业身份保障的规定是对检察官履职的根本保障，检察官身份是检察官法律地位的体现，也是检察官行使检察权的前提条件，检察官身份保障首先体现在依法履职应受到法律保护，对其依法行使诉讼职权的行为保护则体现在检察官责任豁免。

（四）检察官豁免权制度构建

中国的检察官豁免权制度应当怎样建构呢？构建检察官豁免权制度需要从检察官责任追究和检察官职业保障两方面入手。一方面要解决检察官责任豁免规则中存在的问题，另一方面要从检察官履职保障的角度入手解决检察官豁免权规范的细化问题。首先，检察官责任豁免规则的低位阶性，易招致检察官豁免权合法性的怀疑；检察官责任豁免规则的有限性，使得责任豁免无法落实；检察官责任豁免对象的错位，实质是检察官豁免权法律关系的客体错位；以结果为导向的错案责任追究，偏离了以准司法行为为中心的责任追究与责任豁免平衡的责任原理。要解决上述问题，必须建构以准司法行为为中心的检察官豁免权制度。为此，应将检察官豁免权在法律中予以明确，实现法定化，以解决责任豁免权的合法性问题；应明晰检察官豁免权的对象是检察官的准司法行为，而非错案结果；应围绕准司法行为解决司法责任追究与司法责任豁免的平衡与协调机制问题。其次，检察官责任豁免规则形式上的有限性主要体现为检察官责任豁免规则的条文数量不多，多为抽象性的原则性规定，实质内容上的有限性体现为检察官豁免权是一种相对豁免权，因此，构建豁免权规则需要将抽象的规定具体化。应规定司法瑕疵豁免的无条件性，即对于检察官在司法办案中的司法瑕疵，无论其瑕疵是否影响到案件结论和效力，检察官都应享有豁免权。至于错案责任豁免，错案概念本身不具有合理性，因而无须特意规定错案责任豁免，只须规定检察官对其准司法行为享有豁免权即可。检察官的司法责任豁免制度同样是检察官职业保障制度建设的重要内容。应明确规定检察官的民事责任豁免权，免于检察官的缠讼之累，保障检察官行使职业权力。应适当对检察长责任作出适当限定。推进司法瑕疵责任豁免和准司法行为责任豁免制度建设，促进检察官职业身份免于被改变，完善检察官的申诉控告权利制度，保护检察官的豁免权。

二、学术价值

对于检察官豁免权问题，国内尚缺乏系统研究。本书研究的学术价值在于通过对检察官豁免权理论进行系统的研究，丰富现有研究成果，为我国检察官豁免权制度建立的合理性与正当性提供系统的理论基础，并通过实证研究为检察官豁免权制度在我国的建立与完善提供理论依据。

（一）夯实检察官豁免权基础理论

检察官豁免权理论是豁免权理论中的重要组成部分，但目前关于豁免权的理论研究成果多集中于国际法层面的国家主权豁免理论，国内法意义上的豁免权研究则集中于人大代表言论豁免权、法官豁免权、律师辩护豁免权、证人豁免权，少有学者关注国内法意义上的检察官豁免权，更不用说对检察官豁免权的基础理论进行系统研究。同时，检察官豁免权理论又是检察官制度理论乃至司法豁免权理论的重要内容，已有的检察官豁免权理论研究在国内尚处于起步阶段，其研究范围主要局限于对国外检察官豁免判例进行梳理。从法哲学和法律逻辑学相结合的角度，在对豁免及相关概念的内涵和豁免的逻辑结构进行清晰界定和分析的基础上，全面系统探讨了检察官豁免权的内部逻辑结构，明确了检察官豁免权的主体、客体及内容，进而揭示检察官豁免权的内涵与外延，认为检察官豁免权是不受某些法律后果约束或不适用某些法律规则的自由，填补了检察官豁免权基础理论的空白，为检察官豁免权理论夯实了理论基础，丰富了现有的研究成果。

本书分别从检察官豁免权的理论基础、道德基础和制度基础三个方面对检察官豁免权的正当性进行了探讨，系统分析准司法官理论、制度利益衡量理论和有限理性理论是检察官豁免权的理论基础，提出了尊严、理性、正义是检察官豁免权的伦理基础，还分别探讨了美国和中国检察官豁免权制度的制度基础，既是对检察官豁免权理论研究成果的拓展，又从新的角度（道德基础和制度基础）进一步论证了检察官豁免权的正当性，进一步为我国检察官司法责任豁免制度的完善提供理论依据。检察官豁免权理论基础将为我国检察官豁免权制度建立的合理性与正当性提供系统的理论支撑，为检察官豁免权制度在我国的建立与完善提供理论依据，从而能明晰检察官豁免权制度的基本构成要素、价值与功能。

（二）完善检察官司法责任和检察官职业保障理论

检察官豁免权制度作为司法豁免制度，与检察官责任追究制度之间的关系是统一而非矛盾的关系，二者都是检察官司法责任制的重要内容，关系到检察官司法责任制度的改革成败；检察官豁免权是检察官的职业权利体系中的基础性权利，也是检察官职业保障制度的重要内容，关系到检察官职业保障制度的完善与否；因此，检察官豁免权理论属于检察官司法责任与检察官职业保障理论的交叉领域，其理论的完善与否关系到检察官司法责任制理论与检察官职业保障理论的宽度。从已有的研究成果来看，关于检察官司法责任的追究、检察官的薪水保障制度及检察官的人身安全保障制度等问题已有学者论及，但关于检察官豁免权的研究却很少，这是检察官司法责任、检察官职业保障理论研究中的短板。国内外部分学者将中国检察官有关责任豁免和检察官职业保障制度与西方国家检察官豁免权制度截然分割开来。但笔者认为，责任豁免制度作为检察官职业保障制度的重要内容，检察官的职业保障需要豁免权的切实保护，其财产、职业身份及职位等及其名誉、荣誉等权利也会因此受到相应保护，履职的积极性不会因担心被追责而受到打击或有后顾之忧。从这一点来看，检察官豁免权给依法履职检察官的利益与保障是全方位的。检察官豁免权理论能够拓展检察官职业保障理论的宽度，也能够有效地弥补检察官司法责任追究理论的漏洞，从而能够更加完善检察官职业保障理论与检察官司法责任理论。

（三）丰富检察官责任与豁免平衡的理论基础

检察官豁免权是检察官对其司法办案行为享有不承担司法责任或免于承担司法责任的自由，或者说是检察官的法律地位免受他人改变的自由。检察官可以以豁免权为由来对抗检察官司法责任与民事赔偿责任，因而在某种意义上，检察官豁免权是对检察官责任的排斥。目前有关检察官责任与豁免的理论研究中检察官豁免权被有些学者作为检察官责任的对立面。当然，不可否认的是，仍然有学者认为检察官豁免与检察官责任之间是统一协调的，二者是相辅相成的，缺一不可的，但也局限于点到为止，对二者统一协调的理论探讨不够，尤其是对如何平衡检察官豁免与检察官责任之间的关系仍然缺乏系统的理论探讨。部分学者忽视甚至否定检察官豁免权制度。

笔者赞同检察官责任与豁免相统一的观点，该观点建立在系统理论、认识论和允许的风险理论基础上，进一步丰富了检察官豁免权理论基础中的有限理性理论、制度利益衡量理论。检察官豁免权制度的存在与检察官惩戒制度并行不悖，检察官豁免权制度与检察官责任制度相契合，他们之间的协调与并举是实现司法法治的必要。只有在充分论证检察官豁免权制度具有正当性和可行性的基础上，充分吸纳检察官豁免权制度的合理之处，并结合当代中国实际进行理论和制度创新，才能使检察官豁免权制度得以真正建立并取得实效。系统地研究检察官豁免与检察官司法责任之间的关系，为限制检察官司法追责过程中的非理性因素，从而反向划定检察官司法责任的范围，保障检察官豁免权，为实现检察官豁免与检察官责任的平衡提供了理论上的支撑。探讨检察官司法豁免的程序、司法豁免的条件和范围，为避免检察官滥用豁免权，逃避司法责任，损害司法公正提供理论指导，为平衡检察官责任与豁免之间的关系提供了理论上的依据。

三、实践意义

通过对检察官豁免权制度的科学设计，我们可以在责任与豁免之间作一个接近合理的选择，而不是简单地将两者对立，从而既防止检察官滥用职权又促进其积极行使职权。检察官豁免权制度建设研究不仅有助于保障检察官依法独立行使检察权、维护司法权威，为促进司法改革和实现司法公正提供新思路，而且立足于为高层决策服务，为国家修订、完善现行检察官保障制度和责任制度提供政策建议。检察官豁免权研究的实践意义具体体现在以下几个方面。

（一）为检察官豁免权法定化提供立法建议

在对美国检察官豁免权制度进行历史考察和对美国检察官责任豁免判例进行研究的基础上，结合对我国检察官责任豁免制度文本的规范分析和对检察官责任追究的案例分析，对我国有关检察官责任豁免的实施现状作了实证分析，为检察官豁免权制度构建的可行性予以证明和回答，提出了我国应建立检察官豁免权制度的主张。我国《宪法》《检察官法》《人民检察院组织法》对检察官独立行使职权仅作了原则性的规定，未涉及检察官豁免权的具体内容，《国家赔偿法》、最高人民检察院《关于完善人民检察院司法责任制的若干意见》、《人民检察院司法责任追究条例》和《检察官惩戒工作程序规定（试行）》等对检察官责任豁免作了相应规定，涉及检察官民事责任，这些司法文件的效力位阶较低，检察官豁免权仍然没有引起足够的重视。笔者通过对我国检察官司法责任豁免规范和履职保障规范的分析研究，提出了具有可行性的检察官司法责任豁免和民事责任豁免的具体完善方案，为国家修订、完善现行检察官豁免权制度提供立法上的建议；提出了与检察官豁免权制度相契合的检察官司法责任制度改革方案，并将检察官豁免权制度作为检察官职业保障制度的重要内容，力求推动检察官司法责任制度与保障制度的修订与完善。

（二）为推进司法责任制改革提供方案

面对检察官权责失衡难题、检察官员额制改革和检察官职业角色紧张以及检察官职业风险趋增的新态势，当前的检察官司法责任制度已然不能满足检察权依法独立公正运行的发展需要，检察官司法责任制度强调对责任的追究，轻视对检察官行使职权的保障，未能平衡司法责任追究与司法责任豁免之间的关系。本书提出了通过检察官豁免权实现检察官司法责任追究与司法责任豁免之间的平衡的方案，并且提出了针对检察官惩戒委员会惩戒程序的改革方案，为检察官依法独立行使检察权创造更好的制度环境，促进构建体系化的检察官豁免权制度，使检察官依法积极履职的行为受到豁免权的保护。检察官在行使职权时无须权衡利弊得失，不用担心履职风险与责任，只需服从法律；不用屈服于任何外在的压力，能够促进促进检察官依法独立行使检察权，保证司法的公正。

抓住司法责任制这一司法体制改革的“牛鼻子”，通过对检察官责任豁免与检察官司法责任制关系的研究，促进司法责任制改革，从片面强调追究检察官司法责任，向既要追责、又要保障检察官依法独立公正积极行使检察权方向转变。既规范检察官司法权力的行使，通过责任追究监督制约检察权，避免权力的滥用，又要留有一定的责任豁免空间，鼓励检察官积极、正确地行使检察权，保障检察官依法独立行使检察权，保障其履职行为。既追究检察官责任，通过惩戒机制，促进检察官对办案质量负责，又让检察官受到豁免权的保护，无缠讼之累，无后顾之忧，通过激励机制让检察官对办案质量负责。

第二章
检察官豁免权内涵

“检察官豁免权到底是什么”是回答“为什么要确认检察官豁免权”和“怎样建构中国检察官豁免权制度”问题的前提。必须揭示检察官豁免权的内涵和外延，检察官豁免权的构成要素包括检察官豁免权的主体、客体和内容三个方面，他们之间的关系构成了检察官豁免权的内部结构。检察官豁免权与检察官责任、相对人无能力之间的对当关系是清晰地界定检察官豁免权外部逻辑结构的基础，也是寻求检察官责任追究与责任豁免平衡的理论前提。

第一节　豁免权及相关概念的辨析

从法律逻辑上来说，要想全面准确理解检察官豁免权的内涵，必须明晰其邻近属概念——豁免权的含义。豁免权又是作为权利属概念之下的种概念，是对权利这一属概念作进一步限制的概念，对检察官豁免权概念进行概括可沿着“检察官豁免权→豁免权→权利”的方向进行。根据权利与义务对立统一的基本法理，豁免权背后一定对应着某种义务或某种责任（从逻辑上来说，义务和责任具有交叉关系），至于是何种类型的义务或责任，则需要根据豁免权的类型去界定。

一、豁免、赦免和免责的内涵及逻辑结构

中文中的“豁免”一词，原意为“免除（捐税、劳役）”，源自明朝徐光启的《农政全书》卷八：“至於坍江一项，虽粮经豁免，而土之在水，原无丧失。”西文中的“豁免”（immunity），可追溯至古罗马法，主要指对义务的免除，因而对享有豁免权的主体而言也是一种获益。“在罗马法上，豁免意味着免除义务，即免除法律、习惯或政府规定的义务。”① 豁免与免责或赦免等概念非常相似，以至于有人认为豁免就是免责，或者认为豁免就是赦免，但是，豁免与赦免、免责之间既有联系，又有区别。

（一）豁免的含义及结构

在现代社会，通常所称的豁免权主要有主权豁免权、司法豁免权、律师豁免权、立法豁免权等。除主权豁免权属于国际法的范畴之外，立法豁免权、司法豁免权、律师豁免权等均属于国内法范畴，检察官豁免权与法官豁免权一样同属于司法豁免权。鉴于本书的研究主题是检察官豁免权，笔者将主要从国内法的角度来探讨豁免及豁免权。

1. 豁免的含义

豁免最恰当的同义词是“免除”，英文“immunity”的含义除了“豁免”“免除”外，还有“免疫”的意思。《布莱克法律大辞典》和《牛津法律大辞典》对“immunity”的解释主要包括以下几层含义。

（1）义务或责任的免除。豁免首先是指义务、责任或法院令状送达的免除，尤其是给予公职人员或政府单位的豁免。② 享有豁免权的主体可以是个人、组织，也可以是国家，尤其是公职人员或政府单位。豁免权的权利主体，是基于公共政策的考量，对其履职行为给予特殊保护的特定群体，主要是担任公职的人员，如议员、外交官、法官等，但是不限于此类群体。立法豁免

---

① ［英］戴维·M. 沃克：《牛津法律大辞典》，李双元等译，法律出版社2003年版，第546页。

② See Bryan A. Garner, *Black's Law Dictionary*, Thomson Reuters, Tenth edition, 2014, p. 867.

权、行政豁免权、司法豁免权等豁免权法律关系的主体是公职人员或政府单位，外交豁免权法律关系的主体是外交官，律师豁免权法律关系的主体是执业律师等，这些特定群体履行职责的行为受到特殊保护。其次，豁免的主要内容是对义务、责任或法院令状送达的免除。这些特殊主体因其角色而负有特殊的义务、责任，某一主体享有豁免权是对其义务的免除、责任的免除。“豁免等同于免除了本应履行的义务。”① “豁免权意味着个人、组织以及国家不需履行法律、社会习惯以及国际惯例所规定的义务。”② 豁免指完全免除民事责任，尤其是针对履行特别重要的职能的公职人员，如审议法律的立法代表和主审案件的法官。③ 只要行为不违反明确规定的宪法或法定权利，对行使自由裁量权的公职人员免于民事责任。④

（2）侵权法上的豁免。豁免与特权不同，并不否定侵权行为，但能为侵权行为提供抗辩。⑤ 虽然存在民事侵权行为，但由于此类民事侵权行为比较特殊，基于维护某种法律关系或维护公共利益的考虑，侵权主体能以豁免事由对抗民事赔偿责任。民事侵权赔偿责任仅是责任中的一种，根据概念之间属种关系的逻辑特征，民事侵权赔偿责任的免除自然也包含在豁免之内，享有豁免权即意味着豁免权主体可以对侵权赔偿责任进行抗辩，因此，豁免也是对侵权赔偿责任的抗辩。在西方的理论中，公职人员在履行公职过程中，如果侵害了别人的民事权利，属于个人责任，公民可以据此提起对公职人员的民事诉讼，但公职人员能用豁免权进行抗辩，免除相应的民事赔偿责任。

从历史的角度来看，慈善豁免、企业豁免、夫妻豁免、亲子豁免等基本上是对民事侵权赔偿责任的抗辩。例如，针对慈善机关的民事侵权诉讼因豁免而被限制或禁止，甚至配偶之间、父母与子女之间的侵权诉讼，亦因豁免

---

① ［英］戴维·M. 沃克：《牛津法律大辞典》，李双元等译，法律出版社 2003 年版，第 546 页。
② ［英］戴维·M. 沃克：《牛津法律大辞典》，李双元等译，法律出版社 2003 年版，第 546 页。
③ See Bryan A. Garner, *Black's Law Dictionary*, Thomson Reuters, Tenth edition, 2014, p. 867.
④ See Bryan A. Garner, *Black's Law Dictionary*, Thomson Reuters, Tenth edition, 2014, p. 868.
⑤ See Bryan A. Garner, *Black's Law Dictionary*, Thomson Reuters, Tenth edition, 2014, p. 868.

权的存在而被限制或禁止。夫妻豁免源自古老的观念，即夫妻在法律上是一个整体，因此，一方不可能去伤害另一方。在现代，绝大多数国家已经废除或严格限制了慈善豁免；在法律经历了从身份到契约的历史演变之后，法律面前人人平等的原则得以确立，夫妻之间人身伤害的豁免在绝大多数国家已经被废除；企业豁免仅仅限于豁免员工善意履职的民事侵权行为，即员工不承担个人责任；许多国家仍然保留了亲子关系的豁免，父母不需要因侵权行为对子女负责、子女也不需要因侵权行为对父母负责，亲子豁免主要限于豁免父母因一般过失而造成的对未成年子女的民事侵权行为，父母对未成年子女的故意伤害被排除在外。

（3）刑法上的豁免。在西方国家，根据“任何人不得被迫自证其罪”的原则，如果控诉方要求证人作证，但是其证言可能涉及自身有罪，那么，证人可以拒绝作证。这给控诉方收集证据和追诉重大犯罪造成了很多困难。为了获得证人的证言，追诉重大犯罪，很多国家的法律规定：如果证人放弃“不得被迫自证其罪”权利，国家就豁免证人证言所涉行为的罪行，或豁免证据使用。为了获得证人的证词，政府赋予其免于被追诉的自由。[①] 刑法上的豁免包括非正式豁免、罪行交易豁免（主要指辩诉交易豁免）、证据使用豁免（不得以证人被迫作证的证词对该证人起诉），[②] 其本质是国家与污点证人（包括犯罪嫌疑人或罪行较轻的罪犯作为证人）之间的司法交易。刑法上的罪行豁免即国家对证人证言中所涉及的自身罪行不再追诉，即通常所说的证人刑事责任豁免：国家为了获取某些重要的证据，或重大案件的证据，或者为追究首恶分子的严重罪行，为了打消同案或其他案件中犯罪嫌疑人或罪行较轻的罪犯的顾虑，对其作出承诺：如果其放弃拒证权，转而提供某些关键的证据证明更重大或首恶罪行，将不再对其进行刑事责任追究。[③] 罪行豁免主要为德国所采用，英国、澳大利亚以及加拿大等采用证据使用豁免形式，

---

① See Bryan A. Garner, *Black's Law Dictionary*, Thomson Reuters, Tenth edition, 2014, p. 868.

② See Bryan A. Garner, *Black's Law Dictionary*, Thomson Reuters, Tenth edition, 2014, p. 868.

③ 参见汪海燕：《建构我国污点证人刑事责任豁免制度》，载《法商研究》2006 年第 1 期。

美国的法律制度采用联邦和州双元体制，证人豁免制度呈现同样的特点，有的州采用罪行豁免，如伊利诺伊州；有的州采用证据使用豁免，但联邦主要采用证据使用豁免。所谓证据使用豁免“是指被豁免的证人提供的证言或任何根据该证言而获得的信息不得在随后进行的任何刑事诉讼中用作不利于该证人的证据”①。

（4）不适用某些法律规则的自由状态。豁免是“不受某些法律后果约束或不适用某些法律规则的自由状态”②。人们的行为不受某些法律规则的评价，或者说他们不必受某些法律规则的约束，他们享有很大的自由。一个人享有不因他人的行为或不作为而改变某一特定法律关系的自由。③《牛津法律大辞典》对 immunity 的解释则是：“豁免是限制法官对某类人或主体行使这种管辖权的禁令，其目的不是推翻赔偿责任，而是将索赔引向另一种解决方法。因此，议会豁免禁止在议会开会期间对议员提起法律诉讼。”④

上述 4 种观点从豁免对象的角度揭示了豁免的主要含义，如刑法上的豁免和民事侵权法上的豁免，包括对特定人法律责任和义务的免除，即特定的民事侵权行为人、国家与之进行司法交易的污点证人（包括犯罪嫌疑人或罪行较轻的罪犯作为证人）法律责任的免除，对特定的国家公职人员、特定的政府单位免于承担特定义务等。但是豁免可分为“特定豁免与不特定豁免”⑤，从豁免对象的角度来解释豁免权，仅仅揭示了豁免的对象，尚不能揭示豁免权的主体。若从豁免的主体与客体相统一的角度，豁免是指对特定人免于适用某些法律规则的自由。某人享有豁免权意味着某些法律规则不适用于他，或某些法律后果不能约束他，可以解除规则对其的限制性规定，包括解除义务和法律责任对其的约束。某人享有豁免权意味着其享有不受他人法

---

① 汪海燕：《建构我国污点证人刑事责任豁免制度》，载《法商研究》2006 年第 1 期。

② ［英］戴维·M. 沃克：《牛津法律大辞典》，李双元等译，法律出版社 2003 年版，第 546 页。

③ See Bryan A. Garner, *Black's Law Dictionary*, Thomson Reuters, Tenth edition, 2014, p. 868.

④ Peter Cane & Joanne Conaghan, *The New Oxford Companion to Law*, Oxford University Press, 2008, pp. 571 – 572.

⑤ ［美］霍菲尔德：《基本法律概念》，张书友编译，中国法制出版社 2009 年版，第 91 页。

律权力[①]（利）支配或“控制”的自由，免于适用某些法律规则，不需要承担某些法律后果。豁免不仅是对人权，而且是对物权，是不特定豁免与特定豁免的统一，当他人想改变豁免权法律关系，豁免权主体有权选择保持其法律地位不受改变，他人则没有能力改变这种地位，即无能力改变这种法律关系。

2. 豁免权的逻辑结构

美国法哲学家霍菲尔德对豁免权进行过理论上的探讨，构建了独特的法律概念体系。在霍菲尔德看来，所有法律因素都可以归结为最简单的基本法律概念，他们是法律关系的“最小公分母”[②]，是解释各种复杂法律现象的逻辑框架。其建构的法律概念体系实际上是权利概念与非权利概念体系，包含8个基本法律概念。豁免权（immunities）与权利（rights即狭义权利，也可称为请求权）、特权（privilege，也可称为自主权）、权力（powers，法律能力）被划到了权利概念体系，责任（liabilities，法律责任）则与义务（狭义义务duty）、无权利（no-rights）和无权力（disabilities）被划到非权利概念体系中。

霍菲尔德认为，法律尊重和承认权利主体的选择，这是我们通常所说的权利，但权利在4种意义上使用。最严格意义上的权利即狭义权利给予个人自由选择，要求他人做或者避免做某个行为，因此狭义的权利是法律所确认和保障的请求权（claim）。特权是指一个人有权利时，可以自主地去选择做什么事情，因此也可以称为自主权，自主权则赋予主体选择做或避免做某种行为的自由。霍菲尔德所指称的权力权并非公共权力，而是指法律赋予权利主体的自由选择的意志优先于其他人，因此他在法律上享有改变他人的法律地位的力量，也就是说权力权赋予权利主体改变他人法律地位的选择以法律效力。豁免权则意味着当他人想改变这种法律关系，但是权利主体选择保持其法律地位不受改变，他人没有能力改变这种地位。当我们说一个人有一个

---

① 此处所指的法律权力并非公权力，最恰当的解释应为法律能力。如要改变某个法律关系，某人的意志具有首要支配地位，那么他享有法律权力，或者将它称为法律能力。

② ［美］霍菲尔德：《基本法律概念》，张书友编译，中国法制出版社2009年版，第76页。

权利的上述 4 种意义的任一种的时候，我们并不是指任何他所作的实际的选择，而是指相关的法律规则使得：如果他进行选择，就会带来特定的结果；或是指，如果他这样选择，则没有妨害他的选择的规则。如果存在不能被放弃的法律权利，则需要特殊的对待。①

霍菲尔德认为，并非一切法律关系都可以化约为“权利”与“义务”②，但是可以将各种法律关系纳入相反（opposites）关系和相关（correlatives）关系中。非权利概念与权利概念在逻辑上是相反关系，上述 4 种意义上的权利概念，分别对应于 4 种意义上的非权利概念。无权利与权利相反，义务与特权相反；无权力与权力相反③，责任与豁免相反。但权利概念与非权利概念又是密切相关的概念，因此概念之间也构成相关关系。霍菲尔德列出了 4 个权利概念与 4 个非权利概念的两组列表，一个是法律关联项的列表（Jural Correlatives），另一个是法律对立项（Jural Opposites）的列表。④

“法律对立项”的列表：

狭义权利	特权（自主权）	权力	豁免权
无权利	狭义义务	无权力	责任

“法律关联项”的列表：

狭义权利	特权（自主权）	权力	豁免权
狭义义务	无权利	责任	无权力

---

① 转引自李剑：《对霍菲尔德法律权利概念的分析》，载 http：//www. iolaw. org. cn/shownews. asp? id = 10461，最后访问日期：2024 年 5 月 1 日。

② “下面这种公开或默认的臆断往往是清晰理解、透彻表述以及正确解决法律问题的最大障碍之一：一切法律关系皆可化约（reduced to）为‘权利’与‘义务’”参见［美］霍菲尔德：《基本法律概念》，张书友编译，中国法制出版社 2009 年版，第 26 页。

③ 霍菲尔德认为，法律事实可能引起法律关系的变更，但有些事实是基于某人的意志所不能支配的事实，有些事实是基于某人的意志所能支配的事实。如果某人的意志居于首要支配地位，能够改变法律关系，那么我们认为某人有改变法律关系的法律权力。此时，与权力最接近的同义词是能力，无权力也可视为无能力。

④ 参见［美］霍菲尔德：《基本法律概念》，张书友编译，中国法制出版社 2009 年版，第 28 页。

如果把某种“权利/非权利”的法律关系所关涉的主体与对象称作某种权利或某种非权利的“依存者”（the party in whom a right or a non - right resides），法律对立项是依附于相同的依存者的矛盾物。例如，在 X 这一依存者身上，X 的狭义权利的对立项就是 X 的无权利，Y 的特权的对立项就是 Y 的狭义义务，X 的权力的对立项就是 X 的无权力，Y 的豁免权的对立项就是 Y 的责任。法律关联项是依附于不同依存者的等价物，以豁免权和权力权为例，如 Y 作为豁免权的依存者，X 作为无权力的依存者。因豁免权与无权力相关，Y 的豁免权的关联项就是 X 的无权力；同理，X 的特权的关联项就是 Y 的无权利，X 的权力权的关联项就是 Y 的责任，X 的权利（狭义）的关联项就是 Y 的义务（狭义）。因此我们可以把霍菲尔德的权利概念体系用图 2 - 1 和图 2 - 2 的法律关系来表示，代表了两个法律主体之间的法律关系。

图 2 - 1　法律关系

图 2 - 2　法律关系

图 2 –1 和图 2 –2 借助逻辑方阵图表示了 8 个基本法律概念的相反关系和相关关系，逻辑方阵图 2 –1 包含了 4 个法律概念：权利、特权、无权利和义务；逻辑方阵图 2 –2 包含了 4 个基本法律概念：权力、豁免、无权力和责任。处于相反关系中的主体是同一的。如 X 的权力与 X 的无权力，Y 的责任与 Y 的豁免权。但是，处于相关关系中的主体是不同一的，如 X 的权力与 Y 的责任，X 的无权力与 Y 的豁免权。相反关系在逻辑上是矛盾关系，根据权力权与无权力的相反关系，X 对 Y 享有权力权意味着并非 X 对 Y 无权力，前者是对后者的否定，反之亦然。根据豁免权与责任的相反关系，Y 对 X 享有豁免权意味着并非 Y 对 X 有责任，前者是对后者的否定，反之亦然。相关关系是两个主体之间的相对关系，根据权力权与责任的相关关系，X 对 Y 享有权力权意味着 Y 对 X 有责任，Y 对 X 享有豁免权意味着 X 对 Y 无能力；从逻辑上，我们又可以将这种相关关系转换为等值关系，X 对 Y 享有权力权等值于 Y 对 X 有责任，Y 对 X 享有豁免权等值于 X 对 Y 无能力。

逻辑方阵图 2 –1 和图 2 –2 只是部分地展示了概念之间的外部联系，并没有清晰地呈现不同主体之间法律关系的内部逻辑结构。在相反关系中主体具有同一性，为了更直观地展示法律关系，将逻辑方阵图中的 4 个概念分别具体化为两个主体之间的关系，可以选择主体不具有同一性的相关关系作为分析的基础，Y 的豁免权是相对于 X 的无权力（能力）而言，Y 对于 X 享有豁免权，等值于 X 对于 Y 无能力（改变 Y 的法律地位或者法律关系）。Y 对于 X 没有豁免权，等值于 X 对于 Y 有能力（改变 Y 的法律地位或者法律关系）。因此，“X 的无能力”与“Y 的豁免权”之间的相关关系可以转换为“X 对 Y 无能力”与“Y 对 X 享有豁免权”之间的等值关系；同理，“X 对 Y 有能力”与“Y 对 X 没有豁免权”之间也是等值关系。“X 对 Y 无能力”与“并非 X 对 Y 无能力”之间则是矛盾关系，“Y 对 X 享有豁免权”与“并非 Y 对 X 享有豁免权”之间也是矛盾关系，将图 2 –2 中具有相关关系的豁免权与无权力（无能力）之间的逻辑关系进行改造如图 2 –3 所示。

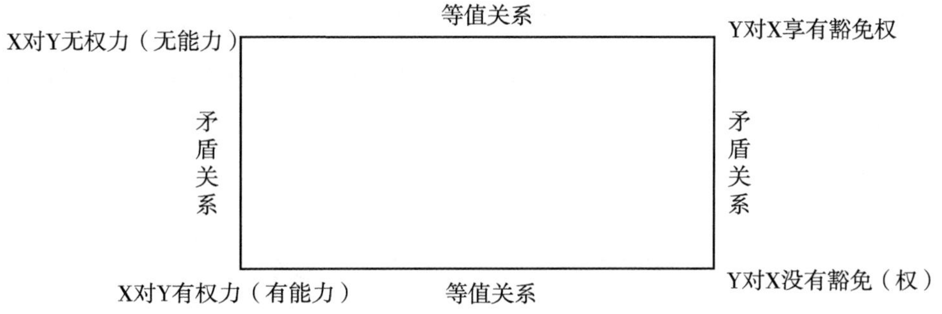

图 2－3　豁免权法律关系

但是，图 2－3 只是清晰地体现了“无权力或无能力”与“豁免权”之间的相关关系，并没有清晰地展示“Y 对 X 享有豁免权”与“X 对 Y 有权力”、“Y 对 X 没有豁免权”与“X 对 Y 无权力”之间的关系。豁免是豁免权主体选择保持其法律地位不受改变，他人没有能力改变这种地位，即无能力改变这种法律关系。对于同一依存者（主体）而言，豁免与责任是对立的，豁免权概念是责任概念的矛盾概念，对“Y 对 X 没有豁免权”可以换质为“Y 对 X 有责任”，我们可以借助规范模态判断的对当关系对图 2－3 进行改造，如图 2－4 所示。

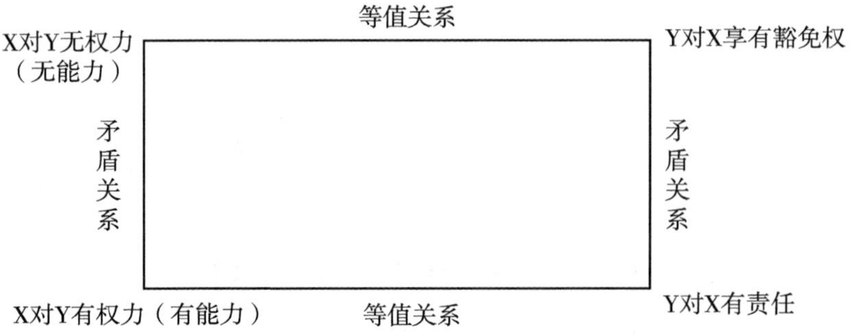

图 2－4　豁免权与无权力、责任的逻辑关系

在规范模态判断中，积极义务与消极义务是反对关系，积极允许与消极允许是下反对关系。积极义务与消极允许是矛盾关系，消极义务与积极允许是矛盾关系。积极义务与积极允许之间是差等关系，消极义务与消极允许之间也是差等关系。责任是第二性义务，责任也可根据是否需要作出一定行为分为作为责任（积极义务）和不作为责任（消极义务），由此我们也借助规范判断的对当关系如图 2 –5 所示，得出有关责任的对当关系如图 2 –6 所示。

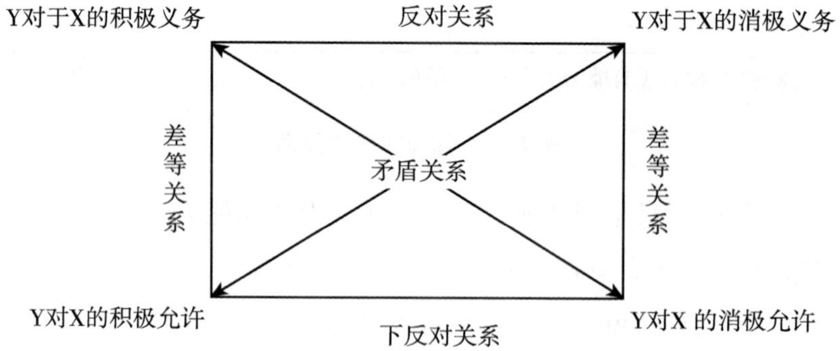

图 2 –5　权利、义务规范命题之间的对当关系

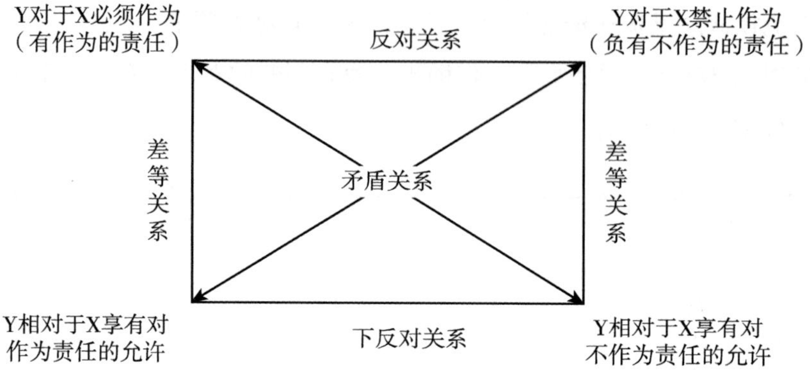

图 2 –6　责任规范命题之间的对当关系

责任与豁免权是同一主体的对立项，“Y 相对于 X 享有对作为责任的允许”可以换质为“Y 相对于 X 没有豁免权”，“Y 相对于 X 享有对不作为责任的允许”可以换质为“Y 相对于 X 有豁免权”。因此，图 2 –6 又可以转换成图 2 –7。

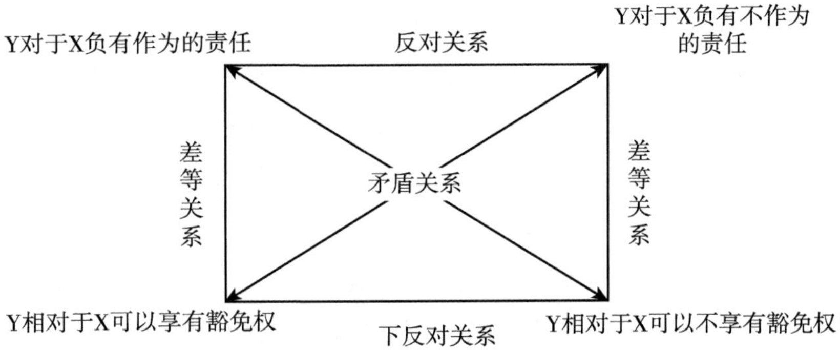

图 2-7 豁免权规范命题与责任规范命题之间的对当关系

如图2-7所示，“Y对于X负有作为的责任”与“Y相对于X可以不享有豁免权”之间、“Y相对于X可以享有豁免权”与“Y对于X负有不作为的责任”之间的关系均为矛盾关系。“Y对于X负有作为的责任”与“Y对于X负有不作为的责任”之间是反对关系，由“Y对于X负有作为的责任”为真可以推出“Y对于X负有不作为的责任”为假，但不能由“Y对于X负有作为的责任”为假推出“Y对于X负有不作为的责任”为真，即二者可以同时为假，但不能同时为真。“Y相对于X可以不享有豁免权”与“Y相对于X可以享有豁免权”之间是下反对关系，由“Y相对于X可以不享有豁免权”为假可以推出“Y相对于X可以享有豁免权”为真，但不能由“Y相对于X可以不享有豁免权”为真必然推出“Y相对于X可以享有豁免权”为假，即二者可以同时为真，但不能同时为假。“Y对于X负有作为的责任”与“Y相对于X可以享有豁免权”之间、“Y对于X负有不作为的责任”与“Y相对于X可以不享有豁免权”之间是蕴含关系或差等关系，由“Y对X负有作为的责任”为真可以推出“Y相对于X可以享有豁免权”为真，由“Y对X负有不作为的责任”为真可以推出“Y相对于X可以不享有豁免权”为真，但不能由“Y相对于X可以享有豁免权”为真必然推出“Y对X负有作为的责任”为真，也不能由“Y对X可以不享有豁免权”为真必然推出“Y对X负有不作为的责任”为真。可以由“Y对X可以享有豁免权”为假必然推出“Y对X负有作为的责任”为假，由“Y对X可以不享有豁免权”为假必然推出“Y对X负有不作为的责任”为假。

如果将图2－7与图2－4进行比较就会发现，图2－7只是清晰地体现了豁免权与责任之间的逻辑关系，未能体现豁免权与无权力（无能力）之间的逻辑关系，即只体现了图2－4中的一半内容，我们还需要绘制另外一张对当关系图，并且需要说明该图与图2－7的关系。

根据图2－2，权力与无权力（能力）是相反关系，豁免权与无权力（能力）是相关关系，相关关系属于不同主体之间的关系。“X对Y无权力（能力）”等值于“Y对X有豁免权”，“X对Y无权力”等值于“并非X对Y有权力”，这意味着豁免权可以在逻辑上通过一定的操作步骤被还原为权力，“Y对X有豁免权”等值于“并非X对Y有权力（能力）”，“X对Y有权力（能力）”等值于“并非Y对X有豁免权”。

换句话说，如果X对Y做出某种行为（用H表示）改变X与Y之间的法律关系（用LN表示），那么Y对X不享有豁免权，即Y没有免于被X做H改变LN的自由，同理，如果Y对于X有免于被X做H改变LN的自由，即Y对于X无责任。反之亦然，即Y对X无（X不做H改变LN）的自由；Y无（X做H改变LN）的自由包含了“Y对于X做出某种行为（H）不改变LN的自由”，他们之间的对当关系如图2－8所示。

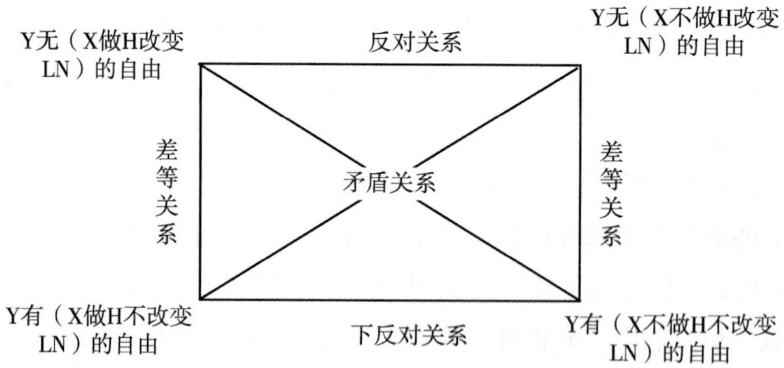

图2－8　豁免权规范命题之间的对当关系

豁免权作为权利的种概念之一，在与 X 相关联的权利列表中，即权利的主体 Y 拥有的对 X 的权利，或者说是指向 X 的权利。豁免权是主体 Y 选择保持其法律地位不受改变，即不受 X 权力的支配，X 对于享有豁免权的主体 Y 来说，无能力改变这种法律关系。如果豁免权的主体 Y 选择保持其法律地位不受改变，那么该主体 Y 与 X 的法律关系将不会被改变，即 X 无能力改变这种法律关系。或者换句话说，如果豁免权的主体 Y 选择了保持其法律地位不受改变，则没有规则能够妨害他的这种选择，Y 受到法律规则的保护。豁免权就是主体 Y 与 X 的法律关系免受 X 法律权力或控制的自由，即“豁免权就是某人的自由，就某个法律关系来说不受他人法律权力（利）支配或‘控制’的自由”①。举例来说，假设 Y 作为豁免权的主体，X 作为与 Y 相关联的主体，X 与 Y 之间存在给定的法律关系 LN，那么 Y 对 X 在某个给定的法律关系 LN 上具有豁免权，即 Y 不受 X 法律权力的支配，当且仅当 X 对于 Y 在该法律关系 LN 上无能力。Y 对他人在 LN 上具有一个 LN 不得被他人剥夺的豁免权。在霍菲尔德的豁免权概念中，无权力（无能力）是豁免权的法律关联项。如果 Y 对 X 具有豁免权，总关联于 X 对 Y 的无能力，那么，X 对 Y 的无能力的事实，也总是表明 X 不具有对 Y 的权力权。豁免权“所保证的免于为他人改变的，乃是一个人对于他人的‘权利—非权利’的法律关系，是一个人对于他人的作为权利的法律地位不为他人所改变”②。

3. 豁免权的特征

通过上文对豁免的词源考察和语义哲学角度的分析，笔者认为，豁免权是主体因其特殊的职能身份，对自己的履职行为排除或免受司法追诉，或免于承担普通公民应承担的义务、责任，其享有的法律地位免于为他人而改变的自由。豁免权的主要特征有以下几个方面。

---

① Wesley Newcomb Hohfeld, *Fundamental Legal Conceptions*, New Haven and London Yale University Press, 1964, p. 60.

② 李剑：《霍菲尔德法律权利概念的分析》，载 http://www.iolaw.org.cn/shownews.asp?id=10461，最后访问日期：2024 年 5 月 2 日。

（1）豁免权法律关系的主体是某些特定职业或身份的人

豁免权的主体是豁免权的依存者，是某些特定职业或身份的人。豁免权最初是由特权身份、社会声望等衍生出来的免除法律义务的权利，如拥有皇亲贵族等特权身份的人，不受某些法律后果的约束或不适用某些法律规则，即王权豁免；但随着皇权的没落和主权国家的兴起，豁免权由王权豁免演变为主权豁免；随着民主国家的建立，社会契约、主权在民、人民主权等理论作为基本的法治理论，为主权国家及其代表豁免权的确立，奠定了坚实的理论基础，随之而来的是国家元首豁免权、议员豁免权、人民代表豁免权、法官豁免权、检察官豁免权等；随着法律从身份到契约的转变，民主、平等、法治观念更加深入人心，主权国家一律平等，平等主体之间不能相互管辖，国际法意义上的豁免即主权国家及其外交代表不受外国国内法的司法管辖，外交代表的管辖豁免权亦得以确立，包括领事豁免、国家元首豁免、外交豁免等。主权国家在外国法院援引民事司法豁免，往往通过相应的机构或个人来进行，如国家机关、中央政府部门和国家代表（包括国家元首、外交和领事人员、经授权代表国家行为的个人等）。

豁免权的主体因为履行公职或行使职责被给予特殊保护，国家豁免其因履职行为侵害公民权利而产生的义务或责任，他们的法律地位不因被侵权人的行为而发生改变，或者说被侵权人无能力改变他们之间的法律关系。因此，在豁免权法律关系中，与豁免权主体相对应的另一主体则是无能力（在霍菲尔德的概念体系中，无权力是无能力的代名词，为便于理解，后文中更多地使用无能力）改变这种法律关系的主体，即因豁免权主体行使职责行为遭受权利侵害的人。豁免权主体的法律地位因免受追诉受到法律的特殊保护，不会因这些受害人想追责而改变，因为受害人无能力通过自己的作为或不作为改变这种法律关系，即无力改变这种权利—非权利的法律关系。例如，立法代表或议员行使立法职责、法官行使审判职责、检察官行使公诉职责、律师行使辩护职责的行为受到法律的特殊保护，如果因这些行为侵害了别人的民事权利，这些主体免于承担普通公民本应承担的侵权责任。

（2）豁免权是主体的职务行为或角色行为权利

豁免权的主体因其具有特殊职能身份而享有豁免权，但并不意味着这是一种身份特权，而仅仅意味着豁免权是一种职业行为特权或身份行为。法官、检察官、警察、律师等这些拥有特定身份的人代表国家履行职责，他们在特定的法律关系中具有特殊的法律地位，其履行职责的行为侵害了受害人的权利，当受害人寻求权利救济时，主体可以申请豁免权的保护，而受害人对此无能力改变，只能接受或寻求其他救济途径。例如，人大代表或议员对其立法行为、法官对其审判行为、检察官对其公诉行为等享有豁免权，某些承担特殊角色的人（如证人）对与其角色密切相关的行为（如证人的作证行为）享有豁免权。职务行为或角色行为是主体享有豁免权的必要条件而非充分条件。具有特殊身份的主体只有从事职务行为时，才有可能享有豁免权；如果不是从事职务行为，则不享有豁免权。依照豁免的前提条件，豁免的形式主要有绝对豁免和相对豁免。绝对豁免不需要考虑行为者的动机，只要是豁免范围内，绝对免于司法程序，行为人也因此不需要承担民事责任；国际法意义上的绝对豁免包括民事司法豁免和民事执行豁免，国内法意义上的绝对豁免的意义则在于，主体可以以受到豁免权保护为由提出抗辩而免于民事诉讼等。而相对豁免则是有条件的豁免，是否豁免需要看具体法律事实，有可能进入司法程序。

（3）豁免权的本质是不适用某些法律规则的自由

豁免权归根到底是一种权利，是一种自由，是主体保持其法律地位的自由，是“一个人不因他人的行为或不作为而改变某一特定法律关系的自由”①，即“不受某些法律后果约束或不适用某些法律规则的自由状态”②。如果某项规则是义务性规则，“不适用该法律规则”首先意味着免除主体的义务；此外，如果该主体在履职行为中，出现了瑕疵，那么，该法律规则对其行为也不予评价，免受司法程序的追究，也是对其法律责任的免除。豁

① Bryan A. Garner, *Black's Law Dictionary*, Thomson Reuters, Tenth edition, 2014, p. 868.

② ［英］戴维·M. 沃克：《牛津法律大辞典》，李双元等译，法律出版社2003年版，第546页。

免的内容为豁免权的主体可以不承担普通公民本应承担的义务、责任或免除法律程序，具体而言包括免受司法追诉或不受法律评价，不需要承担侵权赔偿责任。“而豁免权是一种排除或免受国家法律或司法管辖与制裁的特权。”①

豁免权是主体享有的对他人的权利，或者说是指向他人的权利，但由于其主体的特殊性，该权利显然不是普遍权利。例如，律师执业豁免，对于其因履行职责发表的言论或提交的证据免受司法追诉；法官对其正当的审判行为免受司法追诉，不需要承担被误判的人的民事赔偿责任；检察官对其依法提起公诉行为，及其出庭支持公诉过程中提出的对法律和事实的看法与意见免于被司法追诉，即便该案件后来被证明是错案，也不需要承担被错误提起刑事公诉及被误判的人的民事赔偿责任等。

（4）豁免的法律后果是全部或部分不承担责任

与豁免的本质相应，如果豁免权主体选择行使豁免权，保持其法律地位不受改变，那么该主体与他人的法律关系将不会被改变，即他人无能力改变这种法律关系，即没有妨害豁免权主体选择的规则。如果存在豁免权，则需要特殊的对待。豁免权是法律普遍约束力原则的例外，即部分法律规则对担任特殊角色的人不全部发生法律效力，或者说部分法律规则对这些人的行为不予评价。尽管可能存在受害人权利遭受侵害的事实或者存在不法事实，但是由于豁免权主体担任特殊的角色，全部或部分免受责任的追究。也正因如此，在权利—非权利的对立项列表中，豁免的对立项是责任，如前所述，Y的豁免权的对立项就是Y的责任，因此Y行使豁免权的法律后果实际上是Y的责任的豁免，因Y受到豁免权的保护，其行为不受法律的评价，因而Y的责任不能被追究或归结。

（二）赦免的含义及结构

英文中 amnesty 与 pardon 均可指赦免，赦免可分为大赦和特赦。②

---

① 曾晶：《论我国人大代表司法豁免权》，载《湖南社会科学》2015年第2期。

② 在英文中，pardon 表示特赦，Amnesty 和 general pardon 可以互相解释，均表示大赦。

amnesty 主要指大赦，pardon 主要指特赦。据不完全统计，当代世界各国共约 60 多部宪法规定了赦免制度，如中国宪法、俄罗斯宪法、美国宪法、法国宪法、德国宪法、丹麦宪法、意大利宪法和韩国宪法等，这些宪法中都有关于“特赦”、“大赦”或“赦免”制度的文本表述。

1. 赦免的含义

马克昌等教授认为，赦免“是指国家免除或减轻罪犯的罪责或刑罚的制度”①，是“国家宣告对犯罪人免除其罪、免除其刑的法律制度”②。德国法学界普遍认为，赦免是指通过国家权力放弃刑事追诉权或放弃刑事执行权。③学界有关赦免内容和赦免对象的争议，其实质是大赦和特赦之争。

在西方，大赦可以追溯到古罗马和古希腊（公元前 403 年雅典内战期间的政治大赦），主要被用作解决某些重要的国家问题。大赦也称无条件赦免（absolute pardon）（unconditional pardon）和一般赦免，这种赦免一般以法令的形式出现。陈云生教授认为，大赦“是由国家元首或最高国家权力机关以法律、政令等形式对特定时期全部分或大部分或一部分特定的犯罪人或不特定的犯罪人已判定之罪或正在追诉之罪予以免罪和免于刑罚或免于追诉尚未定狱之罪的政令、法律、政策或措施”④。简单说，大赦通常是国家最高行政机关或立法机关对一类不特定的犯罪人实行普遍赦免，既免其刑，又免其罪。大赦的权力一般由国家最高立法机关或最高行政机关或最高行政长官来行使，如日本即由内阁来行使，我国由最高权力机关行使，美国由总统行使。赦免的对象是已经被判刑的罪犯或者可能面临审判的犯罪嫌疑人。除了针对普通犯罪，更多的是针对涉及政治类犯罪。据《布莱克法律大辞典》和《牛津法律大辞典》对大赦（amnesty）的界定，其所针对的通常是政治类犯罪及免除罪责：政府将赦免延伸到政治类犯罪，主权国家正式原谅某些受审判但尚

---

① 马克昌主编：《刑罚通论》（根据 1997 年刑法修订），武汉大学出版社 1999 年版，第 692 页。
② 高铭暄、马克昌主编：《刑法学》，北京大学出版社、高等教育出版社 2000 年版，第 326 页。
③ 此乃德国法学界之主流观点。
④ 陈云生：《大赦经纬》，载《国家检察官学院学报》2010 年第 1 期。

未被定罪的政治罪行。与特赦不同，大赦通常是针对反对国家主权的罪行，对公共福利更为有利，若行为人在大赦期间承认其非法行为，则可免于处罚。[①]“国王或者议会的赦免或者特赦行为，免除一些行为，通常是叛乱或者刑事犯罪行为的法律责任，使它们不再成为刑罚的基础。它比宽恕的范围更广，它免去了所有法律上的犯罪记录，而宽恕仅仅是免除刑罚。”[②]

特赦与大赦作为国家的政治统治术，自古并存。但与大赦不同的是，特赦针对个别罪犯，是对罪犯的可怜和宽恕，通常情况下，免除刑罚的执行，但保留原有罪判决，如法国《刑法》第133－7条明确规定“特赦仅告免除执行刑罚”。当然，不能否认的是，也有学者认为，特赦不仅免其刑而且免其罪，如赵秉志教授等认为，特赦可以分为普通特赦或特别特赦。普通特赦仅仅免除其刑罚不免除其罪，但特别特赦会使已受宣告的罪责和刑罚归于无效。[③]根据《牛津法律大辞典》的解释，特赦是“依据法律予以免除罪行或刑罚”[④]。“特赦是一种特殊的宽恕形式，通过该赦免，有条件地或无条件地免除罪犯犯罪的法律后果。”[⑤]根据《布莱克法律大辞典》的解释，特赦（pardon）是指：（1）官方免除罪犯的刑罚或其他法律后果的行为；（2）特惠或恩赦，免除或减轻有期徒刑；（3）宽恕请求。[⑥]现代国家，特赦一般由犯罪人个人自下而上地申请，或者委托司法机关代为申请。

上述观点从不同角度揭示了赦免的含义，揭示了赦免的部分法律属性，但并未全面揭示赦免的内涵，未对赦免权进行界定，包括赦免权行使的主体、赦免的对象、赦免的内容、赦免的本质。许崇德教授主编的《中华法学大辞典：宪法学卷》将赦免权界定为：以发布大赦令或者特赦令的方式赦免罪犯

---

① See Bryan A. Garner, *Black's Law Dictionary*, Thomson Reuters, Tenth edition, 2014, p. 103.

② ［英］戴维·M. 沃克：《牛津法律大辞典》，李双元等译，法律出版社2003年版，第47页。

③ 参见赵秉志、阴建峰：《和谐社会呼唤现代赦免制度》，载《法学》2006年第2期。

④ ［英］戴维·M. 沃克：《牛津法律大辞典》，李双元等译，法律出版社2003年版，第833页。

⑤ Peter Cane & Joanne Conaghan, *The New Oxford Companion to Law*, Oxford University Press, 2008, p. 864.

⑥ Bryan A. Garner, *Black's Law Dictionary*, Thomson Reuters, Tenth edition, 2014, p. 1286.

罪责和对已被定罪的罪犯给以免除或减轻刑罚的权力。[①] 这种对赦免权的理解涵盖了大赦和特赦，有其合理之处，但“赦免罪犯罪责”和“免除或减轻刑罚解释”不应是合取的关系，而应是析取的关系，因此，应将“赦免罪犯罪责和对已被定罪的罪犯给以免除或减轻刑罚的权力”改为“赦免罪犯罪责或对已被定罪的罪犯给以免除或减轻刑罚的权力”更为合适。赦免权就是指“以发布大赦令或者特赦令的方式赦免罪犯罪责或对已被定罪的罪犯给以免除或减轻刑罚的权力”。至于赦免权的法律属性，有立法权说、行政权说、司法权说、混合权力说几种观点，无论哪种学说，都认可赦免权是一种特权。行使赦免权的主体极其特殊：国家元首、国家最高行政机关或国家最高立法机关等。用霍菲尔德的权利—非权利关系理论，赦免权属于特权的范畴，特权的法律对立项是义务，法律关联项是无权利，因此，设赦免权的依存者为 Y，赦免的对象为 X，“Y 的特权”等值于“并非 Y 的义务”，“Y 对 X 的特权”等值于“X 对 Y 的无权利”，即 Y 的赦免权意味着 X 的无权利，如图 2－9 所示。

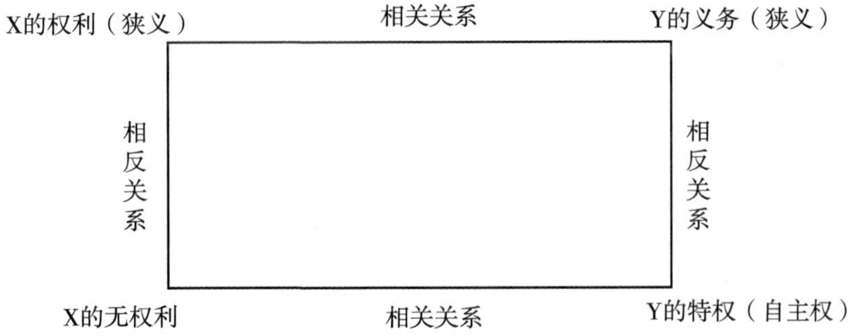

图 2－9　特权法律关系

赦免权作为国家的特权，与被赦免对象的无权利之间是相关关系，相关关系涉及不同的主体，从逻辑上来说，Y 对于 X 享有赦免权，等值于 X 对于 Y 无权利。但是赦免是一种单方的法律行为，Y 对于 X 没有赦免权，并不等

① 参见许崇德主编：《中华法学大辞典：宪法学卷》，中国检察出版社 1995 年版，第 520 页。

值于X对于Y有权利。赦免权作为国家的特权，无论是大赦还是特赦，都是国家针对赦免权法律关系的另一主体，即针对犯罪人或犯罪嫌疑人而作出的行为。赦免权的主体有特权，但是没有义务去赦免犯罪人，就赦免权的逻辑结构而言相对比较简单，即主体Y有赦免X的特权，可以赦免X，也可以不赦免X，无论Y是否行使赦免特权，法律都予以肯定，Y对X行使赦免权的法律后果是犯罪人或犯罪嫌疑人的罪行或刑罚被免除，如图2－10所示。

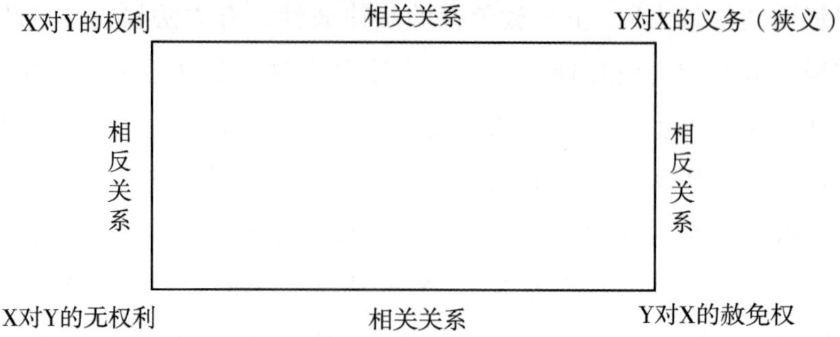

图2－10　赦免权法律关系

2. 赦免的要素

（1）赦免的对象

赦免的对象是那些未经审判，司法官认为触犯了刑法，应当受刑罚处罚的犯罪嫌疑人，或依据法律和事实，经审判被判定为有罪且正在接受刑罚处罚，但刑罚尚未执行完毕的罪犯。因此，将赦免的对象直接表述为“犯罪人”，包括犯罪嫌疑人和罪犯，似乎更为合理。从逻辑上来说，犯罪人和犯罪嫌疑人之间的关系是属种关系，犯罪人包括犯罪嫌疑人和罪犯，犯罪人的外延大于犯罪嫌疑人的外延。至于那些刑罚已经执行完毕的人，则不存在赦免的问题，也不是赦免的对象。

大赦的对象适用范围广，适用于某一特定时期不特定的犯罪人。特赦的对象适用范围窄，主要针对特定的犯罪人。应注意的是，特定犯罪人并不仅仅意味着单个犯罪人，而且还可以指特定类型的犯罪人。特赦往往不会以法律的形式出现，而会以政令、政策的形式出现。自中华人民共和国成立以来，我国共发布九次特赦令，除1959年第一次特赦的对象包含12，082名反革命罪犯、普通刑事罪犯和33名战争罪犯外，1960年至1975年的第二次至第七次特赦对象都是战争罪犯，2015年的第八次特赦和2019年的第九次特赦对象都是特定类型的犯罪人，有参加过抗日战争、解放战争的服刑罪犯，参加过保卫国家主权、安全和领土完整的对外战争的服刑罪犯，还有符合一定条件正在服刑的老年犯、未成年犯。大赦的效力不仅及于法院判决之后，也可及于法院判决之前，对犯罪人之前的犯罪行为在法律上全部予以销毁。例如，根据俄罗斯《刑法典》第84条、第85条之规定，赦免均可以免除犯罪人的刑事责任、刑罚，甚至可以撤销前科。

（2）赦免的内容

学界在探讨赦免的内容时，已经达成的共识是“免除刑罚”，但在以下问题上存在分歧：①是否仅仅限于免除刑罚而不包括免除罪责；②是否仅限于免除刑罚而不包括减轻刑罚。

第一个争议的焦点是赦免的内容是否仅仅限于免除刑罚而不包括免除罪责。有学者认为赦免的内容既包括废除刑罚，又包括废除犯罪人的罪，因为犯罪人的罪被包含在有关罪行的法律后果之中；赦免可以是完全的或无条件的，也可以是有条件的和限制的。高铭暄教授、马克昌教授等认为赦免的内容既包括国家免除罪犯的罪，又包括免除其刑罚，“国家宣告对犯罪人免除其罪、免除其刑的法律制度”①。而根据《新牛津法律大辞典》的解释，赦免则是“有条件地或无条件地免除罪犯犯罪的法律后果”②。这种法律后果就是所犯之罪行及所要承担的刑罚，赦免的内容包含免除罪行或刑罚。还有学者认为赦免的内容仅限于赦免刑罚，是“国家对犯罪人免除或者减轻其刑罚的

---

① 高铭暄、马克昌主编：《刑法学》，北京大学出版社、高等教育出版社2000年版，第326页。高铭暄主编：《刑法学原理》（第3卷），中国人民大学出版社1994年版，第672页。“国家对犯罪人免除或者减轻其刑罚的一种制度。”

② Peter Cane & Joanne Conaghan, *The New Oxford Companion to Law*, Oxford University Press, 2008, p. 864. A pardon is a particular form of clemency by which an individual offender (or, by way of a type of pardon as an amnesty, a class of offenders) is conditionally or unconditionally absolved from the legal consequences of their offence.

一种制度”[①]，即将免除或减轻刑罚作为赦免的内容，但未将罪作为赦免的内容。所谓赦免性复权，是指“国家对因受到有罪判决而终身或定期丧失或者停止某些权利或资格者，经过法定的程序恢复其权利或资格的一种制度”[②]。经过法定程序是那些经刑罚宣告丧失或停止某些资格或权利的人得以通过赦免恢复权利的必要条件，但赦免性复权不能使刑罚宣告归于无效。还有学者将赦免内容作为区分大赦和特赦的标准，大赦的内容既可以是罪，又可以是刑罚，若罪因大赦而赦免，则该罪不可以作为有罪的前科或累犯的理由；特赦的内容仅限于赦免刑罚，所犯之罪不能被赦免；与部分赦免（partial pardon）的意思比较接近，但又不限于部分赦免，因为部分赦免的重点是赦免部分而非全部刑罚或犯罪的法律后果。

各国有关赦免的法律规定也不一样。瑞士等国家的宪法和法律将赦免的内容仅限于免除或减轻刑罚，但大多数国家的宪法或法律明确规定了赦免的内容不仅包括免除刑罚，而且包括免除罪责，如俄罗斯、美国、意大利等。美国《宪法》第 2 条第 2 款规定，总统“有权对危害合众国的犯罪行为发布缓刑令和赦免令，但弹劾案除外”[③]。美国联邦最高法院认为，赦免将完全免除罪责，被告因此而被视为无罪。但在美国有些州，赦免只免除刑罚而不完全免除罪责。意大利的大赦有免罪性大赦和免刑性大赦，免罪性大赦的内容包括了罪责和刑罚。

第二个争议的焦点是免除是仅限于免除刑罚，抑或除了免除刑罚外，还包含减轻刑罚？有学者认为，赦免中的“免”即“免除”，因而赦免不包含减轻刑罚。“赦免是指国家宣告对犯罪人免除其罪、免除其刑的法

---

① 高铭暄主编：《刑法学原理》（第 3 卷），中国人民大学出版社 1994 年版，第 672 页。

② 刘仁文：《论我国赦免制度的完善》，载《法律科学（西北政法大学学报）》2014 年第 4 期。

③ 美国《宪法》第 2 条第 2 款的原文：The President shall be Commander in Chief of the Army and Navy of the United States，and of the Militia of the several States，when called into the actual Service of the United States；he may require the Opinion，in writing，of the principal Officer in each of the executive Departments，upon any Subject relating to the Duties of their respective Offices，and he shall have Power to grant Reprieves and Pardons for Offences against the United States，except in Cases of Impeachment。

律制度。”[①] 所谓赦免，是指“行政权根据法律之规定，而介入刑事司法，以舍弃法律规定之刑事追诉与处罚”[②]。但大部分学者认为赦免并不限于免除刑罚，还应包括减轻刑罚。免除刑罚是免责中的一种，而免责则包含了减轻或免除法律责任，刑罚是一种刑事法律责任，因此，赦免当然包含免除或减轻刑罚。“赦免通常是指国家对犯罪人免除或者减轻其刑罚的一种制度。”[③] 赦免“是指国家免除或减轻犯罪人之罪责或刑罚的制度”[④]。赦免是指“以国家的名义对已经确认为有罪的人免除其罪和刑或者虽然不能免除其罪但是免除或者减轻其刑的一种制度”[⑤]。另外，有学者明确，“赦免者，乃国家元首依其特权作用为变更罪刑之行政处分”[⑥]。“变更罪刑”是对罪行和刑罚的变更，显然包含了减轻刑罚。

从辞典对赦免一词的解释来看，《牛津法律大辞典》和《布莱克法律大辞典》未明确将减轻刑罚作为赦免的内容，但所谓“赦免”，其实是一个复合词，既包括赦，又包括免，因此，赦免并不仅限于免，根据《新华字典》对“赦”字的释义，“赦”即指“免除和减轻刑罚”。另外，根据《中华法学大辞典：宪法学卷》对赦免权的解释，赦免的内容不仅包含免除全部的刑罚，而且包含减轻刑罚。从法律文本来看，仅有少数国家的法律未将减轻罪刑纳入其中，绝大多数国家的法律都将减轻罪刑作为赦免的内容，如中国、美国、俄罗斯等。

笔者认为，罪犯的罪或刑罚均可作为赦免的内容，对罪或刑罚的赦免也不仅仅是指免除，而且也应包含减轻，尤其是特赦某些特定人刑罚时，减轻刑罚往往是重要的内容。但我们应区分赦免性减轻刑罚与刑法上的减刑，赦免性减刑是对受刑罚宣告者减轻其宣告刑，或者减轻其刑罚执行。特定的犯

---

① 高铭暄、马克昌主编：《刑法学》（第 7 版），北京大学出版社、高等教育出版社 2016 年版，第 326 页。

② 林山田：《刑法通论》（增订 10 版），北京大学出版社 2012 年版，第 797 页。

③ 高铭暄主编：《刑法学原理》（第 3 卷），中国人民大学出版社 1994 年版，第 672 页。

④ 马克昌主编：《刑罚通论》（根据 1997 年刑法修订），武汉大学出版社 1999 年版，第 692 页。

⑤ 力康泰、韩玉胜：《刑事执行法学原理》，中国人民大学出版社 1998 年版，第 244 页。

⑥ 高仰止：《刑法总则的理论与实用》，台北，五南图书出版公司 1986 年版，第 583 页。

罪人或不特定的犯罪人都可以成为赦免性减刑对象，但刑法上减刑的对象是特定的犯罪人；赦免性减刑的主要原因是法律或政策，刑法上的减刑原因是特定的个别犯罪人有悔改表现或立功表现。赦免性质的减刑的时间不一定，但刑法上的减刑则发生在犯罪人服刑一段时间后。

（3）赦免权的主体

赦免权作为一种特权，其主体有以下 4 类：国家元首或州元首；国家最高权力机关；国家最高行政机关；特别委员会。许多国家的宪法将赦免权授予国家元首。如法国《宪法》第 17 条规定，共和国总统有赦免权；第 19 条规定，共和国总统的命令由总理副署，必要时由负责的部长副署。根据体系解释，法国总统行使赦免权发布赦免令时，赦免令须由总理副署，才能发生法律效力。丹麦《宪法》第 24 条规定，国王有赦免与大赦权，但除非经议会同意，否则，国王不得对特别高等法院判决的大臣实行赦免。巴基斯坦的赦免权亦由国家元首行使。韩国《宪法》规定赦免权可由总统和国会行使，如第 79 条规定，总统根据法律规定可命令赦免、减刑或者恢复权利，欲命令一般赦免，须经国会同意；关于赦免、减刑及恢复权利的事项由法律规定。韩国的特赦申请需由法务部长受理，经过国务会议审议，并由总统最终决定执行。英国的赦免权分别由英王和国会行使，英王的赦免权虽然受到《王位继承法》的限制，如需要通过内务大臣或苏格兰事务大臣的建议行使，但英国现代赦免制度只保留特赦制度，需要由英王亲自签署批准方能生效。国会则可以通过颁布专门的法令来行使赦免权。意大利的大赦权由议会行使，以法律的形式颁布，特赦权由总统行使，以总统令的形式颁布。我国《宪法》则将赦免权赋予了国家最高权力机关，国家主席只有发布赦免令的权力，如我国现行《宪法》第 67 条规定的全国人大常委会的职权中明确规定了其“决定特赦”的权力，第 80 条规定了国家主席根据全国人大常委会的决定，“发布特赦令”的权力。蒙古的赦免权也归属于国家最高权力机关。还有一些国家规定赦免权归属于国家最高行政机关，如日本，无论是一般恩赦，还是特别恩赦，其决定权均在内阁。在一些联邦制国家如美国、德国等，联邦和州均有赦免权，具体则由国家元首、州元首或特别委员会行使。美国《宪法》第2条第2款规定，总统除了弹劾案外，有权颁赐缓刑和特赦，可见，在联邦层面，赦免权归属于美国总统，实践中，美国总统任职期间常颁布特赦令。在州层面，各州均有本州的赦免制度，大部分州由州长行使赦免权，如阿肯色州、新墨西哥州等；但也有一些州，如佐治亚州、阿拉巴马州、康涅狄格州等由特别委员会或咨询机构行使；还有些州，如特拉华州、路易斯安那州、俄克拉何马州、佛罗里达州等由州长与特别委员会共同行使。① 德国的赦免权在联邦层面由总统行使，在州层面则由州长行使。俄罗斯联邦宪法将特赦权赋予国家总统。

（三）免责的含义及结构

法律责任的含义及其本质问题一直是法哲学界长期争论不休的问题，分析实证主义法学派、自然法学派、社会法学派各持己见。以德沃金为代表的自然法学派坚持道义责任论，强调对违法者的道义责难；社会法学派坚持社会责任论，强调对合法社会利益系统的维护；以哈特、凯尔森等为代表的分析实证主义法学派则坚持规范责任论，其主要观点是“对行为的否定性规范评价”。哈特指出，由于人们在各种场合中对“责任”一词的过度使用及其语义的复杂性，很容易出现各种具体的场景中法律责任概念的混乱。他认为责任可分为4种：角色责任、因果责任、法律责任和能力责任，其中法律责任是指违法者因其违法行为应受到的惩罚或被迫赔偿，法律责任是核心，角色责任、因果责任和能力责任是法律责任得以成立的要件或基础。②

凯尔森认为，不法行为是规范性概念，违法行为是事实性概念。不能将违法行为等同于不法行为。“不法行为作为制裁所针对的人的行为”③，与整

---

① 首先由特别委员会（通常是特赦委员会）向州长作出有约束力的赦免建议，尽管在某些州，州长可以拒绝，但是如果没有委员会的赦免建议，州长不可以自己决定赦免。

② See H. L. A., *varieties of responsibility*, 83 Law Quarterly Review, pp. 346 – 364 (1967). 角色责任（Role Responsibility）、因果责任（Causal Responsibility）、法律责任（Legal Responsibility）和能力责任（Capacity Responsibility）。

③ ［奥］凯尔森：《法与国家的一般理论》，沈宗灵译，中国大百科全书出版社1996年版，第59页。

体法秩序相违背，是“与义务相反的行为”。“不法行为作为制裁的条件”[①]，虽然他并没有明确指出不法行为是作为制裁的充分条件还是必要条件，但是凯尔森认为，如果行为具有制裁的后果，它便是不法行为。据此，我们可以从逻辑上推断，不法行为作为制裁的必要条件，制裁是不法行为的充分条件，制裁蕴含不法行为（制裁→不法行为）。“人的行为只有在实在法律规范对这一作为条件的行为，赋予作为后果的制裁时，才被认为是不法行为。”[②]“应”以制裁作为不法行为的后果。[③] 但是一般人的推定是：人的某类行为之所以引起制裁，是它属于不法行为，即不法行为导致了制裁的结果（不法行为→制裁），不法行为是能够引起“制裁”结果的行为，如果是不法行为，那么就有制裁的结果。这种推定换成逻辑上的表达变成了“不法行为蕴含制裁”。显然，这种推定在逻辑上是站不住脚的，因为不法行为只是制裁结果出现的必要条件之一。违法行为属于事实层面的“违反法律义务的行为”，不法行为则是对某些事实中的“违反法律义务的行为”的规范表述，但并不是所有的“违反法律义务的行为”都是不法行为，只有那些为整体法秩序所不能容忍、应当受到制裁的事实上的“违法行为”才是不法行为。不法行为必然表现为由法律秩序或者法律规范赋予制裁法律效果的行为。不能将不法行为与违法行为相混同，两者分别属于规范与事实两个层面。通常所称的违法行为是指与法律要求相悖的行为事实。[④] 可见，凯尔森将不法行为作为应受制裁的条件行为，法律责任是“由不法行为引起的制裁之规范效果（应然后果）”，并不表示事实上必然发生。只有将法律责任理解为对不法行为的规范效果，才存在探讨免责的空间。

---

① ［奥］凯尔森：《法与国家的一般理论》，沈宗灵译，中国大百科全书出版社 1996 年版，第 57 页。

② ［奥］凯尔森：《法与国家的一般理论》，沈宗灵译，中国大百科全书出版社 1996 年版，第 57 页。

③ 参见［奥］凯尔森：《纯粹法理论》，张书友译，中国法制出版社 2008 年版，第 57 页。

④ 参见陈景辉：《合规范性：规范基础上的合法观念——兼论违法、不法与合法的关系》，载《政法论坛》2006 年第 2 期。

1. 免责的含义

关于免责，在法学界其实是存在争议的，有学者认为免责就是不承担法律责任，将正当防卫、紧急避险等不负责任的情形归为免责的情形。与之相对，有学者则认为不承担法律责任不等同于免责，免责是对法律责任的免除或减轻，其前提是有法律责任的存在，如果没有法律责任，那么不存在承担法律责任的问题，更谈不上免责的问题。之所以存在这种分歧，主要是并没有严格区分规范意义上的免责与事实层面的免责、规范意义上的不负责任与事实层面的不负责任。

从规范意义上来说，免责属于应然的范畴，即应当免除法律责任或者应当减轻法律责任，但法律责任原本存在，应当免除或应当减轻法律责任，并不意味着法律责任一定会得到事实上的免除或减轻。实然层面的免责，则需要视法律责任的关联项而定。按照霍菲尔德的理论，法律责任的法律关联项是权力权，即 Y 的法律责任意味着 X 的权力，Y 的法律责任能否事实上被减轻和免除需要看其关联主体 X 是否要求 Y 承担法律责任，Y 必须服从 X 的权力。X 可以选择要求 Y 承担法律责任，Y 必须承担法律责任。X 也可以选择谅解 Y，让 Y 不承担或少承担法律责任，这时 Y 的法律责任事实上得到减轻或免除。即便对于第 2 种情况，Y 不承担法律责任也仅仅是 X 选择宽恕的实然后果之一。（参见图 2－11）

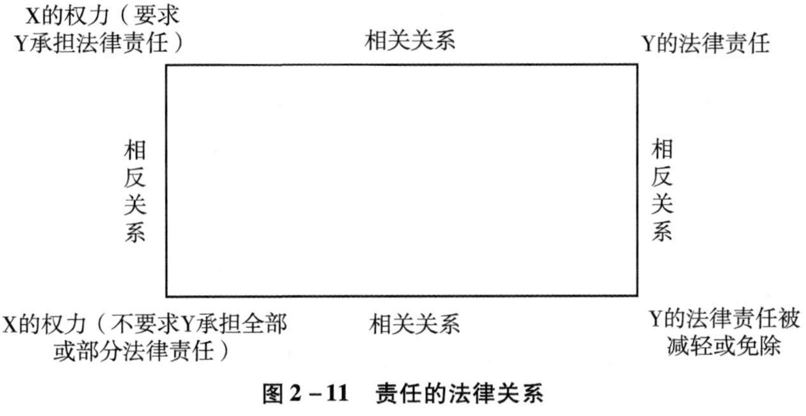

图 2－11　责任的法律关系

不负法律责任是不应当负法律责任，换句话来说，即主体无法律责任。从应然层面来看，Y 不负法律责任的法律后果只有一种，即 Y 不承担法律责任。也可能产生实然的法律后果，即责任主体事实上不承担法律责任有可能是免责的实然后果，也有可能是原本就不需要负法律责任。事实上，法律中规定的不承担法律责任的情形是不应当承担法律责任的情形，正当防卫不应当承担责任和紧急避险不应当承担责任，不属于免责情形。为此，我们必须区分不负法律责任的情形与免责，不能将法律上规定的不需要负法律责任的情形当作免责，如正当防卫、紧急避险、未达到法定责任年龄人的行为等，这些情形是因为有正当化事由的存在，阻却违法事由的存在，所以这些行为是合法行为，不需要承担法律责任。因此无论从应然层面还是从实然层面，免责和不负法律责任都是两个不同的概念。我们不应将法律上的不负责任的情形，当作免责的情形。王利明教授认为："免责是指符合了责任构成要件，但又具备了法定的免责事由，从而导致责任的被免除。"① 符合责任构成要件意味着存在责任主体、不法行为即"与义务相反的行为"、损害事实等，主体因此应当承担法律责任。如果设 Y 为责任主体，Y 的法律责任的法律关联项是 X 的权力。Y 的法律责任等值于 X 的权力，根据图 2－11 及规范模态判断的对当关系图，我们可以将 Y 应当负法律的有关对当关系表示如图 2－12 所示：

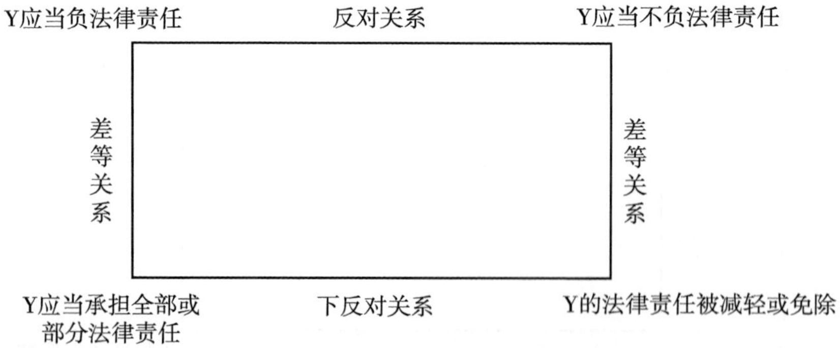

图 2－12　法律责任规范命题之间的相关关系

① 王利明：《侵权责任法研究》（第 2 版），中国人民大学出版社 2016 年版，第 413 页。

如果对免责进行文义解释，免责是指免除法律责任。但从逻辑上来说，减轻法律责任也是对部分法律责任的免除，免除全部法律责任自然包含免除部分法律责任，所以免责当然应包含减轻法律责任。免责意味着有权主体在对法律责任进行归责时，免除或减轻责任主体的法律责任。其前提是行为人的不法导致了法律责任。尽管行为人的法律责任符合法律责任的构成要件，但基于免责事由，从而减轻或免除行为人的法律责任。

免责通常情况下要具备一定的免责事由，有可能是法定的，也可能是约定的，还有可能是基于人道主义的……常见的免责情形有：不诉免责、人道主义免责、约定免责等。免责是对法律责任的免除或减轻。以所免除或减轻法律责任的性质为依据，免责可以分为刑事法律责任的免责、民事法律责任的免责、行政法律责任的免责和违宪责任的免责。

2. 免责的要素

（1）免责的前提条件

免责的首要前提条件是有规范意义上的法律责任存在。如果仅有事实上的违法行为而非规范意义上的违法行为（不法行为），不存在应受制裁的规范效果，即不应负法律责任，则不存在免责与否的问题，在此不再赘述。免责事由是免除或减轻行为人责任的另一重要前提。如果不具备免责事由，应该追究违法行为人的法律责任。“当一个人由于自己的行为而对另一个人造成有害结果时，在原则上，他可以证明他并不曾预料或意图达到他的行为的有害结果并且他已经履行了采取在正常情况下可以使有害结果得以避免的措施的义务，从而免予刑事的或民事的制裁。”① 只有存在法律责任且出现了免责事由，才有可能减轻或免除法律责任；只有存在不法行为，才有法律责任，如果不存在不法行为，就不可能出现引起制裁的规范效果，也不可能出现免责。如果存在法律责任，但无免责事由，那么，不可能免责。免责将阻止规

① ［奥］凯尔森：《法与国家的一般理论》，沈宗灵译，中国大百科全书出版社 1996 年版，第 76 页。

范意义上的法律责任。免责事由是对责任构成要件的限制，是阻却责任事由，如果说符合责任构成要件应当追究法律责任是法律原则，那么，免责事由符合“公”的法益，是法律原则之外的例外。根据免责事由的不同，免责可分为协议免责、自助免责、时效免责、不诉免责、人道主义免责、自首、立功免责等。需要特别说明的是：免责事由仅仅作为阻却责任事由，仅仅能否定责任，并不能在性质上直接排除该行为的不法性，使该不法行为变成合法行为。免责事由不同于正当化事由，正当化事由作为阻却不法事由，使具有正当事由的行为在性质上直接排除了不法性而变成了合法行为，如正当防卫行为不是不法行为而是合法行为。

（2）免责主体。当满足免责的前提条件，享有免责权的主体就有可能主动或者依被免责对象的请求行使免责权。免责主体既有可能是行使公权力的国家机关，又有可能是享有私权利的个人或组织。前者如司法机关通过司法程序免除或减轻违法行为人的法律责任；行政机关在认定和归结行政相对人的行政法律责任时予以免责；后者如在债权债务法律关系中，债权人由于其放弃行使自己的债权而免除或减轻债务人的债务。

（3）免责对象。免责对象是指被免除或减轻了法律责任的人，其既有可能是实施了犯罪行为的人，又有可能是实施普通违法行为的人。无论是犯罪行为还是普通违法行为，都是一种不法行为，由于行为人实施了不法行为，按照责任构成要件应该承担法律责任，即其行为具有可责性，但由于免责事由的阻却，其法律责任被有权免责的主体免除或减轻；免责所指向的对象的范围比较大。

（4）免责的程序。免责可以以法律文书的形式出现，也可以以非法律文书的形式出现；可以以口头的形式宣布免责，也可以以书面的方式宣布免责，免责程序并非免责的必备要件。如果是作为阻却责任的紧急避险过当或阻却责任的防卫过当，往往需要经过司法程序的认定，看其是否具有免责事由，只有具有免责事由，才可免责。因此免责可以经过司法程序，但不是所有的免责都必须经过司法程序，在民事债权债务法律关系中，债权人以口头形式免除债务人债务的情形也比较多见。

二、豁免和赦免、免责的区别

（一）豁免（权）与赦免（权）的区别

豁免与赦免、免责之间都与法律责任及免除相关，豁免是主体不因他人的行为而改变某一特定法律关系，免于承担义务（包括责任）或不承担责任的自由；赦免是国家免除或减轻罪犯或犯罪嫌疑人的罪行或刑罚；免责是有免责权的主体免除或减轻他人的法律责任。如果放在霍菲尔德的权利概念体系之下，豁免权和免责权属于权力权，赦免权属于特权，免责权属于最狭义的权利。豁免权与赦免权都来源于国家主权，赦免权来源于主权者的宽恕权，豁免权来源于主权者的命令权，豁免权、赦免权与国家主权不可分离，也是国家主权的重要体现，前者体现了国家主权管辖权，后者体现了国家主权刑罚权，二者只能由享有国家权力的机关或个人来行使；现代国家，赋予主权国家的代表者们一定的豁免权通常体现了主权至上；国家元首行使赦免权也体现了国家主权至上。但二者的区别十分明显。

1. 本质不同

豁免权本质上可归属为主体的权利或自由，豁免权是“一个人不因他人的作为或不作为而改变某一特定法律关系的自由”①，是“不受某些法律后果约束或不适用某些法律规则的自由状态”②。还有学者认为“豁免权是一种排除或免受国家法律或司法管辖与制裁的特权”③。笔者不认可豁免权是一种特权，但豁免权是主体所享有的与职务行为相关的权利，当主体行使豁免权，便可在法律上排除或免受国家法律的评价。豁免权可作为履职行为的正当化事由，之所以正当是法律赋予了主体豁免权，以促使其积极履职，更好地维护社会公共利益。不法行为是能够引起“规范”之制裁效果的行为，但由于

---

① Bryan A. Garner, *Black's Law Dictionary*, Thomson Reuters, Tenth edition, 2014, p. 868.

② ［英］戴维·M. 沃克：《牛津法律大辞典》，李双元等译，法律出版社2003年版，第546页。

③ 曾晶：《论我国人大代表司法豁免权》，载《湖南社会科学》2015年第2期。

主体的履职行为受到豁免权的保护，不受某些法律后果约束或不适用某些法律规则，即便主体出现了事实上的违法履职行为，也为整个法律秩序所允许，因而受到豁免权保护的违法履职行为不是不法行为。豁免权的法律关联项是无能力。Y 享有豁免权意味着 X 无能力改变 Y 的法律地位，尽管由于 Y 的履职行为事实上损害了 X 的权利，X 也有权利去提起诉讼，但是他没有能力去改变 Y 与 X 之间的法律关系，即他人无能力改变主体的法律地位或改变主体特定的法律关系。

赦免权为国家主权刑罚权的体现，权力归属主体为国家最高权力机关或国家最高行政机关、国家元首、特别委员会等，是国家免除或减轻犯罪人的罪责或刑罚的权力。赦免是权力者的恩典，不需要寻求正当化根据，因此，赦免权本质上可归属为特权。作为特权，赦免权的法律关联项是无权利，在具体的法律关系中，Y 有赦免权，意味着 Y 可以否定法律对赦免对象 X 作出的或将要作出的后果归结。赦免权是 Y 的一种特殊权利，当赦免对象 X 提出赦免请求时，Y 无义务行使赦免权赦免 X，Y 可以行使这种特权，也可以不行使这种特权。赦免权法律关系中，赦免权是主体 Y 的特权。

2. 功能不同

豁免权法律制度的功能主要有以下几个方面：一是职业保障。“豁免制度实质上是职业保障制度的一种形式，其功能更多体现为保障。”① 豁免权制度是对特殊职业身份的保障和积极履职行为的保障。一方面，豁免权本质上是主体排除或免受司法管辖与制裁的权利，是主体基于其特殊身份而享有的自由，通过豁免权法律制度，保障主体的法律地位不被改变，能够更好地维护主体的利益；另一方面，法律通过赋予主体豁免权，不适用某些法律规则，不对其行为予以法律的评价，免除主体的后顾之忧，免受其他法律权力或支配约束，不用担心因其履职行为而可能产生的侵权责任和司法责任，保障主体依法独立公正行使职责，积极正确履职。二是利益保障。权利的实质在于

---

① 于猛：《检察官司法责任豁免与追责的契合》，载《人民检察》2018 年第 20 期。

利益，豁免权作为权利对于主体而言也是利益，保障权利主体的利益能够得以实现，更重要的是，能够保障公共利益的实现。每一种特殊职业身份，都必然要承担一部分职责，豁免权保障主体的积极履职，恰恰也是对公共利益的维护。

赦免权法律制度属于刑事法律制度，其功能体现为以下几个方面：一是法律衡平功能。“法律的‘宽宥’也是法治的题中应有之义”，“‘大赦’不失为是一种实现法律和法治宽宥的机制”①。“赦免的本质是宽恕”②，宽宥那些受国家宏观环境影响的犯罪，能够为严厉的刑事法律制度提供安全阀，可以弥补刑事法律制度的漏洞。二是对犯罪人的教育感化，在一定程度上体现对犯罪人的宽恕或者恩赐，通过免除或减轻他们的罪及刑，让他们尽早回归社会，有助于缓解社会矛盾和平息社会冲突，消除对抗，维护社会的和谐稳定。从中华人民共和国成立以来的九次赦免来看，其直接目的是解决历史遗留问题，如我国前几次发布赦免令，第一次赦免针对反革命罪犯和普通刑事罪犯、战犯，第二次至第七次特赦的对象是战争罪犯，第八次和第九次特赦的对象主要是战争罪犯或参加过抗日战争、解放战争等四类战争的服刑罪犯等。

3. 适用时间不同

豁免是在责任尚未成立之前对责任的阻却，不是在责任已成立后对责任的免除，从某种意义上说，豁免是一种责任归结前的豁免。在事实的侵权行为发生后，受害人提起诉讼启动追责程序，或者有关国家机关启动追责程序，但是对于责任的有无尚没有作出认定与归结，享有豁免权的主体依据有关豁免规则，确保自己的法律地位不受改变。豁免规则具有规范性的特点，是事先就已经存在的规则，是一种调整性的规则，之所以会制定这种规则，目的是调整和控制检察官、法官、人大代表或议员、律师等的行为，让他们在这种规则的保护之下，积极履行自己的职责，不要有后顾之忧。豁免制度是法

① 陈云生：《大赦经纬》，载《国家检察官学院学报》2010 年第 1 期。

② 王娜：《论赦免的本质》，载《武汉大学学报（哲学社会科学版）》2008 年第 5 期。

律上的常设制度，具有规范性的特点，该规则的条件假设是事先规定的，只要满足特定的事实状况，符合规则预先设定的条件假设，包括主体条件、时间条件、空间条件，有关豁免的规则就能反复适用。当豁免规则规定的事实状态出现时，用这一规则去涵摄事实，豁免的法律后果便会出现。豁免不针对具体的事实，只是调整有着特殊身份的人的职务行为。

赦免通常情况下是一种责任认定与归结后的赦免。赦免是犯罪行为或涉嫌犯罪行为发生后，并且这类犯罪行为或涉嫌犯罪行为，已经进入司法程序，特定的国家机关将对刑事法律责任进行认定或者归结，或者已经对罪责作出了认定，但国家基于种种原因，如政治利益的考量、对犯罪人的宽恕、刑事法律制度漏洞的弥补和对个案不正义的救济等，免除或减轻特定人或特类人的罪或刑罚。

4. 适用对象不同

虽然豁免与赦免均适用于特定的对象，是法律原则的例外，但二者的适用对象存在差别。豁免的适用对象是具有特殊职业身份的人，如议员、法官、检察官、律师、人大代表等，并且其权利范围也是有限的，仅适用于这些人的履职行为，目的是免除他们的后顾之忧，促进他们积极履职。只有他们的履职行为侵犯了受害人的权利，他们才有可能以豁免权为由对抗司法程序。豁免权的适用对象是与其职务行为相关的一类人，是不特定的一类人。

赦免制度虽然也是常设制度，但赦免与赦免权是具有不同内涵的两个概念，赦免的主体与赦免的对象不是同一的，赦免令是享有赦免权的主体依法针对特定类别的人颁布的，被赦免的对象不存在行使赦免权的问题。赦免的适用对象是那些被司法官认为触犯了刑法但尚未判决的犯罪嫌疑人，或者已经审判被确认为触犯了刑法，应当受刑罚处罚的或正在接受刑罚处罚，但刑罚尚未执行完毕的罪犯，不包括那些刑罚已经执行完毕的犯罪人。无论是特赦还是大赦，赦免的适用对象都限于特定的犯罪人或一定时期特定种类的犯罪人，即被赦免的对象往往是与刑事责任相关的人，如犯罪人或犯罪嫌疑人。

5. 适用的法律效果不同

豁免适用的法律效果是豁免权主体的特定行为不受国家法律的评价，可以对抗国家司法程序的启动和责任的追究，从这个意义上说豁免权是司法程序意义上的豁免，即在权利遭受侵害的人提请权利救济时，享有豁免权的主体可以其享有豁免权为由直接对抗司法程序的启动，即免于司法追诉，免于承担责任。赦免制度虽然也是一种法律制度，但一旦需要适用，则需要针对具体的适用对象发布赦免令，而且该赦免令不能反复适用，其适用方式具有具体性和非反复性的特点。赦免适用后的法律效果是免除罪或责，适用的对象不存在赦免权的问题，也不能用赦免权来对抗司法程序，在这点上二者适用的法律效果不同。

（二）豁免与免责的区别

无论是豁免制度还是免责制度，都是法律上的常设制度，豁免规则和免责规则的适用具有抽象性和反复性的特点，无须单独授权，只要满足规则所设定的条件假设或者符合特定的事实状况，就能产生相应的法律后果。但是，豁免与免责存在明显的区别。

1. 适用的前提不同

豁免与自由、权利、权力相联系，豁免权的依存者因履行职责侵害公民权利时，他们的法律地位不因被侵权人的行为而发生改变，或者说被侵权人无能力改变他们之间的法律关系，因此，豁免的适用前提包括以下几个方面：（1）仅适用于有特殊职业身份的人，即豁免权的主体是具有特殊职业身份的人；（2）仅适用于职业行为或与其职业身份密切相关的行为，尽管该行为有可能是违法行为，但不是不法行为；（3）享有豁免权的主体在相对人对其行为责任进行认定与归结之前行使豁免权，以此对抗司法程序的启动或责任的追究。

免责适用的前提与职务行为没有必然的联系。免责的适用前提条件包括：（1）有规范意义上的法律责任存在。存在不法行为，并且存在引起制裁的规范效果，即存在法律责任。法律责任的存在是免责的必要条件，如果仅有事实上的违法行为而不存在应受制裁的规范效果，即不存在法律责任，则不存在免责与否的问题。（2）具有免责事由。如果缺乏免责事由，则法律对该行为进行归责后尚须追究行为人的法律责任，因而无免责事由就不存在免责。免责事由包括但不限于被害人同意、自救行为、补偿或赔偿、不提起诉讼等。但无论是规范意义上的法律责任还是免责事由，都与行为人是否具有职务行为特权没有必然的联系。免责的适用对象仅限于那些具有免责事由的行为人。无论是免除或减轻民事法律责任，还是免除或减轻行政法律责任或刑事法律责任，都必须具有免责事由，包括不诉免责、人道主义免责、协议免责、自救免责、补偿或赔偿免责等。如果不具备免责事由，符合法律责任的构成要件，则行为人仍需要承担法律责任。

2. 适用的时间不同

适用豁免的时间是享有豁免权的主体行使豁免权，有权主体对有着特殊职业身份的人是否存在豁免权作出肯定的认定之后，在对法律责任进行认定和归结之前，即归责之前，享有豁免权的主体可以此为由对抗归责和司法程序的启动，有权主体只能就行为人是否享有豁免权作出认定，如果行为人的行为满足了豁免权的适用条件，则行为人自然就享有豁免的法律后果。但适用免责的时间则是在确认存在法律责任之后，因为免责是以法律责任的存在为前提的。虽然存在法律责任，但行为人可以存在免责事由为由申请免责，或者由归责主体主动作出免除或减轻法律责任的决定，因此，无论是协议免责、不诉免责，还是自救免责、补救免责等，都是在对该法律责任进行认定和归结后，才会出现免责与否的问题，是一种事后对责任的减轻或免除。

3. 适用的主体与对象不同

豁免与免责的第三个区别在于适用的主体与对象是否同一。享有豁免权的主体与被豁免责任的对象是同一的，享有豁免权的主体和豁免的主要适用对象为议员、法官、检察官、律师等，豁免权的权利范围也是有限的，仅适用于这些特定主体的履职行为，目的是免除他们的后顾之忧，促进他们积极履职。在受害人要求追究这些具有特殊职务身份的人的民事法律责任时，他们可以以豁免权为由来对抗受害人的请求，此类民事诉讼在遭遇豁免权的对抗后，追责程序便会被终止。豁免权的行使主体是从事职务行为的人，适用的对象也是这些人特定的职责行为，因此，从某种意义来说，豁免权适用的主体与对象属于同一的。

免责权的主体与免责的对象不一定是同一的。享有和行使免责权的主体可以是国家机关，即对法律责任具有认定权和归结权的国家机关，他们根据免责事由可以提出抗辩或者否认或排除法律责任，如行政主体可行使行政法律责任的免责权，法院可行使民事法律责任、行政法律责任或刑事法律责任的免责权；也可以是私权利主体，如民事主体可行使事关自己权利的民事法律责任的免责权，在一些自诉案件中，受害人也可行使刑事责任的免责权，而被免责的对象则是按照法律规定需要承担法律责任的人，即免责的对象是有法律责任的人，能否被免责与他们的职业没有必然的联系。免责也不是逻辑推论的必然结果，在决定是否免责时有很多价值因素需要考虑。

4. 适用的法律后果不同

豁免权的主体与对象同一，由此也决定了豁免与免责的第四个区别在于行使权利的后果是否能够对抗司法程序。

豁免权是司法程序意义上的豁免，即在权利遭受侵害的人提请权利救济时，享有豁免权的主体可以其享有豁免权为由直接对抗司法程序的启动，即免于司法追诉。因此，豁免权是一种与其职业密切相关的程序性的职务行为权利，但这种权利并非法律之外的特权，而是保障主体履职所必须的，其目的是维护国家利益和社会公共利益，而非个体或特殊群体的私利。适用豁免不会产生对豁免权主体的道德责难。

免责的主体与对象不同一，即免责的对象不享有免责权。免除或减轻法律责任，对对象而言意味着能获得利益，但对这种利益只能接受，无法加以自主选择；对主体而言意味着权利，意味着自由，但免责权不是积极的权利，与职务行为特权没有必然联系，免责权利主体同意免责或决定免责，免责的对象才能被免责，如果主体不赋予对象这种利益，则免责对象不能有任何作为。但对那些法律有明确规定的免责情形，尤其是对刑事法律责任的免责，必须是在启动司法程序之后才有可能。

5. 适用的方法不同

适用豁免的方法是职能主义方法，因为豁免的适用与行为人的职务行为有必然的联系。豁免与豁免权这两个概念常常不被区别地加以使用。豁免主要意指免受他人法律权力或支配约束的自由。因此，作为一种免受他人权力支配约束的自由，豁免本质上是一种与职务行为相伴而生的权利，因而豁免也被称为豁免权，享有豁免权的主体与豁免的对象是同一的，确定是否享有豁免权的方法是职能主义方法，依法履职才有可能享有豁免权。豁免是一种职务行为权利，是享有豁免权的主体由于处于特定的法律地位，免受他人改变其法律地位的权利。豁免是"一个人所处的不承担某种法律后果或对其不适用某些法律规则的法律地位，它是法律不根据一般规则而给予该人的一种特别优待"①。这种特别优待是法律所确认的，是保障其履职所必须的一种权利，并不违背法律的平等原则。

适用免责的方法是非职能主义方法，因为免责与行为人的职务行为无必然的联系。是否适用免责，需要免责主体根据是否具有免责事由来确定，而免责事由与被免责的对象和行使免责权的主体的职务行为不能建立起任何必然的联系。尽管行政法律责任和刑事法律责任的免责决定是由负有国家公权力的国家机关作出，但他们只是依据法律的授权和免责事由作出免责决定，与被免责的对象的行为是否享有职务行为特权无关。民事法律责任的免除或减轻往往是由于权利主体主动放弃了对责任人的法律责任的追究，或者与责任人协商免责，与行为人的职务行为没有任何必然的联系。

---

① 薛波主编：《元照英美法词典》，法律出版社2003年版，第663页。

第二节　检察官豁免权的逻辑分析

随着司法体制改革不断深入，完善司法责任制、完善司法人员分类管理、健全司法人员职业保障和人财物省级统管等“四梁八柱”性质的改革目标得以确立，改革已经进入深水区，如何牢牢抓住司法责任制改革这一“牛鼻子”，检察官的履职行为若事实上造成了对受害人权利的侵害，检察官是否应当承担起对受害人的法律责任？是否应豁免检察官的司法责任？检察官司法追责与检察官履职保障之间的矛盾日益凸显。虽然《人民检察院司法责任追究条例》的实施标志着我国检察官司法责任制改革的重要转向，即从强调责任追究到责任追究与责任豁免并重的转变，但是，检察官司法责任豁免制度的立法尚处于起步阶段甚至是空白，且由于检察官豁免权的系统性研究成果较少，在司法责任改革背景下，构建检察官豁免权制度缺乏法理上的支撑。构建与司法责任制度相契合的检察官豁免权制度，需要明确回答以下问题：什么是检察官豁免权，其特有的属性有哪些？检察官豁免权的基本要素及其联结方式是什么样的？检察官豁免权与司法责任等检察官权利和权能领域基本法律概念之间的关系是什么？这些问题都是彼此相关且值得研究的问题，可归属于检察官豁免权结构问题。“对具体权利概念结构的分析研究，将在法理学（法哲学）层面深化对权利的认识”[①]。在司法体制改革的大背景下，对检察官豁免权结构进行研究，有助于厘清检察官豁免权与司法责任、检察官豁免权主体与相对人之间的关系，对完善司法责任制改革具有一定的实践指导意义。鉴于此，本节拟基于逻辑分析的视角，以检察官豁免权的性质分析为逻辑起点，探讨检察官豁免权的内部结构和外部结构及二者之间的关系，为我国司法责任制度改革和检察官豁免权制度建构提供理论上的支撑。

---

① 张恒山：《论具体权利概念的结构》，载《中国法学》2021年第6期。

一、检察官豁免权的性质

检察官豁免权到底是一种什么性质的权利，学界并未深入系统地揭示其内涵，只是作出了初步的界定。国外学者一般认为，检察官豁免权是为了保障检察官积极履行自己的职责，免除检察官履职行为对受害人权益的侵害而产生的民事责任的权利。检察官豁免权可分为绝对豁免权和相对豁免权。国内学者基本赞同国外学者的观点，蒋鹏飞认为："检察官豁免权是指检察官在履行职责时，对职务行为导致的他人损失，视情况绝对地或者附条件地不承担民事赔偿责任的权利。"① 梁经顺认为，"检察官豁免权是指检察官在履行职责过程中所实施的行为和发表的言论有不受指控或法律追究的权利，同时在有关事务方面享有某些免除义务的特权"②。上述"检察官豁免权"被界定在权利或特权的属概念之下，揭示了检察官豁免权与检察官权利、特权之间的种属关系，揭示了检察官豁免权的某些属性，但是没有完整地揭示出检察官豁免权的性质。检察官豁免权是检察官对其准司法行为所享有的职业保障权利和程序性权利，也是检察官免于承担司法责任或保持其法律地位不被改变的法律能力，即检察官的权能。

逻辑分析一般可以在概念、命题、推理三个层次上进行，检察官豁免权结构的逻辑分析也应如此。在概念的层次上而言，内涵与外延是概念的基本逻辑特征，检察官豁免权的内涵即豁免权的性质是结构分析的逻辑起点。只有借助对检察官豁免权概念及性质的分析，才能明确检察官豁免权的基本构成要素，才有可能探讨检察官豁免权的内部结构；也只有明确了检察官豁免权与其法律对立项和关联项之间的关系，才有可能在命题层次上明确检察官豁免权的外部结构，才能进一步通过规范命题之间的对当关系进行推理，明确检察官司法责任与责任豁免之间的关系。那么，检察官豁免权是什么性质的权利呢？

---

① 蒋鹏飞：《浅析美国检察官的豁免权》，载《中国检察官》2014年第2期。

② 梁经顺：《检察官履职保障机制有待完善》，载《检察日报》2015年6月15日，第3版。

（一）检察官的职业保障权利

首先，检察官豁免权依存于检察官的职业角色地位，是检察官的“准司法官”身份保障权利和专属权利。尽管对“检察官的角色定位究竟是行政官员还是司法官员”这一问题的探讨仍在继续，但检察官是“审前程序的法官”或准司法官的角色定位还是得到世界各国的认可。检察官是国家“刑事司法系统的守门人”[①]，我国的检察官代表国家依法独立行使检察权，检察权则是“包含多面向职权的复合型权力”[②]，但其核心是检察审查，“检察权实际上均包含着审查前置的要求，这说明新时代检察权呈现以检察审查为核心的样态，这是所有检察职权的‘最大公约数’”[③]。检察官在审前程序中发挥着重要的作用，其对事实的认定及依此而作出的量刑建议本身也是一种权力，事实上对法院的判决起着重要影响。而在批捕审查、起诉或不起诉审查和认罪认罚案件，属于不折不扣的“审前程序的法官”，事实上履行着准司法官的职责。只有具有检察官身份，才能依法独立行使审查和决断权，达致准确确定被告有罪或无罪的司法目的；只有依法履行准司法官的职责，才应当享有检察官豁免权。运用必要条件纯假言推理得出的结论便是：如果不具有检察官这一准司法官的职业角色地位（即便属于检察机关工作人员），那么就不应当享有检察官豁免权。检察官豁免权是基于检察官的准司法官身份而产生的专属权利。

其次，检察官豁免权是对检察官积极履职行为的保障，是检察官的职业行为保障权利。检察官的职业身份地位仅仅是检察官享有豁免权的必要条件，而非充分条件。确认检察官豁免权的目的是促进检察官积极履行检察职责，防止检察官规避办案责任的风险而消极履职，从而维护公共利益。因此，检察官豁免权是对检察官职责行为的保障，与检察官职责行为无关的检察官个

① ［美］琼·E. 雅各比、［美］爱德华·C. 拉特利奇：《检察官的权力——刑事司法系统的守门人》，张英姿、何湘萍等译，法律出版社2020年版，第1页。

② 王海军：《中国语境下的“检察权”概念考察》，载《中国法学》2022年第6期。

③ 苗生明：《新时代检察权的定位、特征与发展趋向》，载《中国法学》2019年第6期。

人行为，如民事法律行为、犯罪行为等，不属于检察官豁免权的保护对象。如果将检察官的非职责行为也纳入保护的范围，检察官豁免权将难以承载起其维护公共利益的功能。检察官豁免权保障检察官履职行为不受非法干预或惩处，保障检察官能够独立作出决定而免受报复性起诉的威胁。

最后，检察官豁免权是对检察官司法履职行为的保障，是检察官准司法行为保障权利。检察官对职责行为享有豁免权，但并非对所有职责行为都享有豁免权，而仅限于司法办案职责行为，即对其准司法行为享有豁免权。现代检察官制度赋予了检察官多重职责，除了准司法职责外，还有法律监督职责等，同时担负领导职务的检察官还对下属担负监督管理职责，如果检察官对所有职责行为都享有豁免权，那么豁免权就会演化成一种检察官的职业特权，失去豁免权作为“保护检察官职业角色法律地位免受他人权力改变的自由”本质。检察官豁免权所力图保护的是检察官的准司法行为。在检察官豁免权制度比较发达的国家，准司法行为是检察官绝对豁免权的充要条件。确认检察官豁免权的目的在于促使其检察官积极履行准司法职责而不必有后顾之忧，只要检察官的职责行为被归类为准司法行为，就受到豁免权的保护，检察官也只有在履行其准司法职责时，才有资格享有该权利，即检察官豁免权仅适用于检察官的准司法行为。在我国，涉及检察环节对证据的取舍、事实的认定、批捕或不批捕审查起诉或不起诉的决定、量刑建议、认罪认罚决定的作出、适用速裁程序的决定等需要进行判断或作出决定等均可归为准司法行为。

检察官豁免权是为了保障检察官积极履行检察权的职务行为而产生的权利，是为了保证检察官在行使检察权时免受其他法律权力的支配或约束，不用担心积极依法履行准司法职责而可能产生的侵权责任，属于检察官的职业保障权利。如果因检察官的准司法行为造成了错案，受害人权利遭受损害，需要得到救济，因此而产生了救济权，但检察官不受受害人救济权的支配，检察官有权选择保持其法律地位不受改变，相对人无能力作为检察官豁免权的法律关联项，即检察官的法律地位因为相对人无能力而不受到实质影响。

《检察官法》（2019）第11条、第53—58条明确规定了检察官的权利，检察官履行职责应当具有相应的职权，并且享有职业保障的权利，非因法定事由、非经法定程序，不被免职、降职、辞退或者处分。《人民检察院司法责任追究条例》（2020）第10—12条等明确规定了错案责任豁免和司法瑕疵责任豁免。检察官豁免权是保障检察官职业行为的实体性权利。如果检察官履职时缺乏豁免权的保护，难免有后顾之忧，难以依法独立公正行使职权。换句话说，只有检察官受到豁免权的保护，才能更好地积极正确履职。

（二）检察官的程序性权利

检察官豁免权不仅是一种职业保障权利，而且是一种保障其法律地位免受改变的自我保护或自我防卫的程序性权利，“程序性权利是为了落实实体性权利而由主体享有的权利”[①]，即“程序主体在实现实体权利或为保障实体权利不受侵犯时所享有的权利”[②]。作为程序性权利，豁免权能保障检察官的法律地位免受改变，检察官可以主张享有豁免权，以此对抗对其责任的追究。无论是受害人要求追究其责任，还是其他主体欲启动追责程序，检察官能够以豁免权为由进行自我防卫，对检察官在合理的时间范围之内行使豁免权，追责主体应当审视追责的合法性与合理性，回应检察官的豁免主张。所谓“豁免”，即“法律程序的免除”[③]。检察官豁免权能够在一定程度上阻却其他主体对检察官追责程序的启动，或者阻止其他人针对检察官准司法行为而提起诉讼，阻却司法程序的启动，阻止追责案件进入实质审查阶段或免于诉讼，阻却对检察官实体责任的追究。《国家赔偿法》（2012）第2条、第17—19条、第21条规定了检察机关为国家赔偿义务机关，阻却了对检察官的民事责任追究，是对检察官民事责任的豁免。设置豁免程序是为了保障检察官的司法履职行为，因此，基于检察官的法律地位而衍生出来的豁免权，在检察官

① 童之伟：《法权与宪政》，山东人民出版社2001年版，第180页。
② 徐亚文：《程序正义论》，山东人民出版社2004年版，第36页。
③ 《中华法学大辞典》编委会编：《中华法学大辞典（简明本）》，中国检察出版社2003年版，第367页。

权利遭遇可能的威胁，法律地位有可能被改变时，能够以豁免权为由阻止对其实体性权益的损害。如果没有检察官豁免权制度作为责任制度的限制，检察官权利将难以得到保障。从这个意义上来说，检察官豁免权具有防御权功能，最初主要是为了防止被误判的受害人滥用权利，随着国家追责制度的确立，又转化为检察官的程序性权利，转向于与国家的法律关系中。“程序性权利在本质上是一种自我防卫权利。”① 为了防止国家启动诉讼程序或追责程序而造成对检察官的侵害，通过豁免权对检察官进行保护与救济，确保国家权力在法定范围内正当地行使。

检察官豁免权作为程序性权利，是检察官对其准司法行为享有的实体性决断权得以实现的保障，因而也是过程意义上的程序性权利。耶利内克的公法权利理论为我们理解这种权利提供了理论依据。“公法权利在实质上就是个人因其在国家中的成员地位而应享有的权利”②，个体作为国家的成员，在与国家之间的关系中的地位可分为被动地位、消极地位、积极地位和主动地位四种，这四种地位构成了一条上升的阶梯。③ 除个体处于被动地位时，法律不支持个体的公法权利外，其余三种地位，个体均享有公法权利。检察官作为准司法官，可处于“消极地位”与“积极地位”，享有“司法保护请求权”和“行政保护请求权”等权能。检察官作为国家职权的承担者，可处于理所当然的“主动地位”。检察官豁免权具有自我防卫或保护权利性质，但相对于国家权力而言，依然处于劣势地位。为了防止国家对检察官肆意追究责任，检察官不得不求助于司法保护请求权和行政保护请求权，即享有请求国家保护其检察官任职资格的公法权利。检察官豁免权是国家赋予检察官的公法权利，检察官的法律地位只有符合特定条件才能被限制或剥夺。在与相对人的法律关系中，检察官以实现特定公共利益为目的的意志力占据支配地

---

① 孙祥生：《论公民程序性权利的性质与特征》，载《理论导刊》2007 年第 2 期。

② ［德］格奥格·耶利内克：《主观公法权利体系》，曾韬、赵天书译，中国政法大学出版社 2012 年版，第 49 页。

③ 参见［德］格奥格·耶利内克：《主观公法权利体系》，曾韬、赵天书译，中国政法大学出版社 2012 年版，第 79 页。

位。检察官既可以请求国家通过立法保护其法律地位，又可以请求国家的司法保护，相对人则无能力改变其法律地位；检察官豁免权以维护公共利益为目的，一方面促进检察官积极履职维护刑事司法的正义，另一方面防止针对检察官的恶意诉讼以维护秩序。

检察官豁免权作为程序性权利，其内在价值是实现平等、公正，维护检察官的尊严。对检察官的准司法官身份的尊重和认可是检察官豁免权产生的根据之一，换句话说，检察官豁免权体现了对检察官准司法官身份和地位的尊重和认可。检察官作为准司法官，应像其他司法官员一样得到平等的尊重与对待。"人们不仅具有权利，而且在这些权利中还有一个基本的、甚至不言自明的权利。这一最基本的权利便是对于平等权的独特观念，我们称之为受到平等关心与尊重的权利。"① 检察官享有与法官平等的权利，是维护和实现检察官人格尊严的基本前提，是检察官能够平等参与司法活动、有效地影响司法决策过程和司法决策结果的前提条件。一方面，豁免权这一程序性权利的缺失，会导致实体的检察官职业保障权利无法得以实现；另一方面，豁免权自身代表了对检察官职业身份和尊严的尊重和认可，体现了检察官在司法程序中的主体地位。

（三）检察官的权能

检察官豁免权是检察官对其因积极履职的需要而实施的准司法行为所享有的"不受某些法律后果约束或不适用某些法律规则的自由"②，这种自由归根到底属于检察官的权能，也是检察官排除他人滥用法律权利而确保自己的法律地位不被改变的能力，因而检察官豁免权是一种法律上"能为"的权利，也是实施权利的法律能力。检察官作为豁免权的主体，在法律上"能够"主张自己的权利，对其准司法行为拥有一种支配性力量，免于责任的承担，其他人无能力改变他的这种法律地位或者法律关系。"特定意义上的权

① ［美］罗纳德·德沃金：《认真对待权利》，信春鹰、吴玉章译，上海三联书店 2008 年版，第 8 页。
② ［英］戴维·M. 沃克：《牛津法律大辞典》，李双元等译，法律出版社 2003 年版，第 546 页。

利是一种主张满足既存之义务的法律力量（Rechts - macht）"[①]，"权能是权利的意思支配力和法律强制力"[②]，是权利的核心要素。

检察官豁免权作为权能，是实现职业保障权利和程序性权利的法律能力，使得检察官具有对抗其他主体或者影响其他主体的力量，也是对权力与权利之间关系并非只有对立模式[③]的证明。在具体的豁免权法律关系中，检察官对其准司法行为获得了一种支配性的法律能力，对检察官法律职业身份、法律地位和依法独立行使检察权起至关重要的保障作用，决定着检察官权利的实现，因此检察官豁免权所指向的范围事实上关系到检察官的个人权利。郭道晖教授认为，法律上的权利，就权利人有权要求他人作出一定行为或抑制一定行为来说，即就这种权利对他人的影响来说，实际上也是一种"权力"。[④] 就检察官豁免权对其他主体产生的影响而言，虽然不如公权力，但也是检察官实施权利的保障性力量。权利始终和"正当"等价值判断相联系，权利就是能做的、正当的、被允许的，"权利本身也是一种权力，只不过总是被把它叫做权利的人或者人们认为是正当的权力而已"[⑤]。

检察官豁免权是检察官的权能，可以用霍菲尔德关于法律基本概念的理论予以说明。霍菲尔德建构的基本法律概念体系实际上可以分为权利概念与非权利概念，狭义权利（right）、豁免（immunity）、权力（power）、特权（priviledge）这 4 个概念都是作为权利的子概念，责任（liability）、义务（duty）、无权利（no - right）和无能力（disability）则为非权利概念。在其建构的法律关联项列表中，豁免作为无能力概念的法律关联项，[⑥] 而无能力则是作为权力的法律对立项。法律关联项与法律对立项的区别在于对立项的主体是同一的，关联项涉及两个主体之间的关系。豁免权与权力之间不能借

① Hans Kelsen, *Allgemeine Theorie der Normen*, Manz, 1979, p. 269.

② 王启富、马志刚：《权利的法律结构分析》，载《中央政法管理干部学院学报》1999 年第 5 期。

③ 斯宾诺莎最早论述二者的关系，认为权力并非与国家相勾连，权力与权利所指向的范围一致且广泛，权力决定着权利的实现。笔者认为，斯宾诺莎所指的"并非与国家相勾连的权力"就是权能。

④ 参见郭道晖：《试论权利与权力的对立统一》，载《法学研究》1990 年第 4 期。

⑤ 孙国华：《权利——被认为是正当的权力》，载《河南政法管理干部学院学报》2002 年第 2 期。

⑥ 参见［美］霍菲尔德：《基本法律概念》，张书友编译，中国法制出版社 2009 年版，第 28 页。

助于无能力建立起必然的联系，换句话来说，豁免权并非权力，作为权利子概念的豁免权是实施权利使别人服从的法律力量，是一种权能。在具体的豁免权法律关系中，检察官豁免权的权能特性凸显，检察官作为权利的主体，拥有一种绝对的支配性的力量，其他人无能力改变他的这种法律地位或者法律关系。

检察官豁免权是为保障检察官依法独立积极行使检察权，基于保护检察官准司法行为的需要而产生的权能，实施权利的法律能力是检察官豁免权的核心属性。豁免的法律对立项（opposites）为责任，与责任的关系是相反关系，存在于同一个主体。主体的豁免权可能源于没有对其施加责任的规则（消极豁免），或者源于将其从先前强加的责任中解放出来的规则（积极豁免）。[①] 豁免的法律关联项（correlatives）为无能力，豁免与无能力的关系是相关关系，或者说是逆向关系（converse relation），存在于不同主体之间的法律关系中，豁免适用于法律关系不受他人行为影响的情形。[②] 假设检察官 Y 是豁免权的权利主体，与之相关的主体即豁免权相对人假设为 X，在具体的检察官豁免权法律关系中，Y 对于 X 享有豁免权，等值于 X 对于 Y 无能力改变 Y 的法律地位。因此，检察官 Y 的豁免权实际上就是 Y 拥有的一种支配性力量，就是 Y 对抗 X 或使 X 服从 Y 的意志的力量。从这个意义上说，豁免权是一种检察官所拥有的保护其准司法行为的法律能力。虽然也可被涵盖在检察官权利的子概念之下，但由于这种能力相对于 X 的无能力而言具有更大的力量，甚至有学者用“权力”来指代豁免权，然而这种“权力”并非公权力。原因在于检察官豁免权不会像国家公权力那样具有强大的力量，其对个人的影响仅在于豁免权的依存者。公权力的主体为国家机关，法律能力（权能）的主体为权利主体，权利相对人无能力改变权利主体的法律地位。

---

① See Fitch, Frederic B, A Revision of Holfheld's Theory of Legal Concept, https：//Journals. openedi tion. org/revus/5667.

② See Alan D. Collison, *A Review of Hohfeld's Fundamental Legal Concepts*, The Cleveland State Law Review, Vol. 16, p. 572 (1967).

检察官豁免权作为检察官的权能，代表了检察官的法律地位。我们可以利用霍菲尔德权能领域的 4 个概念之间的关系，将代表检察官豁免权权能及法律对立项与法律关联项概念通过逻辑方阵图 2－13[①] 表示。从图 2－13 可以看出，横向的逆向关系属于相对的两个主体之间的关系，“检察官豁免权主体 Y 对相对人 X 享有豁免权”就相当于“豁免权相对人 X 对检察官豁免权主体 Y 无能力”，反之亦然；豁免与其法律关联项“无能力”的相关关系（逆向关系），恰恰表明了检察官豁免权是检察官实施权利的法律能力；纵向的相反关系揭示的是同一主体的权利与非权利之间的关系，即检察官的豁免权与检察官责任、相对人权力与相对人无能力之间的关系。

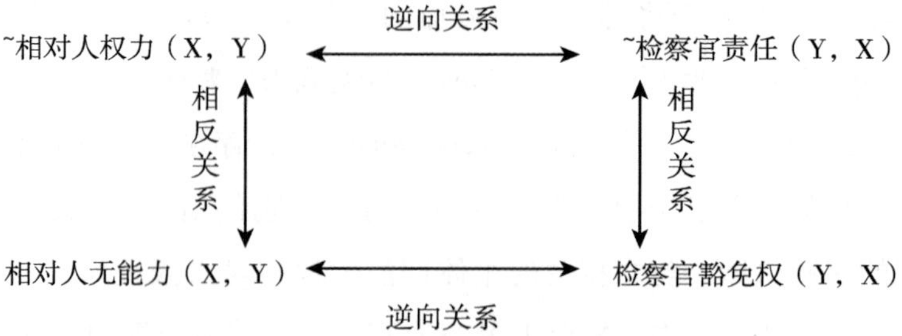

图 2－13　检察官豁免权法律关系

检察官豁免权是检察官对其准司法行为所享有的职业保障权利和程序性权利，也是检察官免于承担司法责任或保持其法律地位不被改变的法律能力，即检察官的权能。只有借助对检察官豁免权概念及性质的分析，才能明确检察官豁免权由谁享有、在什么情况下享有及享有什么样的具体权利，即明确检察官豁免权依存者、权利依据、内容及所指向和影响的对象，才有可能探讨检察官豁免权的内部结构。

---

① 括号中 Y、X 分别代表豁免权的权利主体与权利相对人，在逆向关系中，括号中的 X、Y 必须同时注明，但在相关关系（检察官豁免权与其法律对立项“检察官责任”之间的关系）中，由于豁免权主体与责任主体是同一的，只需要注明 Y 即可，但为了更清晰地呈现 4 个概念之间的关系，也予以同时标注。See Fitch, Frederic B, A Revision of Holfheld's Theory of Legal Concept, https: //Journals. openedition. org/revus/5667.

二、检察官豁免权的内部结构

检察官豁免权的逻辑分析既可以在规范的视角下展开，又可以在地位的视角下展开。如果法律明确规定检察官享有豁免权规则，那么该规则既表达了一个普遍规范，赋予了检察官相对于国家而言的豁免权，又隐含了一个个别规范，如检察官 Y 拥有相对于国家及其他主体而言的豁免权，这是从规范的视角而言的。假如规范“检察官 Y 相对于国家及其他主体拥有豁免权”有效，那么检察官 Y 就享有一种他人无能力改变的法律地位，即他相对于国家及其他主体而言拥有豁免权，这是从地位的视角而言的。规范是对主体的资格的确认，如果是权利规范，则是主体权利资格的确认。作为具体权利的检察官豁免权，代表着检察官的法律地位，反映在豁免权依存者和豁免权相对人两个主体之间的关系中。结构“可以定义为成分间或基本过程间的一个关系网……因而结构分析就是研究成分的组成以及成分关系被组合的方式”①。因此，若要分析检察官豁免权的内部结构，首先须明确检察官豁免权的基本构成要素及其联结方式。

（一）检察官豁免权的构成要素

基于霍菲尔德有关豁免权的法律关联项和对立项的关系，逻辑方阵图 2－13 仅仅反映了检察官豁免权、检察官责任、相对人无能力、相对人权力 4 个概念之间的逆向和相反关系，并未反映两个主体发生关联的媒介，也未反映豁免权与责任之间关系的媒介。从前述对检察官豁免权的性质分析可知，准司法行为是检察官豁免权得以产生的根据和豁免权所针对的对象，即需要保护的对象，是检察官不承担责任的原因，因而是检察官与相对人之间发生豁免权法律关系的媒介。检察官豁免权是检察官的职业保障权利，与检察官的准司法行为相联系，“特定权利也可以说是具体权利，是

---

① ［比利时］J. M. 布洛克曼：《结构主义：莫斯科—布拉格—巴黎》，李幼蒸译，中国人民大学出版社 2003 年版，第 8 页。

指每一个与具体的行为相联系的权利"①。检察官对准司法行为享有豁免权是对检察官承担司法责任的否定，因而形成相反关系；也是相对人无能力改变检察官因准司法行为而产生的豁免权法律地位的反映，因而形成逆向关系。在相反关系和逆向关系中存在一个共同的要素——准司法行为，而"~检察官责任"与相对人无能力则是检察官豁免权的具体内容。检察官豁免权的内部逻辑结构便表现为检察官豁免权主体、相对人、检察官准司法行为和检察官豁免内容（~检察官责任或相对人无能力）这 4 个要素间的联结方式，如图 2－14 所示。

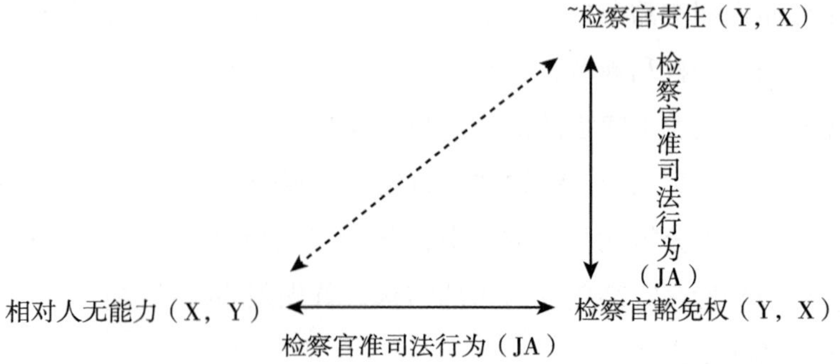

图 2－14　豁免权要素之间的关系

检察官在司法办案中需要依据证据对事实作出认定，并以法律规则为大前提进行推理，作出法律决定，其办案行为属于准司法行为。准司法行为是产生豁免权规范效果的必要条件，检察官豁免权所要保护的对象是检察官的准司法行为。"检察官 Y 相对于 X 对其准司法行为（Judicial Action，用 JA 表示）享有豁免权"，意味着"豁免权相对人 X 对豁免权主体 Y（依存者）在准司法行为（JA）上无能力"或"并非'检察官豁免权主体 Y（依存者）对其准司法行为（JA）承担责任'"。因此，对于权能领域中的豁免权而言，其构成要素不仅包含豁免权法律关系的主体，而且包含豁免权法律关系的客体和载体。因此，图 2－14 揭示的检察官豁免权构成要素包含 4 个，一是检

① 张恒山：《论权利本体》，载《中国法学》2018 年第 6 期。

察官豁免权的享有者即检察官 Y，二是检察官豁免权的接受者即相对人 X，三是检察官的准司法行为（办案行为），是使检察官 Y 与相对人 X 发生联系的中介，或者说是检察官豁免权的对象或客体，四是豁免权的内容，具体表现为相对人无能力或“~检察官责任”。

检察官因其准司法行为而成为豁免权法律关系的主体，也是豁免权的依存者。如果检察官事实上因司法履职行为侵害了受害人的权利，但该准司法行为不受国家法律评价，国家豁免其有可能产生的义务或责任。即使受害人提起了针对检察官的侵权诉讼，要求其承担民事赔偿责任，检察官的法律地位也不因受害人的诉讼行为而发生改变，受害人无能力改变他们之间的法律关系；或者说依据国家法律，检察官的准司法行为不受司法管辖。检察人员分类管理将检察官从检察辅助人员和司法行政人员中分离出来，只有员额检察官才具有司法办案的主体资格，才能从事准司法行为。因此，员额检察官才是检察官豁免权的主体，检察辅助人员、司法行政人员因其履职行为是保障检察官行使诉讼职权的辅助行为或服务行为，不具有准司法行为的性质，一般不具有豁免权的资格，不是检察官豁免权法律关系的主体。

在检察官豁免权法律关系中，除检察官这一权利主体之外，还必须存在与之相对的另一主体，即检察官豁免权的相对人，也是无能力改变豁免权法律关系的主体。在霍菲尔德图式的豁免法律关联项与对立项列表中，豁免权与无能力这两种法律地位直观地说明了豁免权主体与相对人之间的相关关系。可见，在检察官豁免权的内部结构中，必须包含豁免权相对人这一要素，如果没有相对人存在，就不存在检察官豁免权。检察官豁免权的相对人主要包括两类：一类是指因检察官的准司法行为而遭受权利侵害的人。检察官作为豁免权主体免受对其准司法行为的追诉，法律地位受到法律的特殊保护，不会因受害人试图追责而改变，因为受害人无能力通过自己的作为或不作为改变这种法律关系，即无力改变这种权利—非权利的法律关系。虽然因准司法行为侵害了别人的权利，造成了损害事实，检察官不承担普通公民本应承担的民事损害赔偿责任，但这些受害人被侵害的权利可以通过其他途径而获得救济，如国家赔偿，在有些国家还可通过职业保险而获得赔偿。另一类是指国家或代表国家对检察官实施惩戒的主体，如检察机关、惩戒委员会等享有惩戒权力而对检察官进行责任追究的主体。如果检察官在司法办案中已经尽到了应有的客观注意义务，不存在故意或者重大过失，即便出现错案，也不承担司法责任，即惩戒权主体作为检察官豁免权的相对人，不得追究检察官司法责任。

检察官豁免权所要保护的是检察官的准司法行为。检察官豁免主体与相对人的豁免权法律关系是围绕着检察官的准司法行为而建立的，也是检察官豁免权、相对人无能力、检察官责任和相对人权利共同指向的对象。应把“权利和义务的对象抽象为‘行为’”①，但检察官的行政管理职责行为或者检察官的个人行为，不在检察官豁免权的对象范围内，检察官的准司法行为是检察官享有豁免权的必要条件，是检察官与相对人发生检察官豁免权法律关系的媒介。检察官可以以豁免权为由对抗其他主体针对其准司法行为的责任追究，检察官因此不承担责任，保持其法律地位不变，该后果恰恰是准司法行为受到保护的法律后果。

检察官豁免权是检察官从事准司法行为时，不受某些法律后果约束或不适用某些法律规则的自由，所指向、影响和作用的对象是检察官的准司法行为，因此，检察官豁免权的客体就是检察官的“准司法行为”。只有当检察官对其准司法行为不承担司法责任，检察官的豁免权才能真正得以实现，其法律地位才能得以保持。检察官豁免权的对象是检察官准司法行为，“检察官准司法”相对于“法官司法”，“其核心特征是享受公诉权的检察官事实上决定刑事案件的结局”②。2022 年，检察环节认罪认罚从宽制度适用率超过

---

① 高健：《法律关系客体再探讨》，载《法学论坛》2008 年第 5 期。该种观点符合基本的法理，就如马克思所说：“对于法律来说，除了我的行为以外，我是根本不存在的……因为行为就是我为之要求生存权利，要求现实权利的唯一东西，而且因此我才受到现行法的支配。”详见中共中央马克思恩格斯列宁斯大林著作编译局编译：《马克思恩格斯选集》（第 1 卷），人民出版社 1995 年版，第 16 页。

② 孙长永：《中国检察官司法的特点和风险——基于认罪认罚从宽制度的观察与思考》，载《法学评论》2022 年第 4 期。

90%，认罪认罚从宽案件量刑建议采纳率 98.3%。[1] 检察官还可行使酌定不起诉权，可见，检察官事实上决定了 90% 以上刑事案件的结局；检察官准司法行为的外延要大于检察官司法行为的外延，检察官的准司法行为因其规范行为具有判断的属性，甚至很大程度上决定刑事案件的结局，具有裁决的属性，被纳入司法豁免的对象，成为检察官豁免权的对象。

检察官豁免权的实质在于：检察官豁免权是检察官从事准司法行为时，不受某些法律后果约束或不适用某些法律规则的自由。尽管检察官的准司法行为侵害了受害人的权利，但受害人或其近亲属因此要求其承担责任时，检察官可以免受或排除国家某些法律约束或法院司法管辖与制裁，即检察官作为准司法官，可以不承担普通公民本应承担的义务、责任或免除法律程序。具体而言包括免受司法追诉或不受法律评价，可以不承担普通公民本应承担的侵权赔偿责任，即检察官对其依法提起公诉行为，及其出庭支持公诉过程中提出的对法律和事实的看法与意见免于被司法追诉，即便该案件后来被证明是错案，也不承担民事侵权赔偿责任或不承担司法责任，相对人无能力改变检察官的法律地位。

（二）检察官豁免权要素之间的关系

对检察官豁免权内部结构的分析，除了应明确检察官豁免权的构成要素之外，还应明晰这些构成要素之间的联结方式。检察官豁免权是因权利主体的准司法行为而产生的，检察官对其准司法行为免受指控或不承担责任，权利相对人也是因检察官的准司法行为侵害了其权益或侵害了他人的权益，而意图指控或追究检察官责任，但相对人无能力改变检察官的法律地位。豁免权法律关系是检察官和相对人围绕准司法行为而展开的，但这种关联性在法律条文中并未直接体现出来，如《人民检察院司法责任追究条例》（2020）和最高人民检察院《关于完善人民检察院司法责任制的若干意见》（2015）中，有关检察官错案责任豁免规范只是规定：在司法办案工作中虽有错案发

---

① 数据来源于《2023 年最高人民检察院工作报告》。

生，但履行必要注意义务，没有故意或重大过失，检察官不承担司法责任。[①]可见，该规定并没有完整地概括检察官豁免权的要素，只表达了 3 个要素，即豁免权主体、豁免权的内容和豁免权客体（司法办案行为）。检察官豁免权的一般规范可表达为“检察官对其准司法行为享有免受指控或不承担责任的自由”，只表达了检察官豁免权主体、检察官豁免权对象和检察官豁免权内容 3 个要素。要完整地揭示检察官豁免权构成要素及其之间的联结方式，需要将相对人表达进来。

在霍菲尔德建构的有关豁免的法律关联项与对立项列表中，相对人这一要素被反映在图 2－13，为我们理解豁免权的法律地位提供了最基本的框架，具体到检察官豁免权法律关系中，逆向关系揭示了检察官豁免权和相对人无能力之间的关系，更加强调豁免权主体与相对人之间的关系。如果将具体内容设为 I（Immunity），则检察官豁免的 4 个构成要素的联结方式为“检察官 Y 对其 JA 享有相对于 X 的 I（不承担责任或免受指控保持其法律地位不变的法律能力）”；该形式表达进一步揭示了检察官豁免权内部结构。图 2－14 已不再局限于检察官豁免权的法律地位，而是集中展现检察官豁免权构成要素之间的关系，豁免权法律关系建立在检察官与相对人之间，准司法行为是 Y 与 X 发生豁免权法律关系的中介，是检察官豁免权与相对人无能力、“~检察官责任”发生联系的媒介。检察官豁免权依存者从事准司法行为，也因其行为是准司法行为而免受指控或不承担司法责任。豁免权相对人参与到检察官豁免权与责任的关系中，是因为实现检察官豁免权的法律后果就是必须明确检察官免受“谁”的指控或不承担“谁”有可能强加给他的司法责任，或相对人无能力改变检察官的豁免权法律地位。前者更加强调豁免权主体与检察官责任之间的关系，因此其形式表达为“检察官 Y 对 JA 享有 I（不承担责任）”。如果将“相对人”表达进规范命题“检察官对其准司法行为享有免受指控或不承担责

---

① 参见《人民检察院司法责任追究条例》（2020）第 10 条和最高人民检察院《关于完善人民检察院司法责任制的若干意见》（2015）第 33 条。

任的自由”中，可将其重述为“检察官对其准司法行为享有相对于责任追究主体的免受指控或不承担责任的自由”。检察官豁免权是指，为了保障检察官依法独立地积极履行其准司法职责，相对人对其准司法行为不予指控或者追究责任，检察官享有不受某些法律后果约束或不适用某些法律规则的自由。

无论检察官豁免权的具体内容体现为检察官对其准司法行为不承担责任，还是体现为相对人无能力改变检察官的法律地位，都可以将检察官豁免权内部结构形式化为“检察官 Y 对其 JA 享有相对于 X 的 I”①，检察官豁免权内部结构的核心是准司法行为。检察官并不对所有职责行为享有豁免权，只对准司法行为享有豁免权，检察官也仅仅只在相对人指控或（要求）追究检察官的准司法行为责任时才受到豁免权的保护，如果缺乏检察官准司法行为这一要素，检察官豁免权的存在将缺乏法理基础，主体与相对人的检察官豁免权法律关系不可能得以建立。检察官豁免权只对准司法行为发生作用和影响，检察官的内部结构中，是否存在检察官豁免权的对象或客体准司法行为（JA）对于检察官是否享有豁免权起着决定性作用。若相对人对检察官的准司法行为提起指控或要求追究责任，检察官可以豁免权为由进行对抗，法律后果表现为相对人无能力改变检察官的法律地位或检察官不承担责任，或者说不适用某些法律规则，因此，检察官不承担责任或者相对人无能力是检察官豁免权内容的一体两面。

（三）基于内部结构的检察官豁免权类型

检察官豁免权法律地位的取得，可能源于没有规定对准司法行为施加责任的规则，也可能源于存在将其从责任中解放出来的规则。② 根据豁免权的法律渊源及豁免权的适用范围，可以将检察官豁免权分为绝对豁免权和相对

---

① “检察官 Y 相对于 X 对 JA 享有 I”中的 I 表示的是检察官豁免权的内容，具体为“保持其法律地位不被改变的自由”或“不适用某些法律规则或免受法律的评价”“不承担司法责任”或“免受指控”等。对检察官豁免权的具体内容本书暂不作探讨。

② See Fitch, Frederic B. A Revision of Holfheld's Theory of Legal Concept, https: //Journals. openedition. org/revus/5667.

豁免权。[①] 对于前者而言，其渊源是未施加准司法行为责任的规则，其适用范围是所有的准司法行为或与准司法密切相关的行为；对于后者而言，其渊源是规定准司法行为责任范围的规则，其适用范围是具有正当性或合理性的准司法行为。无论是绝对豁免权，还是相对豁免权，都是检察官对其准司法行为享有的豁免权。

当检察官豁免权源于未规定准司法行为责任的规则时，国家绝对尊重检察官的准司法行为，并容忍存在过错的准司法行为，目的是保障检察官能够积极独立自主地作出起诉与不起诉、认罪认罚从宽等法律决定。因此，即便出现错案结果，也不追究检察官的法律责任，检察官的法律地位因此不受改变，此为检察官绝对豁免权。例如，《国家赔偿法》（2012）第 2 条、第 17 条、第 18 条规定的国家赔偿责任[②]、第 19 条规定的“国家不承担赔偿责任的情形”和第 21 条有关赔偿义务机关的规定[③]、最高人民检察院《关于完善人民检察院司法责任制的若干意见》（2015）第 42 条[④]等，这些规定表明，即便国家要承担赔偿责任或其他责任，也未施加检察官责任，因而，从这些规定可以推导出检察官民事责任绝对豁免权。绝对豁免权是检察官免受国家改变法律关系或者法律地位的自由，或者免受某些法律规则约束的自由。绝对豁免权是指检察官因相对人绝对尊重和容忍而免于承担准司法行为责任的自由，属于检察官的基本权利，具有国家不得侵犯的“防御权”功能，国家

---

① 综观检察官豁免权的研究，无论是理论界还是实务界，都存在诸多争论，主要围绕检察官豁免权是否应当存在、检察官豁免权的分类及划分方法等问题展开。与其说“反对派”否定检察官豁免权应当存在，不如说其反对的是绝对豁免权，而肯定相对豁免权，因此，绝对豁免权与相对豁免权的类型划分及其划分依据是值得探讨的问题。

② 《国家赔偿法》(2012) 第 2 条、第 17 条、第 18 条规定的主要内容为：检察机关及其工作人员行使职权侵害公民、法人和其他组织合法权益（包括人身权和财产权）造成损害的，受害人有取得国家赔偿的权利。可见，这些规定并未规定检察官的民事损害赔偿责任。

③ 《国家赔偿法》(2012) 第 21 条规定：行使检察职权的机关及其工作人员在行使职权时侵犯公民、法人和其他组织的合法权益造成损害的，该机关为赔偿义务机关。对公民采取逮捕措施后决定撤销案件、不起诉或者判决宣告无罪的，作出逮捕决定的机关为赔偿义务机关。

④ 最高人民检察院《关于完善人民检察院司法责任制的若干意见》第 42 条规定：对检察人员承办的案件发生被告人被宣告无罪，国家承担赔偿责任。

负有消极不作为的义务，因此，绝对豁免权也是一种消极豁免权。

确认检察官豁免权的目的在于促进检察官积极履职，让检察官获得利益保护，防止对检察官履职行为的不法侵害，使检察官在与权利相对人组成的法律关系中始终处于有支配能力的地位。国家不对检察官准司法行为的责任进行认定和归结，或不因准司法行为而剥夺员额检察官资格或地位。保持检察官法律地位或豁免权法律关系不受改变，恰恰是对检察官依法履职行为的尊重和容忍。由于受到绝对豁免权的保护，检察官在司法履职时便无须担心将来可能会承担司法责任的风险，依法积极独立履职，提升办案质量。检察官绝对豁免权适用于检察官的准司法行为，无论是否造成错误的结果，该准司法行为都免于国家的法律评价。检察官绝对豁免权是检察官豁免权的最初存在形态。国家对检察官以准司法官身份从事的准司法行为不苛以责任，制定相应的实体和程序保障规则，或国家直接通过立法将不承担准司法行为的民事赔偿责任或司法责任的自由授予检察官。从这个意义上来说，正是因为国家在对待检察官的司法责任问题上体现对检察官的充分尊重，检察官无须作出相应的行为就能有一种法律上的能力，保持其法律地位或法律关系不被改变，即便检察官因其准司法行为存在事实上的侵权行为，甚至造成了错案的结果，也不承担责任。检察官绝对豁免权是检察官的准司法行为不受某些法律后果约束或不适用某些法律规则，检察官的法律地位不因其准司法行为而改变的自由，即检察官相对于其他主体而言不承担责任的自由。

当检察官豁免权源于将其从责任中解放出来的规则时，国家针对检察官的履职行为原则上规定了检察官责任的范围，如《国家赔偿法》（2012）第31条[①]，《人民检察院组织法》（2018）第8条[②]，《人民检察院司法责任追究

---

① 《国家赔偿法》（2012）第31条规定：检察机关赔偿后，应当向检察人员进行全部或部分追偿的主要情形有：刑讯逼供或者以殴打、虐待等行为或者唆使、放纵他人以殴打、虐待等行为造成公民身体伤害或者死亡的；违法使用武器、警械等行为造成公民身体伤害或者死亡的；在处理案件中有贪污受贿，徇私舞弊等行为。此外，还应依法给予处分或依法追究刑事责任。

② 《人民检察院组织法》（2018）第8条规定：人民检察院实行司法责任制，建立健全权责统一的司法权力运行机制。

条例》（2020）第7条规定了检察人员应当承担司法责任的情形，但也规定了检察官由于非故意违法或存在重大过失司法责任豁免的情形，如第10条、第11条、第12条规定的错案责任豁免和司法瑕疵责任豁免。此外，最高人民检察院《关于完善人民检察院司法责任制的若干意见》（2015）第33条、《保护司法人员依法履行法定职责规定》（2016）第11条等均对检察官责任豁免作了相应规定。《检察官惩戒工作程序规定（试行）》（2022）第10条、第13条、第14条、第18条、第21条等还规定了检察官豁免权等基本权利遭受侵害时可进行申诉、要求听证的权利。检察官可以依据上述规则对抗相对人对其责任的追究，要求依据有关的责任豁免规则以积极作为的方式保护其合法权益，实现相对豁免权。

检察官相对豁免权即检察官有限豁免权，是在检察官因履职行为而面临可能的责任承担时，请求国家对其进行保护，但能否受到豁免权的保护，不仅取决于检察官履职行为是否属于准司法行为，而且取决于该行为的动机是否具有“客观合理性”或正当性。若检察官的履职行为不是准司法行为（如行政管理行为），或者准司法行为不具有客观合理性，即便检察官以豁免权为由对抗责任的追究，也不受到保护。一方面，国家采取积极的行为保障作为检察官基本权利的豁免权，阻却追责程序的启动，提供司法保护；另一方面，检察官也可能以豁免权为由对抗其他主体保持其法律地位不被改变，其他主体无能力改变豁免权法律关系或者无能力改变检察官的法律地位。从这个意义上来说，检察官相对豁免权也是一种积极权利，虽然可为一定的事实所推翻，但具有“受益权功能”[①]。相对豁免权是检察官豁免权的重要存在形态。

从对检察官豁免权内部结构的逻辑分析来看，检察官豁免权是以检察官的准司法行为作为权利保护对象、以检察官为豁免权的权利主体、以相对人

---

① 张翔对基本权利的功能进行了划分，认为受益权功能并不只是社会权的功能 其他权利也具有受益权功能。参见张翔：《基本权利的受益权功能与国家的给付义务——从基本权利分析框架的革新开始》，载《中国法学》2006年第1期。

(包括国家）为义务承载主体、以检察官不承担责任保持其法律地位不被改变为权利构成要素的职业保障权利和权能，这些要素的核心是检察官的准司法行为。从形式逻辑的角度可以将检察官豁免权的内部结构形式化为“检察官 Y 对 JA 享有（相对于 X 的）I”。作为权利的形式，结构既表现于内部，又表现于外部，是外部形态和内在连接方式的总和。[①] 检察官绝对豁免权与相对豁免权是基于内部结构而进行的类型划分，绝对豁免权针对的是国家消极不作为的义务，因而是消极权利；相对豁免权针对的是国家积极作为的义务，因而是积极权利。检察官绝对豁免权和相对豁免权是探讨检察官豁免权外部结构的基础。

三、检察官豁免权的外部结构

“如果将权利要素间的逻辑关系称为权利的‘内部结构’的话，那么权利与其他法律地位之间的关系就可以被称为‘外部结构’。”[②] 分析检察官豁免权内部结构可以借助霍菲尔德建构的豁免权概念之间的关系，但转向豁免权外部结构的逻辑分析时，霍菲尔德的基本概念体系便呈现出一定的局限性：概念之间的关系归根到底只有两种关系，即相反关系和相关关系，但以豁免权概念为基础形成的规范命题有两个：“检察官 Y 对 JA 可以享有（相对于 X 的）I”和“检察官 Y 对 JA 可以不享有（相对于 X 的）I”，且这两个规范命题之间的关系是下反对关系，因而无法合法逻辑地推导豁免权的外部结构。为了克服这一局限，应当在命题层次上对检察官豁免权进行逻辑分析，并利用规范命题之间的逻辑特征进行推理。建立在检察官绝对豁免权与相对豁免权概念基础上的规范命题，能分别体现两种不同的法律地位，与以检察官责任、相对人无能力概念为基础形成的规范命题及检察官权利相关概念之间的逻辑关系恰恰能够揭示豁免权外部结构。

① 参见陈醇：《权利的结构：以商法为例》，载《法学研究》2010 年第 4 期。
② 雷磊：《法律权利的逻辑分析：结构与类型》，载《法制与社会发展》2014 年第 3 期。

（一）检察官豁免权与其法律对立项“检察官责任”的对当关系

检察官豁免权是检察官享有的免受指控或不承担责任的自由，其对立项是检察官豁免权依存者的责任。在命题层次上深入揭示检察官豁免权结构，可以借助于规范命题之间的对当关系，① 将豁免权概念与责任概念之间的相反关系转换为规范命题之间的关系。在同一规范体系中，“必须”型规范命题“Y对JA必须承担（对X的）责任”与“禁止”型规范命题“Y对JA必须不承担（对X的）责任”之间的关系是反对关系，意味着如果规定“Y对JA必须承担（对X的）责任”为妥当，那么“Y对JA必须不承担（对X的）责任”就一定不妥当，但规定“Y对JA必须承担（对X的）责任”为不妥当时，不能认为“Y对JA必须不承担（对X的）责任”为妥当。“必须”型规范命题“Y对JA必须承担（对X的）责任”与“可以”型规范命题“Y对JA可以承担（对X的）责任”之间是差等关系，“责任”的法律对立项是“豁免权”，“Y对JA可以承担（对X的）责任”命题可以转换为“Y对JA可以不享有（行使）相对于X的豁免权”。因此，“Y对JA必须承担（对X的）责任”与“Y对JA可以不享有（行使）（相对于X）的豁免权”之间构成差等关系，当规定“Y对JA必须承担（对X的）责任”为妥当时，“Y对JA可以不享有（行使）（相对于X的）豁免权”也一定是妥当的；当“Y对JA可以不享有（行使）（相对于X）豁免权”为妥当时，“Y对JA必须承担（对X的）责任”不一定是妥当的。同样的道理，“可以不”型规范命题“Y对JA可以不承担（对X的）责任”可以转换成命题“Y对JA可以享有（行使）（相对于X的）豁免权”。“Y对JA必须不

---

① 规范命题包括“可以”型、“可以不”型、“必须”型、“禁止”型规范命题4种基本形式，但在素材相同但形式不同的规范命题之间，“必须”型与“禁止”型规范命题之间是反对关系，“可以”型与“可以不”型规范命题之间是下反对关系。“必须”型与“可以”型规范命题、“禁止”型与“可以不”型规范命题之间是差等关系。“必须”型与“可以不”型规范命题、“禁止”型与“可以”型规范命题之间是矛盾关系。由于“必须P”与“禁止P”可以转换，“可以”与“可以不”可以转换，上述4种规范命题也就可以归结为两种基本类型即“可以”型与“必须”型规范命题，霍菲尔德有关“豁免”与法律对立项“责任”概念便能转换为规范命题。

承担（对 X 的）责任”与“Y 对 JA 可以享有（行使）（相对于 X 的）豁免权”之间构成差等关系。“Y 对 JA 可以享有（行使）（相对于 X 的）豁免权”与“Y 对 JA 可以不享有（行使）（相对于 X 的）豁免权”之间构成下反对关系，即这两个命题可以同时为妥当。豁免权是检察官的基本权利，检察官可以行使豁免权，也可以不行使豁免权。以“责任—豁免”法律对立项之间的相反关系为基础，建立检察官豁免权的对当关系如图 2－15 所示。

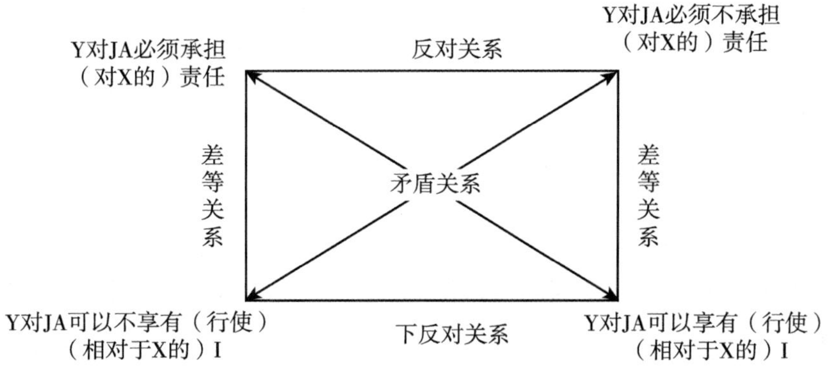

图 2－15　检察官豁免权规范命题之间的对当关系

“Y 对 JA 可以享有（行使）（相对于 X 的）I”这一规范命题为 Y 设定了积极作为的行为模式，因而是一种积极豁免权，也是相对豁免权。检察官相对豁免权恰恰源于未规定检察官责任，因此其矛盾命题是“Y 对 JA 必须承担（对 X 的）责任”。但若规定“Y 对 JA 必须不承担（对 X 的）责任”，则可以推论“Y 对 JA 可以享有（行使）（相对于 X 的）的绝对豁免权”。近年来颁布有关检察官司法责任的文件，明确规定了不承担错案责任，恰恰是对检察官享有绝对豁免权的肯定，因此，检察官对不存在故意违法违规或不存在重大过失的错案不承担司法责任，这是检察官准司法行为的保护。“Y 对 JA 必须不承担（对 X 的）责任”这一规范命题蕴含了检察官享有绝对豁免权的命题，即国家对检察官的准司法行为不苛以责任，尊重检察官的豁免权，甚至容忍错误的检察官司法办案行为，因而检察官对自己的准司法行为享有的豁免权是一种绝对的豁免权。在图 2－15 的基础上，可以绘制图 2－16。

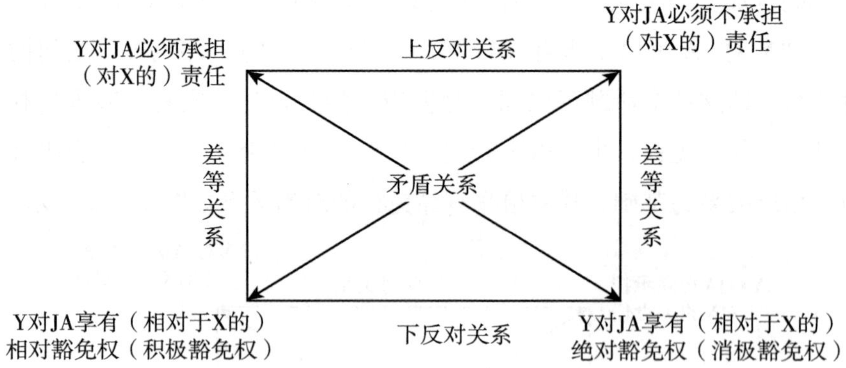

图 2－16　检察官豁免权规范命题与检察官责任规范命题之间的对当关系

“Y 对 JA 可以不享有（相对于 X 的）豁免权”即积极豁免权，也是检察官的相对豁免权，换个表述方式便成为“Y 对 JA 享有相对豁免权（积极豁免权)”，其与“Y 对 JA 必须不承担（对 X 的）责任”这两个命题是矛盾关系，法律规定“Y 对 JA 享有（相对于 X 的）相对豁免权”等值于“并非‘Y 对 JA 必须不承担（对 X 的）责任’”。但由“并非‘Y 对 JA 必须不承担（对 X 的）责任’”这一负命题，并不能必然推出“Y 对 JA 必须承担（对 X 的）责任”命题妥当，“Y 对 JA 必须不承担（对 X 的）责任”与“Y 对 JA 必须承担（对 X 的）责任”这两个规范命题可以同为不妥当，但不能同为妥当。这也恰恰说明检察官对准司法行为是否免于承担责任或不承担责任、能否保持其法律地位不变，即是否享有豁免权及享有何种类型的豁免权需要视情况而定。同理，“Y 对 JA 享有（相对于 X 的）相对豁免权”等值于“并非‘Y 对 JA 必须不承担（对 X 的）责任’”，“检察官 Y 对 JA 享有（相对于 X 的）绝对豁免权”与“检察官 Y 对 JA 享有（相对于 X 的）相对豁免权”是下反对关系，二者可以同为妥当。对于检察官的民事责任而言，通常适用绝对豁免权，对于检察官的司法责任，通常适用相对豁免权，因此，国家可以采取积极作为的方式，也可以采取不作为的方式，来保障检察官豁免权的实现。

图2－15和图2－16所反映的检察官豁免权与检察官司法责任之间的关系不再是霍菲尔德图式的概念之间的关系，而是典型的规范命题之间的对当关系。这种对当关系以检察官相对豁免权和绝对豁免权的下反对关系为基础，还包含命题之间的差等关系（蕴含关系）、矛盾关系。图2－15和图2－16所揭示的蕴含关系恰恰说明了：检察官司法责任内在地蕴含了检察官相对豁免权，检察官应该对存在故意违法违规或重大过失的行为承担司法责任，但是由于检察官办案行为具有司法的属性，同时，受到检察官有限理性的制约，对于出现非故意或重大过失的错案，对检察官的准司法行为必须不承担责任，同样蕴含了检察官的绝对豁免权。因此，检察官司法责任制度改革，不能仅重责任的追究，而应是责任追究与责任豁免同时并举。只有检察官受到豁免权的保护，才能保障检察官积极独立行使司法办案决定权，才能根据权责一致的原理，追究检察官办案行为的司法责任，否则，检察官司法责任制度改革的目标极有可能落空。

图2－15和图2－16所揭示的矛盾关系也说明了，检察官豁免权是对检察官司法责任的反向界定，“二者相辅相成，有效提升司法效能”①。对于相同素材的检察官准司法行为，检察官豁免权范围越大，检察官的司法责任范围越小，反之亦然。过去的以结果为中心的错案责任追究受到多方质疑，很大程度上因为“确定事实是一个充满可能出现许许多多错误的困难过程”②，错案标准难以界定，“‘错案’是否为错，仅就法律适用、事实认定的实体而言常常难以判断”③，从正面认定检察官的司法责任存在一些困境。因此，推进检察官司法责任制改革过程中，可以通过限定检察官豁免权的主体与对象，即检察官对准司法行为享有豁免权，对与准司法行为无关的行为不享有豁免权，反向界定检察官司法责任范围的大小来破解困境。“无论从明确

① 史航宇：《司法责任制与司法豁免权平衡问题研究》，载《湖南警察学院学报》2019年第4期。

② ［美］罗斯科·庞德：《通过法律的社会控制》，沈宗灵译，商务印书馆1984年版，第29页。

③ 蒋银华：《法官惩戒制度的司法评价——兼论我国法官惩戒制度的完善》，载《政治与法律》2015年第3期。

责任范围，还是从保障检察官独立行使权力的角度，都有必要建立健全检察官司法责任豁免制度。”①

（二）检察官豁免权与其法律关联项“无能力”的对当关系

图2－15和图2－16将豁免与其法律对立项责任之间的相反关系转换为了规范命题之间的对当关系，但对于豁免与其法律关联项“无能力”之间的外部关系尚没有涉及。而要全面揭示豁免权的外部结构，必须揭示豁免与关联项“无能力”之间的关系。霍菲尔德所构建的豁免与无能力的关系是逆向关系（converse relation），或者说是两个主体之间的对称关系。绝对豁免权是相对人尊重检察官的基本权利，不采取任何行为就能得以实现，表现为检察官实现权利的能力即法律能力，霍菲尔德图式的两个主体之间的逆向关系尚能得到呈现。但相对豁免权法律关系不仅存在于检察官与相对人之间，当该权利受到侵害，国家须针对检察官的准司法行为采取积极的行动（包括规范行为和事实行为），尤其是有针对性的事实行为时，霍菲尔德图式的局限就凸显了。因为当相对人作出某种行为试图侵害检察官权利时，检察官可以豁免权为由进行对抗，须通过国家的积极作为才能获得法律能力实现其豁免权，这种情况下豁免与无能力之间不再是简单的逆向关系了。

相对豁免权与绝对豁免权的类型划分，为我们分析豁免权与无能力之间的关系提供了基础，也为引入相对人X的行为A（Action）提供了理由，因为检察官豁免权的实现取决于相对人的行为。命题“Y对JA享有（相对于X的）绝对豁免权”与命题“Y对JA必须承担（对X的）责任”之间是矛盾关系，意味着“Y对JA必须承担（对X的）责任”等值于“并非‘Y对JA享有（相对于X的）绝对豁免权’”。如果引入相对人的行为A，根据检察官豁免权与相对人无能力之间的逆向关系，由负命题“并非‘Y相对于X做A实现对JA的相对豁免权’”可以推出“并非‘X做A对Y无能力改变Y的法律地位’”，可进一步推出负命题的等值命题“X做A对JA有能力追

① 任涛、董玉庭：《国家治理现代化视角下的检察司法责任制》，载《行政论坛》2021年第2期。

究 Y 的责任”。“~检察官责任”与“相对人无能力”作为检察官豁免权的内部构成要素，是其内容的一体两面，因而又可以推理出“并非‘X 对 JA 无能力做 A 改变 Y 的法律地位’”，因此，“并非‘X 对 JA 无能力做 A 改变 Y 的法律地位’”与“Y 相对于 X 做 A 实现对 JA 的相对豁免权”之间是矛盾关系。同理，由规范命题“Y 对于 X 不做 A 对 JA 必须不承担责任”可以推出其等值命题为“~‘X 对 JA 无能力不做 A 改变 Y 的法律地位’”。因此，对当关系图 2－16 又可以改造为对当关系图 2－17。“X 对 JA 无能力做 A 改变 Y 的法律地位”等值于“并非‘Y 对 JA 享有（实现）绝对豁免权’”。同理，“X 对 JA 无能力不做 A 改变 Y 的法律地位”，等值于“并非‘Y 对于 X 做 A 享有（实现）相对豁免权’”。在检察官豁免权的外部结构中，可以通过检察官豁免权法律关系主体地位的变换与还原和负命题的等值命题，构建以无法律能力与检察官豁免权概念为基础的规范命题之间的对当关系，如图 2－17 所示。

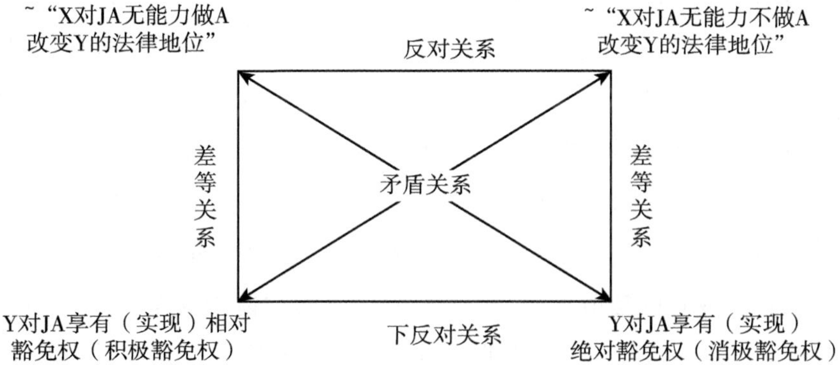

图 2－17　无能力与检察官豁免权规范命题之间的对当关系

图 2－17 揭示了检察官实现相对豁免权和绝对豁免权与相对人无能力之间的内在关系，并且说明了检察官豁免权的实现需要国家的积极作为，才能真正体现检察官的权能属性。因此，在检察官司法责任制改革中，国家不仅要改革以结果为中心的检察官错案责任制度，而且应该通过检察官豁免权制

度的构建，尤其应实行错案责任豁免，[①] 实现检察官的相对豁免权，建立以行为为中心的司法责任制度体系。

（三）检察官豁免权与检察官权利领域概念之间的关系

通过上文对检察官豁免与其法律对立项和法律关联项的关系分析，建构了检察官权能领域的两个独立的对当关系结构平面图，但未绘制出与权利领域概念的关系。[②] 基于霍菲尔德的法律概念体系，检察官豁免权的外部结构，还应包含与检察官权利领域概念的关系。[③] 无能力与权力、责任与豁免权之间存在相反关系，如果要建立等值关系，则需要对法律对立项进行否定，检察官豁免权的对立项是检察官责任，因此检察官豁免权的等值概念即“~检察官责任”，相对人无能力的等值概念为“~相对人权力”。原本是逆向关系，或者是相关关系的法律关系项，转换为等值概念只需要主体交换位置。霍菲尔德的8个基本法律概念还有另外一种组群方式，即权利概念组和非权利概念组。根据对检察官豁免权性质的揭示，检察官豁免权是检察官的职业权利和程序性权利。检察官豁免权又可分为检察官绝对豁免权和相对豁免权，相对豁免权一方面需要通过相对人的行为才能得以确认，另一方面也需要检察官在自身权利遭到可能的威胁时，积极以豁免权为由进行对抗才能实现。此时，检察官的豁免权便会以一种请求权的形式出现，请求国家作出某种行为保障其豁免权的实现。因此，从这个意义上说，检察官相对豁免权隐含了检察官的权利（或者说是请求权），这种请求权的载体为检察官的一般行为，而非检察官的准司法行为。检察官请求国家实施相应的行为将其从强加的责任中解放出来，即不承担责任，此时国家有相应的义务确认检察官豁免权权

---

① 朱孝清提出的观点为“对无故意或重大过失所造成的错案予以责任豁免”。参见朱孝清：《错案责任追究与豁免》，载《中国法学》2016年第2期。

② 雷磊认为霍菲尔德的8个概念可以被还原为权利与权能两个概念，豁免与权力、责任和无能力属于权能概念，权利与义务、无权利和特权属于权利概念。参见雷磊：《法律权利的逻辑分析：结构与类型》，载《法制与社会发展》2014年第3期。

③ 霍菲尔德基本法律概念体系中的4个权能领域概念与4个权利领域概念应以恰当的方式组合，如果依然通过命题来联结，将是一个比较复杂的结构，限于篇幅，本书暂不作探讨。

能，并且，不对检察官实施惩戒，即检察官不承担或免于承担责任，也是对检察官惩戒的否定，即“~检察官惩戒”。在图 2－18 右边的第一个方阵中更多的是单向的推导关系，原因恰恰在于相对豁免权与绝对豁免权的划分。可以将检察官豁免权与其他基本法律概念之间的关系表示为图 2－18①。

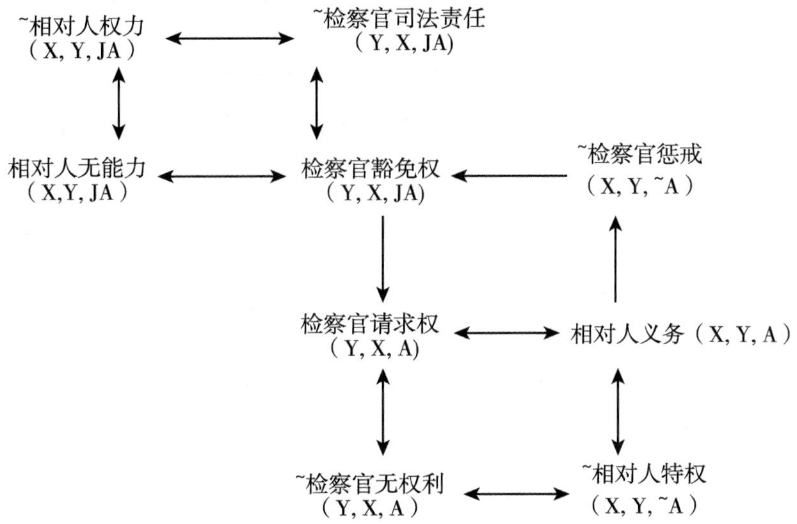

图 2－18　检察官豁免权与其他基本法律概念之间的关系

图 2－18 所绘制的检察官豁免权外部结构，不仅包含了检察官豁免权与其法律对立项和法律关联项之间的关系，也包含了检察官豁免权与检察官权利领域相关概念的逻辑关系。检察官豁免权是实施权利的权能，检察官豁免权隐含了检察官请求权，检察官豁免权受到侵害时便会实现向请求权的转换，继而与霍菲尔德所构建的权利领域组的概念发生关系，也会涉及豁免权与这些概念的对当关系，检察官豁免权借助于请求权，实现了由准司法行为向一般行为的转换。不对检察官实施惩戒，隐含了对检察官豁免权的肯定。可以说，图 2－18 将检察官豁免权与权利领域组概念之间的关系展示出来，是比

---

① A 表示 Action，X 表示相对人，Y 表示检察官，JA 表示 Judicial Action，~表示否定符号，双箭头表示等值，单箭头表示隐含关系。

较简洁的外部结构。如果将所有概念之间的关系转换为命题之间的关系，将会呈现更为复杂的关系，由于篇幅所限，不再赘述。那么，检察官豁免权的外部结构与内部结构又是怎样的逻辑关联，便是接下来要讨论的主题。

四、检察官豁免权内部结构与外部结构之间的关系

检察官豁免权内部结构涉及检察官豁免权内部逻辑构成要素及要素之间的关系，外部结构涉及以检察官豁免权为核心的权能领域概念及权利领域概念之间的联结，并以此为基础形成规范命题之间的关系。对检察官豁免权结构的逻辑分析还应涉及内部结构与外部结构二者之间的关系。

（一）检察官豁免权内部结构是外部结构的基础

在检察官豁免权的内部结构中，准司法行为（JA）是豁免权得以产生的依据，因而是联结检察官豁免权的主体（Y）和相对人（X）的媒介，也是联结检察官豁免权与检察官责任的媒介。检察官豁免权的具体内容体现为检察官不承担司法责任或相对人无能力，豁免权内部结构形式为“Y 对 JA 享有（相对于 X 的）I”，其核心是检察官准司法行为。检察官豁免权因其准司法行为而获得正当性，准司法行为是豁免权所指向的对象，如果没有准司法行为，检察官豁免权法律关系无法建构起来。正因为 Y 对 JA 享有（相对于 X 的）豁免权，Y 获得了豁免权的法律地位，与该法律地位相对而立的是检察官责任。因检察官受到豁免权的保护，其准司法行为或与准司法行为相关的行为不受法律的评价，尽管可能存在受害人权利遭受检察官准司法办案行为侵害的事实或者存在不法事实，但是检察官不承担法律责任。检察官司法责任是检察官要承担的消极法律后果，包括因故意违法或重大过失的准司法行为导致的错误结果责任、因准司法行为违反职业伦理导致的责任等。检察官豁免权与司法责任的相反关系决定了检察官豁免权与“~检察官司法责任”的等值关系。根据渊源的不同可将检察官豁免权划分为相对豁免权与绝对豁免权，基于内部结构的检察官豁免权类型划分，奠定了检察官豁免权的外部结构的基础。检察官豁免权外部结构建构在以豁免权各构成要素为基础组成

的规范命题与以豁免对立项为基础组成的命题之间的关系，该关系表现为逻辑方阵图 2－15 和图 2－16，对当关系的右下角与左下角分别为有关检察官绝对豁免权与相对豁免权的规范命题。如果没有以绝对豁免权为基础而形成的“可以不”型规范命题与以相对豁免权为基础而形成的“可以”型规范命题这两种类型，那么整个逻辑方阵的根基就不存在，更不可能揭示基于类型划分的检察官豁免权与司法责任之间的逻辑关系，尤其是无法揭示二者之间的差等关系。因此，检察官豁免权的内部结构构成了检察官豁免权与其法律对立项之间关系的基础。

检察官豁免权的权能属性奠定了其得以实现的基础，检察官可以选择行使豁免权，也可以选择不行使豁免权，其法律地位不受改变。从法律逻辑上来说，这些规范模态命题可以同时为妥当，但不能同时为不妥当。“可以”型规范命题与“可以不”型规范命题之间的下反对关系，可以进一步转换为实现相对豁免权与实现绝对豁免权的下反对关系问题。相对豁免权与绝对豁免权通过相对人的行为得以实现，因此，在逻辑方阵图 2－17 中的下反对关系中引入了相对人的行为 A，分别对应于检察官相对豁免权和绝对豁免权的实现。相对人无能力与检察官是否实现豁免权之间的相关关系转换为图 2－17 中的差等关系与矛盾关系。该图中的豁免权外部结构也同样是以检察官 Y、相对人 X、准司法行为 JA 和相对人行为 A 为主要构成要素建构起来的。检察官相对豁免权与绝对豁免权的实现与检察官的权利实施能力息息相关，决定了检察官能否保持其法律地位不被改变，如果不能保持，则意味着对豁免权的否定。因此，检察官豁免权的内部结构同样构成了检察官豁免权与其法律关联项无能力之间关系的基础。

（二）检察官豁免权外部结构是关于内部结构的结构

检察官豁免权外部结构不仅包含检察官豁免权与其法律对立项与法律关联项之间的关系，还包含与以其对立项或关联项为基础形成的规范命题之间的关系。检察官豁免权不仅是权能领域的检察官法律能力，而且是权利领域的检察官职业保障权利和程序性权利，必然与霍菲尔德理论中的权利领域基本概念发生关系。鉴于二维关系逻辑方阵平面图自身的缺陷，只能用图2－15、图2－16、图2－17 3个逻辑方阵图，揭示检察官豁免权外部结构。外部结构图能将基于内部结构而划分的相对豁免权与绝对豁免权的下反对关系体现出来，并转换为规范命题之间的关系，事实上，二者属于豁免权内部的否定关系，不能同时为假（不妥当），但可以同时为真（妥当），二者之间的关系其实也是检察官豁免权内部结构的拓展。图2－15、图2－16揭示的检察官豁免权外部结构，围绕着检察官豁免权与司法责任的规范命题而展开，也使得豁免权与司法责任的复杂关系得以呈现，即并非简单的相反关系，而是蕴含关系。因此，一方面，检察官享有豁免权能保障依法积极独立履行准司法职责，不因准司法行为而承担司法责任或职业身份地位被改变；另一方面，检察官的司法责任制度应蕴含检察官豁免权制度，检察官豁免权能够反向界定检察官司法责任制度，豁免权制度是司法责任制度中的内容。图2－17从形式上反映了相对人无能力与检察官豁免权内部结构之间的关系，同样蕴含了检察官豁免权的内部结构。可见，图2－15、图2－16、图2－17所揭示的检察官豁免权外部结构，将检察官豁免权内部结构中的权利依存者、权利相对人、准司法行为等构成要素与检察官不承担司法责任、相对人无能力之间的关系体现出来，是内部结构向外的延展。图2－16和图2－17分别从不同的角度对检察官豁免权与其法律对立项和法律关联项之间的外部关系进行了描绘，部分揭示了豁免权的外部结构，为我们理解检察官豁免权与检察官权利之间的复杂关系提供了一个基础的逻辑框架。

图2－18进一步还原了检察官豁免权与权利领域和权能领域概念的关系，以一种较为直观的方式说明了外部结构是关于内部结构的结构。图2－18借助于内部结构的构成要素及其关系，将检察官豁免权的外部结构转换成蕴含、等值、逆否关系。虽然基于内部结构划分的相对豁免权与绝对豁免权未被明确体现于结构图中，但相对豁免权承载了将检察官豁免权通过积极行为转换成狭义的权利（请求权）的功能，实现由豁免权向狭义权利的单向运作，不追究检察官责任即尊重检察官的豁免权，从而将3个类似的方阵紧密联接，

以另外一种方式深入揭示了检察官豁免权的外部结构。可见，图 2－18 所绘制的检察官豁免权外部结构是关于图 2－13、图 2－14 与权利领域概念的关系，直观地体现了检察官豁免权的内部构成要素，蕴含了检察官豁免权内部结构，呈现了检察官豁免权内部结构与外部结构之间的关系、豁免权内部结构与检察官狭义权利（请求权）的外部结构之间的关系。

图 2－18 中的检察官豁免权须转换成权利领域中的请求权概念，才能与相对人义务发生关联，其与特权之间（无论是相对人特权还是检察官特权）并没有建立起必然的联系。检察官豁免权仅仅是对检察官正当履职行为的法律保护，如果检察官存在非法行为，如故意违反了法律义务，恶意违法履行诉讼职责甚至犯罪，则检察官应该承担责任。检察官豁免权虽然事实上维护了检察官的个人利益，但其根本的目的在于促进和保障检察官积极履职，从而更好地维护公共利益。检察官豁免权虽然是对检察官履职行为的特殊保护，但只是对检察官权利的确认，并非检察官的特权。现代意义上的检察官豁免权从本质上来说与特权不同，特权是对法律义务的违背，是一种维护个人私利或群体特殊利益的特殊权力，特权也往往容易导致骄横和腐败，凌驾于法律平等原则之上。

检察官豁免权的构成要素及要素之间的相互关系构成内部结构；在基于内部结构划分的绝对豁免权与相对豁免权概念基础上，形成了 4 种类型的规范命题，这些规范命题又构建了豁免权外部结构的逻辑方阵基础；借助内部结构中概念之间的逆向关系与相反关系，根据规范命题的对当关系进行推理得到的对当关系图，多角度展示了检察官豁免权外部结构。因此，检察官豁免权外部结构与内部结构密不可分，内部结构是外部结构的基础，外部结构是关于内部结构的结构。

检察官豁免权是检察官司法履职的职业保障性权利，检察官享有不承担司法责任或免于针对其准司法行为的指控的自由。检察官豁免权的性质是结构分析的逻辑起点，对概念层次上的豁免权逻辑结构进行分析，所能揭示的内部结构是以准司法行为为核心而建构起来的检察官与相对人之间的豁免权法律关系。检察官豁免权与检察官司法责任之间是相对简单的相反关系，未能摆脱霍非尔德图式的局限，由此而得出的结论可能是：检察官豁免权是对检察官司法责任的否定。但如果推进到命题层次，检察官豁免权外部结构则能反映检察官享有豁免权与检察官承担司法责任的复杂关系，检察官承担司法责任蕴含了检察官可以享有或实现相对豁免权，因此，应通过检察官豁免权制度反向界定司法责任并完善司法责任制度，同时也应将检察官司法责任豁免的适用范围限定于检察官准司法行为。在司法责任制度改革过程中，应完善错案责任追究制度，建立以行为为中心的检察官司法责任追究制度，对于非故意违法或非重大过失造成的错案，应实行错案责任豁免，并细化错案责任豁免规则，赋予保障检察官职业身份和依法履职的豁免权，构建权责一致的权力运作机制和责任与豁免并存的追责机制。

五、检察官豁免权的划分

如果说对检察官豁免权内外结构和性质的分析能够从逻辑上清晰地揭示检察官豁免权的内涵，那么对检察官豁免权的划分则是要明确检察官豁免权的外延。

（一）检察官绝对豁免权和有限豁免权

根据检察官的行为是何种性质的行为及其行为动机是否善意，检察官豁免权可划分为绝对豁免权和有限豁免权。① 检察官绝对豁免权是一种无条件的豁免权，检察官对其履行准司法职责的行为绝对不受司法程序的管辖，免于民事诉讼，无论其行为动机是否善意。有限豁免权是一种有条件的豁免权，检察官对其履行与准司法相关的行为如类似于警察执法职责的行为是否享有

① See Daniel Woislaw, *Absolute Immunity*: *Applying New Standards for Prosecutorial Accountability*, 26 George. Mason University Civil Rights. Law Journal, p. 351 (2016). John P. Taddei, *Beyond Absolute Immunity*: *Alternative Protections for Prosecutors against Ultimate Liability for § 1983 Suits*, 106 Northwestern University Law Review, p. 1908 (2012). Lawrence Clyde Morrison, *Absolute Immunity for Prosecutor*; *Too Broad a Protection*: *Imbler v. Pachtman*, 10 Southwestern University Law Review, p. 305 (1978). Erwin Chemerinksy, *Prosecutorial Immunity*, 15 Touro Law. Review, pp. 1643 - 1644. (1999).

豁免权由其行为动机决定，如果检察官的行为动机是善意的，则享有豁免权，如果其行为动机是恶意的，则不享有豁免权。检察官享有绝对豁免权还是有限豁免权，取决于检察官的履职行为是准司法行为还是其他行为及履职行为所发生的时间。

1. 检察官绝对豁免权

检察官绝对豁免权，是指检察官对其准司法行为及与准司法相关的行为免于诉讼或责任追究，绝对的无条件地不承担责任，不因其他因素而改变其法律地位的自由。检察官绝对豁免权意味着不允许调查检察官行为的“客观合理性”。即使检察官的履职行为涉嫌不当，包括“心态不当或动机不当”[①]，即使被指控隐瞒证据、故意使用伪证或以其他方式恶意行事，[②] 检察官只要能说明其行为属于诉讼职权范围，并且履职行为属于准司法行为或与司法行为相似或密切相关，就享有绝对豁免权。豁免权为检察官及其利益提供保护，检察官绝对豁免权所适用的行为不仅包括准司法行为，如决定是否批捕、收集和审查审前证据材料并对事实予以认定、终结审查、决定是否起诉、提出量刑建议等；而且包括与司法程序关系密切的履职行为，如检察官针对犯罪事实展开的调查行为及相关行为，包括启动调查、申请搜查令，以及与调查有关的战略决策。美国的检察官绝对豁免权判例较多，例如，在 2009 年的 Van de Kamp v. Goldstein 案[③]中，法院指出绝对豁免权适用于“在检察官准备启动司法程序时”或“出庭以提出支持搜查令申请的证据”，还有美国第九巡回法庭于 2012 年审理的 Slater v. Clarke 案[④]；检察官在行使起诉裁量权或履行在刑事案件中的准司法职能时享有绝对豁免权。人们认为在确定逮捕的合理根据之前，检察官一般无权获得绝对豁免权，这就意味着只要检察官

---

① Shmueli v. City of N. Y. , 424 F. 3d 231, 237 (2d Cir. 2005) [citing Bernard v. County. of Suffolk, 356 F. 3d 495 (2d Cir. 2004)].

② See Imbler v. Pachtman, 424 U. S. at 409; Mueller v. The Florida Bar, 390 So. 2d 449 (Fla. 4th DCA 1980); Hansen v. State, 503 So. 2d 1324 (Fla. 1st DCA 1987).

③ See Van de Kamp v. Goldstein, 129 S. Ct. 855 (2009).

④ See Slater v. Clarke, 700 F. 3d 1200 (9th Cir. 2012).

有哪怕一点点“合理根据”，便有权获得绝对豁免权。检察官作为国家的公诉人，作为公共利益的代表，对任何决定是否予以起诉或免予起诉等行为，通常享有绝对豁免权。检察官对准司法行为享有绝对豁免权，绝对豁免权可保护检察官的准司法行为免受责任的追究，如 Sankar v. City of New York 案。[①] 在美国，检察官向法院或大陪审团提起诉讼、出庭支持诉讼、审判期间进行陈述、审查和选择证人、签发传票以及在可能的原因听证会期间提供支持搜查令的证据[②]、辩诉交易及决定冻结嫌疑人的资产等，通常享有绝对豁免权，如 Jones v. Dalton 案。[③]

某些特殊情况下，检察官的绝对豁免权甚至延伸至检察官的其他准司法官角色行为，如检察官在启动特定的民事程序和行政程序时执行类似于检察职能的行为。换句话说，检察官的绝对豁免权不仅与刑事诉讼程序相关，而且与民事司法程序和行政司法程序密切相关。例如，美国联邦第三巡回上诉法院审理的 Reitz v. County of Bucks[④] 案中，处理民事没收的检察官也被赋予绝对豁免权，因为检察官的此类行为与司法程序密切相关，如在贩毒案中起诉被扣押财产的所有者、准备并提交没收诉状和参加没收听证会等行为。在 Schrob v. Catterson[⑤] 案中，检察官提起对物诉讼、申请扣押令、在听证会上做出错误陈述等行为也被赋予绝对豁免权。此外，类似的案件还有第六巡回上诉法院审理的 Skinner v. Govorchin 案[⑥]和 Blakley v. U. S. 案[⑦]、第七巡回上诉法院审理的 Thomas v. City of Peoria 案[⑧]和 Mendenhall v. Goldsmith 案[⑨]、第

---

① See Sankar v. City of New York, 867 F. Supp. 2d 297 (E. D. N. Y. 2012).

② See Rehberg v. Paulk, 598 F. 3d 1268 (11th Cir. 2010). Kanciper v. Lato, 989 F. Supp. 2d 216 (E. D. N. Y. 2013).

③ See Jones v. Dalton, 867 F. Supp. 2d 572 (D. N. J. 2012).

④ See Reitz v. County of Bucks, 125 F. 3d 139, 146 (3d Cir. 1997).

⑤ See Schrob v. Catterson, 948 F. 2d 1402, 1410, 23 Fed. R. Serv. 3d 235 (3d Cir. 1991).

⑥ See Skinner v. Govorchin, 463 F. 3d 518, 525, 2006 FED App. 0360P (6th Cir. 2006).

⑦ See Blakely v. U. S., 276 F. 3d 853, 871, 89 A. F. T. R. 2d 2002 - 520, 2002 FED App. 0014P (6th Cir. 2002).

⑧ See Thomas v. City of Peoria, 580 F. 3d 633, 638 - 39 (7th Cir. 2009).

⑨ See Mendenhall v. Goldsmith, 59 F. 3d 685, 691 (7th Cir. 1995).

十巡回上诉法院审理的 PJ Ex Rel. Jesen v. Wagner 案[①]等，处理民事程序案件的检察官同样被赋予绝对豁免权。检察官绝对豁免权甚至适用于非检察官职位的主体所从事的相当于检察官职能的行为，即使行为主体不是检察官，而是其他机构，包括福利院等机构。

检察官绝对豁免权不考虑准司法行为动机是否具有客观合理性，“不论个人涉嫌违反宪法的行为时的精神状态如何，绝对豁免权都要免除其个人责任以保护检察官”[②]。虽然检察官在对犯罪事实作出认定时，可能基于恶意或者追求定罪导致对法律事实认定的结果与客观事实出现了差距，侵害了受害人的权益，但检察官是在管辖权限范围内作出的准司法决定，绝对豁免权都可以适用。不仅如此，即便准司法行为明显违法[③]，检察官也受到绝对豁免权的保护，不受司法程序的管辖，不需要承担司法责任。

检察官可以以绝对豁免权为由终止司法程序的启动或者追责程序的启动。检察官面临追责程序的启动时，可以引发诉讼的活动属于检察官的诉讼职权范围为由，提请驳回诉讼动议，这种驳回动议具有决定性的意义，通过简易判决终止诉讼或说免于诉讼。总之，能否获得绝对豁免权取决于所寻求的救济。“检察官对金钱损害索赔具有绝对豁免权，但检察官对禁令救济索赔则没有豁免权。”[④] 绝对豁免权延伸至起诉行为，包括启动起诉或准备司法程序而引起的民事损害。

2. 检察官有限豁免权（qualified immunity）

检察官相对豁免权所适用的行为范围更为狭窄，条件更为苛刻。检察

---

① See PJ Ex Rel. Jensen v. Wagner, 603 F. 3d 1182, 1195 (10th Cir. 2010).

② John P. Taddei, *Beyond Absolute Immunity: Alternative Protections for Prosecutors against Ultimate Liability for § 1983 Suits*, Northwestern University Law Review, Vol. 106, p. 1885 (2012).

③ See, e. g., Hart v. Hodges, 587 F. 3d 1288 (11th Cir. 2009) (prosecutor protected by absolute immunity even for actions in violation of state court order), cert. denied, 130 S. Ct. 3389 (2010).

④ Erwin Chemerinsky, *Prosecutorial Immunity*, 15 Touro Law Review, p. 1645 (1999). 与之相对，立法官员对金钱损害索赔和禁令救济索赔都具有绝对豁免权；法官的情况则较为复杂，刚开始对禁令救济索赔没有豁免权，需要承担律师费用，只对金钱损害索赔具有绝对豁免权，但后来法官争取了更多的司法豁免权，现在则对金钱损害索赔和禁令救济索赔都具有绝对豁免权。

官相对豁免权是有限制性条件的豁免权，只能适用于检察官的善意履职行为，不适用于检察官恶意履职行为，因此也被称为有限豁免权。“有限豁免则适用于更窄范围的行为，仅仅是善意履行职责行为才能免除其个人责任来保护检察官。”① 换句话说，检察官的履行职责行为如果是恶意的，那么检察官不能理所当然地享有豁免权。检察官的民事责任豁免权是检察官在善意地履行其准司法职责时，不承担民事责任的权利。判断检察官履职行为恶意或善意的标准带有一定的主观性，如果以善意与否为标准来适用检察官豁免权有可能导致这一标准的虚置，也无法区分检察官绝对豁免权与相对豁免权。

检察官有限豁免权允许调查检察官行为的“客观合理性”，检察官有限豁免权可为一定的事实所推翻，能否豁免尚须看具体事实。1982 年的哈洛诉菲茨杰拉德（Harlow v. Fitzgerald）案最早确立了检察官有限豁免权，用客观标准取代了包含主观和客观因素的“诚信”标准或善意标准。客观标准是官员只有在侵害普通正常人已经知晓的法定权利或宪法权利的情况下才有责任。美国联邦最高法院认为，通过哈洛诉菲茨杰拉德案确立的有限豁免原则反映了个人利益与公共利益之间的平衡，即保护个人权利的需要与促进“积极行使官方权力”的公共利益之间的合理平衡。纯粹客观的相对豁免权标准不应鼓励或允许诉讼骚扰，因为联邦法院可以排除非实质性主张或简易判决的动议。检察官只对不侵害法定或宪法权利的行为酌情享有豁免权，即检察官不侵犯法律或宪法明确规定的权利，在一定程度上可免除其责任。检察官相对豁免权意味着：原告不仅必须证明检察官的不端行为侵犯了其法定或宪法权利，而且必须证明已经有明确的法律保护，此外，原告还须证明“明确规定的法律”已为普通正常人所知晓。② 只要法律含糊不清或普通正常人不知道

---

① John P. Taddei, *Beyond Absolute Immunity*: *Alternative Protections for Prosecutors against Ultimate Liability for § 1983 Suits*, Northwestern University Law Review, Vol. 106, p. 1885 (2012).

② See Harlow v. Fitzgerald, 457 U. S. 800 (1982).

其侵犯了宪法或法定权利，检察官就仍然受到豁免权的保护。[①]

检察官相对豁免权适用于检察官、检察长和作为检察官的部门负责人的"与司法程序关系密切"或"与司法程序关系不密切"[②] 的行为，如检察官自行侦查的行为或类似于指挥警察侦查、提出侦查建议的行为、行使审核权的行为。在西方国家，检察官相对豁免权还适用于检察官对被扣押财产的管理及保留、没收听证及延迟返还被扣押的财产等行为，此外，检察官对其涉嫌不当行为发生时的任务涉及类似于警察的侦查行为和行政管理行为享有相对豁免权，尽管这些行为属于职责行为，但是属于其作为准司法官角色即公诉人角色之外的行为。"检察官可能有权就其准司法角色之外的活动获得有限豁免权。"美国 1983 条款诉讼（第 3 版）中明确列举了检察官所实施的与司法程序关系不密切的行为还包括：举行新闻发布会；在确定可能的逮捕理由之前进行调查活动；在调查阶段向警方提供法律咨询；命令警察进行无证逮捕；参与执行重要证人令状。[③]

（二）检察官积极豁免权和检察官消极豁免权

以检察官是否要求权利相对人作出相应行为为标准可以将检察官豁免权分为积极豁免权和消极豁免权。"自由权仅仅作为一种消极性权利无法实现"。正因如此，霍尔姆斯和桑斯坦认为"所有权利都是积极权利"[④]。检察官豁免权作为免受他人改变法律关系或者法律地位的自由，或者免受某些法律规则约束的自由，存在消极权利和积极权利之分。检察官要求国家不得侵害，不得随意追究自己从事准司法行为的法律责任，从这个意义上说，检察官豁免权是消极性权利。但是，检察官豁免权不仅仅是检察官的防御权，检

---

① Daniel Woislaw, *Absolute Immunity: Applying New Standards for Prosecutorial Accountability*, 26 George Mason University Civil Rights Law Journal, p. 357 (2016).

② Imblerv. Pachtman, 424 U. S. 409, 430 (1976).

③ See Martin A. Schwartz, Touro Law Center, Section 1983 Litigation (Third Edition). 2014. p. 134.

④ ［美］史蒂芬·霍尔姆斯、［美］凯斯·R. 桑斯坦：《权利的成本——为什么自由依赖于税》，毕竟悦译，北京大学出版社 2004 年版，第 19 页。

察官还可以要求国家采取积极的行为以保障其豁免权。检察官积极豁免权是在检察官消极豁免权基础上衍生的。

检察官豁免权首先是一种消极豁免权，国家不得禁止检察官享有豁免权，国家对检察官的司法豁免权是消极不作为。从这个意义上来说，检察官的消极豁免权是指检察官因权利相对人对其不承担司法责任予以尊重和容忍的权利，目的在于防御他人的不法侵害，消极豁免权具有“防御权”功能，即“要求国家不予侵犯的功能”[①]。国家不追究检察官司法责任或不消除检察官法律地位恰恰是尊重和容忍检察官免于承担司法责任。因此，消极豁免权事实上也是消极行为的豁免权，这种消极行为是豁免权相对人X的不作为，消极豁免权在逻辑上的表达是相对人X对检察官Y的准司法行为JA予以尊重和容忍，不作出某种行为，保持检察官法律地位或法律关系不被改变的自由。即便因其准司法行为存在事实上的侵权行为，甚至造成了错案的结果，检察官也不承担司法责任。检察官消极豁免权要求权利相对人消极不作为，不追究或免于追究检察官的司法责任，一般情况下，权利相对人应尊重检察官豁免权，若检察官豁免权受到侵害，检察官可以豁免权为由对抗对其权利的侵害。从这个意义上说，消极豁免权的防御权功能是检察官豁免权最为基本的功能。与防御权相对的是国家消极性义务，即国家不追究其准司法行为的司法责任，不得侵害其豁免权。检察官豁免权的实质是不受某些法律后果约束或不适用某些法律规则的自由。作为自由，检察官豁免权的意义在于对抗可能来自国家的侵害。

检察官的积极豁免权是指检察官豁免权相对人积极作为，防止来自第三方对于检察官豁免权的不法侵害，使检察官免受指控或被追究责任，因而不承担责任的权利。积极豁免权中的国家行为，是一种积极的行为，即作出一定的行为来防止别人对检察官豁免权的侵害，保护检察官的准司法行为。检察官豁免权是国家为了保障检察官依法独立地积极履行其准司法职责，对其

---

① 张翔：《基本权利的规范建构》，高等教育出版社2008年版，第44、48、11、78页。

准司法行为导致的结果不予指控或者追究，即检察官的准司法行为不受某些法律后果约束或不适用某些法律规则，其法律地位不因其准司法行为而改变的自由，即检察官相对于其他主体而言不承担责任的自由。积极豁免权要求国家作出的“积极行为”又可以分为积极的事实行为和积极的规范行为，积极的规范行为如制定相应的制度保障、程序保障等相关规范，在检察官豁免权所保障的利益受到侵害时，检察官请求国家予以司法救济或国家直接通过立法将不承担民事赔偿责任的利益或不承担司法责任的利益授予或提供给检察官，目的在于让检察官获得利益保护，积极豁免权具有受益权功能。积极豁免权在逻辑上的表达是相对人（X）对检察官（Y）的准司法行为（JA）通过积极作为的方式，保持检察官法律地位或法律关系不被改变，使检察官享有不承担司法责任的自由（I）。

检察官积极豁免权所针对的是国家的积极义务，国家应为检察官的法律地位不被改变、不受某些法律消极后果约束或不适用某些法律规则而有积极的作为，积极制定检察官司法责任豁免的法律规则，使检察官在与权利相对人组成的法律关系中始终处于有支配能力的地位，即享有法律权力，权利相对人则无权改变其法律地位，从而保障检察官积极独立履行职责。

（三）检察官民事责任豁免权和检察官司法责任豁免权

检察官豁免权是检察官对其因积极履职的需要而从事的准司法行为不受某些法律后果约束或不适用某些法律规则的自由，检察官豁免权还可以分为检察官民事责任豁免权和司法责任豁免权，由于司法责任是综合责任体系，民事责任与司法责任并不属于并列关系，只不过西方国家的检察官豁免权制度更多的是民事责任豁免制度，而在中国语境之下，我们国家更应构建的是检察官司法责任豁免制度。因此，检察官民事责任豁免权与检察官司法责任豁免权的划分并不具有法律逻辑学上的意义，但对我国的司法责任制改革具有现实意义。

1. 检察官民事责任豁免权

西方国家的检察官豁免权主要是指民事责任豁免权，尤其是美国，错案是检察官豁免权得以产生的历史背景之一。错案受害人的权益遭受公权力侵害，其权利应当得到充分的救济，否则，不仅错案受害人会失去对正义制度的信仰与认同，而且会颠覆社会公众对制度正义性的认同。错案受害人的权益如何得到救济，世界各国的做法并不一致，有的国家采用代位责任，有的国家采用自己责任。所谓代位责任是公务人员应为其侵权行为承担个人赔偿责任①，国家替代公务人员承担民事赔偿责任的目的是让公务员不必畏惧赔偿。在代位责任理论的指导下，检察官应为其对错案受害人的侵权行为承担个人赔偿责任，所以，错案受害人能直接提起对检察官的民事诉讼，甚至会遭遇错案受害人的报复性诉讼，检察官也会因此而陷入缠讼之累。考虑到检察官因畏惧赔偿而有损刑事司法效率，国家便替代检察官负起民事赔偿责任。在“自己责任”理论的指导下，检察官的职权来自国家的委托，检察官所代表的是国家，如果检察官行使的与职权相关的行为造成对错案受害人的权益侵害，则应当由国家自己承担起相应的民事赔偿责任，检察官不直接对错案受害人负责。② 但若检察官在行使职权过程中存在重大过错而侵害了受害人的权益，则可由国家先行赔偿后再向检察官进行追偿，用“自己责任”理论来解释检察官的民事责任，也不排除检察官民事责任豁免权逻辑上的可能性。所以，无论是采用代位责任还是自己责任，检察官因行使职权而实施的准司法行为若造成了对受害人的侵权，则检察官的民事责任都存在豁免的可能。但是，检察官对与其办案无关的个人行为而产生的民事责任不享有豁免权。检察官民事责任豁免权是检察官的准司法行为不受民事法律规则的约束，即便其准司法行为事实上侵害了错案受害人的权益，也可免于民事诉讼免于民事赔偿的责任。

2. 检察官司法责任豁免权

检察官司法责任是因检察官在司法办案过程中违反检察职责，应对其行为承担的责任。如果存在徇私枉法行为、刑讯逼供行为、暴力取证行为、毁

① 参见沈岿：《国家赔偿：代位责任还是自己责任》，载《中国法学》2008 年第 1 期。
② 参见沈岿：《国家赔偿：代位责任还是自己责任》，载《中国法学》2008 年第 1 期。

灭、伪造、变造或隐匿证据的行为、非法搜查、非法拘禁行为等应当追究其刑事责任，但如果检察官对其司法履职行为已经尽到了应有的客观注意义务，并且不存在故意违法违规行为或者重大过失，则不承担司法责任。比如，因法律法规和司法解释本身存在漏洞或规定不明确，检察官在办理案件时对法律法规和司法解释的理解及认识出现差异，在专业认知的范围内能够予以合理解释和说明，或者与特定的法律解释不符合，基于有限理性理论，不管有没有出现错案（哪怕该案最后被定性为错案），也并不能作为检察官应被惩戒的正当理由，即检察官不应承担司法责任。此外，法律渊源发生变化，如法律法规或司法解释或者有关刑事政策进行调整等原因，或者因相关法律文书被撤销、变更最终导致检察官所办理案件的定性发生改变或者处理决定发生改变，检察官不应承担司法责任。因事实认定方面发生变化，如检察官对事实的认定依赖于所取得的证据，如果犯罪嫌疑人为了逃脱制裁或者基于其他原因，故意作虚假陈述或供述，或者犯罪嫌疑人及其他人员（包括证人、鉴定人等）毁灭证据或伪造证据或者提供不确切的证明或者歪曲事实真相等，或者因出现新的证据或者证据变化而导致事实认定错误，从而改变了案件处理结果导致错案，检察官也免于承担司法责任，即检察官享有错案责任豁免权。除了错案责任豁免之外，检察官对司法瑕疵也享有豁免权。司法瑕疵责任豁免也是司法责任豁免的重要内容，包括检察官在司法办案过程中因为法律文书格式出现错误、语言文字出现错误、语法符号出现错误等，但不影响案件处理。

通过对检察官豁免权结构的逻辑分析，试图说明检察官司法责任与责任豁免之间的关系，以及应该构建责任追究与责任豁免相契合的司法责任制度体系，但这种分析主要从形式上论证说明了检察官豁免权与检察官司法责任的关系。明晰检察官的权力和责任，构建权责一致的权力运作机制，构建责任与豁免并存的追责机制，是推进检察官司法责任改革的核心与重点。检察官豁免权是检察官享有对相对人针对其司法办案行为的指控免受指控或不承担责任的自由，相对人无权力或无能力改变检察官的法律地位。像检察官豁免权这种在我国传统的司法责任改革中并不强调，但与司法责任必然关联的权利，如何为我国检察官积极履职提供保护，避免规避责任风险是司法责任豁免制度研究的重要内容。本书探讨了检察官豁免权的内、外部逻辑结构与类型，能够明确检察官豁免权的内涵与外延，有关检察官豁免权的逻辑分析涉及检察官豁免权与责任、权力的责任的对当关系，能够为全面审视检察官司法责任追究与豁免的关系提供基本的分析框架，至于如何构建检察官司法责任与豁免的平衡机制则有必要进行深入研究。

第三节　检察官责任追究与检察官司法责任豁免

冤假错案的频发引发人们对司法公信力的怀疑，司法不公问题也是司法改革亟待解决的主要问题，如何以责任制的方式规范检察官的办案行为，提升检察官办案质量，明晰检察官的权力和责任，构建权责一致的权力运作机制；如何通过责任豁免的方式来促进检察官积极履职，构建责任与豁免并存的追责机制，是推进检察官司法责任制综合配套改革的核心与重点。

一、检察官责任追究制度

检察官司法责任制的源头可追溯至1997年，党的十五大报告明确提出，要“建立冤案、错案责任追究制度”，顺应这一要求，最高人民检察院于1998年颁布施行了《人民检察院错案责任追究条例（试行）》（已失效），自此之后，我国围绕检察官责任制改革进行了系列探索，2007年《检察人员执法过错责任追究条例》（已失效）颁布实施。2013年党的十八届三中全会通过中共中央《关于全面深化改革若干重大问题的决定》，明确提出，健全司法权力运行机制和错案防止、纠正、责任追究机制。中共中央政法委员会于2013年颁行《关于切实防止冤假错案的规定》，2015年9月，作为对司法改革的制度性回应，最高人民检察院颁布了《关于完善人民检察院司法责任制的若干意见》，2020年2月中央通过《关于深化司法责任制综合配套改革的意见》，2020年10月，最高人民检察院《人民检察院司法责任追究条例》颁布实施。司法责任制改革中，尽管中央政法委、最高人民检察院、最高人民法院等曾经制定了一系列有关检察人员司法追责的内部司法文件，但这些文件的位阶比较低，司法责任追究制的司法实践效果并不理想，我国司法追责具有非公开性的特点。①

检察官责任追究制度经历了错案责任制、主诉、主办检察官办案责任制到检察官司法责任制的历史演进过程。错案责任制以“错案”作为责任追究的前提，是一种以结果为中心的责任制模式。紧接着又施行主诉、主办检察官办案责任制度改革，但由于主诉、主办检察官的法律地位不明、权责不统一等诸多问题的存在，这种责任制度形式也未得到全面落实。检察官司法责任制则是作为司法体制改革的四大基础性任务之一提出来的，顺应了司法改革及全面依法治国的需要，其重要性不言而喻。

（一）以错案责任制为主的主诉检察官、主任检察官办案责任制

错案这个概念最早出现在党的十一届三中全会公报上，但那时的目的并不是要构建错案责任追究制度，只是解决历史遗留问题，平反冤假错案。1997年党的十五大首次提出了要进行司法改革，建立冤案、错案责任追究制度。错案责任制作为第一轮司法改革的任务被明确下来，其目的是倒逼检察官提升办案质量，减少错案，保障当事人的权益，提升司法公信力。1998年6月26日，最高人民检察院颁布了《人民检察院错案责任追究条例（试行）》，首次对错案进行了界定，即“错案是指检察官在行使职权、办理案件中故意或者重大过失造成认定事实或者适用法律确有错误的案件，或者在办理案件中违反法定诉讼程序而造成处理错误的案件”②，并且明确规定，“检察官在办理案件中造成错案的，应当追究法律责任、纪律责任”③。错案责任

① 参见宋远升：《司法责任制的三重逻辑与核心建构要素》，载《环球法律评论》2017年第5期。
② 参见《人民检察院错案责任追究条例（试行）》（1998）第2条。
③ 参见《人民检察院错案责任追究条例（试行）》（1998）第3条。

制是一种以发生了错案结果作为追责前提的责任制。如果没有发生错案结果，即使检察官有不端行为，也不被追究责任。错案责任制强调错案后果的发生，所有的追责都围绕着错案后果这一中心。经过主诉检察官制度、等级公诉人制度、检控分离制度的试点之后，最高人民检察院决定采用主诉检察官办案责任制度，于1999年在北京、上海等十个省市试行，并于2000年在全国全面推行，主诉检察官成为承担办案责任的主体。

2007年9月26日，最高人民检察院颁发了《检察人员执法过错责任追究条例》，原《人民检察院错案责任追究条例（试行）》同时予以废止。检察人员错案责任制调整为执法过错责任制，该条例明确了执法过错为“检察人员在执法办案活动中故意违反法律和有关规定，或者工作严重不负责任，导致案件实体错误、程序违法以及其他严重后果或者恶劣影响的行为”[①]。可见，“执法过错”概念与“错案”概念的内涵与外延存在很大的不同，尽管依然强调过错，但执法过错责任是过错结果与行为并重的责任，不仅将检察人员在执法办案活动中导致实体错误的行为，而且将程序违法行为也纳入执法过错行为中；不仅将故意违反法律和有关规定，而且将工作严重不负责任，造成其他严重后果的行为或者恶劣影响的行为也纳入执法过错行为中；检察人员只要有其中任何一种过错行为，都将要承担执法过错责任。2008年，中央政法委提出了《关于深化司法体制和工作机制改革若干问题的意见》，2009年，最高人民检察院出台《关于深化检察改革2009—2012年工作规划》，2011年，最高人民检察院颁布实施《关于强化上级人民检察院对下级人民检察院执法办案活动监督的若干意见》，都将执法过错责任作为追究检察官责任的重要形式。无论是执法过错责任，还是错案责任，其核心要义在于“过错”，追究责任时都要对对错与否作出判断。

但对错与否不是一个纯事实判断，而是包含事实判断与价值判断双重属性。事实判断是正确与否的判断，“唯一正解”是事实判断的必然逻辑，但

---

① 参见《检察人员执法过错责任追究条例》（2007）第2条。

由于错案责任制中存在价值判断，即有主观化标准的存在，也先验地假定了与“唯一正解”不同的结论的存在，而这个结论是判断，自认为是“对”的，从而使得“唯一正解”这一事实判断的结果变成了理论预设，也使得“对”与“错”的判断标准不是那么明晰。假设每一案件都存在“唯一正解”，意味着立法者能够完全认识人类社会对法律的需要，凭借着理性能准确地将法律规则表达出来，并能设计出一套不存在任何漏洞或任何歧义的法律规则体系，司法人员完全掌握案件事实，案件事实与真实完全对应，只要严格遵守逻辑规则，能够通过正确的形式进行逻辑推理，作出符合正确的判决——“唯一正解”，与“唯一正解”相悖的便是错案。但“在任何本身不断变化的社会中，法律的不确定性都难以避免”[①]。在卢埃林看来，官员在解决纠纷时的所作所为，就是法律本身[②]；这种“活法”不同于纸面规则，往往是不确定的。弗兰克认为，法律确定性的观点是由一个“父权情结”（father complex）产生的“基本的法律神话”（basic legal myth）[③]，司法判决是由情绪、直觉的预感、偏见、脾气以及其他非理性因素决定的。[④] 可见，结果会受到环境、官员思维方式、伦理价值等因素的影响与制约。法律本身存在的不确定性决定了结果不唯一性；而且，无论“正确”与“不正确”、“对”与“错”都是围绕着结果来衡量的，错案责任制归根到底是以结果为中心来建立追责机制的，含有主观标准。但检察官责任应是客观的，责任加上“错案”标准的模糊性导致归责机制的不完善。另外，“直接导致错案发生的主体”的确定不太容易。因为该主体可能是办案检察官、助理检察官、检察长、检察委员会，检察一体制的特殊性决定了办案检察官不一定是决定者，但是，如果出现错案，在检察环节的追责对象往往指向办案检察官，如果作出起诉与不起诉决定的人并非办案检察官，出现了错案的结果却由办案

---

① Karl N. Llewellyn, *The case law System in American*, University of Chicago Press, 1989, p. 84.

② See Karl N. Llewellyn, *The bramble bush*, Oceana Publishing Inc., 1960, p. 3.

③ Jerome Frank, *Law and The Modern Mind*, Anchor books, 1963, p. 14.

④ See Jerome Frank, *Law and The Modern Mind*, Anchor books, 1963, pp. 110 – 117.

检察官来承担，权责不一致，对该检察官来说是不公平的。

总之，以结果为中心的错案责任制存在诸多弊端。首先，错案责任制强调因错案而产生的责任，但对究竟什么是错案，除了已失效的《人民检察院错案责任追究条例（试行）》曾经作过解释外，其他有关的规范性法律文件并没有作出清晰的界定，究其原因可能是错案本身包含事实判断和价值判断，内涵比较模糊。有学者提出“错案”并非法律概念。其次，错案责任制设计的初衷是通过责任追究来倒逼提升办案质量，提升司法公信力，但这种以结果为中心的责任倒逼方式事实上会让那些主诉检察官采取风险规避策略，怠于履职或将责任风险转移给部门负责人、检察长或检察委员会，这些检察人员都有可能成为直接导致错案发生的主体。主诉检察官错案责任制假设了主诉检察官是承担责任的主体，但未考虑与作出准司法行为主体的一致性问题，如果权责不一致，将违背责任自负原则。再次，错案责任制强调错案，强调损害事实和结果的发生，将责任承担的前提界定在错案结果和对受害人权利的侵害，但忽略了检察官有过错的准司法行为本身的责任问题，也没有明确界定准司法行为与错案结果之间的因果联系。最后，错案责任制的追责程序存在问题，如何时能启动追责程序，检察官责任终身负责制的有关规定是否与其他规定相冲突等。

由于错案责任制的弊端，检察官责任追究的效果并不理想。党的十八届三中全会通过了中共中央《关于全面深化改革若干重大问题的决定》，提出要“健全司法权力运行机制”，优化司法职权配置，由此开启了中央统一部署、顶层设计的司法改革之路。触及了司法体制改革的攻坚区，推动了司法责任制的改革。最高人民检察院牢牢抓住司法责任制这一改革的“牛鼻子”，在《关于深化检察改革的意见（2013—2017 年工作规划）》中明确了深化检察官办案责任制改革的任务，明确检察委员会、检察长及副检察长和主任检察官的办案职责权限，以此明确各层级办案责任。2014 年，全面深化改革领导小组第三次会议通过《关于司法体制改革试点若干问题的框架意见》，在上海推行主任检察官办案责任制试点，扩展至所有的办案部门。无论是主诉检察官责任制，还是主任检察官责任制，只不过是在办案检察官基础之上设立了一个类似于办案组织的负责人而已，将承担错案责任的主体分散，依照检察一体制原则，具体承办案件的检察官不仅需要服从于“主诉检察官”或“主任检察官”的决定，而且须服从于检察长或者检委会的决定，办案检察官实质上对没有自主决定权的准司法行为需要承担错案责任，权责不一致。主任检察官责任制度并未从根本上改变以结果为中心的错案责任制，结果是权责不清、责任对象不明、责任内涵模糊、责任标准缺失等。

（二）以司法责任制为主的办案检察官责任制

以最高人民检察院2015年出台的《关于完善人民检察院司法责任制的若干意见》为标志，检察官责任制实现由错案责任向司法责任的转向。权责一致是构建检察官司法责任的基本原则，因此必须健全检察官办案组织、明晰内部办案权限，做到谁办案谁决定，谁决定谁负责。检察官司法责任的具体含义包括两个方面：一是检察官依照法定职权和程序，在办刑事检察、民事检察、行政检察等案件，及进行法律监督时应当承担的法定职责和义务；二是指国家对检察官的履行职责行为所作出的否定性评价及检察官因此而应承担的法律后果。有学者认为检察官司法责任依据轻重层级可以划分为3个责任层次：一是案件质量瑕疵的经济责任，二是违纪违规行为的行政责任，三是违法滥权行为的刑事责任。[①] 还有学者根据责任的性质不同或者违法行为的性质不同或者程度不同将检察官司法责任分为纪律责任和违法责任，违法责任又可以分为民事责任、行政责任和刑事责任。有学者认为检察官司法责任及责任划分实际上是以法律责任的基本类型为依据。也有很多学者则直接依据最高人民检察院2015年出台的《关于完善人民检察院司法责任制的若干意见》第33条和2020年的《人民检察院司法责任追究条例》第2条规定列举有关检察人员应承担的司法责任，包括故意违法责任、重大过失责任和监督管理责任。最高人民检察院出台的这两份规范性法律文件，其指导意义可窥一斑。按照“谁办案谁负责、谁决定谁负责”的基本原则来划分检察人员

① 参见张梁：《检察官司法责任层次划分与追责机制完善》，载《人民检察》2016年第3期。

的司法责任，该原则使得司法责任的构建从以结果为中心转向以行为为中心，体现了权力、运行、责任、监督和保障的统一，其中的故意违法责任与重大过失责任的责任主体是负有检察职责的检察官，监督管理责任的责任主体是负有监督管理职责的检察人员，司法责任强调的是责任分工，不是责任追究。

首先，检察官司法责任应是以行为为中心的责任，是对检察官准司法行为及其相关行为的监督与制约。虽然准司法行为导致错案结果可以成为司法责任追究的一个方面，但如果准司法行为本身是没有任何违法违规、不存在故意或重大过失，则不应成为司法追责的对象。原因在于：错案结果的标准不太容易确定，检察官司法责任只能围绕着检察官的行为来界定，检察官在行使检察权时故意违反法律法规或存在重大过失，是一种行为责任，追究检察官的司法责任只是针对检察官在司法办案过程中的过错或违法行为，虽然有错案的结果发生但检察官在履行职责时尽到了必要注意义务，善意地行使司法权，没有行为过错，检察官不承担司法责任。检察官在司法办案工作中善意地行使司法职权，没有故意违反法律或不存在重大过失，并且尽到了必要注意义务，即使有错案发生，也不承担司法责任。

检察官在司法办案过程中，由于不当行使检察权，可能会产生司法责任，原因在于这些司法办案行为具有准司法行为的特性。检察官履行侦查、起诉（不起诉）、批捕等职能的行为，均属于办案行为，具有司法的属性；尤其是检察官作出不起诉决定，其行为性质属于司法决定，本质上与法院的无罪判决一样，具有司法终局性的特点。司法侦查也是刑事司法的组成部分。检察官作为独立的审查主体，需要听取侦查机关的意见及犯罪嫌疑人的辩护意见，作出是否羁押的决定，这也属于司法行为。检察官应对其准司法行为负责，要求检察官在行使相应职能时必须严格遵循司法规律，依法依规履行自己的义务，如有违反，则须承担起相应的司法责任。检察官的准司法行为及相关行为是检察官司法责任的适用对象。如果检察官的个人行为违反法律法规，检察官需要承担其他形式的法律责任或纪律责任，而不是司法责任。

其次，检察官司法责任是一种角色责任。检察官因为其法律地位，承担准司法官的角色身份，因而需要对自己的角色行为担负责任。根据《检察官法》，检察官是行使国家检察权的检察人员，包括各级人民检察院的检察长和副检察长，检察委员会委员以及检察员。这些检察人员承办案件，未履行份内应尽的义务，应承担否定性评价或不利的法律后果，因此产生角色责任。检察官主导刑事诉讼程序，是对检察官在刑事诉讼程序中占据主导法律地位和能够引导刑事诉讼法律程序的另一种表达；是从侦查、起诉、审判到刑罚执行整个刑事诉讼程序不可或缺的主角，能真正担当起法律的守护人角色；检察官对由人民检察院直接受理的刑事案件拥有侦查权，是侦查程序的控制者，能够指挥警察办案取证，对案件侦办方向起着决定性作用，开启刑事诉讼程序的大门；检察官还有公诉权，决定是否将案件向法院起诉，刑罚执行程序中，检察官拥有刑罚执行的指挥权，处于刑罚执行程序的核心地位。考虑到检察官办案的特殊性，办案主体与决定主体有可能不一致，检察官司法责任制规定了“谁决定谁负责”的原则，以补充完善“谁办案谁负责”原则，从而使责任主体更加明确：确定了承担责任的主体，即办案者与决定者，他们对其司法行为负责，而不论其行为是否造成错案的后果，也非因错案而负责。按照职权责一致原则，既然办案者应对其专业的司法履职行为负责，他们也应有相应的职权，在检察一体制原则之下，如果办案者对自己所办案件没有决定权，那么也不应该对该决定负责。根据《人民检察院组织法》（2018）第 28 条规定，人民检察院的办案组织形式主要有独任检察官和检察官办案组，独任检察官负责办理普通案件；检察官办案组负责办理重大、疑难或复杂案件。但是，根据第 29 条、第 30 条、第 31 条的有关规定，重大办案事项由检察长决定；重大、疑难或复杂案件等重大问题由检察委员会讨论决定。因此，检察长和检察委员会也可以作为检察院的办案组织，他们分别在各自职权范围内办理案件，依法作出决定并负责；谁做决定就由谁对自己行使检察权的行为负责任，符合责任自负的基本原则。检察官的司法责任并不囊括检察官履行职责时的所有责任，只有检察官履行职责并且不当地行使检察权，存在过错，才有可能产生司法责任。检察官在司法办案过程中出现与行使检察权无关的违反职业道德或其他违纪违法行为，由此而产生的责任不是司法责任，如因公款吃喝、生活作风问题而产生的责任均不属于司法责任。

最后，检察官司法责任是一种能力责任。检察官作为法律职业共同体的成员，原本就是法律精英，对所从事的准司法行为有足够的知识和能力作出法律上的判断，维护法律的公平正义，守护法律，检察官责任与其实施准司法行为的能力必须保持一致。准司法行为具有形式性、中立性、公正性、客观性等特点。准司法行为的形式性决定了检察官司法责任对应着检察官遵守法律程序的能力；准司法行为的中立性、公正性特点决定了检察官司法责任对应着检察官履行客观义务的能力；准司法行为的客观性对应着检察官对法律事实进行判断的能力。所谓检察官客观义务，是指检察官为了发现案件真实情况，必须超越公诉方的情感立场，忠于事实，理性地保持中立，监督制约侦查和审判活动，从而守护法律、保障人权的义务。从应然的立场上检察官客观义务包括三个方面内涵：力求真实、忠于事实；理性诉讼、保持中立；守护法律、保障人权。从实然的立场上，检察官客观义务有其制度支撑①，检察机关的法律监督定位是检察官客观义务存在的宪法依据，检察官的准司法行为实践属性是检察官客观义务存在的司法实践基础。但在司法实践中，检察官履行客观义务存在许多问题，检察官司法责任的追究并没有围绕检察官准司法行为这一核心而展开，而是以错案这一结果作为追责的依据，违背了追究检察官司法责任的基本原则。追究检察官司法责任应以检察官的准司法行为是否履行了检察官客观义务为依据，不应以是否有错案这一结果为依据。传统意义上，“检察官有权决定刑事案件走向，是刑事诉讼程序事实上

---

① 参见魏腊云：《我国检察官客观义务的法理分析及制度改革》，载《广东社会科学》2016年第4期。

的核心”[①]。美国的检察官在辩诉交易中有很大的自由裁量权，中国的检察官在认罪认罚从宽案件中有不起诉裁量权和量刑建议权，在对犯罪事实进行认定时，应该坚持“犯罪事实清楚，证据确实、充分”作为证明标准，遵循协商平等自愿原则。检察官在刑事诉讼程序中，在从事准司法行为行使判断和决定权时，必须遵守正当法律程序，检察官的司法责任不仅是一种实体责任，也是一种程序责任，是对检察官遵守法律程序能力的考量。

二、检察官司法责任豁免

检察官司法责任豁免是指检察官对其准司法行为不受某些司法责任规则的约束，免受司法责任的追究，不承担司法责任或者减轻或免于承担司法责任。检察官司法责任的范围，主要包括以下几个方面。

（一）司法瑕疵豁免

司法责任主要包括故意违法责任、重大过失责任和监督管理责任，但如果出现一般过失或者工作瑕疵，则不属于重大过失范畴。司法瑕疵豁免包括：（1）文书制作瑕疵的豁免。文书制作的瑕疵主要有法律文书或案卷笔录的名称类型错误、文号错误、错别字、格式不规范、日期缺失、签名缺失等，当办案检察官在制作文书时出现上述瑕疵，但在这些瑕疵并不影响案件的结论，也不影响所作法律决定的法律效力的情况下，检察官不应承担司法责任。（2）证据采信瑕疵的豁免，主要涉及从证据收集、调取到保存、移送证据到呈示证据等程序不符合法律和有关规定；出现新证据或者证据发生变化，导致检察官对证据的判断出现瑕疵。如出现这些证据采信瑕疵，但依法可以对其作出补正或合理解释，且证据采信瑕疵并未最终影响案件的正确性和证据效力的，检察官的司法责任应被豁免。（3）事实认定瑕疵的豁免。检察官在对事实作出判断时，犯罪嫌疑人故意作虚假陈述或供述，或者犯罪嫌疑人及其他人员毁灭证据或伪造证据等，导致对案件事实认定有所遗漏甚至出现错

---

① ［瑞士］古尔蒂斯·里恩：《美国和欧洲的检察官——瑞士、法国和德国的比较分析》，王新玥、陈涛等译，法律出版社 2019 年版，第 1 页。

误或者表述不准确，但不影响对案件的处理或者定罪量刑，不承担司法责任。（4）法律适用司法瑕疵的豁免。引用法律条文不规范，但不影响案件处理或定罪量刑的，不予追究检察官司法责任。（5）司法作风瑕疵的豁免。检察官司法作风方面存在态度简单粗暴、作风懒散或语言不当等不符合检察官职业伦理的行为或不规范行为，但未对案件造成实质性影响，不承担司法责任。可以视情节对检察人员进行警醒或诫勉：如批评教育或谈话提醒，责令检察官检查司法作风等。（6）法律程序瑕疵豁免。检察官受理案件和办理案件时，告知当事人有关立案或不立案的理由；通知控告、检举单位补充材料；告知复议结果等有关事宜；听取有关意见或送达立案决定书或不立案通知书等法律文书等程序不符合法律有关规定，但这些程序上的瑕疵不影响案件结论的正确性及有关决定的法律效力，不应承担司法责任。

（二）准司法行为责任豁免

检察官司法责任是以行为为中心的责任，检察官司法责任豁免也应围绕准司法行为这一中心。检察官在司法履职中，已尽到必要注意义务，虽有错案后果发生，但检察官对错案后果的发生不存在故意或者重大过失，而是其他情形导致了错案的发生，不承担司法责任。例如，（1）法律适用导致错案的司法责任豁免。“司法官不能因为善意的错误，或者由于不同意某个特殊的法律解释而被惩罚或者被免职。”① 因法律法规和司法解释本身存在漏洞或规定不明确，检察官在办理案件时对法律法规和司法解释的理解及认识出现差异，在专业认知的范围内能够予以合理解释和说明，或者与特定的法律解释不符合，基于有限理性理论，不管有没有出现错案（哪怕该案最后被定性为错案），也并不能作为检察官应被惩戒的正当理由，即检察官不应承担司法责任。还有因法律渊源发生变化，如法律法规或司法解释或者有关刑事政策进行调整等情况，或者相关法律文书被撤销、变更最终导致检察官所办理案件的定性发生改变或者处理决定发生改变，检察官不应承担司法责任。

---

① 孙祥：《法国司法责任制度研究》，武汉大学出版社2020年版，第91页。

(2) 事实认定导致的司法责任豁免。检察官对事实的认定依赖于所取得的证据，如果犯罪嫌疑人为了逃脱制裁或者基于其他原因，故意作虚假陈述或供述，或者犯罪嫌疑人及其他人员（包括证人、鉴定人等）毁灭证据或伪造证据或者提供不确切的证明或者歪曲事实真相等，或者出现新的证据或者证据变化而导致事实认定错误，从而改变了案件处理结果导致错案。"证据材料错误或者不充实，但出于种种原因而形成了合乎逻辑的结论……大多数裁判错误是如此造成的。"① "假证是大多数裁判错误的起因。"② 证人做假证，原因有很多方面：得到报酬、出于报复、"好意"给朋友帮忙、感觉到事实会妨碍自己的利益、想象力过于发达、甚至无任何动机等。证人的假证导致检察官对事实的认定出现错误，而检察官在对事实的认定上不存在故意或重大过失，司法责任应予豁免。(3) 客观技术条件限制导致的错案责任豁免。受客观技术条件限制，对证据认定出现错误，如鉴定人因客观技术条件限制可能在工作中犯下一些违背司法规定的司法鉴定错误，或者出于不能预见、无法抗拒的其他客观原因，致使检察官所认定的主要事实或重要情节缺乏足够证据，导致事实不清楚，出现错案结果，检察官的司法责任应予豁免。(4) 如实记录报告领导干部或内部人员干预办案责任豁免。检察官应当根据司法亲历性原则、谁办案谁决定原则独立处理案件。检察官依法办案应当受到相应的保护，行政机关、其他国家机关、社会团体和个人不得干涉检察官办案。如果在办案过程中，遭遇领导干部直接插手或间接插手所经办案件或者试图干预办案，领导干部、内部人员违规过问案件（包括但不限于领导干部授意或纵容身边工作人员以及亲属在检察办案环节为案件当事人请托说情，要求办案检察官或所属单位负责人私下会见案件当事人，或要求办案检察官私下会见案件当事人的辩护人、诉讼代理人，或者要求办案检察官私下会见近亲属以及其他与案件有利害关系的人，领导干部通过召开案件协调会、听取办案检察官汇报、超越职权对检察官办案提出倾向性意见等隐蔽方式过问

① ［法］勒内·弗洛里奥：《错案》，赵淑美、张洪竹译，法律出版社2013年版，第49页。
② ［法］勒内·弗洛里奥：《错案》，赵淑美、张洪竹译，法律出版社2013年版，第87页。

案件)，检察官应该严格按照有关程序规定，主动如实记录并报告说明情况，如检察官存在与当事人、律师等有不当接触交往行为等情况，也应如实报告。因其他人员插手或者出现了与其他人员不当接触行为，但办案检察官如实记录报告，尚未造成严重后果的，可以减轻处理。办案检察官不承担司法责任，检察官司法责任应予豁免。

三、检察官司法责任追究与责任豁免的契合

检察官司法责任不是与检察官的行政法律责任、民事法律责任或刑事法律责任并列的一种责任形式，而是一种责任体系。检察官司法责任并非一个规范的法律术语，其强调的重点是检察官作为司法人员的特殊主体和检察官在司法办案过程中这一特定的时空范围。从具体的责任形式来看，对检察官的司法追责是按照党纪处分、纪律处分和法律责任 3 个层次来划分的，并且这 3 种形式可以并用，其外延要大于法律责任。

检察官豁免制度与司法责任制度之间并不矛盾，豁免与权利相关而与责任相反，但并非对责任的否定，即并非等同于免除检察官的司法责任。检察官豁免制度与检察官司法责任之间存在契合，主要体现在以下几个方面。

（一）责任豁免并非责任的否定

检察官相对独立地享有检察权，有权力就有责任，权力与责任之间必须平衡。检察官豁免权是否要否定检察官的司法责任呢？答案是否定的。检察官司法责任豁免并非对司法责任制的否定或削弱，相反，在一定程度上能起到补强司法责任的作用，也是对检察官行使司法权力的保障，是对权责一致这一司法责任制基本原则的坚持。一方面，完善检察官责任豁免制度，能够促进检察官积极行使检察权，保障检察官在办案时相对独立地行使职权，提升检察官办案效率；另一方面，检察官司法责任豁免并不是不要追究检察官的司法责任，也不是要免除或减轻检察官的所有司法责任，更不意味着要减少或者放弃对检察官的监督。检察官司法责任豁免只是要进一步明确对检察官监督的范围，从而保证检察官在责任范围之外不承担责任。

如前所述，检察官豁免权可以从不同的角度来进行划分，包括检察官绝对豁免权与相对豁免权、积极豁免权和消极豁免权、民事责任豁免权和司法责任豁免权。如果将司法责任理解为一种责任体系，则司法责任豁免的范围会比较广泛。以检察官行为是否为准司法行为需要承担的法律责任豁免为依据，也可以分为检察官的司法责任豁免与检察官的非司法责任豁免；以检察官准司法行为豁免适用范围来划分又可以将司法责任豁免分为司法责任的绝对豁免和相对豁免；以检察官准司法行为对结果所产生的影响来划分可以将司法责任豁免分为司法瑕疵豁免和错案责任豁免。检察官在善意履职过程中，如果其行为是准司法行为，又没有故意违法或重大过失，尽到了必要注意义务，即使有错案结果的发生，也属于错案责任豁免；如果履职行为是对下级的监督管理行为而不是准司法行为，有故意违法或有重大过失，那么检察官人员需要承担起相应的司法责任，包括故意违法责任、重大过失责任和监督管理责任，司法责任豁免所适用的对象是检察官的准司法行为。

目前有关司法文件对检察人员的责任主要从以下两个角度作了规定：一是从司法责任的主观要件的角度，不存在故意或重大过失，不影响案件结论的正确性和效力的，不追究司法责任，而是依照相关纪律规定处理，这就较好地做到了授权与担责的合理平衡；二是从监督管理主体的角度规定，监督管理主体如果未尽到监督管理职责，需要承担监督管理责任。根据最高人民检察院《关于完善人民检察院司法责任制的若干意见》（2015）和《人民检察院司法责任追究条例》（2020），检察官的司法责任可分为故意违法责任、重大过失责任和监督管理责任；但从逻辑学的角度来看，监督管理责任与故意违法责任和重大过失责任之间并非全异关系，而是交叉关系。检察官司法责任按照检察官是否故意违法来分类，可以划分为两种类型，一是故意违法责任，包括办案检察官的故意违法责任和负有监督管理职责的检察人员的故意违法责任；二是重大过失责任，包括办案检察官的重大过失责任和负有监督管理职责的检察人员的重大过失责任。

检察官责任豁免是对检察官职业身份的保障，德国米德迈尔（Mittermaier）

指出，检察官的身份保障实属必要，否则他会太过顺从统治者的期待，因为他必须担心，一旦他不够听从时，随时等着走路。① 为了防止行政性的不当干预及报复，保障检察官积极履职，西方国家通常会建立由法律职业共同体成员组成的第三方惩戒机构，对被提交审查的检察官履职行为作出职业化评判，并依照法定程序决定是否应对检察官予以惩处。因此，检察官豁免应主要包括：检察官非经法定事由和法定程序，不得被免职、降职、辞退或处分，这是对检察官身份的保障；检察官非因故意或重大过失，不得被追究司法责任，这是对检察官的司法责任豁免；检察官行使职权时，检察官非因贪污受贿、刑讯逼供等行为，对受害人人身权或财产权造成侵害，由国家承担赔偿责任，检察官不承担民事赔偿责任，这是对检察官民事责任的豁免。从国外近半个世纪以来关于检察官豁免问题的争论来看，实际上是关于豁免检察官对其准司法行为的民事责任及豁免范围应有多大的争论，能够取得的共识是：至少对检察官准司法行为的民事责任应予以豁免。但是否对检察官的所有履职行为都适用豁免权是存在争议的。有些学者反对检察官民事责任的绝对豁免。所谓绝对豁免是指无论检察官行使职权的行为究竟是恶意还是善意，都绝对地豁免其民事责任。所谓有限豁免是指有条件地豁免，即检察官行使职权的行为必须是善意的履职行为，否则不能豁免。美国最初建立的检察官豁免制度也只是检察官民事责任的绝对豁免，如果涉及刑事责任，检察官的豁免权只是一种暂时性的豁免权，即只是在他任职期间豁免其刑事责任，但在他的检察官职务被免去后，仍然要被追究承担刑事责任。这种刑事责任的暂时性豁免只存在于少数国家，大多数国家无刑事责任的豁免规定。

近年来，检察官民事责任的绝对豁免权受到了很多学者的质疑。作为一种职业权利，检察官豁免权是有限豁免，必须满足相应的条件：必须是检察官善意的履职行为，而且是准司法行为或与准司法行为密切相关的行为等。检察官故意实施毁灭、伪造、变造或隐匿证据的行为、采取刑讯逼供的手段

① 参见林钰雄：《检察官论》，法律出版社2008年版，第116页。

暴力取证的行为等都不能被豁免；负有监督管理职责的检察官因故意或重大过失怠于行使或不当行使与司法程序无关的行政管理权的行为不能豁免。如果这些行为导致下级检察官司法办案工作出现严重错误，也应当承担司法责任。可见，我们要建立的豁免制度不是绝对无条件的豁免制度，是有限制性条件的或者说是相对的豁免制度。这些限制性条件恰恰为追究检察官司法责任提供了制度空间。从检察官司法责任制度的规定来看，检察官司法责任制度与检察官豁免制度完全可以并存，而且必须并存，否则检察官将难以承受检察官司法责任之重。

（二）责任豁免对责任实体性构成要件的落实

如前所述，豁免与责任的承担并不矛盾，最高人民检察院《关于完善人民检察院司法责任制的若干意见》（2015）明确将检察人员的司法责任分为3类：监督管理责任、重大过失责任和故意违反法律法规责任。赋予检察官豁免权是对检察官司法责任的实体性构成要件（尤其是过错、违法归责标准认定）的补充和完善。追究检察官司法责任必须满足构成要件，包括：（1）检察官在履行诉讼职责过程中有违法行为发生，侵犯了犯罪嫌疑人的权利；（2）检察官在履行诉讼职责过程中导致了损害事实发生，但不一定非要有错案结果的发生；（3）检察官对自己的履职行为存在故意违法或重大过失；（4）检察官司法责任的归责标准：坚持权责一致和权责明晰、主观过错与客观行为相一致，责任与处罚相适应，突出检察官办案主体地位与加强监督制约相结合的原则等。在这些实体性构成要件中，无论是违法归责，还是主观过错归责的认定标准和司法责任的归责标准都存在很大的不确定性和局限性，如到底什么是检察官的过错？检察官没有故意或重大过失，已经尽到必要注意义务是否需要承担司法责任？程序违法但未对结果产生实质性的影响、未发生错案是否应该追究检察官司法责任？如果发生了法律无明文规定的情形，检察官又是否需要承担司法责任？检察官在善意履行诉讼职责过程中如果基于检察一体制的原因不得不服从上级的命令而侵害了当事人的权利是否需要承担司法责任？这些都是检察官司法责任制度设计中尚未明确的问题。检察官豁免制度恰恰可以补充和完善检察官司法责任制度存在的缺陷，是对其实体性构成要件的制度落实。事实上，赋予检察官豁免权，可以有效地为检察官提供责任“安全港”，这样检察官才能在履行职责时依法独立公正行使检察权，忠实于法律，而不用担心自己始终处于责任风险之中，也才能积极而又无畏地履行职责。

（三）责任豁免对“结果责任制”弊端的摒弃

我国检察官司法责任改革就是要按照“谁办案谁决定、谁决定谁负责”要求，改革检察权的运行机制；检察官对自己职权范围内承办的案件有自主决定权，有权必有责，因此，检察官对所承办案件负责任，而且是终身负责，是检察官办案责任制度的核心要义。那么检察官对所承办案件到底在什么情况下负责呢？检察官办案责任制模式可以分为程序责任模式和结果责任模式两种。所谓结果责任模式主要是指检察官办案过程中只要出现了冤假错案的结果，并且检察官在办案过程中存在过错行为，检察官就应该承担司法责任的制度模式，此种情况下检察官承担的司法责任也可以称为实体差错责任。所谓程序责任模式则是指在办案过程中如果出现程序违法行为，侵害了犯罪嫌疑人的权利，检察官就应该承担司法责任的制度模式，此种情况下检察官承担的司法责任也可以称为程序差错责任。

首先，检察官豁免制度可以有效地摒弃“结果责任制”模式的权责不清，保护检察官的利益。结果责任制模式遵循“谁办案、谁负责”的基本原则，尽管当独任检察官承办审查逮捕、审查起诉案件或者检察官办案组承办重大、疑难、复杂案件时，有权在职权范围内作出决定，但无论是谁办案，都必须对检察长或分管副检察长负责，由检察长或分管副检察长对提交的案件进行审核。承办案件的检察官只是因检察一体制执行检察长的错误决定，则对该案件不承担办案责任，而由检察长承担相应的监督管理责任。因此，检察官办案责任制应与检察长负责制相协调。检察官责任豁免制度的建立，可以在出现错案后，有效地实现以行为作出时的情况作为判断基准，对检察长是否需要承担责任进行初步判断，以保护已经提出异议但基于检察一体制原则又不得不执行检察长错误决定的检察官，保证他们不仅仅因为错案的发生而承担责任。

其次，检察官豁免制度可以有效地摒弃“结果责任制”模式对检察官责任归责标准的加重，更加高效保护检察官的职业特权。结果责任制模式假定了通过证据证明的案件事实是客观的，是检察官、法官能够判断无误的。但在司法实践中，检察官在审查起诉中的证据运用存在一些问题而导致案件事实不清最后出现错案的情况也是比较多的。“尽管人们在寻求确信的客观化方面作出了种种努力，但这些努力同样是徒劳的。心证本身是判断者的主观活动，是无法加以外在化和具体化的，对于依靠主体认知形成的判断结果，我们无法寻求具体的、统一的外在标准。”① 对于同一件案件，如检察官未能积极引导侦查机关取证导致某些关键证据没能及时收集导致事实难以查清，检察官在审查证据过程中未能尽到谨慎审查的义务，“证据审查粗糙、证明力判断不准确导致的认定偏差”、侦查、检察、审判三方“证明标准理解不到位导致的结论错误”② 等是出现错案的重要原因。检察官结果责任模式的实质则在于检察官将因为自己对所承办案件事实的认识和判断而遭受利益损失。错案结果作为追究检察官责任的标准，容易导致检察官始终处于责任承担的恐惧中，为了规避责任风险而不积极行使检察权，甚至将责任风险转移至检察长或检察委员会。检察官责任豁免制度的建立则能够有效地摒弃“结果责任”模式的弊端，保障检察官的职业特权，只要是检察官依法善意履行诉讼职责行为，即便检察官在刑事审前程序中作出了错误的法律判断而导致发生错案，但只要是基于合法取得的证据所作的开放性的和审慎明断的评断，基于所有有助于对法律规范作出合乎逻辑的法律解释，检察官的责任就应予以豁免。

（四）检察官司法办案质量的控制机制

检察官司法办案质量的高低决定着检察工作质效的高低，也是检察官司

---

① 张卫平：《证明标准建构的乌托邦》，载《法学研究》2003 年第 4 期。

② 王一俊：《检察机关审查起诉中的证据运用》，载《国家检察官学院学报》2016 年第 2 期。

法办案的生命线。司法办案质量控制机制包括两个方面，一方面是检察官责任追究机制，另一方面是检察官责任豁免机制，二者相辅相成，没有检察官责任追究机制，检察官办案质量难以得以提升，没有检察官责任豁免机制，检察官办案缺乏激励机制，办案质量也难以得以提升。检察官责任追究机制属于惩戒性的司法办案质量控制机制，它以检察官被动消极地承担责任的方式来控制司法办案质量。

检察官责任豁免机制属于激励性的司法办案质量控制机制，它以激励检察官积极主动履行职责的方式来提升司法质量和控制司法质量。激励性的司法办案质量控制机制往往将检察官等视为司法精英，对检察官积极主动正确履职抱有充分的信心，检察官具有故意违法或者有重大过失情况纯属例外，即便在这些例外情况下，依然可以通过惩戒程序来实现对司法办案质量控制的目的。

第三章
检察官豁免权的正当性分析

检察官豁免权的正当性涉及检察官豁免权存在的理论基础、伦理基础和制度基础。检察官的准司法官职责论、制度利益衡量理论和有限理性理论[①]、允许的风险理论等构成了检察官豁免权的理论基础。检察官豁免权是对检察官身份和地位的尊重和认可，也是对检察官自主性和独立性的保障；检察官豁免权建立在检察官的司法理性和客观义务理性的伦理基础之上；报应正义是对检察官豁免权的反思，功利正义恰恰是对检察官合目的性的检验，整体正义则是检察官豁免权对社会效果的追求。因而，尊严、理性和正义是检察官豁免权应当存在的基础。主权豁免制度、公民权利保护制度、职业行为豁免制度、检察官相对独立制度以及检察官的纪律惩戒制度构成了美国检察官豁免权的制度基础；中国特色社会主义检察制度、检察机关的宪法定位、检察官司法责任制度和检察官职业保障制度等则是我国检察官豁免权的制度基础。

第一节　检察官豁免权的理论基础

从理论上阐明检察官豁免制度得以生成的理论基础，是在解决检察官豁

---

① 参见魏腊云：《检察官豁免权的法理分析——兼论检察官豁免制度与司法责任制度的契合》，载《广东行政学院学报》2016年第6期。

免的概念“是什么”之后必然推导出的“为什么”，即要回答为什么应该豁免检察官因善意履行诉讼职责行为引起的司法责任问题。“准司法官”理论、制度利益衡量理论、有限理性理论构成了检察官豁免权的理论基础。①

一、“准司法官”理论

司法豁免始于1871年的Bradley v. Fisher（布拉德利诉费希尔案）②，如果法官因履职而产生错案，侵害了受害人的民事权益，不承担因此而产生的民事损害赔偿责任，即法官对自己的司法行为享有司法豁免权。丹宁勋爵在《法律的正当程序》中指出，法官豁免权是对法官的履职保障。“所有法官都应该能够完全独立地完成自己的工作，而不需担惊受怕。绝不能弄得法官一边用颤抖的手指翻动法书，一边自问：‘假如我这样做，我要负赔偿损害的责任吗?’只要法官在工作时真诚地相信他做的事是在他自己的法律权限之内，那么他就没有受诉的责任。”③ 他的观点为许多学者解释检察官豁免权与检察官履职保障之间的关系，提供了有力的论据：检察官为什么应该享有豁免权，根本原因在于检察官跟法官一样，被视为准司法官和审前程序的法官，其履职行为是准司法行为。司法豁免理论同样构成了检察官豁免权的理论基础。我国检察官以检察审查为核心的权力主要体现在以下几个方面：批准逮捕或不批准逮捕，提起公诉或不提起公诉，进行诉讼监督或不进行诉讼监督，对特定职务犯罪进行立案侦查或不立案侦查。而这些审查实际上都是建立在检察官作出的判断和决定的基础上，类似于法官，因此检察官享有与法官相同的豁免权。

（一）检察官的“准司法官”角色

尽管学界围绕检察官的角色定位究竟是行政官员还是司法官员问题的争

---

① 参见魏腊云：《检察官豁免权的法理分析——兼论检察官豁免制度与司法责任制度的契合》，载《广东行政学院学报》2016年第6期。

② See Bradley v. Fisher 80 U. S. 335 (1871) 20 L. Ed. 646. Wall. 335 (1871).

③ ［英］丹宁勋爵：《法律的正当程序》，李克强、杨百揆、刘庸安译，法律出版社2015年版，第75页。

论依然存在，但检察官是“审前程序的法官”或准司法官的角色定位得到世界各国的认可。一方面，大陆法系国家采用审检合署型，如法国“作为司法系统组成部分的检察院”[①] 通常附设于法院，检察官普遍有着司法官的职业身份认同，“检察官是司法官员，服务于国家、法律和公民”[②]。“司法官还必须就他们的司法决定而享有民事诉讼损害赔偿的个人豁免权利。”[③] 即便是作为“侦查主持机关”的德国检察机关，具体侦查工作仍由警察实施，检察官也被视为审前程序的法官；即便是作为“独立的、层级的、行使准司法权的公务员”，德国检察官居于“法官的地位”，甚至是“站在法官面前的法官”[④]。“德国检察官在制度上的定位是致力于探寻案件的客观真相的司法官员，是所谓的‘第二法官’。”[⑤] 另一方面，英美法系国家检察机关虽然隶属于行政机关，但检察官对是否对犯罪嫌疑人提起公诉有决定性的自由裁量权，并且能通过辩诉交易控制整个刑事诉讼程序，对法院的判决起决定性的影响，因此，检察官是“审前程序的法官”，也可以称为准司法官，这种角色定位得到普遍的认可。“至少在逮捕后，是否提起刑事案件的决定几乎完全掌握在检察官的手中。”[⑥] 美国检察官“如果不是司法官员，至少是政府的准司法官员”[⑦]。“检察官，无论是地方检察官、县（郡）检察官或司法部长，都是在宪法的司法条款中提到的，即使在那些对地方官员和县级官员专门写有专门条款的各州里，至少就前半个世纪而言，检察官是列在那些规定州的法院

---

① ［法］菲利普·米尔本、［法］卡蒂亚·科斯图斯基、［法］丹尼斯·萨拉斯：《法国检察官：司法使命与政治功能》，刘林呐、单春雪译，中国检察出版社 2021 年版，第 136 页。

② ［法］菲利普·米尔本、［法］卡蒂亚·科斯图斯基、［法］丹尼斯·萨拉斯：《法国检察官：司法使命与政治功能》，刘林呐、单春雪译，中国检察出版社 2021 年版，第 136 页。

③ 孙祥：《法国司法责任制度研究》，武汉大学出版社 2020 年版，第 91 页。

④ ［法］菲利普·米尔本、［法］卡蒂亚·科斯图斯基、［法］丹尼斯·萨拉斯：《法国检察官：司法使命与政治功能》，刘林呐、单春雪译，中国检察出版社 2021 年版，第 153－154 页。

⑤ ［美］肖恩·玛丽·博伊恩：《德国检察机关职能研究：一个法律守护人的角色定位》，但伟译，中国检察出版社 2021 年版。转引自周遵友：《法治国的理想与现实——评〈德国检察机关职能研究：一个法律守护人的角色定位〉》，载《人民检察》2021 年第 19 期。

⑥ ［美］约书亚·德雷斯勒、［美］艾伦·C. 迈克尔斯：《美国刑事诉讼法精解》（第 2 卷·刑事审判），魏晓娜译，北京大学出版社 2009 年版，第 114 页。

⑦ Yaselli v. Goff, 12 F. 2d at page 404, 56 A. L. R. 239.

系统的结构和官员的条款中的小项内的。从来没有把他列为行政部门的官员，从来没有把他描绘成地方的官员。在最早的美国人眼中，他显然只是法院系统中的一个小角色。”[①] 在1889年“纳斯里案”（Appeal of Nicely）中，法官认为地区检察官系“准司法官”[②]。检察官行使着“一半是司法的、一半是政治的特殊的混合的权力”[③]。《美国律师协会刑事司法准则之检控职能》（American Bar Association Standards for Criminal Justice - Prosecution function）第4版明确规定：检察官身兼司法行政官、律师及法庭官员多重角色。“当检察官的活动‘与刑事诉讼的司法阶段密切相关’时，他们被视为‘准司法官’，和法官一样享有绝对豁免权。”[④] “检察官作为准司法人员，应享有与保护法官相同的民事责任豁免权。”[⑤] 澳大利亚的检察院系统分为联邦检察院系统和州检察院系统，联邦检察总署作为联邦最高检察机关，在州府设州检察总署。联邦检察官和州检察官是准司法官，具有较强的独立自主性。尤其是检察长独立于行政机关，政府无权在检察长作出是否起诉案件的决定问题上指手画脚，检察长决定是否起诉，必须排除政治上的压力、既得利益集团的压力以及媒体的压力，仅仅以法律和案件事实为依据。检察官在提起诉讼时必须排除法外因素的影响，根据法律及检察院制定的起诉准则来行使自己的职权，依法公正地出示所有证据（包括有利于被告人的任何证据）。新加坡的检察官与法官一样，拥有较大的自由裁量权，对其相关司法行为免予民事起诉，享有司法豁免权，即便是办错案件，也不会受到责任追究。

中国检察机关的宪法定位是法律监督机关，但与西方国家检察机关的定位存在相通性和一致性。在我国的司法体制中，检察机关、法院作为国家的司法机关，检察官具有相对的独立性，在审前程序中发挥着重要的作用，其

---

① ［美］雅各比：《美国检察官研究》，周叶谦等译，中国检察出版社1990年版，第29页。

② 张鸿巍：《美国检察制度研究》（第3版），法律出版社2019年版，第59页。

③ 张鸿巍：《美国检察制度研究》（第3版），法律出版社2019年版，第61页。

④ Willitzer v. McCloud, 6 Ohio St, 3d 447, 449 (1983)，援引 Imbler v. Pachtman, 424 U. S. 409 (1976)。

⑤ Robichaud v. Ronan, 351 F. 2d 533 (9th Cir. 1965).

对事实的认定及依此而作出的量刑建议事实上对法院的判决产生重要影响，尤其在认罪认罚案件中，属于不折不扣的“审前程序的法官”，履行着准司法官的职责，这在学界和司法实践中均得到认可。史蒂文·马克·莱德曼（Steven Mark Laiderman）认为，检察官豁免源自检察官的准司法官职责。检察官因履行准司法官职责而豁免的理由主要在于：以保证检察官能够独立作出决定而免受报复性起诉的威胁，这种威胁可能影响甚至改变检察官的自由裁量权，并且严重损害司法目的——准确确定被告人的有罪或无罪。如果检察官置身于准司法官角色之外，他的行为将不会影响到刑事司法制度。“行使准司法裁量权是法院决定该官员是否应免予起诉的主要标准之一。”①

（二）检察官的“准司法”行为

尽管检察官“审前程序的法官”或准司法官角色定位得到世界各国的认可，但是检察官职责不仅包括准司法官职责，而且包括许多类似于警察等行政官员的职责，此外，在上命下从的检察一体制中，上级检察官还担负着行政管理职责，因此，检察官职责行为不仅有可能是准司法行为，也有可能是行政执法行为，还有可能是行政管理行为。检察官对其准司法行为，应该与法官一样享有绝对豁免权，而对于行政执法行为，是否享有豁免权需要看其与司法程序是否密切相关。检察官在司法程序期间（包括与司法程序有关的期间）发表了不属实的言论（在受害方看来是诽谤言论），也完全免于诉讼。究其原因是：确定事实真相正是司法程序的作用，法官具有将法律事实与非法律事实分开的能力，以及准确解决刑事（和民事）案件中事实纠纷的能力，应鼓励检察官等所有参与司法程序的人（律师、证人等）尽其所能全面披露他们所知的所有相关信息，“以免他们隐瞒有价值但有问题的证据或论据”②，而不必担心后果乃至损害赔偿诉讼。检察官对其无恶意情况下的立

---

① Mary Rose Strubbe, *Section* 1983 *and the Limits of Prosecutorial Immunity*, 56 Chi. - Kent L. Rev., p. 1029 (1980).

② See generally Napue v. Illinois, 360 U. S. 264, 79 S. Ct. 1173, 3 L. Ed. 2d 1217 (1959); Brady v. Maryland, 373 U. S. 83, 83 S. Ct. 1194, 10 L. Ed. 2d 215 (1963).

案、签发逮捕令或搜查令、制作起诉书及其他类似的实质性检察行为等享有豁免权，因为这些与司法程序存在不可或缺的关系。“协商性司法在犯罪行为及时处理程序的框架下赋予检察官很大自由裁量权，刑事调解（mediation penal），强制性治疗令（injonction therapeutique），刑事赔偿程序（reparation penale），甚至刑事和解（composition penal）与有罪答辩程序（plaider - coupable），上述程序机制中，诉讼当事人有权参与整个司法裁决程序，检察官在这个过程当中秉承司法伦理价值，正是这一点，将其与纯粹的行政行为区分开来。”① 因此，法院决定检察官是否享有豁免权的首要依据是检察官的职责行为究竟属于什么性质的行为。准司法行为豁免理论是法院判决检察官获得豁免权的理论基础。

尽管检察官的绝对豁免权不如法官的绝对豁免权那样根深蒂固，在经历了关于检察官豁免权是相对豁免还是绝对豁免之争后，仍然得到很多学者的支持，最后能够得到众多法院确认的是：检察官的准司法行为是检察官获得绝对豁免权的前提条件，检察官完全免于恶意起诉的诉讼。② 检察官在决定是否起诉时，其行使的检察权具有司法权的属性。“司法权自身不是主动的。要想使它行动，就得推动它。向它告发一个犯罪案件，它就惩罚犯罪的人；请它纠正一个非法行为，它就加以纠正；让它审查一项法案，它就予以解释。但是，它不能自己去追捕罪犯、调查非法行为和纠察事实。”③ 检察官在决定是否起诉时，需要对侦查机关提交的证据进行审查，这很大程度上是在行使一种判断权，具有司法的属性，检察官绝对豁免权适用于检察官的准司法行

① ［法］菲利普·米尔本、［法］卡蒂亚·科斯图斯基、［法］丹尼斯·萨拉斯：《法国检察官：司法使命与政治功能》，刘林呐、单春雪译，中国检察出版社2021年版，第136页。

② 检察官绝对豁免权的案例如1 F. Harper & F. James, The Law of Torts s 4.3, p.305 n.7 (1956)（hereafter Harper & James), and cases there cited; Yaselli v. Goff, supra; Gregoire v. Biddle, 177 F. 2d 579（C. A. 2 1949）; Kauffman v. Moss, 420 F. 2d 1270（C. A. 3 1970）; Bauers v. Heisel, 361 F. 2d 581（C. A. 3 1965）; Tyler v. Witkowski, 511 F. 2d 449（C. A. 7 1975）; Hampton v. City of Chicago, 484 F. 2d 602（C. A. 7 1973）; Barnes v. Dorsey, 480 F. 2d 1057（C. A. 8 1973）; Duba v. McIntyre, 501 F. 2d 590（C. A. 8 1974）; Robichaud v. Ronan, 351 F. 2d 533（C. A. 9 1965）。

③ ［法］托克维尔：《论美国的民主》（上卷），董果良译，商务印书馆1993年版，第110－111页。

为。事实上，如果允许针对检察官的恶意起诉，存在司法程序受到损害的风险。除非检察官足够强大因而根据良心行事，积极履行其职能，否则，他们可能会担心受到无理取闹的诉讼骚扰，消极地作出不起诉的决定，因为还没有人起诉检察官作出错误的不起诉决定，但如果作出了错误的起诉决定，检察官很容易因此受到恶意起诉。“绝对豁免权比任何其他规则更好地服务于司法程序”[①]，检察官到底是享有绝对豁免权还是有限豁免权，取决于检察官的履行职责行为是准司法行为还是行政行为。检察官对其行政管理或行政执法行为只享有有限豁免权，即能否被豁免需要视具体案件事实而定。“当检察官被认为是行政官员时，他仅能获得有限豁免，但当他履行‘准司法官’职责时，他便被授予了绝对豁免。”[②] 检察官因其履行诉讼职责（包括履行诉讼职责时出现的恶意起诉、错捕、错误监禁、诽谤等）而享有绝对豁免权，如在 1976 年的伊布勒诉帕赫特曼（Imbler v. Pachtman）案[③]中，最高法院判决检察官帕赫特曼享有绝对豁免权，因为检察官的履职行为与刑事司法程序密切相关。“考虑到检察官所担负的多重角色，大多数联邦法院采用‘功能方法’决定是否绝对豁免检察官的责任。”[④]

检察官只是在履行准司法职能范围之内享有绝对豁免，即在担负“准司法官”角色时享有绝对豁免，在诉讼职责范围之外但在调查职责范围之内，检察官仅被授予有限豁免。因为他不是在履行准司法官职责，而是在充当行政官员，由此也实现了检察官因其准司法官职责绝对豁免的逻辑转换。如果检察官像侦探一样，寻找可能有助于嫌疑人被捕的线索和佐证，那么检察官的功能就相当于侦探，无权获得绝对豁免权；换句话说，当检察官和侦探的职能相同时，享有有限豁免权。[⑤] 法官赛克斯（Sykes）认为，检察官绝对豁

① Paul Kern Imbler v. Richard Pachtman, 424 U. S. 409, 96 S. Ct. 984, 47 L. Ed. 2d 128.

② Steven Mark Laiderman, *District and Prosecuting Attorneys: Absolute Immunity Granted to Prosecutors is Limited to Quasi-Judicial Acts*, 20 Washburn Law Journal, p. 632 (1981).

③ See Imbler v. Pachtman, 424 U. S. 409 (1976).

④ Lawrence Adler Dvorin, *Constitutional Law - Prosecutors' Right To Qualified Immunity*, Suffolk U. L. Rev., p. 1259 (1988).

⑤ See Bianchi v. McQueen, 818 F. 3d 309 (7th Cir. 2016).

免权涵盖了准司法职能的典型内容但不包括检察官的调查行为。因此，在一些案件中，问题的争议焦点便放在了检察官的职责行为到底是一种什么性质的职责行为，是在绝对豁免权范围之内的行为还是仅仅在有限豁免权范围之内的行为。

至于如何区分检察官的行为是准司法行为还是行政行为，法院往往采用功能分析方法，如在伊布勒案件中，最高法院确认检察官在行使其起诉等准司法官职能时才享有绝对豁免权，并且强调如果检察官担任的是行政人员或调查人员的角色，则不享有绝对豁免权。在范·吉尔德诉格拉斯哥（Van Guilder v. Glasgow）案中，法院在论证检察官豁免权时，采用功能分析方法界分了检察官豁免权，如果检察官的行为属于准司法行为，则检察官具有绝对豁免权，而如果行为是行政或调查行为，则检察官具有有限豁免权。[①] 准司法行为是检察官获得绝对豁免的前提条件，同理，若助理检察官的行为是准司法行为，也能享有绝对豁免权。"助理检察官帮助检察官决定不对被捕者提出指控的行为是准司法行为，而不是行政行为，因此，助理检察官完全免于诉讼、不承担民事责任。"[②] 此外，还有一个围绕着检察官的行为到底是行政管理行为还是检察官的准司法行为的典型案例，即坎普诉戈尔茨坦（Van De Kamp v. Goldstein）一案。戈尔茨坦（Goldstein）在1980年涉嫌谋杀，而关键证据是监狱中一名线人爱德华·弗洛伊德·芬克（Edward Floyd Fink）提供的。由于芬克的指认，戈尔茨坦被误判犯有谋杀罪。戈尔茨坦在服刑24年获得人身保护令被释放后，根据《美国法典》第42编第1983条提起诉讼[③]，指控检察官［加利福尼亚州洛杉矶前地区检察官和首席副地区检察官坎普（Van De Kamp）］侵犯了他的宪法权利，理由是坎普未能对有关线人的信息共享进行充分的培训或监督，控方在对其提起谋杀指控时，未能

---

① See Van Guilder v. Glasgow, 588 F. Supp. 2d 876 (N. D. Ill. 2008).

② Carmichael v. City of Cleveland, 881 F. Supp. 2d 833 (N. D. Ohio 2012).

③ 此类诉讼被称为"1983条款诉讼"，前囚犯在获得人身保护令获释后，向曾经起诉他的前检察官寻求民事赔偿。

披露作为这起谋杀案关键证人即监狱线人的有关信息（该线人因在其他案件中给检察官提供信息而被判减刑），也未披露其他有利于自己的信息，并且未能建立有关监狱线人的信息共享系统。坎普则认为他对自己的行为享有绝对豁免权，请求地区法院驳回戈尔茨坦的诉讼，但地区法院认为监督检察官的行为是行政行为而非起诉行为，无权获得豁免权。于是坎普向美国最高法院第九巡回上诉法院提出上诉。第九巡回上诉法院维持了地区法院的“无豁免权的决定”。坎普继续上诉至联邦最高法院。经过重审，联邦最高法院推翻了上诉判决，确认监督检察官（supervisory prosecutors）与其他检察官一样享有绝对豁免权。[1] 审理该案的布雷耶（Breyer）法官认为，该案的困惑在于：绝对豁免权是否可延伸至检察官披露可能用于弹劾线人的材料信息方面。对检察官的培训和监督是涉及与刑事诉讼司法程序密切相关的检察活动，决定何时以及如何在审判时披露有关对囚犯作证的线人获得优惠待遇的弹劾证据与检察官的基本诉讼义务直接相关，决定“在信息系统中包含哪些材料”与“在培训方面做出决策”也几乎没有什么不同，这必然需要法律知识并行使相关的自由裁量权，确定哪些信息应包括在培训或监督或者信息管理系统。这些对信息的管理行为涉及行政管理程序，但它们与审判直接相关，与一般行政管理行为不同，因此，未能适当地培训检察官或监督检察官、未能建立一个包含关于举报人的潜在弹劾材料的信息系统均可以获得绝对豁免。[2] 当然，如何区分检察官的职责是诉讼职责，还是侦查职责，并非一件易事。如果官员受到的是有限豁免权而不是绝对豁免权的保护，法院可以避免对检察官的履职行为作出判断，即无须决定检察官履职行为到底是准司法行为还是行政管理行为。

（三）准司法豁免

司法豁免能够确保司法官员免于无理取闹的诉讼之累，有助于维护社会

---

① See Van De Kamp v. Goldstein, 129 S. Ct. 855 (2009).

② See Van De Kamp v. Goldstein, 129 S. Ct. 855 (2009).

公共利益，促使检察官高效履职，即检察官豁免与其准司法行为相关。[①] 理由主要如下。

司法权本质上是一种判断权，判断是一种主观与客观结合的产物，在对法律事实作出认定时必然包含主观上的断定，而对这种事实的断定必然影响到相应的当事人，当事人的权益事实上可能因法官的判决而受损。“司法官员在行使赋予他的权力时，可以自由地根据自己的信念行事，而不必担心对自己造成的个人后果，这是司法公正至关重要的一般原则。如果司法官员对每一个因司法行为而感到受损的个人负责，将会与法官拥有的自由不一致，并且会破坏这种独立性。”[②] 这一原则使得司法官员免于在民事诉讼中对其司法行为承担责任。如果让司法官对自己的司法行为承担个人责任将会破坏司法公正（类似的观点可见 Pratt v. Gardner、Fray v. Blackburn、Randall v. Brigham），法院必须允许法官在法律保护下独立自由地、无所畏惧地司法。检察官作为准司法官或作为审前程序的法官，其自由裁量权首先是一种判断权，如果不能依据法律事实独立自主地作出判断或提出量刑建议，而是需要考虑因自己的履职行为有可能损害犯罪嫌疑人的权益，有可能因此而被追责，便不能依法独立自主地作出起诉决定或者提出量刑建议。

司法豁免能够确保司法官员及准司法官员免于无理取闹的诉讼之累。法官依据法律事实作出的判决不可能对当事人双方都有利，即任何一次诉讼必然会出现胜诉方和败诉方，而对法律事实的认定受到证据的限制，如果法律事实不能完全还原真实，则有可能出现错案，也就会出现错案的受害人。如果败诉方或错案的受害人认为法官是使其权益受损的直接原因，有可能会提起直接针对法官的诉讼，要求其承担民事责任。如果允许对法官的司法行为起诉，指控法官的行为是偏袒、恶意或腐败的结果，且法官不能受到豁免权的保护，那么，法官在审理案件时将不得不保留所有人的完整记录及每一起

---

① See Steven Mark Laiderman, *District and Prosecuting Attorneys*: *Absolute Immunity Granted to Prosecutors is Limited to Quasi - Judicial Acts*, Washburn Law Journal, p. 632 (1981).

② Bradley v. Fisher, 80 U. S. 335 (1871) 20 L. Ed. 646. Wall. 335 (1871).

诉讼案件的证据以及所引用的权威观点和所提出的论点。只有这样，他才有可能在被败诉方起诉时向审理他的法官展示证据。如果因为担心行使司法权的行为可能导致的不利后果，畏首畏尾，法官不仅得不到尊重，而且极有可能被败诉方所控制，因而其在司法时会时刻担心被起诉，司法的权威会逐渐丧失；由此而及第二位法官，他也会面临同样的压力，如此循环往复，司法的公正和自由必将丧失。① 因此，大多数人认为如果让官员对职权行为承担损害责任，可能会导致遭受不公正的损害赔偿，并且为辩护而花费大量的时间以至占用工作时间。据兰迪·布洛克（Randy Block）教授于 1871 年对美国 37 个州作的一项统计，有 13 个州已经确立绝对的司法豁免权。②司法官员在履行公务的过程中应该受到适当保护，免受那些自认为被他们的决定所冤屈并且已经受到不公正待遇的人的骚扰诉讼。

检察官作为准司法官员，以“准司法”的方式提起诉讼，实质上主导审前诉讼程序，需要作出类似于法官的判断和决定，应得到类似法官的保护。美国联邦最高法院在 1976 年伊布勒诉帕赫特曼案中表示，“检察官以‘准司法’的方式启动和提出（政府）诉讼，因此享有与法官相同的绝对豁免权。”③ “这些受保护的准司法行为包括检察官的起诉活动。”④ 联邦最高法院认为检察官对其提起刑事诉讼活动享有绝对豁免权，刑事错案的受害人的权利不能从检察官承担民事责任这一途径获得救济，但检察官的绝对豁免权可以促使检察官积极且无所畏惧地履行其职责，这对刑事司法的正常运作来说至关重要。后来，人们通过对法官与陪审团的司法职责的类推解释，确认了检察官职责的准司法属性，认为“司法豁免保护检察官免于因公务行为承担民事责任，其方式与保护法官行使司法行为的方式相同”⑤。普通法意义上的

---

① See Bradley v. Fisher 80 U. S. 335 (1871) 20 L. Ed. 646. Wall. 335 (1871). 审理 Pratt v. Gardner、Fray v. Blackburn、Randall v. Brigham 案件的法官们也发表了类似的观点。

② See Erwin Chemerinsky, *Prosecutorial Immunity*, 15 Touror Law Review, p. 1643 (1990).

③ Imbler v. Pachtman, 424 U. S. 409, 96 S. Ct. 984, 47 L. Ed. 2d 128 (1976).

④ Forsyth v. Kleindienst, 599 F. 2d 1203, 1214 – 15 (3d Cir. 1979).

⑤ Office of the State Attorney v. Parrotino, 628 So. 2d 1097 (Fla. 1993).

检察官豁免因此得以确立。

二、有限理性理论

检察官依职权作出任何法律决定都离不开司法职业经验和社会交往经验，并受到人格特征的影响，因此需要认识理性、选择理性和判断理性的支撑，司法实践中存在诸多因素，限制检察官理性，使其不能显现完全理性，呈现出有限性特征。根据有限理性理论，面对有限的信息、有限的时间和处理信息的有限的认识，个体通常会从经验出发设计一个虽不完整但简单快捷的试探性的操作程序来解决问题。① 有限理性理论恰恰为检察官豁免权提供了理论的支撑。

（一）检察官的理性

博登海默曾说过："理性乃是人用智识理解和应对现实的（有限）能力。有理性的人能够辨识一般性原则并能够把握事物内部、人与事物之间以及人与人之间的某种基本关系。有理性的人有可能以客观的和超然的方式看待世界和判断他人。他对事实、人和事件所作的评价，并不是基于他本人的未经分析的冲动、偏见和成见，而是基于他对所有有助于形成深思熟虑的判决的证据所作的开放性的和审慎明断的评断。"② 简而言之，理性是人通过理性思维，运用其智力，分析问题和解决问题的生存特征与实践属性。检察官的理性是一种司法理性，也是一种职业理性。所谓司法理性，是指司法者（法官）在司法过程中"运用程序技术进行法律推理和判断、寻求结论的妥当性所体现出的一种睿智和能力"③，没有单一且普遍接受的理性标准，具有内在面相和外在面相两种品格。从内在面相来看，检察官的理性是指检察官在履行准职责过程中，着眼于其智力运用，形成法律概念、运用法律判断、进行

---

① See Herbert Simon, *Models of Bounded Rationality*, Vol 2, Cambridge: Mass MIT Press, 1982.

② ［美］E. 博登海默：《法理学：法律哲学与法律方法》，邓正来译，中国政法大学出版社2004年版，第473页。

③ 韩登池：《司法理性与理性司法——以法律推理为视角》，载《法学杂志》2011年第2期。

法律分析和法律推理、作出法律决定（包括起诉决定和量刑建议）等方面的能力。检察官理性的内在面向属于职业理性，是一种“技艺理性”，即“将自然的推理能力长期运用于一个特定领域而形成的能够更为敏锐地判断、处理该领域的事务的专业性观察、推理、分析、判断能力”[①]。技艺理性侧重于作出法律决定的过程及法律后果的合乎法律性。

从外在面相来看，检察官的理性是一种实践理性，强调在司法实践中运用智性和尊重规律，实现司法正义。检察官在司法实践中担任双重角色甚至三重角色，各种角色的要求不尽一致，须运用智性去选择。理性的内在面向要求检察官以理性思维正确认识和把握各种法律关系，把握好法律规则之间的内在契合，进行法律分析和判断，作出正当的法律决定，以实现司法目的和价值。理性的外在面向则要求检察官根据错综复杂的个案，把握好法律规则与事实的涵摄度[②]，把握好法律规则语言的时代内涵与法的正义追求之间的契合，把握好法律与道德之间的契合，理性司法，把握好法律效果、政治效果和社会效果的统一。检察官的外在面向属于公共理性和生活理性的结合，公共理性旨在作出法律决定的过程及法律后果的合乎常识性。作为一种经验理性，检察官的理性还受制于历史传统文化、制度背景、心理动机或偏好等非理性因素，因此理性“当然不是一种纯粹的决断，也不是完全脱离经验内容的逻辑。它是一种受过训练的思考方式，它不是任意的，但也不是绝对肯定的”[③]。

（二）检察官的有限理性

西蒙把人类理性视为一种有限理性，“在现实世界中，问题的解决需要客观的理性行为或者近似于客观理性的可操作行为，与此相比，人类计算和

---

① 姚中秋：《技艺理性视角下的司法职业化》，载《华东政法大学学报》2008 年第 6 期。

② “假使任何一个案件事实实现 T，则应赋予其法效果 R（大前提）。特定案件事实 S 实 T，质言之，其系 T 的一‘事例’（小前提）。对 S 应赋予法效果 R（结论）。”参见［德］卡尔·拉伦茨：《法学方法论》，陈爱娥译，商务印书馆 2003 年版，第 150 页。

③ ［美］小詹姆斯·R. 斯托纳：《普通法与自由主义理论》，姚中秋译，北京大学出版社 2005 年版，第 36 页。

解决复杂问题的思维能力是非常渺小的"①。检察官理性也不是绝对的完全理性，不是完全合乎逻辑的决断，不是纯粹的技艺理性，它内在地需要一些空间，以便容纳和保护符合公共理性和生活理性的决断。检察官的认知能力不是无限的，他们的记忆和理解能力均是有限的，其法律专业知识结构会出现短板，对案件事实的认知与理解也受其社会认知的影响，不可能是完全理性的。检察官的认知是对各类证据和其他信息进行初步的选择与整合，依据标准（包括法律规范）形成对案件事实的判断过程。但证据受制于多种因素的影响，可能会出现证据不足或证明效力的问题，证明标准存在相对性，以致检察官认定的案件事实与法律事实不一致。这一认知和判断过程是有限理性的体现。有限理性承认人具有理性，但强调人的理性是相对的，是有限的，是行为人"主观上追求完全理性，但客观上只能有限地做到这一点"的行为特征。② 有限理性认为"人类认知能力不是无限的事实，因此包括法官和官员在内的所有人的计算技能和记忆力有限"③。检察官对案件事实进行信息加工，履行公诉人职责的准司法行为，是对证据事实和价值分别进行判断与衡平的司法活动，涉及多元价值冲突与衡平，此时检察官的理性呈现出有限性。

检察官作为刑事审前程序的主持人，不仅担任了准司法官的角色，而且担任了另一重要角色——控诉方的角色，双重角色的要求决定了其是理性和非理性因素的统一，其理性具有有限性。在刑事审前程序中，检察官作为公诉人，须对错综复杂的法律关系进行分析，竭尽全力追诉犯罪，实现对被告人定罪，但作为准司法官，须理性地寻求司法正义。这种双重角色的要求使检察官不可能以完全理性的方式对待案件，我国检察官还担任了法律监督者的角色，在办理具体案件过程中，检察官并未严格区分何时处于何种角色定

---

① 转引自［意］乔瓦尼·萨尔托尔：《法律推理——法律的认知路径》，汪习根、唐勇、武小川、刘晓湧译，武汉大学出版社 2001 年版，第 164 页。Simon，*Models of Man*：*Social and Rational*，New York：Wiley，1975，198.

② See Simon，*Administrative Behavior*，New York：Macmillan，1947，p. 24.

③ Mariusz Jerzy Golecki，*Judicial Reasoning From the Perspective of Behavioral Law and Economics*，69 IUS Gentium 57.

位，而是同时完成三种角色的任务和使命。事实上，检察官易受其公诉人角色的影响，但检察官作为准司法官，负有客观义务，即检察官应当站在客观公正的立场上，不偏不倚地全面收集证据审查案件，不得使用虚假证据或隐瞒对被告人有利的证据，从而发现事实、寻求司法正义，但检察官所作出的法律判断不仅受到其所担负的双重角色的影响，还受制于其所习得的法律知识及经验；如果检察官因为案件事实缺乏相应的证据或者证据的证明力有限而导致法律事实的认定错误，或者因法律概念内涵及外延的不明确或者法律规范本身的缺陷而导致法律判断不准确，这不是检察官自身能够通过理性因素控制的。总之，检察官的理性是不完全理性，是有限理性。检察官的有限理性决定了其不是万能的，难以保证所作出的法律判断都是正确的，在诉讼中不可能不犯错，存在侵犯个人权利的风险。但检察官依照法律规定积极履职的行为是对司法正义的维护，具有更高的利益保护价值。如果要求检察官对在实施准司法行为中因不完全理性而犯下的错误承担个人责任，那么，检察官就无须积极履职，而是尽可能地逃避责任风险，寻求自身利益的最大化。检察官的有限理性决定了检察官豁免权存在的合理性。

（三）限制检察官理性的因素

司法实践中存在诸多限制检察官理性的因素，可以说检察官是理性因素和人格特征（构成诉讼中的非理性因素）的统一。

首先，检察官基于其知识和能力所获得的不完全信息或不对称信息限制了完全理性的发展。检察官所获得的知识和信息随着科学的发展和技术进步而不断增强，但检察官不可能获得完全的法律知识、技能和信息，无法成为全知全能者，面对具体的法律事实时，也不可能获得完全对称的信息，甚至有可能处于“无知”状态。“每个社会成员都只能拥有为所有社会成员所掌握的知识中的一小部分，从而每个社会成员对社会运行所依凭的大多数事实也处于无知的状态。”① “人们普遍认为，司法判决的合理性和理由与由于决

① ［英］弗里德利希·冯·哈耶克：《法律、立法与自由》（第1卷），邓正来、张守东、李静冰译，中国大百科全书出版社2000年版，第11页。

策者的知识和偏好而被接受的假设之间的等同性密切相关。”[①] 检察官的认识理性在一定程度上决定了刑事案件审前程序的理性化程度。检察官可以从法律理性的角度，借助法律理性思维对犯罪事实形成一定的法律认识，检察官借助于法律理性对犯罪事实进行认定时，与法官对案件事实进行法律解释一样，既要正确认识和理解立法者的意志，把法律规则和原则所内含的精神通过法律适用而得以理性传达，又要理性把握法律规定赖以存在的社会文化取向和价值观念基础。[②] 检察官的认识理性体现了司法职业理性的特质，检察官的思维理性来源于检察实践中的职业素养和专业技艺，属于“经验理性”的范畴，经验理性更多地强调个人动机和偏好的多元性或非理性的一面。[③] 由于他所获取的知识、经验及能力都极其有限，不可能依据完全信息来进行理性分析和逻辑推理，只能在有限理性的范围内，结合学识的逻辑作出决策，检察官的认识理性是不完全的，具有有限性。基于有限理性视角对案件事实进行判断，最终有可能在证据审查以及决定是否提起公诉上出现错误。

其次，检察官基于利益的衡量与选择，引入有限理性的目标，限制了完全理性的发展。检察官享有一定的自由裁量权，如同法官的自由裁量权，在一定程度上会对不同价值理念和不同利益进行衡量与选择，自由裁量在不同程度上体现了司法选择理性的能量。[④] 在进行利益衡量与选择时，检察官的选择理性不必然是完全理性，尽管检察官有客观义务的约束，但检察官仍然会更加关注法律的实质理性，更多地考虑法律要实现的特定政治目标、社会功利或道德价值的要求。[⑤] 司法的选择理性要求检察官在办案时，坚持社会公共利益优先原则，维护社会规范和价值观念，因为公共利益反映了民众心

---

① Mariusz Jerzy Golecki, *Judicial Reasoning From the Perspective of Behavioral Law and Economics*, 69 IUS Gentium 57.

② 参见［德］阿图尔·考夫曼、［德］温弗里德·哈斯默尔主编：《当代法哲学和法律理论导论》，郑永流译，法律出版社2002年版，第51页。

③ 参见李路曲：《经验理性及其分析方法的演进》，载《政治学研究》2010年第6期。

④ 参见季金华：《权利推定的三个维度：价值、理性和经验》，载《江苏社会科学》2017年第1期。

⑤ 参见［英］罗杰·科特威尔：《法律社会学导论》，潘大松等译，华夏出版社1989年版，第190页。

理，承载了公众价值取向和行为规范；但是如果有可能产生司法责任，涉及个人利益，检察官的选择往往比较艰难，理性有可能发生偏移，只能引入有限理性，尽可能地实现维护个人利益。

最后，在履行职责时，证据强度、法律事实的情景、千差万别的社会环境都足以对检察官的心理产生影响，出现交往理性，限制完全理性的发展。决定者的身份独立及客观中立立场是判断理性的前提，身份独立意味着检察官不应受到非法、非理性因素的干扰，不应受到来自上级领导、其他国家机关及个人的干涉，能够独立自主地作出决定并对自己的行为负责；客观中立意味着检察官在作出决定时能对案件保持理性和超然的态度，在控诉时如发现有利于犯罪嫌疑人的证据，甚至无罪证据，也能提交该证据。但是，在审判程序中，检察官作为控诉者，这一角色对其心理产生不可避免的影响，尤其是面对残忍的犯罪事实，对犯罪恶性程度高的案件进行打击，反映检察官打击犯罪的价值判断，让犯罪嫌疑人受到应有的惩罚的心理限制其判断理性，对事实的判断未必是完全理性的判断。千差万别的社会环境导致的交往理性，限制检察官完全理性的发展，“在现实环境中，社会环境千差万别，严重影响了检察官所作出的决定及其案件处理结果”[①]。不能因为检察官所作出的判断是专业范围内的决定，就苛责他们不受到社会环境的影响，避开交往理性，不出现任何错误。

也有学者指出，影响检察官作出决定的主要因素有：公共利益、证据强度、犯罪恶性程度、犯罪嫌疑人情况、刑事司法容量、资源及成本。[②] 这些都使得检察官只能在有限理性的范围内作出决定。只要检察官是基于科学证据对法律事实作出审慎明断的法律判断，检察官的责任理应豁免；即便检察官在是否控诉及以何种罪名控诉方面作出了错误的法律判断，如作出错误的

---

① ［美］琼·E. 雅各比、［美］爱德华·C. 拉特利奇：《检察官的权力——刑事司法系统的守门人》，张英姿、何湘萍等译，法律出版社 2020 年版，第 147 页。

② 参见［美］琼·E. 雅各比、［美］爱德华·C. 拉特利奇：《检察官的权力——刑事司法系统的守门人》，张英姿、何湘萍等译，法律出版社 2020 年版，第 11 页。

起诉决定、对证据的判断出错、对事实的认定出错，但只要检察官按照正当法律程序作出法律决定，对法律规范能作出合乎逻辑的法律解释，检察官的责任也应予以豁免。

三、制度利益衡量理论

任何法律制度都有其自身所追求的核心价值，也必然要触动某些利益，或者破坏已有的利益，创设某种法律制度必然要对该制度所要维护的利益与可能会破坏的利益进行平衡。“从深层次说，不同的规则背后隐藏着不同的价值。正是这些不同的规则和不同的价值形成了不同性质的法律制度。可以说，法律制度是事实、逻辑与价值的结合体。”① “实在的法或法律体系所体现和保护的价值是制度化价值（制度利益）。”② 何勤华教授指出，“法律是社会中各种利益冲突的表现，是人们对各种冲突的利益进行评价后制定出来的，实际上是利益的安排和平衡”③。立法无非通过权利义务的设定对各方利益进行平衡。“经过各方博弈达致平衡的利益关系凝固于具体的法律制度中，一旦凝固于具体法律制度中，定型化的利益也就成为该法律制度一个不可分割的属性。”④ 既然制度利益是法律制度不可分割的部分，那么，我们在讨论某一具体法律制度是否应该建立的时候，必然要充分衡量其制度利益。检察官责任豁免制度与检察官责任追究制度相比较，哪种制度所体现和保护的价值或利益更加重要？制度利益衡量理论为检察官豁免权制度奠定了理论基础。制度利益衡量的核心在于当事人利益与社会公共利益。⑤

---

① 参见［日］北川善太郎：《日本民法体系》，李毅多、仇京春译，科学出版社 1995 年版，第 3－4 页。

② 舒国滢：《法哲学沉思录》，北京大学出版社 2010 年版，第 257 页。

③ 何勤华主编：《西方法律思想史》，复旦大学出版社 2005 年版，第 255 页。

④ 张新宝：《侵权责任法立法的利益衡量》，载《中国法学》2009 年第 4 期。

⑤ 参见梁上上：《利益的层次结构与利益衡量的展开——兼评加藤一郎的利益衡量论》，载《法学研究》2002 年第 1 期。

（一）公共利益——司法责任豁免制度的核心价值

与司法责任豁免制度追求的利益或保护的价值相联结的一端是司法官员的个人利益，另一端是公共利益。一方面要豁免司法官员的个人责任，从而维护司法官员的个人利益，另一方面，责任豁免能够让司法官员不必担心因自己的履职行为而产生承担个人责任的风险，促使他们独立自主、毫无畏惧和无私地行使其职权，维护国家的秩序和司法的正义，司法官员们便能更多地关心国家的福利和社会公共利益。司法责任豁免制度的价值诉求不仅在于保护司法官员，而且在于符合社会公共利益。欲创设的法律制度所追求的利益必须符合社会公共利益，如果欲创设的法律制度违背社会公共利益，则不应该被创设。[①]司法责任豁免制度的核心价值在于保障检察官独立并且毫无畏惧地、无私地行使其办案自主决定权，提高刑事司法效率，实现刑事司法正义，维护社会公共利益。

1871 年，布拉德利诉费希尔案（Bradley v. Fisher）的主审法官费尔德确认法官的豁免权，其给出的理由是：维护社会公共利益的需要。“法律的这一规定不是为了保护恶意或腐败的法官或使他们受益，而是为了公众的利益，法官应该自由地行使其独立的职能，而不必担心后果。”[②] 可见，司法豁免权既是对司法公正至关重要的保护，又是对公共利益的保护。必须允许法官在法律保护下独立自由地、无所畏惧地司法。法官对其司法行为享有豁免权，即使此类行为超出其管辖权，并且据称是恶意或腐败的；或者，即便是在明显缺乏对该事项的管辖权的情况下做出的司法行为。[③] 并且“法官的民事责任豁免也不能受到其司法行为动机的影响”[④]。司法豁免所要维护的公共利

---

① 参见梁上上：《制度利益衡量的逻辑》，载《中国法学》2012 年第 4 期。

② Bradley v. Fisher，80 U. S. 335（1871）.

③ 事实上该法院于 1868 年 12 月审理的 Randall v. Brigham 已经确立了司法责任豁免的一般原则，司法官员对其管辖范围内的任何司法行为免于民事诉讼；有人认为，比较低级法官的司法行为应限定在其管辖范围内，但对上级法官而言即使此类行为超出其管辖范围也免于民事诉讼，不承担责任。只不过学者们一般认为 Bradley v. Fisher 才确立了司法责任豁免原则。

④ Bradley v. Fisher，80 U. S. 335（1871）20 L. Ed. 646. Wall. 335（1871）。判决给出了不考虑司法行为动机的理由，认为败诉方随时可以提出法官怀有恶意动机的指控，如果可以对法官司法行为动机进行质询，无论法官的恶意动机是否实际存在，都可以对这些指控进行同样的无理取闹诉讼。

益是通过法官自由独立地行使其职权而实现的司法正义，司法正义能够维护我们的司法秩序和司法权威；如果司法被怀有恶意或腐败的法官利用，也可能带来负面利益，但归根结底是公共利益要远远大于司法官的个人利益。

创设检察官豁免权法律制度的目的不仅在于保障检察官客观公正、相对独立地行使其职权，其职务行为受到保护，免受那些自认为被他们的决定所冤屈并且已经受到不公正待遇的人的恶意诉讼；而且在于公共利益，即检察官应该自由独立地行使其职能，而不必担心后果。虽然有检察官恶意地行使职权，通过检察官豁免权而使他们个人受益，但总体上来说，检察官豁免权制度的核心价值是公共利益，是通过检察官积极履职、高效实现刑事司法正义，而不是保护恶意或腐败的检察官或使他们受益。虽然也不排除个别司法官员可能有恶意或腐败，但如果决定是否赋予检察官司法豁免权需要考虑检察官的行为动机，那么检察官在行使自己的职权时同样会瞻前顾后，这样一来可能会更多地关心自己的个人利益，而不是公共利益能否得以维护，不是关心积极履职，不是关心矫正正义是否能迅速得以实现。基于公共利益的衡量，不论检察官的履职行为动机，只要其对事和人拥有完全的管辖权，即便出现了误判行为、非法或不正当行为，也应免于民事诉讼，不承担民事赔偿责任。

（二）两害相权——制度利益衡量的一体两面

两害相权取其轻，两利相权从其重，其实就是利益衡量的一体两面。任何一项法律制度的创设都会体现立法机关对各种利益的评价与取舍。“利益衡量乃在发现立法者对各种问题或利害冲突，表现在法律秩序内，由法律秩序可观察而得之立法者的价值判断。”① 有学者提出两害相权理论是检察官豁免权的理论基础，笔者认为，两害相权与制度利益衡量存在相通之处，两害相权衡时必然要进行利益上的衡量，从这个角度而言，制度利益衡量与两害

① 杨仁寿：《法学方法论》，中国政法大学出版社1999年版，第235页。

相权理论存在契合，二者都可以作为检察官豁免权的理论基础。赋予检察官绝对豁免权是在不可避免的“两害”之间求得平衡。其中“一害”是指追究检察官责任所带来的弊端，导致检察官处于不断的被报复的恐惧；另“一害”则是检察官责任豁免即赋予检察官豁免权所带来的弊端，导致容忍检察官犯错误，法院在责任和豁免的双重弊端之间作出决定时必然面临困境。如何平衡这种两种弊端，总得作出选择，如何选择呢？“最好不要让不诚实的官员犯下错误，而不是让那些试图尽职尽责的人受到不断的报复恐惧。”① 从而避免检察官被当事人恶意提起诉讼。美国联邦最高法院认为，对检察官提起的民事损害赔偿诉讼是不合适的，因为“此类诉讼可能对检察官诚实行使检察权造成寒蝉效应，从而造成更大的公共伤害”②。衡量检察官善意履职行为责任豁免的制度利益同样需要对该制度的利弊进行比较，“利”自然是要维护和体现的制度利益，“弊”则是相对于“利”而言。虽然检察官责任豁免会在事实上剥夺无辜的被告人在遭受检察官的不当行为侵害后获得民事救济的权利，或者说将有碍于被误判的人因检察官不当行为遭受侵犯后的权利救济，是对司法程序的损害，但被告人获得民事救济的权利完全可以通过国家承担责任而不一定非要检察官个人承担责任才能得以实现，即检察官的个人责任豁免能够通过国家的责任承担使被告人的权利得到及时救济。总之，司法责任豁免在寻求公共利益或社会利益最大化的同时，也会在一定程度上损害权益遭受侵害一方的当事人个人利益，导致他们的权利不能得以救济，尤其是在由司法官员个人承担代位责任的英美法系国家。但这种个人利益的损害与公共利益的维护相比较而言，后者才是检察官豁免权制度所力求达至的目标。

1949 年的格雷戈里诉比德尔（Gregoire v. Biddle）一案的判决理由比较好地阐释了利益衡量理论。此案的原告格雷戈里（Gregoire）提出两项指控：五名被告（其中两名是两届美国联邦总检察长）以莫须有的罪名（他是一名

① Gregoire v. Biddle，177 F. 2d 579（1949）.

② Imbler v. Pachtman，424 U. S. 409（1976）.

德国人因此是海外敌人）逮捕了原告，不顾经过听证会已证明他是一名法国人这一事实，自1942年1月5日至1946年9月18日对其进行了监禁，直到法官发现他是一名法国人才将其释放。格雷戈里诉称逮捕和监禁是五名被告蓄意合谋的非法行为，不仅剥夺了他的人身自由，而且侵犯了由美国宪法和法律所保障的权利，剥夺了他依据《民权法案》第43条和第47条所享有的受法律保护的平等权，因此，他要求五名被告赔偿。审理格雷戈里诉比德尔案的著名大法官勒尼德·汉德（Learned Hand）认为，尽管检察官提起的公诉有可能被证明是错误的（犯罪嫌疑人最终被判无罪），但基于维护公共利益的原则，被告享有绝对豁免权，因为公共利益要求检察官积极履行其职责，并且是自由无畏地行使其职权和采取行动。[①]

（三）制度利益衡量——检察官豁免与责任追究的逻辑互动

制度利益衡量还需要综合考量多种要素，包括道德要素、经济要素和公共要素等。道德要素必须是为社会公共道德所许可，才有进行利益衡量的必要性，也只有存在同一道德共识的不同利益，才有进行利益衡量的可能性。经济要素是被衡量利益所蕴含的经济效益，当利益之间进行衡量和比较时，需要考虑总体的经济要素或公共利益实现最大化。公共要素是被衡量利益所蕴含的公共属性，或者对公共利益造成的影响和造成影响的可能性。[②] 当对这些要素进行衡量时，公共利益是否能得到最大限度的维护是重要的标准，也是制度利益衡量的核心，一般情况下会参考公平与正义这些道德要素、公共要素。

如果检察官有不当行为或者造成错案，就要承担办案责任，对办案质量无条件地终身负责，甚至有可能遭到当事人报复性起诉，而不能因其善意履职行为豁免责任。这种强调检察官办案责任的机制虽然能在一定程度上有效地监督制约检察官履职行为，起到惩处检察官违法行为、落实责任的警示作

① See Gregoire v. Biddle，177F. 2d 579（1949）.

② 参见张玉洁、王永贤：《利益衡量方法的立法运用及规则设置》，载《广西警察学院学报》2020年第5期。

用，但是，重惩戒轻保障，会使检察官办案责任制犹如“达摩克利斯之剑”，办案越多则责任风险越大，办案越少则责任风险越少，检察官在履行诉讼职责时不得不顾及责任风险，不得不进行利益权衡，考虑自身因此可能丧失的利益；为了规避责任风险而懈怠甚至不作为，检察官的独立也不可能得到保障，结果是公平与正义的要素无法得以体现，公共利益得不到维护，检察官无畏地履行职责以维护国家利益的价值目标将难以实现。如果检察官不能受到豁免权的保护，那么承担责任的威胁会破坏其职责的履行程度；检察官有责任在决定提起诉讼和在法庭上支持公诉时作出最佳判断，如果因为有可能出现的损害赔偿诉讼及可能承担的责任，检察官作出的每一个决定都受到限制，则对检察官乃至社会而言，也是不公平的，最终损害的也将是公共利益。

检察官责任追究制是对检察官权力的控制，是一种消极被动的制度，检察官责任豁免制度则是对检察官行使权力的保障，这是一种积极能动的制度。检察官权力运行的必然规律应是实现积极保障与消极防范、能动引导与被动制约的有机统一，这是在同一道德共识下的。既然检察官依法善意履职的责任豁免与责任追究各有利弊，与其让检察官始终处于责任风险之中，无畏履职维护国家利益的价值目标及司法价值难以实现，还不如容忍检察官犯错，即让检察官免于承担犯错误的风险总比检察官履职时为了避免承担责任而犹豫不决和根本不作为强得多，检察官责任豁免制度可以在很大程度上避免因恐惧责任而导致的不作为。检察官责任豁免制度的建立可以有效地为检察官提供责任“安全港”，在履行诉讼职责时，只要忠实于法律，担当法律的守护人，便可以不担心潜在责任的产生。建立检察官司法豁免制度，实质上是为了减少检察官善意行使检察权的心理障碍，保障检察官行使职权不受影响，不因客观情况导致办案错误而受到责任追究。[①] 尽管这样的司法豁免使一些真正被冤枉的刑事被告人可能无法就检察官恶意或不诚实行为而剥夺人身自

① See Imbler v. Pachtman, 424 U. S. 409, 430 (1976).

由获得民事赔偿，但赋予检察官豁免权更为重要，这是因为赋予检察官豁免权可使检察官积极且无所畏惧地履行其职责，这对于刑事司法系统的正常运作至关重要。[①] “有限豁免权平衡了两个重要的利益——当他们不负责任地行使权力时就有必要让检察官承担责任，以及当检察官在合理履行职责时则有必要保护其免受骚扰、分散注意力，免于承担责任。”[②] 检察官积极无畏地履行职责对司法系统的正常运行至关重要。

美国1976年的伊布勒诉帕赫特曼案件争议的焦点在于：检察官究竟享有绝对豁免权还是有限豁免权？第九巡回上诉法院对争议的回答是：检察官帕赫特曼享有绝对豁免权，而不是有限豁免权。法院给出的理由其实也是在绝对豁免权和有限豁免权之间进行利益权衡：检察官因自己的职权行为面临诉讼的威胁会阻碍其履行职责，因为如果检察官的每一个决定受到行为后果的制约，即每一次决定都要让他不得不考虑，如果是错案将要面临损害赔偿诉讼并且可能承担责任，会损害检察官对公众的信任；如果检察官每次被指控犯有不法行为，都必须在法庭上作出答辩，那么他的精力和注意力就必然从公诉的职责中转移出来。检察官在履行其职责时不可避免地要作出许多决定，如果遭遇误判的刑事被告方起诉当年对其提起公诉决定的检察官，对于每年负责数百起案件的检察官而言，会面临很大的压力；如果检察官对结果的关注更甚于对诉讼职权的行使，则有可能在行使职权时消极怠工。检察官受豁免权的保护，不用担心其履职行为遭到当事人的报复性起诉或被追究法律责任，能够保障其依法独立公正地无畏履职，从而能够更好地维护公共利益。纵使检察官会犯错误，也总比遇事不决、不积极履行职责要好，因此，宁可赋予检察官豁免权，容忍他们犯错误，由此带来的公共利益大于受害者损失的个人利益。由于绝对豁免权违背了个人对其不法行为负责的基本原则，只有当检察官对有效政府的贡献超过对公民个人的反复伤害时，才能享有对比

---

① See Imbler v. Pachtman, 424 U. S. 409 (1976).

② Pearson, 555 U. S. at 231. Accord Wood v. Moss, 134 S. Ct. 2056, 2065 (2014).

文斯诉讼的豁免权。[1] 制度利益衡量理论构成检察官善意履职行为责任豁免制度的理论基础。

四、允许的风险理论

允许的风险理论作为客观归责理论，其核心思想在于，基于社会有益性的考量，将一些具有法益侵害风险的行为归为一种允许的风险，认为该类行为不具有客观可归责性。允许的风险理论认为，"在通常情况下，一定的危险性行为，只要实施危险行为时遵守法律条文的相关规定，那么行为在一定的社会相当范围内，即在立法者所能容许的风险范围内，自始就没有侵害法益，也就不可能符合构成要件"[2]。按照认识论，检察官不可能对所有的法律事实的认定均符合案件事实，也不可能对所有法律的认识与理解都如立法者所期望的那样，因而无法避免出现错案，错案的风险始终存在，即便错案的出现可能是因为检察官存在故意或重大过失的情形，但不能因为出现错案的风险而禁止检察官司法履职行为。

按照允许的风险理论，检察官司法责任的目的不在于如何通过惩戒来消除错案，而在于权力监督与制约，实现权责一致，在于允许错案控制在一定的范围内。只要检察官未违反法律法规和职业准则，正确履行司法职责，检察官的司法履职行为尽到了必要注意义务，即使发生错案结果，也属于"容许风险"的范畴，应当被认定为合理的风险，只要检察官履职行为属于准司法行为，就应允许出错。如果检察官对案件事实证据的判断出现错误，或者因法律法规本身存在漏洞、受到知识的限制对法规的解释和适用不能达到立法者的期待而产生错误，这是一种允许的风险，因而可以排除该准司法行为的可归责性，即不用承担司法责任。但是，如果检察官违反法律法规和有关办案规定，未履行必要注意义务，即不当履行职责，即便未发生错案结果，也不属于"容许风险"的范畴，如检察官违反有关批准逮捕程序的规定，即

---

① See Lyles v. Sparks, 79 F. 3d 372 (1996).

② 张亚军：《刑法中的客观归属论》，中国人民公安大学出版社 2008 年版，第 55－56 页。

便未出现事实上的错案后果，被逮捕的对象后来被证实为真正的罪犯，也不能阻却该逮捕行为的非法性，不属于合理的、正当的风险。因此，错案后果并不能作为检察官承担司法责任的标准，而应以检察官的司法履职行为本身作为判断标准，检察官如果在司法履职中已经尽到必要注意义务，没有故意或重大过失，则享有豁免权，不承担司法责任。

“允许风险”排除行为的可责性，以检察官遵守司法履职的法律法规和检察官职业准则为前提，如果司法履职行为违反了法律法规，那么就超出了法律所能容许的范围，制造了法所不容许的风险，因而也就可以归责。

第二节　检察官豁免权的伦理基础

检察官豁免权有其存在的理论基础，但仅有理论基础尚不能证明其存在的正当性，检察官豁免权为什么应当存在呢？这就涉及豁免权存在的伦理基础。“所有权利只有具备了道义基础之后才是真实的权利，这些真实的权利只有在小型共同体中大家对它们有了共同价值态度时，才能成为现实有效的权利。”① 检察官豁免权的概念经历了观念化过程之后，真实有效的检察官豁免权的伦理基础必须回归客观、基本的道德规范：尊严、理性、客观公正、相对独立等。

一、尊严

尊严概念经历了由“无个体的尊严→特殊人的尊严→一般人的尊严→个体的尊严”的转变。在古希腊，柏拉图、亚里士多德认为人并无独立生存的价值，只能依附于城邦，因此，这种尊严属于无个体的尊严。在古罗马，尊严只为一部分人所享有，只有社会上层阶级才能获得社会对他们的身份或职

---

① 詹世友：《论权利及其道德基础》，载《华中科技大学学报（社会科学版）》2013 年第 1 期。

位的认可，才拥有尊严，这种尊严是属于特殊人的尊严。后来，西塞罗将尊严的适用拓展到人类，尊严概念逐渐走向普遍化，发展为一般人的尊严。基督教诞生以后，“每个人都是平等的”观念为普通凡人的尊严留下了空间，人人都享有尊严，尊严演变为个体的尊严。

随着文艺复兴和宗教改革运动，以及紧随其后的启蒙思潮，人的尊严观念在西方法学史上日益成熟。格劳秀斯、霍布斯、洛克和卢梭等围绕人的自然权利、平等和理性作了大量的论述。他们虽然没有把人的尊严提升到自然权利之上，但天赋人权、生而平等的思想影响了各国的宪法性文件，构成了国家权力与法律的正当性基础，在美国的《独立宣言》和法国的《人权和公民权宣言》中，维护人的尊严成为一项宪法性准则，成为约束国家权力的基本准则。19 世纪，康德提出了“人是目的”的理念，为人的尊严的存在作了哲学与法学论证。

第二次世界大战结束后，随着自然法学的复兴，人们更多地反思“极权”国家的法律对“人的尊严”的践踏，重拾对人的尊严的重视，许多重要法律文件都从制度上确定了“人的尊严”，将尊严与个体权利联系起来。尊严表现为社会对个体权利的认可与尊重，人们将尊严视为权利的一个价值基础。[①] 杰里米·沃尔德伦（Jeremy Waldron）、奥利弗·森森（Oliver Sensen）、彼得·沙白（Peter Schaber）、艾伦·格沃思（Alan Gewirth）、王福玲等认为尊严是权利的根据，是权利的道德基础。原因在于，对尊严的承认可以直接派生出权利的概念，尊严是判断权利是否合法的价值基准。[②]《公民权利和政治权利国际公约》序言明确规定：“对人类成员的固有尊严和平等的和不可剥夺的权利的认可，是世界自由、正义与和平的基础……这些权利都源自人的固有尊严。”[③] 每个人的尊严均应受到平等的尊重和保护。人的尊严既非由

---

① Arnd Pollmann, *Embodied Self – respect and the Fragillity of Human Diginity: a Human Rights Approach*, Paulus Kaufmann, Hanneskuch, Christiam Neuhaeuser, Elaine Webster (eds.). Humiliation, Degradatipn, Dehumanization. Dordrecht: Springer, 2011, p. 247.

② 参见王福玲：《尊严：作为权利的道德基础》，载《中国人民大学学报》2014 年第 6 期。

③ See International Covenant on Civil and Political Rights.

国家，又不是由法律制度所创造并授予的。它所依赖的是人自身的主体性，所以“尊严是每个人应当享有的权利”，而且优先于国家法律所规定的所有权利。法治国家并不能为人提供尊严，但可保障人的尊严。① 尊严的法律内涵包括两个方面：“从主观上说，‘尊严’源于人的内在价值，因而能够也必须为社会所尊重；从客观上说，人的尊严的成立以社会认同和制度保障为前提。”② 简言之，人的尊严源于人自身所特有的价值，成为宪法之宪法，是一切法律制度的总纲与前提。③ 检察官身份和地位应当得到尊重及认可和检察官自主性与独立性得到保障是检察官尊严的集中体现，是检察官享有豁免权的伦理基础。

（一）检察官身份和地位的尊重和认可

检察官制度是现代刑事诉讼分权即控审分离的结果，法官享有审判权，检察官享有控诉权，成为刑事案件的控诉者。随着检察制度的发展，检察官不仅仅是简单的控诉者，而且担负着多元的角色。托马斯·维根特认为：“他们（检察官）的角色是理解一国刑事司法体系如何运作的关键。检察官站在刑事司法体系的入口处，控制着由侦查阶段向庭审阶段的转换，根本上决定了每个犯罪嫌疑人的命运。通过其案件处理决定，检察官也制定或执行着一般刑事政策，从而在总体上，对刑事司法体系的运作发挥重大影响。”④ 美国艾瑞克·卢拉教授认为，检察官担负着政策制定者（policy maker）、案件管理者（case manager）和侦查员（investigator）的角色，⑤ 德国罗克辛（Roxin）教授认为，检察官是作为“法治国之栋梁”和“政治自由之支

---

① 参见［美］乔治·恩德勒等主编：《经济伦理学大辞典》，李兆雄、陈泽环译，上海人民出版社2001年版，第322页。

② 胡玉鸿：《“人的尊严”的法理疏释》，载《法学评论》2007年第6期。

③ 参见胡玉鸿：《“人的尊严”的法理疏释》，载《法学评论》2007年第6期。

④ ［美］艾瑞克·卢拉、［美］玛丽安·L. 韦德主编：《跨国视角下的检察官》，杨先德译，法律出版社2016年版，第357页。

⑤ 参见［美］艾瑞克·卢拉、［美］玛丽安·L. 韦德主编：《跨国视角下的检察官》，杨先德译，法律出版社2016年版，第3页。

柱”[①]，“检察官应担当法律守护人的光荣使命，追诉犯罪者，保护受压迫者，并援助一切受国家照料的人民”[②]。

在现代刑事司法体系中，无论是大陆法系的检察官，还是英美法系的检察官，在身份认同上，都已经超越了刑事案件指控者角色的定位，而且被认为是准司法官（或者站席司法官）或“法官之前的法官”，有着自己的判断权和裁量权，检察官的司法官特征愈加凸显。美国的辩诉交易制度以认罪答辩为核心，检察官决定案件的结论。欧洲国家的控辩协商的实质是认罪交易或辩护交易。我国检察官对认罪认罚案件提出量刑建议，法院一般应当采纳，这也是案件决定环节前移的体现，检察官的准司法官身份特征得以凸显。

对检察官的准司法官身份的尊重和认可是检察官豁免权产生的根据，换句话说，检察官豁免权体现了对检察官准司法官身份和地位的尊重和认可。检察官豁免权来源于司法豁免权，“司法官员在行使赋予他的权力时，可以自由地根据自己的信念行事，而不必担心对自己造成的个人后果，这是对司法公正至关重要的一般原则”[③]。如果检察官的准司法官身份和地位得不到认可，尊严得不到维护，检察官对自己的每一次履职行为处于担惊受怕中，害怕因自己的准司法行为对受害人的权益造成损害而承担个人责任，在应该充分行使自己的判断权和裁量权时，便不能无所畏惧地积极独立行使职权，不敢依据内心的信念而独立作出法律决定，甚至有可能转移将要产生的责任风险，破坏刑事司法系统的正义性。只有尊重和认可检察官的准司法官身份和地位，检察官才能获得与法官同等的对待，受到豁免权的保护。若因检察官的准司法行为致使原犯罪嫌疑人的权益受损，受害人即便提起了针对办案检察官的民事诉讼，那么，检察官能以豁免权为由进行对抗，而免于民事诉讼和免于承担民事侵权赔偿责任或其他责任。

---

① 林钰雄：《检察官论》，台北，学林文化事业有限公司1999年版，第7页。

② 林钰雄：《检察官论》，台北，学林文化事业有限公司1999年版，第34页。

③ Bradley v. Fisher，80 U. S. 335（1871）20 L. Ed. 646. Wall. 335（1871）.

检察官作为准司法官，应像其他司法官员一样得到平等的尊重与对待。检察官享有与法官平等的权利是维护和实现检察官人格尊严的基本前提，是检察官能够平等参与司法活动、有效地影响司法决策过程和司法决策结果的前提条件。丹宁勋爵较早论述法官的司法豁免权，他指出，只要法官在工作时真诚地相信他做的事是在他自己的法律权限之内，那么他就没有受诉的责任。法官可能弄错事实、可能对法律无知，他做的事情可能越出他的司法权限（不管是在事实上，还是在法律上），但是只要法官真诚地相信他做的事情是在自己的司法权限之内，他就不应承担法律责任。他就不应为指责他出于敌意、恶意、偏见或其他诸如此类的东西所苦，除法官表明他明知自己无权做某些事却违法去做外，任何其他情况均不能让法官承担责任。① 丹宁勋爵认为，司法豁免的理由是要保证法官们可以自主地思考和审判，当法官依法行事，应受到保护以免于承担损害赔偿的责任。同样的道理，检察官应得到平等的尊重与对待，享有司法豁免权。检察官行使的检察权本质上也具有司法权的属性，尤其是在审前程序中的辩诉交易或刑事速裁程序，都需要检察官作出类似于法官的判断，尤其是对法律事实作出认定，这种认定与法官对事实的认定本质上是相同的。检察官作为准司法官员，以“准司法”的方式提起诉讼，实质上主导审前诉讼程序，势必要作出类似于法官的判断和决定。“检察官以‘准司法’的方式启动和提出（政府）诉讼，因此享有与法官相同的绝对豁免权。”② 检察官应与法官一样平等地受到豁免权的保护。“人们不仅具有权利，而且在这些权利中还有一个基本的、甚至不言自明的权利。这一最基本的权利便是对于平等权的独特观念，我们称之为受到平等关心与尊重的权利。”③

（二）检察官自主性和独立性的保障

检察官豁免权有其内在价值诉求，并且有其存在的价值依托，才有其存

① 参见［英］丹宁勋爵：《法律的正当程序》，李克强、杨百揆、刘庸安译，法律出版社 2015 年版，第 75 – 76 页。

② Imbler v. Pachtman, 424 U. S. 409, 96 S. Ct. 984, 47 L. Ed. 2d 128 (1976).

③ ［美］罗纳德·德沃金：《认真对待权利》，信春鹰、吴玉章译，上海三联书店 2008 年版，第 8 页。

在的正当性。维护检察官尊严，增强检察官的相对独立自主性，拓展检察官的自主决定权范围，实现责、权、利相统一，是检察官豁免权的价值诉求。

增强检察官的独立性和自主性是检察官豁免权的内在价值诉求。检察官作为审前程序的控制者，自主判断和自主决定是其在履职活动中确立主体地位的核心要素，“这种自主性通过一系列政治权利得到反映，总是意味着承认权利拥有者的政治能动性”①。检察官在行使检察权中的自主性表明了检察官身份的政治要素，意味着检察官作为检察人员，对检察权享有参与权和决定权。尊重检察官的人格尊严和维护检察官的司法办案主体性地位，是检察官豁免权的价值诉求。保障检察官职业身份，保障检察官独立办案的主体性地位，是对其职业尊荣的保护。检察官豁免权制度的价值取向，通过检察官司法责任及豁免权的制度安排，最大限度地保障检察官在依法独立办案时享有自主决定权。一方面，国家要尊重检察官的准司法官主体性地位和人格尊严，不能将检察官视为权力统治的客体，随意使用有可能侵害检察官人格尊严的统治手段；不能只强调追究检察官司法责任，强调检察官办案质量终身负责制，忽略检察官的人格尊严保护；另一方面，国家应当积极行动，建立完善的检察官豁免权制度，为检察官创造有尊严地生存和发展的基本条件。检察官豁免权制度能够保障检察官免于无理诉讼之累。检察官的主体性必须通过检察官基本权利的扩展而获得相应的发展，豁免权作为检察官基本权利发展的重要手段，是彰显检察官主体性地位、保障检察官主体地位的制度化选择，我们应当以强化检察官自主性作为建立检察官豁免权制度的重要支点。

检察官的相对独立自主性决定了检察官权利范围的拓展，尤其是自主决定权范围。检察制度的设计有其特殊性，坚持检察一体制，也应以坚持检察官主体地位为基础。检察官权限设置应真正放权给检察官，无论是检察官办案组办案还是独任检察官办案，都应避免上级检察机关或领导或案件管理部门对案件处理结果的不当干涉，保障检察官能自主决定案件处理结果。部门

---

① ［美］基思·福克斯：《公民身份》，郭忠华译，吉林出版集团有限责任公司2009年版，第3页。

负责人对检察官办案具有审核权但没有审批权，意味着部门负责人不能决定案件的处理结果，不参与案件的实质审查及替检察官做决定，这是对检察官办案主体地位的尊重，也是检察官豁免权合法正当的伦理基础。国家通过检察官制度改革，将一些权力授权给检察官行使，使他们的办案自主权得以扩大，目的是借助这些权力来保障检察官拥有平等的法律职业主体性地位的资格和作为准司法官的尊严。此外，一个享有尊严的检察官也是一个能对自己的决断和行为负责的检察官，包括对相关的法律上的决定承担其不利后果的责任，如享有办案自主决定权，就应对自己的决定负责。

二、理性

作为检察官豁免权的伦理基础的理性主要体现为以下几个方面：一是检察官从事准司法行为所体现出的司法理性，既具有形式理性的技艺性，又兼具实质理性的逻辑正当性；二是检察官客观义务所体现的双重角色理性，既要平衡角色冲突，又要客观公正，力求事实真相，担负法律守护人的使命。理性是检察官豁免权应当存在的道德理由。

（一）检察官的司法理性

检察官的司法理性源于检察官这一特定职业的内在要求，也可以称为检察官的职业理性。司法理性是以检察官所掌握的法学专业知识、技艺为基础的理性，其核心为法律职业人所共同坚守的法律思维方式。在对案件事实进行认定时，与法官的法律逻辑思维并无二致，尚须遵循“证据——法律——结论”的思维顺序，其中的司法结论既是法律适用的结果，又是证据归纳的结果。[①]如果不考虑思维顺序，而是将这种逻辑思维转化为典型的三段论推理，个案中“证据”用“法律事实”来替代，则变成了“法律规则——法律事实——结论”。其中，法律规则为大前提，通过证据证明的法律事实为小前提，检察官根据法律事实选择法律规则，通过法律规则涵摄法律事实，这

① 参见江国华：《常识与理性（八）：司法理性之逻辑与悖论》，载《政法论丛》2012 年第 3 期。

是在“规范与事实之间的往返流转”过程，若作为法律事实的法律行为能够与法律规则逻辑结构中的行为模式实现对接，则可得出相应的结论。

三段论推理的结论有效与否取决于：（1）是否遵循三段论推理的逻辑规则；（2）大前提、小前提是否为真。三段论推理从程式上说明，任何法律决定的结论不是某一位检察官个人选择的结果，而是法律规则、法律事实以及法律事实涵摄于法律规则逻辑运行的结果。职业理性要求检察官在进行三段论推理时遵循逻辑规则，只能考虑案件涉及的法律与事实，选择法律时应以经证据证明了的法律事实为基础，并服从于法律，作为办案依据的事实也只能为法律所涵摄的事实。检察官办案整个过程所作出的任何决定都要有事实与法律的依据，即检察官自由裁量权、判断权的行使都需有充分的事实理由。法律与事实才是得出结论的大前提与小前提。

检察官办案进行三段论推理时必须排除案外事实及案外因素的干扰，这种排除是通过正当法律程序来实现的。“司法职业理性的精髓在于正当的法律程序”①，正当法律程序是排除案外因素干扰的思维隔离机制和法律机制，证据开示、速裁等审前程序机制的设置，就是要求检察官办案时的思维仅限于事实与法律，而不受到案外因素或案件可能出现的处理结果的影响。意识形态、身份、个性和社会背景被排除于司法程序之外。② 由此而言，检察官办案时的思维是在法律与事实、抽象与具体之间往返流转，代表着司法的形式理性。所谓司法的形式理性，是指检察官通过刑事诉讼程序进行思考，在收集有利和不利于犯罪嫌疑人证据、理性认定经证据证明的法律事实的基础上，选择能够涵摄事实的法律规则，进行司法三段论推理，并最终形成结论的职业伦理。形式理性要求检察官在对待决案件事实进行认定时，严格遵循法律推理的逻辑规则，谨慎地运用各种逻辑方法，保证检察环节认定结论的

---

① 江国华、周海源：《司法理性的职业性与社会性——以裁判效果为视角》，载《学习与探索》2015 年第 2 期。

② See John M. Scheb II, William Lyons, *Judicial Behavior and Public Opinion: Popular Expectations Regarding the Factors that Influence Supreme Court Decisions*, 23 Political Behavior, (2001).

正确性。司法的形式理性意味着严格恪守法律推理的规则，确保以事实为依据，平等地适用法律规则，实现前提到结论的确定性与逻辑有效性。检察官的职业理性以三段论思维为核心，是形式理性。

对于法律规则所能涵摄的案件，检察官不需要进行价值判断和自由裁量，适用三段论推理就能得出结论，然而，检察官作出起诉与不起诉裁量或简易案件适用速裁并非总能适用三段论，一方面，人类理性的有限性决定了制定的法律规则不可能涵摄所有事实，换句话说，法律相对于社会发展总会存在滞后性，法律也总是存在漏洞，高度概括的法律不可能与纷繁复杂具体的社会生活形成完全的对接；另一方面，法律事实的认定需要通过证据，而检察官对证据的收集与认定受限于其生活理性，法律事实并非完全符合案件事实。因此，对于法律规则不能涵摄法律事实，检察官仅依靠职业理性进行纯粹的形式逻辑推演也是不可能的，这时需要引入检察官的自由裁量和价值判断，还需要检察官的实质理性。检察官对法律规则的意义进行权衡、选择和解释，综合考虑案件事实发生的具体情境、各种证据等相关因素，选择他内心所认定的案件事实并作出基本判断，必须充分考虑他的选择会有怎样的后果，这是司法实质理性在发挥作用。

（二）检察官的客观（义务）理性

反对检察官享有豁免权的一个重要理由就是：检察官是站在犯罪嫌疑人的对手的立场提起诉讼，决定了检察官追求对犯罪嫌疑人实现定罪的目标，这种目标使得检察官有可能不客观公正地对待犯罪嫌疑人，犯罪嫌疑人的权益遭受侵害是因检察官的故意行为而引起，因而应当由其个人承担责任。但是，检察官担负着双重角色，不仅是提起公诉方的代表，而且是客观中立的准司法官，班尼特·L. 格什曼（Bennett L. Gershman）教授指出，“刑事司法制度中，检察官同时担任既有明显区别又极为相似的双重角色——（犯罪嫌疑人的）对手的角色和‘准司法官’的角色，对手的角色要求他代表政府的利益，竭尽全力实现对被告人定罪，‘准司法官’的角色却有不同的使命，即检察官所负有的宪法和伦理的义务要求他不仅仅是为了实现对被告人定罪，而且必须寻求公正”①。双重角色决定了检察官负有客观义务——理性诉讼。检察官履行公诉职责时还担任了准司法官的角色，必须站在中立的立场上，理性公正地对待犯罪嫌疑人，因此，对其准司法行为应当享有豁免权。检察官如果只是担任对手的角色，不能理性地作出判断、提起诉讼、呈示证据，有可能损害犯罪嫌疑人的权利，而刑事司法的正义无法得以实现，破坏司法公正，造成对法治的破坏。理性提起诉讼的义务要求检察官不仅代表国家对犯罪嫌疑人进行追诉，要求检察官以积极主动的方式揭发、控诉犯罪，并且对罪犯进行矫正，努力实现国家的刑罚权；而且要求检察官站在中立的立场上提起诉讼，在收集证据时，既需要注意收集证明犯罪嫌疑人有罪或罪重的证据，又要注意收集那些能够证明犯罪嫌疑人无罪或罪轻的证据，在对证据进行审查时必须全面客观，并且要排除所有非法证据，在法庭上，既要开示对被追诉人不利的证据，又要开示有利于被追诉人的证据。

因此，检察官的客观理性立场应该介于国家和个人之间，既代表国家提起诉讼，又应保护犯罪嫌疑人和被告人的利益，检察官在诉讼过程中应当理性中立，避免为追求胜诉而置犯罪嫌疑人或被告人利益于不顾的当事人化倾向。公诉方应最大限度地保持与被告人的实质平等，既要惩罚犯罪，使有罪的人受到公正追究，又要保障无辜者不被错误地定罪，平等地保护犯罪嫌疑人和受害人的合法权利。因此，检察官并不是代表争议的一方当事人，同时应该保护被告人应有的诉讼权利。1935 年，美国联邦最高法院裁决伯格诉合众国案时确立了：“美国检察官代表的不是普通的一方当事人，而是国家政权，他应当公平地行使自己的职责……检察官是法律奴仆，具有双重目标，既要惩罚罪犯，又要确保无辜者不被错误定罪。”② 如果依据法庭审理时所得到的证据证明被告人（犯罪嫌疑人）无罪，那么检察官不应受到起诉书意见的拘束，而是应当依法请求法院作出无罪判决。检察官站在客观中立的立场

① Bennett L. Gershman, *Misuse of Scientific Evidence by Prosecutors*, 28 Okla. City U. L. Rev., p. 19 (2003).

② Berger v. United States, 295 U. 5. 78 (1935).

上理性诉讼，而不是一味地追求对犯罪嫌疑人定罪的目标，即便因诉讼行为侵害了犯罪嫌疑人的权益，检察官也应当免于承担对犯罪嫌疑人的个人责任，享有豁免权。

韦伯的形式合理性理论可以解释检察官豁免权的伦理基础，他认为，“专业化的法律职业者集团、阶层是法律形式合理性的重要体现，也是形式化法律的推动力量。没有法律职业者集团，也就不会有形式合理性的法律”①。检察官作为专业化的法律职业者，代表着法律的形式合理性，应当享有检察官豁免权。检察官作为法律的守护人，在客观的立场上为了实现司法正义，为刑事案件受害人、犯罪嫌疑人或被告人的利益，竭力探求客观事实真相，因此，检察官豁免权得到了道德上的支持。大陆法系国家，尤其是在德国，检察官被赋予“法律的守护人”的使命，在刑事诉讼活动中有坚守客观公正义务。检察官在刑事诉讼中都具有监督者的地位，既要监督警察的侦查，又要监督法官的裁判，甚至，还须监督刑事判决执行。现代检察制度之所以产生，“用意在于由检察官通过指挥侦查、批准或提起诉讼，出庭支持公诉、监督审判、监督判决执行等一系列手段，达到监督整个司法诉讼过程严格依法进行，以防止枉纵情形的出现”②。从这个意义上而言，检察官的权力具有法律监督权性质，与法官的裁判权某种程度上就是等量齐观的两种权力。③“检察官的性质是做出起诉决定，在这同时也要权衡从法律、公共利益和政治领域提出的公诉权力，达到监督司法诉讼的政治效果，在诉讼过程中起着法律上、政治上的把关作用。”④

---

① 葛洪义：《理性化的社会与法律——略论韦伯社会理论中的法律思想》，载《比较法研究》2000 年第 3 期。

② ［英］李约翰·J. 爱德华兹：《英国总检察长政治与公共权利的代表》，王耀玲等译，中国检察出版社 1991 年版，第 23 页。

③ 参见张先昌、田坤：《检察官在刑事司法正义中的地位与作用》，载《江苏大学学报（社会科学版）》2010 年第 2 期。

④ ［英］李约翰·J. 爱德华兹：《英国总检察长政治与公共权利的代表》，王耀玲等译，中国检察出版社 1991 年版，第 23 页。

在我国，检察官还被赋予了法律监督职责，代表检察机关行使审判监督和侦查监督权。在审判监督程序中检察官应当公正地行使抗诉权，客观公正即理性地为作为被告人的犯罪嫌疑人利益提供法律救济。“而且应为被告之利益执行职务，不但应一律注意于被告有利及不利之情形，亦得为被告之利益提起上诉、再审和非常上诉。”[①] 只要是法院判决或裁定确实有错误，无论这一错误是属于有罪判无罪，或是重罪判轻罪，还是属于无罪判有罪，或是轻罪判重罪，检察官都应当提出抗诉，监督法院纠正错判。抗诉既可以有利于被告人，又可以不利于被告人。可见，检察官行使对法院的审判监督时，应当站在公正的法律守护人的立场上。作为理性的法律守护人的检察官司法责任就应豁免。

检察官作为法律的守护人，不能成为“追诉狂”，负有理性诉讼、保持中立的义务。检察官“应当秉持客观公正立场，坚持惩治犯罪与保障人权并重，切实做到不偏不倚、不枉不纵，既无过度又无不及”[②]。检察官在依法行使检察权的过程中，能够理性地平衡打击犯罪与保障犯罪嫌疑人权利的关系，审慎地判断各种有利或不利于犯罪嫌疑人的证据，客观中立地评判法律事实，在理性地提起诉讼过程中，不受人情世故的干扰，不受其他机关、社会团体或个人的干涉。检察官的理性要求检察官收集犯罪嫌疑人的证据、对法律事实作出判断和提起刑事诉讼时，能够保持客观的和超然的方式；对案件事实、犯罪嫌疑人等作的评价，并不是基于形式理性或对犯罪嫌疑人的成见，而是基于所取得的所有证据和检察官对案件事实所作的客观明断。

三、正义

正义首先是一种伦理准则，是评价法律制度正当性的标准，任何法律制度都应追求正义的价值目标。正所谓，“一种理论，无论它多么精致和简洁，只要它不真实，就必须加以拒绝或修正；同样，某些法律和制度，不管它们

---

① 林钰雄：《刑事诉讼法》，台北，元照出版有限公司2005年版，第122页。

② 罗庆东：《检察官在刑事诉讼中主导责任的履行》，载《人民检察》2020年第5期。

如何有效率和有条理，只要它们不正义，就必须加以改造或废除”。“正义所关注的是法律规范和制度性安排的内容，关注的是法律制度在增进人类幸福与文明建设方面的价值。从最为广泛的和最为一般的意义上讲，正义的关注点可以被认为是一个群体的秩序或者一个社会制度是否适合于实现其基本的目标。”① 要构建检察官豁免权制度，同样要接受正义的拷问；合乎正义是检察官豁免权制度的伦理基础，检察官豁免权制度既关系到刑事受害人的民事权益能否得到救济，又关系到检察官的个人权利与自由。自检察官豁免权制度在西方国家产生以来，人们一直在思考它的伦理基础，合乎正义恰恰为检察官豁免权制度的正当性提供了合理的理由。

（一）报应正义——对检察官豁免权的反思

反对检察官豁免权应当存在的学者们基于传统的思想，习惯于用“报应正义”的理念，认为个人应对在自己意志控制下的行为负责，如果确实侵害了错案受害人的权益，就应承担责任。即便是因检察官履职行为导致错案受害人的民事权益遭受侵害，检察官也应承担个人责任，这既是对受害人的权益救济，又是对检察官的报应，因此，错案受害人能够直接提起针对检察官的民事诉讼，检察官也应承担民事责任。检察官负有道德义务，也负有法律义务承担责任。报应正义反映了一种朴素的公正与平等观念，报复主义理论是其理论基础。报应正义在某种程度上保留了侵害与惩罚——报应之间的对应性，通过惩罚侵害人的错误行为来表达公平、正义。从某种意义上说，报应正义是由复仇理论蜕变而来，来自人们的“恶有恶报”的报应性心理或报应性情感，体现人类追求公正的朴素情感，是“一种天生的追求对等性的本能”②。如果不要求检察官承担起民事责任，不对其实施报应性惩罚，那么就无法实现法所追求的公正价值。基于报应正义的道德理由，检察官应当对等地承担起其对错案受害人所造成的权益侵害的民事责任。

---

① ［美］E. 博登海默：《法理学：法律哲学与法律方法》，邓正来译，中国政法大学出版社1999年版，第252页。

② 陈兴良：《走向哲学的刑法学》，法律出版社1999年版，第285页。

（二）功利正义——检察官豁免权的合目的性

“所有的功利主义都涉及两种因素的结合。一种是旨在实现一种目的状态的准则，即合理的行动所指向的具有内在价值的事务状态或状况。另一种是为该目的而配置的手段，即代理者（人、立法者、社会）所面对的各种可能的行动，其价值是纯工具性的，选择何种候选手段取决于其如何有效地促成（或会促成）目的。”[①] 在功利主义看来，任何法律制度的正当与否取决于目的是否正当，“目的是全部法律的创造者，每条法律规则的产生都源于一种目的，是一种实际的动机”[②]。从功利主义思想出发，检察官豁免权之所以应当存在，是因为其能够促进检察官积极履职，高效地实现刑事司法正义，促进社会正义。维护社会公共利益，具有满足社会目的的工具价值，绝非免除或减轻检察官责任本身所具有的内在价值。“有效地促成目的”作为判断某种法律制度是否具有正义性的根据。不仅如此，矫正的制度功利主义还认为，“需要建立一种社会制度来保障个人追求自身利益的合法权利，这些权利在社会制度的层面上是相互一致的，并且具有充足的道德力量”[③]。检察官豁免权制度虽然存在个人权利之间的冲突——检察官的权利与受害人权利之间的冲突，但是他们所表现出来的功利是可以比较的，可以以预期功利最大化理由来解决这种冲突，即能够促进检察官积极履职，维护社会公共利益。

（三）整体正义——检察官豁免权的社会效果

现代司法理念总是强调法官在司法正义中的独立地位，弱化或者忽视检察官在司法正义中的地位与作用。但是，在刑事诉讼构造中，检察官与法官具有同等的地位，甚至比法官在司法正义中发挥的作用范围要广；检察权与审判权具有同等重要的地位，司法正义是法官和检察官司法共治的结果。检察官积极履职能够有效地实现社会整体正义，虽然对受害人而言，个案正义

---

① Hugo Adam Bedau, *Death is Different: Studies in the Morality, Law, and Politic of Capital Punishment*, Northeastern University Press, Boston 1987, p. 67.

② ［美］E. 博登海默：《法理学：法律哲学与法律方法》，邓正来译，中国政法大学出版社1999年版，第109页。

③ 晋运锋：《当代功利主义正义观研究》，吉林大学2011年博士学位论文，第Ⅱ页。

不一定实现，“正义的实现，是要让各方当事人都能从冲突事件的后果中解放出来”[①]。对于错案受害人而言，其民事权益还可通过其他途径来得以救济，“社会每一个角落能否得到适当的救济，正义的总量——也称整体正义，是否能达到令人满意的标准，这才是衡量一国司法水准高低的真正尺度”[②]。司法的整体正义，又可做两种解读：“普遍性正义和总体性正义。”普遍性正义即“司法过程中的所有决断，都应当合乎人们普遍追求的公平正义等基本的价值诉求”[③]，总体性正义即从整体上看，司法过程中的决断差不多是正义的。普遍性正义是一种理想的正义，能够实现的是总体性正义，但是应追求整体正义最大化。2019 年新修订的《检察官法》第 3 条明确规定，检察官必须“维护社会公平正义”；维护社会整体的公平正义是检察官最基本的义务，而能否实现“整体正义最大化”是评价检察官豁免权制度是否合理和正当的主要道德理由。

第三节　检察官豁免权的制度基础

豁免权经历了主权豁免、立法豁免权到司法豁免权再到检察官豁免权的历程。美国是检察官豁免权制度发展得比较成熟的国家，而其豁免权制度源于英国普通法的历史传统，美国的检察官豁免权有其独特的制度基础，包括公民权利保护制度、主权豁免制度、政府官员个人责任制度、职业行为豁免权制度和检察官制度等。中国的法律制度与英国和美国的法律制度存在根本不同，中国检察官豁免权制度存在的制度基础主要有：中国特色社会主义检察制度、中国特色的司法责任制度、国家赔偿制度、公民权利保障制度等。

---

① Bianehi & Herman, *Justice as Sanctuary*: *Toward a New System of Crime Control*, Bloomington: Indiana University Press, 1994, p. 26.

② ［日］小岛武司等：《司法制度的历史与未来》，汪祖兴译，法律出版社 2000 年版，第 35 页。

③ 江国华：《司法改革方法论》，载《湖北社会科学》2019 年第 7 期。

一、美国检察官豁免权的制度基础

豁免权发展的历史根源在于主权豁免，但其直接渊源则在于司法豁免权。英国早期豁免权制度的确立与“国王不能犯错误”宪法惯例有关，国王是国家主权的象征，享有主权豁免，意味着国王不能作为责任人承担个人侵权责任，但公民的权利受到法律保护，因此，国王的官员或代理人成为责任人。公民权利保护制度和政府官员承担个人责任制度的结合使得：当公民权利因政府官员的履职行为而受到侵害时，公民可以直接提起针对政府官员的侵权诉讼，政府官员因为需要承担由侵权行为可能产生的个人责任而不愿积极履行职权，最终的结果是社会公共利益不能得以有效维护。美国学者戴维·罗森布鲁姆指出，“如果人们关心民事诉讼‘将严重削弱公职人员对国家所委于行政部门的公共事务进行合理而有效的管理的’的话，那么有关低层管理者豁免权的条款就是不可或缺的”①。为了保障政府官员的积极履职行为，职业行为豁免权制度逐步确立。包括立法豁免权制度、司法豁免权制度、律师豁免权制度、检察官豁免权制度等，另外，检察官相对独立制度也是检察官豁免权制度的基础。

（一）普通法上的主权豁免

在英国普通法历史上，早期的豁免权用来对抗侵权索赔。1215 年英国的《自由大宪章》第一次确立了正当法律程序的概念，规定了公民的生命、自由和财产不得随意被剥夺，这是对国王权力的限制，因而明确了即便是国王，也没有侵害公民生命、自由和财产的特权。国王因为做错事侵犯公民的上述权利，尤其是侵占公民的土地，常常被公民提起诉讼，法院通常会判决国王恢复公民的权利，此时，“国王不能犯错误”蕴含了“国王没有犯错的特权”的观念，也导致“国王诉讼”案件范围不断扩大。尽管国王对其管辖的国家拥有至高无上的、排他性的权力，并且国王的权力独立于任何其他权力或管

---

① 转引自［美］肯尼思·F. 沃伦：《政治体制中的行政法》，王丛虎等译，中国人民大学出版社 2005 年版，第 500 页。

辖权，但国王也不可以恣意妄为，凌驾于法律之上。当时封建领主割据，纵横交错的封地造成频繁的土地纠纷。王室采用巧妙的令状形式加强王权，行政令状司法化，“诉讼形式、原始令状是司法集中的主要方式，通过它们，王室法庭攫取了许多原属领主法庭的管辖权”①。王权通过令状拓展其司法管辖权，启动审判程序，分门别类地理性化管理围绕土地占有而产生的案件，于13世纪初以节制、迂回的程序技术策略完成了对私诉的公权化，完成了对教会司法的世俗化，实现了普通法的统一，并且塑造了普通法“程序先于权利”的宪制品格。②

到了15世纪末，随着王权的加强，人们逐渐意识到，国王象征着国家的主权，国王的权力是为了人民的利益、为了公众的利益而创造出来的，被假设为不会对人民、公众造成任何伤害。任何可能的公共事务的错误都不应归咎于国王，非经主权者——国王的同意，不允许公民提起对国王的侵权索赔，即国王不能作为责任人承担侵权责任，国内法意义上的主权豁免由此产生。与国内法意义上的主权豁免观相适应，“国王不能犯错误”也随之被错误地解释为“国王不会犯错误”或“国王不可能犯错误”。

国王作为主权者，享有豁免权，不承担侵权责任，但是，司法化令状通过“司法化治理”实现程序法治，促进了法律至上原则的确立，即便是国王也须服从法律，王权受到法律限制，就如梅特兰所指出，“令状的统治即法的统治（the rule of writs is the rule of law）”。在法的统治之下，公民权利受到保护，民事权利受到侵害必然要寻求救济，国王因主权豁免不承担责任，国王的官员或代理人便成为了责任人。

美国传统上沿袭了英国的主权豁免原则，非经主权者同意，主权者不能被起诉，不承担责任，当公民受宪法保护的权利受到联邦官员履职行为的侵

---

① ［英］梅特兰：《普通法的诉讼形式》，王云霞、马海峰、彭蕾译，商务印书馆2009年版，第45页。

② 参见汪栋：《普通法令状与英国司法化国家治理路径的形成》，载《经贸法律评论》2020年第2期。

害，其向政府索赔的请求受到严格限制，即国家和政府责任豁免，但 1946 年以前，国会已着手制定一些特殊的由政府承担责任的侵权赔偿法，在极小的范围内放弃主权豁免原则；随着政府侵权行为的大量增加，公民对联邦官员执行职务中的侵权行为要求赔偿的诉求越来越强烈。在此背景下，1946 年通过了《联邦侵权赔偿法》（Federal Tort Claims Acts），美国联邦政府很大程度上放弃了部分主权豁免，若官员的不端行为侵害了公民受宪法保护的权利，则公民可以提起对政府的民事索赔，政府应承担民事赔偿责任。但是《联邦侵权赔偿法》在放弃主权豁免原则的同时，仍作了保留，该法案第 2680 节规定："本章规定……不适用于……依据政府雇员在法律法规执行中行使应有注意的作为或不作为而提起的任何索赔，不管该法律法规是否有效（这部分的免责意在阻止公民利用侵权诉讼来质疑国会立法或法规的合法性），或者依据联邦机构或者雇员对自由裁量职能或义务的履行或不履行而提起的任何索赔，不管所涉及的裁量权是否被滥用。"这实际上是对政府官员自由裁量行为免受民事索赔的豁免权的规定，其目的是使政府官员不必因为索赔而不敢作出决定。

（二）公民权利保护制度

主权豁免虽然保护了国王，但不能保护政府官员免于承担因为公共事务侵权而产生的民事责任，即政府官员依然要承担个人责任，因此公民只能绕开国王转而提起针对国王的官员及代理人的侵权诉讼，要求他们承担相应的个人责任。"在英国早期普通法中，政府官员非法行为的受害者可以提起对该官员的诉讼以赔偿损失。"[①] 政府官员因执行国王或王室的指令而侵权的行为时有发生，政府官员须对侵权行为负责，不得以执行国王或王室的指令为由为自己辩护。[②] 然而，针对官员的侵权索赔诉讼存在被滥用的危险，政府官员及代理人包括总检察长和检察官因为担心可能产生的个人责任风险，不

---

① Louis L. Jaffe, *Suits Against Government and Officers: Sovereign Immunity*, 77 Harv. L. Rev. 1, pp. 15 – 16 (1963).

② See Edwin M. Borchard, *Governmental Liability in Tort*, 34 Yale L. J. 1, p. 7 – 8 (1924).

敢积极履职，影响到了正义的实现，影响到了公共利益，乃至影响到法治。为了应对公民的侵权索赔诉讼，促进官员积极履职，官员的职业行为豁免权作为官员的职业保障权得到判例法的肯定，检察官豁免权制度因此萌芽。

美国宪法和联邦法律赋予公民许多基本权利，如果公民认为自己受宪法和法律保护的权利遭受了政府行为的侵害，可以提起对政府及公职人员的诉讼。如宪法第八修正案规定了公民免受残忍和不寻常的惩罚的权利。如《美国法典》第42编第1983条规定，如果某人“以法律的名义”行事，可将该人的行为归为州的行为，如果其行为侵犯了公民的宪法权利，则意味着公民可以根据第1983条起诉州和地方官员，包括检察官、监狱官员等，要求法院确认官员们的违宪行为或者州所制定法律（包括州监狱规则和条例）的违宪，以保护自己宪法前十项修正案中规定的宪法权利或第十四修正案中所规定的正当程序权利。但第1983条同时规定了联邦官员包括检察官的民事责任豁免权，限制了公民起诉联邦官员的行为，该条款可追溯至美国国会颁布的1866年的《民权法案》。1866年的《民权法案》明确界定了美国公民身份，即“所有在美国出生的人”是美国公民，并明确规定所有美国公民都受到美国法律的平等保护。从历史的角度分析，国会在颁布1866年《民权法案》时显然意识到豁免权的应然存在，只是未能明确官员民事责任的豁免问题，但由于立法豁免在美国法律体系中根深蒂固，立法者实际上通过默许的方式确认了官员民事责任的豁免。

1866年《民权法案》遭到时任美国总统安德鲁·约翰逊的否决，但1866年4月，国会投票推翻了总统的否决，使之正式成为法律。为了从宪法上保障黑人的受法律平等保护权利，国会于1868年7月9日通过了美国宪法第十四条修正案，其中第1款明确规定：“所有在美国出生或受其管辖的人都是美国公民和他们居住州的公民。任何州不得制定或执行任何限制合众国公民特权或豁免权的法律；未经正当法律程序，任何州也不得剥夺任何人的生命、自由或财产；也不否认其管辖范围内的任何人受到法律的平等保护。”[①] 所有美国公民受法律平等保护的权利得到了宪法的确认。1871 年 4 月 20 日，美国国会通过了法令即 1871 年《民权法案》，明确地限制了每个州政府的主权豁免权，要求州政府雇员须承担在其职责范围内侵犯公民的宪法权利和其他法定权利的民事责任。[②] 有学者指出，1871 年就存在检察官绝对豁免权的历史分析是值得怀疑的[③]，依据 1871 年法令，州政府官员不能以法的名义或幌子侵害公民的受宪法和法律保护的权利，否则就应当对权利受到侵害的一方承担责任；依据 1871 年法令仅能推出州政府官员享有有限豁免权，不能推出州政府官员享有绝对豁免权。1871 年《民权法案》构成《美国法典》第 42 编第 1983 条的主要内容。提起 1983 条款诉讼，原告必须证明自己的诉讼理由：该行为是由以州法律名义行事的人所实施的，是“可归因于国家”的行为；并且由于该行为，原告的受宪法或州法律所保障的权利、特权或豁免权被剥夺了，即“以法律名义行事的人”侵害了原告的公民权利。仅当被剥夺了由美国宪法或联邦法规规定的权利时，才允许人们以侵犯公民权利为由起诉政府。美国检察官豁免权源于针对“侵权”索赔诉讼的抗辩，是对检察官积极行使公权力和履行职责的保护，而这种“侵权”索赔诉讼主要集中于 1983 条款诉讼及“比文斯”诉讼。《美国法典》第 42 编第 1983 条规定，“任何人以州或地区或哥伦比亚特区的法令、条例、规章、习俗或用法的名义或幌子，剥夺美国公民或其管辖范围内的其他人受宪法和法律保障的权利、特权或豁免权，都应对在法律诉讼、诉诸公平或其他适当的补救诉讼程序中受到损害的一方负责，司法官员以其司法身份采取的作为或不作为提起的任何诉讼中，除非违反了宣告性法令或无法获得宣告性救济，否则不得授予禁令救济”[④]。

---

① https：//constitutioncenter. org/interactive – constitution/amendments/amendment – xiv.

② Daniel Woislaw, *Absolute Immunity*: *Applying New Standards for Prosecutorial Accountability*, 26 Geo. Mason U. Civ. Rts. L. J. p. 353.

③ Erwin Chemerinsky, *Prosecutorial Immunity*, 15 Touro Law Review, p. 1643 (1990).

④ 42 U. S. C. § 1983 (2004).

1983 条款立法旨在限制州政府官员的权力以保障公民权利和司法官员民事责任豁免。美国州官员的权力来自州法律的授权或者惯例，这些官员的职业行为所代表的是州行为，他们也被称为“州行为人”，州检察官也属于“州行为人”。如果美国公民受联邦宪法或者制定法保护的个人权利遭到“州行为人”的侵犯，州政府享有豁免权，不承担侵权责任，公民可以向法院提起“1983 条款诉讼”（Section 1983 Action or § 1983 Suits）①，要求“州行为人”承担个人民事责任，支付赔偿性与惩罚性赔偿金。1983 条款诉讼是公民针对州政府工作人员要求其承担民事责任提起的诉讼，具体到检察官来说，是要求州检察官承担个人民事责任。

联邦机构工作人员在履职过程中也会侵害公民受宪法保护的权利，由于联邦法律与州法律的二元性特点，1983 条款诉讼的局限性在二元体制下不可避免地显露出来。与 1983 条款诉讼齐头并进的是“比文斯”诉讼（Bivens Action），对美国检察官豁免权的发展具有里程碑意义。“比文斯”诉讼的根据是《美国法典》第 28 编第 1331 条，该条规定联邦法院有权审理涉及宪法或联邦法律的民事诉讼，与 1983 条款诉讼相似但又不完全相同；“比文斯”诉讼是公民针对联邦机构工作人员而提起的，包括针对联邦检察官提起的侵权索赔诉讼，要求联邦行为人承担个人民事责任；“比文斯”诉讼（Bivens Action）既是对公民权利的保护，又是对联邦政府权力的限制与制约。《美国法典》第 28 编第 1331 条和《美国法典》第 42 编第 1983 条共同保护公民受宪法和联邦法律保护的权利。许多联邦法规都包含自己的“执行条款”，这意味着法规赋予公民特定权利，并允许公民根据该执行条款而不是 1983 条款起诉，当公民提起“比文斯”诉讼，联邦行为人可以以豁免权为由进行抗辩。

“比文斯”诉讼是公民为维护宪法性权利而对侵害其权利的联邦政府官

---

① 《美国法典》第 42 编第 1983 条的核心目的是为那些被州行为者剥夺其联邦权利的人提供补偿性救济，即如果州政府官员滥用职权，对法律诉讼中被剥夺宪法权利、特权等受到损害的一方提供救济，官员享有有限豁免权而不是绝对豁免权，除非认为诉讼所带来的威胁会损害政府的决策过程，否则一些官员仍须对其官方行为负责，即只享有有限豁免权。根据《美国法典》第 42 编第 1983 条提起的民权诉讼往往也被称为“1983 条款诉讼”。

员提起的诉讼类型，与之相应的还有针对联邦政府或国家而提起的《联邦侵权赔偿法》诉讼，这两种诉讼都是公民宪法性权利获得救济的方式，可以主张损害赔偿金。“比文斯”诉讼因 1972 年的比文斯诉 6 名美国联邦禁毒局特工案（Bivens v. Six Unknown Named Agents of Federal Bureau of Narcotics）而得名。在该案中，比文斯在联邦地方法院提起诉讼，声称联邦禁毒局的 6 名代理人以联邦当局的名义对他的公寓进行了无证搜查，侵犯了他的受宪法第四修正案保护的权利①，地方法院驳回了他的诉讼，美国第二巡回上诉法院也作出了同样的判决。被告代理人辩称，宪法第四修正案的目的在于禁止无理搜查和扣押，尽管 6 名联邦行为人违反了宪法第四修正案，但对侵害宪法第四修正案权利的唯一补救办法是根据国家（州）侵权法进行索赔，美国《联邦侵权赔偿法》已经给受害人提供救济的途径，因此联邦行为人不应承担个人责任。② 比文斯上诉至联邦最高法院，最高法院推翻了地方法院和第二巡回上诉法院的意见，认为宪法第四修正案限定了联邦权力的行使，根据宪法第四修正案受害人可直接提起针对联邦官员的宪法侵权行为的诉讼，要求联邦官员承担个人责任，获得补偿金和惩罚性赔偿金。受害人的权利救济方式还有：依据《联邦侵权赔偿法》提起诉讼，要求国家或联邦政府承担政府责任，这时的被告不是个人而是国家，由联邦政府承担其在公务范围内因工作人员不法行为或疏忽产生的任何责任，主要承担补偿性责任；当然，在类似情况下，国家的责任程度与个人相同，但在侵权赔偿法诉讼中，受害人不得要求惩罚性赔偿金。《联邦侵权赔偿法》也是对联邦机构工作人员的一种保护。对于受害人而言，“比文斯”诉讼和《联邦侵权赔偿法》诉讼这两

---

① 美国宪法第四修正案规定：“人民的人身、住宅、文件和财产不受无理搜查和扣押的权利，不得被侵犯。除依照合理根据，以宣誓或代誓宣言保证，并具体说明搜查地点和扣押的人或物，不得发出搜查和扣押状。”原文为 The right of the people to be secure in their persons, houses, papers, and effects, against unreasonable searches and seizures, shall not be violated, and no Warrants shall issue, but upon probable cause, supported by Oath or affirmation, and particularly describing the place to be searched, and the persons or things to be seized。

② See Bivens v. Six Unknown Named Agents of Federal Bureau of Narcotics, 456 F. 2d 1339 (1972).

类救济方式是相容的。根据《联邦侵权赔偿法》提起针对联邦政府的诉讼与提起“比文斯”诉讼并不矛盾，前者是由政府承担政府责任，后者是由联邦行为人承担个人责任，不仅包含补偿性责任，还包含惩罚性赔偿责任。相对于普通个人而言，联邦官员对公民造成伤害的可能性要大得多。最高法院承认原告对联邦官员违反宪法或法定权利提起损害赔偿诉讼的诉因，而这些官员是依联邦法律行事。

无论是《美国法典》第 42 编第 1983 条还是《美国法典》第 28 编第 1331 条，既规定了公民受宪法和联邦法律保护的权利，同时又对起诉联邦官员和州官员都作出了限制，公民可以提起 1983 条款诉讼和比文斯诉讼，但联邦行为人和州行为人都可以以豁免权为由免于民事诉讼，根据《联邦侵权赔偿法》，他们也同样免于民事责任。公民权利受到法律的保护，联邦法律同时也通过豁免权的有关规定保护了政府官员包括检察官的履职行为。

（三）职业行为豁免制度

职业行为豁免制度来源于立法豁免权。在英国议会制度初期，议员享有议会会议上的言论免责权，并享有不受逮捕的权利。爱德华二世于 1314 年颁布法令，禁止法庭判决拘禁议员，在一定程度上确认了议员在议会会议期间人身不受逮捕的权利。到 17 世纪，英国上、下议院分别通过决议，在议会会议期间，除非经上、下议院决定或命令，否则不得拘留议员或限制议员的人身自由。1689 年的英国《权利法案》正式确认了议会议员的立法豁免权：“议会内之演说自由、辩论或议事之自由，不应在议会以外之任何法院或任何地方，受到弹劾或讯问。”① 保护政府官员积极正确执行国王的命令，不必担心因履职行为造成对公民权利的侵害后承担可能产生的侵权责任，豁免官员个人的民事责任，是职业行为豁免权制度的目的所在，就如美国学者肯尼斯·S. 亚伯拉罕指出的，对公共官员和雇员的豁免来源于国王的豁免权，其目的是保护这些人能够正确执行国王的命令。②

---

① 姜士林等主编：《世界宪法全书》，青岛出版社 1997 年版，第 1267 页。

② 参见［美］肯尼斯·S. 亚伯拉罕、［美］阿尔伯特·C. 泰特选编：《侵权法重述纲要》，许传玺、石宏等译，法律出版社 2006 年版，第 11 页。

美国对官员们的职业行为，恪守“国家责任豁免，官员承担个人责任”的原则，即官员需要对自己的职业行为承担个人责任，公民可以依据1983条款直接提起针对官员的民事索赔诉讼，亦称“1983条款诉讼”，任何“州行为人”都有可能成为“1983条款诉讼”的被告，门罗诉佩普案（Monroe v. Pape）[①] 首次判决州政府官员承担侵犯公民权利的民事责任[②]，此后，针对“州行为人”的1983条款诉讼大量进入了联邦法院，1961年约270例1983条款诉讼，但2012年约40,000例至50,000例1983条款诉讼。[③]《美国法典》第42编第1983条同样规定了官员们对自己的履职行为最大限度地免于民事赔偿责任，规定该条的另一目的就是要保护官员们的积极履行职责行为，以免他们因履职担惊受怕，进而维护社会公共利益，维护社会秩序。通过1983条款诉讼，法院发展出了豁免权判例，立法者成为第一批获得“1983条款诉讼”损害赔偿责任绝对豁免权的官员，此后，豁免权成为官员们履职自卫的一种权利，除了立法豁免权外，还扩展至法官豁免权和检察官豁免权。在公民向法院提起旨在令检察官承担个人民事责任的“1983条款诉讼”中，检察官可以提起豁免权的动议，以此来防卫1983条款诉讼。

受害方提起针对检察官的“1983条款诉讼”，无非要求检察官承担个人责任，要求能够获得一定的补偿性赔偿金或惩罚性赔偿金；但由此可能引发受害人的恶意诉讼，检察官不得不疲于应对这些诉讼，不能积极履行检察官职责。检察官如何进行自卫，保护自己的行为，最有效的方式就是申请检察官豁免权保护；如果法院判决检察官享有豁免权，检察官便不用承担民事责任，检察官豁免权其实是对1983条款诉讼的防御权。

美国检察官享有绝对豁免权是一种司法创造，而非立法结果。因为《美国法典》第42编第1983条的核心目的是：如果官员滥用职权，对法律诉讼

---

① 道格拉斯（Douglas）法官裁定，州政府官员应承担责任。See Monroe v. Pape 81 S. Ct. 473.

② 在该案中，一名警察闯入并洗劫了原告的家，法院首次承认了根据1983条款公民起诉州政府官员侵犯公民民事权利的权利。

③ See John P. Taddei, *Beyond Absolute Immunity: Alternative Protections for Prosecutors against Ultimate Liability for § 1983 Suits*, 106 Northwestern University Law Review, p. 1889 (2012).

中被剥夺宪法权利、特权等受到损害的一方提供救济，官员享有有限豁免权而不是绝对豁免权。检察官享有绝对豁免权与美国 1871 年的《民权法案》一致，只要公共官员的行为在豁免权范围之内，就免于民事诉讼；根据《美国法典》第 42 编第 1983 条，只要检察官在其职权范围之内起诉或追究刑事犯罪，无论检察官是怀有恶意的或基于不诚信而剥夺了被误判的被告的自由，他同样享有绝对豁免权，免于被告对其提起的民事诉讼（即使被误判的人成功获得人身保护令，认为检察官侵犯了其公民权利，检察豁免也不例外）。1983 条款诉讼（第 3 版）明确列举检察官绝对豁免权所涉及的职业行为包括："决定是否起诉；参与有关申请逮捕令和搜查令、保释申请和压制动议的审前诉讼活动；任命特别检察官；作出有关引渡的决定；准备审判，包括询问证人和评估证据；未将脱罪材料移交给辩方；提供证据；辩诉交易；达成释放—驳回协议；提出量刑建议；未在定罪后程序中向辩方披露脱罪材料。"①

也有学者从其他角度对检察官的行为是检察行为还是侦查行为或调查行为、管理行为进行了区分。如欧文·切梅林斯基（Erwin Chemerinsky）认为有"三个因素"② 值得考虑，即履职行为发生地点、由谁经常履职、自由裁量权大小。如果检察官的行为发生在法庭之内，则是检察行为，受绝对豁免权的保护；如果检察官的行为发生在法庭之外，则是侦查行为或调查行为、行政管理行为，受有限豁免权的保护。二是由谁经常执行这一任务，如果某一任务通常由检察官来执行，则是检察行为，受绝对豁免权的保护；如果某一任务通常由其他官员来执行，则不是检察行为，只享有有限豁免权。如果一些犯罪嫌疑人为了争取证人豁免权而与检察官进行信息交易，在信息交易中检察官可以不须付出任何代价就对自己的不端行为享有绝对豁免权，因为其行为被认为是检察行为；但相同情况下，如果与犯罪嫌疑人进行信息交易

---

① Martin A. Schwartz, Touro Law Center, Section 1983 Litigation (Third Edition), p. 133 (2014).

② See Erwin Chemerinsky, *Prosecutorial Immunity*, 15 Touror Law Review, p. 1643.

的是警察，警察只能够享有有限豁免权。[①] 三是检察官的自由裁量权到底有多大？如果检察官的自由裁量权很小，则享有绝对豁免权，如果检察官的自由裁量权很大，则只享有有限豁免权。其实这 3 个因素仅仅是参考因素，在很多案例中，法院并不是完全依据这 3 个因素来进行判断的。笔者认为第一个因素和第三个因素均有值得商榷的地方，并非绝对的因素。隐藏无罪证据、胁迫证人、引入非法扣押的证据、伪造证据或索取伪证等检察官不端行为足以触发检察官的起诉行为，但其中有些行为并不发生在法庭之内，而是发生在法庭之外，或者从法庭之外延伸到法庭之内，检察官对不端行为享有绝对豁免权还是有限豁免权？检察官对起诉与否享有自由裁量权，其通常的职责也是起诉，检察官对起诉行为应该受到绝对豁免权的保护。如果检察官对此类行为都不享有绝对豁免权，尚须担心日后承担民事法律责任，那么检察官可能会消极怠工以逃避责任。

（四）检察官相对独立行使自由裁量权制度

检察官享有较大的自由裁量权，能够保持相对独立是检察官豁免权应当存在的制度基础，如果不能从制度上保证检察官的相对独立性，而是作为行政官员，上命下从，即不是准司法官，没有独立的自由裁量权。在检察官没有独立的办案自主权的前提下，要检察官承担办案责任，则违反了权责一致的基本原则，所以若检察官缺乏办案自主权，则不应承担责任，当然也不可能存在责任的豁免。检察官相对独立的自由裁量权是检察官豁免权存在的前提，检察官豁免权也是对检察官独立办案的保障。检察官相对独立行使自由裁量权是美国检察官制度的重要内容，“独任制”是其检察机关办案组织的形式，即以检察官为中心，每个检察官都是独立的办案主体，承办案件时不受上级检察官的束缚。

大陆法系国家检察官的独立程度相对较高，并且具有较为完备的独立保

---

① 但是在 99.8% 的案件中，警察能从公共资金中获得免于民事判决的赔偿，即警察实际上也享有绝对豁免权。https：//thecrimereport. org/2021/12/30/make - prosecutors - earn - immunity/，2024 年 7 月 13 日访问。

障机制，对“上命”进行限制，“下从”体现法治规则。[①] 日本、德国、法国等国家刑事诉讼法均规定，检察官是诉讼法上的主体，检察官具有独立的个体地位，并以自己的名义行使检察权，这是检察官独立性的主要标志。根据日本《检察厅法》，检察官作为“独立官厅”或“独任制官厅”，以其自己的名义而不是内设机构或检察机关名义独立行使检察权，作出有关法律决定，并对自己的行为负责，需要承担办案责任。在日本，“对于检察事务，检察官是拥有自行决定权的表达国家意思的独立官厅，而不是作为上司的部下行使检察权”[②]。检察官的个体意志得到充分尊重，与上席检察官的意见相左时，“检察官应就自己的信念和造成这种信念的理由，充分地向上司陈述意见……”[③]。但是，“一般检察官在决定起诉或不起诉时，通常接受上席检察官的裁决”[④]。法务大臣可以指挥检察总长对于具体案件的调查或处分，对承办案件的检察官享有一般的指挥监督权，但无权直接发布个案指令。可以说，日本的检察官具有半独立性。德国虽然实行检察一体制，但如果上级检察官的指令违法，由于检察官对案件有完全独立的处分权，享有“抗命权”和请求移转权。检察官还有法庭言论自由权，可见检察官有很大的独立性，地位几乎与法官相同。法国检察官被称为检察机关的司法官[⑤]，尽管在刑事诉讼中，如果上级检察官要求对某案件提起公诉，那么检察官必须提起公诉，但检察官可以违抗上级指令，在出庭时可基于内心确信而改变公诉意见，对案件有自行决定权，且该决定具有法定效力，上级检察官无权更改下级检察官的决定。为了保障检察官依法独立办案，许多国家在要求检察官公正独立承担办案责任的同时，明确赋予检察官办案豁免权。检察官依法独立办案，体现了司法的特性，因此同样应当享有豁免权。北马其顿《宪法》第

① 参见韩彦霞、李乐平：《检察官办案责任制的比较法考察及启示》，载《人民检察》2014年第20期。

② 甄贞等：《检察制度比较研究》，法律出版社2010年版，第374页。

③ 张智辉、杨诚主编：《检察官作用与准则比较研究》，中国检察出版社2002年版，第420页。

④ ［日］田口守一：《刑事诉讼法》（第5版），张凌、于秀峰译，中国政法大学出版社2010年版，第126页。

⑤ 参见魏武：《法德检察制度》，中国检察出版社2008年版，第171页。

107 条规定："检察官享有豁免权。检察官的豁免权由议会作出决定。"

西方国家的体制决定了其检察机关隶属于行政机关，但检察官的准司法官定位，决定了检察长与检察官之间并不是上命下从的关系，独任制检察官是相对独立的办案组织，虽然受检察长领导，但拥有检察长的所有权力；检察官之间相互独立，不存在类似于大陆法系国家负责审核案件的部门负责人。如英国"每个皇家检察官对自己所分到的职责都不能有任何偏见，在机构和程序上都享有检察长的所有权力"[①]。总检察长虽然保留了指挥监督权，也可以发布关于某个特定案件的具体指示，但仅使用过一次。检察长、地区检察长与办案检察官一样享有独立处理案件的权力，不具有个案指挥权，无权针对某个特定案件发布具体指示，他们都具有独立的办案主体地位，对自己的履职行为承担个人责任，公民可以提起针对检察官的侵权责任索赔，这与英美法系国家检察官制度的起源有关。英国检察官制度起源于国王律师追诉制度。与普通法传统相应，自诉制度在早期的英国占据着统治地位，无论是民事违法还是刑事违法，都被认为是个人针对其他个人实施的。英国在相当长的时间里没有设立检察机关专管刑事公诉，刑事案件往往是由私人律师来提起诉讼，"在（英国的）普通法上，不把犯罪看成是一种反对国家的行为，而看成是对被害人施加的非法行为。受到损害的被害人，或者有关的朋友或亲属，可以自己把罪犯抓起来和提起诉讼，然后由法院作出判决，就像对合同纠纷或侵权行为作出判决一样"。[②] 13 世纪 40 年代至 80 年代，为了更有利地维护国王及王室的利益，国王法律顾问同时担任国王律师，代表国王提起有关皇室利益的财产诉讼和行政诉讼。"在某些案件中，一些可能被认为是反社会的犯罪，往往被认为是侵犯了国王的特权。侵犯国王权利的行为由王室律师起诉。"[③] 1461 年，国王律师被更名为总检察长；1515 年，国王的辩护人更名为副总检察长，他们承担破坏皇室利益案件的调查、起诉和听

---

① 参见英国 1985 年《犯罪起诉法》第 1 条。
② ［美］雅各比：《美国检察官研究》，周叶谦等译，中国检察出版社 1990 年版，第 8 页。
③ ［美］雅各比：《美国检察官研究》，周叶谦等译，中国检察出版社 1990 年版，第 9 页。

审任务。[①]直到 1827 年，英国才增设追诉破坏皇室利益以外案件的检察官。皇家检察官拥有“检察长在提起和进行程序活动方面的全部权力”[②]，有权独立决定案件是否起诉，不需要获得检察长的批准。

美国联邦检察制度与州检察制度并行，美国联邦总检察长由美国联邦司法部长担任，联邦检察官由总统与众议院分权行使任命，总统提名时“因有被驳回的可能必将使其更加审慎，事关总统令誉，且其作为民选行政首脑亦事关其政治前途，必将使其怯于徇情与取宠”[③]，取得参议院同意，“一般具有一种含蓄的威力，形成对总统用人唯事的制约，有利于防止出于本州乡土观念、家庭关系、个人情感或哗众取宠等不良动机而作出不合时宜的委任”[④]。这种制度背景使得联邦检察官的自治地位得以加强，联邦检察官在刑事检控权方面独立于联邦总检察长，其自由裁量权受到立法承认和保护。“联邦总检察长对联邦检察官难以形成一种有效的科层等级威权。”[⑤]

但美国的州检察长和州地方检察官基本上属于民选职位，由当地选民直接选举并对当地选民负责，当地选民的支持与认可是获得并连任职位的前提。“选举制的奥妙就在于它技术性地为这些来自律师阶层的检察官的独立与自主建构了一层制度保障”[⑥]，州检察长无权指挥控制地方检察官，地方检察官与州检察长的地位基本平行，地方检察官之间也十分独立，是州各地刑事公诉的主要承担者，其制度地位都远远超过联邦检察官。“在地区供职的合众国检察官仍旧享有较大的独立于华盛顿特区中心权力的权力。例如，总检察

---

① 参见王然冀主编：《当代中国检察学》，法律出版社 1989 年版，第 33 页。

② 中国政法大学刑事法律研究中心组织编译：《英国刑事诉讼法（选编）》，中国政法大学出版社 2001 年版，第 507 页。

③ ［美］汉密尔顿、［美］杰伊、［美］麦迪逊：《联邦党人文集》，程逢如、在汉、舒逊译，商务印书馆 2004 年版，第 385 页。

④ ［美］汉密尔顿、［美］杰伊、［美］麦迪逊：《联邦党人文集》，程逢如、在汉、舒逊译，商务印书馆 2004 年版，第 385 页。

⑤ 黎敏：《联邦制政治文化下美国检察体制的历史缘起及其反官僚制特征》，载《比较法研究》2010 年第 4 期。

⑥ 黎敏：《联邦制政治文化下美国检察体制的历史缘起及其反官僚制特征》，载《比较法研究》2010 年第 4 期。

长不必对合众国检察官作出的所有指控决定实行中心化监管，合众国检察官每天指控和审理案件的工作几乎不受直接的监督或干涉。"[①] "检察权威源于五大核心决定权，该五项权力不受审查，非经检察官本人批准不得变更，具体如下：(1) 有权决定立案起诉；(2) 有权决定不起诉；(3) 有权决定是否适用分流程序，提出替代处理方案；(4) 有权决定起诉罪名；(5) 有权决定撤诉。"[②] 这些权力不受审查，非经检察官本人批准不得变更。而且检察官有权参与辩诉交易，非正式证据开示，还可能在量刑前调查、量刑建议、假释及缓刑听证等议题上有可审查的裁量决定权。[③] 检察官的权力实际上覆盖了案件整个办理程序。在刑事案件的办理中，检察官始终起着主导作用，担负着主要责任，普遍被认为是"刑事司法制度中最有影响的人"[④]。从逮捕犯罪嫌疑人到量刑，检察官如何行使裁量权在很大程度上决定了刑事诉讼的进程。[⑤] 美国检察官"所享有的独立和裁量权是举世无双的"[⑥]。"豁免制度保障检察官行使自由裁量权"[⑦]。

（五）检察官纪律惩戒制度

美国的检察官豁免权实际上是检察官不受某些法律后果的约束，对其履职行为免于民事侵权索赔诉讼、不承担民事侵权责任的权利。正因为检察官受到豁免权的保护，不用担心自己会受到诉讼的骚扰，也会更加积极地履行职责，积极行使自由裁量权。但行使自由裁量权过程中，检察官也可能会犯错，最严重的错误就是权力的滥用。阿克顿曾经说过一句经典名言，"权力

---

① ［美］爱伦·豪切斯泰勒·斯黛丽、［美］南希·弗兰克：《美国刑事法院诉讼程序》，陈卫东、徐美君译，中国人民大学出版社 2002 年版，第 206 页。

② ［美］琼·E. 雅各比、［美］爱德华·C. 拉特利奇：《检察官的权力——刑事司法系统的守门人》，张英姿、何湘萍等译，法律出版社 2020 年版，第 5－6 页。

③ 参见［美］琼·E. 雅各比、［美］爱德华·C. 拉特利奇：《检察官的权力——刑事司法系统的守门人》，张英姿、何湘萍等译，法律出版社 2020 年版，第 10 页。

④ 马跃：《美国刑事司法制度》，中国政法大学出版社 2004 年版，第 256 页。

⑤ 参见张鸿巍：《美国检察制度研究》（第 3 版），法律出版社 2019 年版，第 48 页。

⑥ 参见张鸿巍：《美国检察制度研究》（第 3 版），法律出版社 2019 年版，第 51 页。

⑦ 莫丽华：《美国检察官豁免制度与启示》，载《人民检察》2016 年第 1 期。

导致腐败，绝对权力导致绝对腐败”，尤其适用于因选举而产生的检察官。因检察官职业问题而产生的检察官自负、傲慢，因检察官的个人问题导致的检察官丧失道德感和责任感，都有可能使检察官滥用权力。美国公共廉政中心曾经做过一项研究，他们审查了由上诉法院审理的指控检察官有不端行为的11，452起案件。[①] 研究显示，自1970年以来，受承办检察官不端行为的影响，至少有2012起案件被撤诉，或者被告人被撤销定罪或被减轻刑罚。研究也表明，全美有223名检察官因为实施两个或两个以上的不端行为而遭到法官的传讯。[②]

“检察官最常见的不端行为是隐匿可以为被告人脱罪的证据或者是检察官对被告人本人抱有偏见。”[③]检察官的不端行为还表现为：发布不当或煽动性的言论使陪审团相信虚假证据，威胁或骚扰证人使其作假证，使用虚假证据或误导性证据，等等。如果确实存在检察官的不端行为，而且也确实因为检察官的不端行为造成了错案，受害人若提起针对检察官的民事侵权索赔诉讼，检察官若因受豁免权的保护不承担民事责任，并不意味着他不受到惩处。受害人可以通过上诉推翻错误判决，并且指控检察官藐视法庭，提交律师协会，由律师协会对其作出纪律处分。律师协会也可以对存在不端行为的检察官提出控诉。俄勒冈州的一位检察官曾对其承办的案件被告人的辩护律师抱有偏见，要求必须聘请新的辩护人才予以辩诉交易，否则不进行辩诉交易。无奈之下，被告人只能重新聘请新律师以便进行辩诉交易。俄勒冈州律师协会认为该检察官存在不端行为，对他进行了指控。这位检察官受到申诉委员会作出的暂时中止检察官执业资格6个月的惩戒，随后，复审委员会将惩处

---

① armful error. Investigating America's local prosecutors, Center for Public Integrity, （June 26, 2003）. 转引自［美］琼·E. 雅各比、［美］爱德华·C. 拉特利奇：《检察官的权力——刑事司法系统的守门人》，张英姿、何湘萍等译，法律出版社2020年版，第152页。

② 参见［美］琼·E. 雅各比、［美］爱德华·C. 拉特利奇：《检察官的权力——刑事司法系统的守门人》，张英姿、何湘萍等译，法律出版社2020年版，第152页。

③ ［美］琼·E. 雅各比、［美］爱德华·C. 拉特利奇：《检察官的权力——刑事司法系统的守门人》，张英姿、何湘萍等译，法律出版社2020年版，第149－150页。

改为对检察官的公开谴责。马里兰州的一名检察官因违反职业伦理，公开向媒体透露案情和被告人的认罪与辩诉交易，公开发表对另外两名被告人是否有罪的意见，受到了律师协会的惩戒。此外，在参议员特德·史蒂文斯腐败案中，两名检察官被发现隐匿了对被告人有利的证据，他们所受到的惩戒是被停职。可见，检察官履职中的不端行为尽管会受到豁免权的保护，但并不意味着检察官就不会受到惩戒，检察官还可能会遭受来自检察院的非正式处罚，如下一级检察院的检察官可能会被辞退或者遭受严重的纪律处分，在较高一级检察院的检察官可能会被责难或者辞退。检察官惩戒制度构成了对检察官不端行为的威慑，与检察官责任豁免制度并行不悖。

二、中国检察官豁免权的制度基础

检察官豁免权制度看似与检察官司法责任制度是对立的，因此有学者认为检察官豁免在我国没有其存在的制度基础。但笔者并不赞同这种观点。我国的检察官豁免权制度基础是一系列配套制度的总和，包括中国特色社会主义检察制度、检察官相对独立制度等，也是司法责任制度、检察官职业保障制度的自我完善，主要体现在我国《宪法》《人民检察院组织法》《检察官法》《国家赔偿法》和中央政法委、最高人民检察院、最高人民法院的一些司法文件中。中国特色检察制度首先体现在中国的检察机关既不附设于法院，又不隶属于行政机关，在国家机构体系中属于独立的国家机关。检察机关的宪法定位是国家的法律监督机关，但检察机关主要通过个案诉讼活动来开展法律监督，是将法律适用于个案，对案件作出相应的判断与决定，因而检察机关也是国家的司法机关。“对刑事案件进行审查逮捕、审查起诉，代表国家进行公诉……开展对刑事、民事、行政诉讼活动的监督工作……”是《检察官法》明确规定的职责，检察官既是法律监督者和法律的守护人，又是国家的司法官员，必须维护公共利益，维护司法公正，这恰恰也是检察官豁免权的目的所在。国家法律监督机关的宪法定位是检察官豁免权的宪法基础。

检察独立主要指检察机关的整体独立，但由检察官行使检察权，权力清单为检察官独立自主办案权提供了制度上的保障，并为检察官履职划定了权力范围，检察官的相对独立办案是检察官履职的重要保障，并为检察官豁免权确立提供了前提。人员分类管理制度为检察官豁免权确立了豁免权的主体范围，对受害人人身权利造成侵害的国家赔偿制度则是检察官豁免权存在的制度保障。检察官司法责任制度同样构成了中国检察官豁免权制度的制度基础。当然，反过来，检察官责任豁免也是对检察官司法责任制度、职业保障制度、国家赔偿制度等制度的自我完善。

（一）检察机关定位的宪制基础

“法律监督机关”是我国对人民检察院的性质定位。但是，从“检察”概念的提出，到对苏联社会主义检察“法律监督”概念的认可，再到人民检察院是国家的“法律监督机关”概念的入法，最后到入宪，形成“法律监督机关”与“检察机关”两个概念同时使用，经历了一段较长的变迁历程。

中华人民共和国成立前夕，董必武在立法筹备阶段第一次提出了设置最高人民检察署为最高检察机关的建议，[①] 1949 年 9 月 27 日通过的《中央人民政府组织法》（已失效）第 5 条规定最高人民检察署为国家最高检察机关，但是《中央人民政府组织法》并没有将检察机关直接定位为法律监督机关，而是将其职权定位为“检察”。第 28 条规定最高人民检察署“对政府机关、公务人员和全国国民之严格遵守法律，负最高的检察责任”，“负最高的检察责任”体现了国家最高检察机关一般监督的内容。所谓一般监督是指监督对法律的遵守，以维护法律统一正确实施，保障法制统一。1949 年 11 月 2 日，最高人民检察署通过《中央人民政府最高人民检察署试行组织条例》（已失效）后，报中央人民政府审批，中华人民共和国成立后的检察制度第一个单行法规于 1949 年 12 月 20 日颁布生效，该条例规定了最高人民检察署的职权——检察。该条例中所使用的“检察”概念其实就是后来立法中使用的“监

① 参见《中华人民共和国中央人民政府组织法的草拟经过及其基本内容》，载《董必武选集》，人民出版社 1985 年版，第 247 页。

督”，如规定“检察全国各级政府机关及公务人员和全国国民是否严格遵守人民政协共同纲领及人民政府的政策方针与法律、法令”，体现了检察机关的一般监督；规定“检察全国司法与公安机关犯人改造所及监所之违法措施”[①]，体现了最高检察机关的一般监督职责；还规定了检察机关的抗诉、民事、行政公益诉讼职权，体现出极强的法律监督色彩。1950 年，我国检察工作主要奠基人、时任最高人民检察署副检察长、党组书记的李六如在第一届全国司法会议报告中指出，苏联检察机关“职权是法律监督”[②]。虽然这只是对苏联检察机关职权性质的理解，但是“法律监督”是社会主义检察机关的性质得到了大家的认同。将检察机关逐步建设成为法律监督机关，是当时学习苏联检察制度的结果。与此同时，李六如、董必武等关于检察署、法院应定位为司法机关的观点代表了当时的官方态度，检察机关作为“司法机关”的性质具有监督属性。“检察机关的主要任务，就是运用司法监督的力量，对各级政府机关，公务人员和全国国民是否严格遵守法律，负责检察……”[③]1951 年 9 月 4 日颁布《中央人民政府最高人民检察署暂行组织条例》（已失效），第 2 条规定了最高人民检察署为全国人民最高检察机关及其一般监督职权。第 3 条规定最高人民检察署与下级检察署的职权，体现出实质意义上的检察监督制度的内容。从“检察全国各级政府机关……”，对刑事案件实行检察，“检察全国监所及犯人劳动改造机构”的立法语言来看，“检察”表达了法律监督意涵。

1952—1953 年，开展司法改革运动，彭真指出，“需要把检察署的组织系统逐步充实和健全起来，以之作为克服和防止滥捕、滥押、错判、错杀、刑讯逼供等违法乱纪行为的武器之一”[④]。人民检察署为“法律监督机关”的

---

① 《新中国检察制度第一个试行法规——〈中央人民政府最高人民检察署试行组织条例〉》，载《检察日报》2021 年 5 月 31 日。

② 李六如：《人民检察任务及工作报告大纲在第一届全国司法会议上的报告》，载《福建政报》1950 年第 11 期。

③ 陈启育：《新中国检察制度概论》，新华书店 1950 年版，第 1 页。

④ 彭真：《加强司法工作（一九五三年三月十四日）》，载彭真：《彭真文选（一九四一——一九九〇年）》，人民出版社 1991 年版。

提法获得党中央的认可。1953 年 11 月，彭真向党中央提出了“检察署是法律监督机关，它检察所有国民包括国家工作人员的违法犯罪案件的建议”①。这个建议获得党中央批准。中华人民共和国成立后第一部检察立法——1954 年《人民检察院组织法》(已失效) 第 3 条规定最高人民检察院行使检察权；第 4 条规定了地方各级人民检察院的具体职权，但第 1 - 5 款使用“实行监督”的立法语言，而非“实行检察”的措辞，实现了由“检察”向“监督”的立法转向。1956 年 8 月，最高人民检察院颁布的内部规章——《关于〈各级人民检察院侦查工作试行程序〉的说明》明确规定，“人民检察院是国家的法律监督机关”②，这是正式文件首次以“法律监督机关”来表述人民检察院的性质。法律监督机关法律化的历史任务则是由 1979 年《人民检察院组织法》完成，该法的颁布施行使得围绕人民检察院性质的争议最终得到了最大程度的统一，《人民检察院组织法》(1979) 总则第 1 条就明确规定了人民检察院的性质，从专门立法的角度确认了人民检察院的法律定位，是检察立法的自我认定；第 5 条规定检察院的具体职权：打击刑事犯罪、批捕和决定起诉与不起诉权、公诉权、监督公安侦查、监督法院审判、刑事执行监督、劳改和监所监督等，凸显了检察机关法律监督的职权。与此相应，1979 年《刑事诉讼法》第 149 条和第 164 条明确规定了上述监督职权。1979 年《人民法院组织法》第 14 条同样规定了人民检察院审判监督的内容。1979 年的三部法律共同确认了人民检察院的法律监督职权。1982 年《宪法》修改侧重于“国家体制的重要改革和新发展”，基本与检察制度无关③，检察院的地位及职权方面的内容并非重点。因此，按照“可改可不改的则不改”的工作思路④，尽快完成修宪的政治任务的总要求，1982 年《宪法》第 129 条延续

① 王桂五：《王桂五论检察》，中国检察出版社 2008 年版，第 389 页。

② 《最高人民检察院关于〈各级人民检察院侦查工作试行程序〉的说明》，载闵钐编：《中国检察史资料选编》，中国检察出版社 2008 年版。

③ 参见彭真：《关于中华人民共和国宪法修改草案的说明》，1982 年 4 月 22 日在第五届全国人民代表大会常务委员会第二十三次会议上。

④ 参见《彭真传》编写组编：《彭真传》(第 2 卷)，中央文献出版社 2012 年版，第 1437 - 1441 页。

《人民检察院组织法》第 1 条“人民检察院是国家的法律监督机关”的规定，“国家的法律监督机关”的法律定位“顺势”过渡至宪法定位，实现了从“入法”到“入宪”，标志着人民检察院性质的宪法定位最终定型。[①] 法律监督机关的宪法定位是由中国的政体、国体和国情所决定的，为现行的宪制烙上“中国特色”，契合了中国的宪制秩序。[②]

自 1982 年“法律监督机关”入宪后，四十多年的时间，《宪法》经历了 5 次修改，国家权力结构体系也因监察机关的入宪发生了重大调整，但检察机关的宪法定位始终未变，法律监督职能是检察机关的基本职能，也使得作为中国特有的宪法概念“法律监督机关”获得了宪法解释的空间。法律监督的内涵在不断地丰富与发展，主要有以下几个方面：一是对刑事诉讼活动的法律监督。自 1979 年《刑事诉讼法》颁布以来，《刑事诉讼法》经历了 1996 年、2012 年、2018 年 3 次修改，明确规定了对刑事诉讼的法律监督、司法工作人员职务侦查监督（《刑事诉讼法》第 19 条），批捕、发现确有错误的生效的刑事判决、裁定的抗诉监督（《刑事诉讼法》第 254 条）等。二是对民事诉讼活动的监督。1991—2021 年，《民事诉讼法》先后经历了 2007 年、2012 年、2017 年、2021 年、2023 年 5 次修改，不断完善人民检察院对民事诉讼活动的监督制度，从最初的对“民事审判活动实行法律监督”到对“民事诉讼实行法律监督”（第 14 条），由对生效的民事判决、裁定的抗诉监督到将对损害国家利益、社会公共利益民事调解的抗诉监督一并纳入（第 219 条），并且将民事执行活动纳入法律监督（第 246 条），并且有权对审判程序以外审判人员的违法行为提出检察建议（第 219 条）。三是行政诉讼监督和行政检察监督。《行政诉讼法》自 1989 年颁布，先后经历了 2014 年和 2017 年两次修改，有关人民检察院的法律监督职权愈加完善。现行《行政诉讼法》明确规定对行政诉讼实行法律监督（第 11 条），对生效的行政判决、裁

---

① 参见黄明涛：《法律监督机关——宪法上人民检察院性质条款的规范意义》，载《清华法学》2020 年第 4 期。

② 参见朱全宝：《法律监督机关的宪法内涵》，载《中国法学》2022 年第 1 期。

定的抗诉监督、检察建议和对损害国家利益、社会公共利益的行政调解的抗诉监督、检察建议（第93条），行政案件的受理、审理、裁判、执行的法律监督（第101条），对发现的侵害国家利益或者社会公共利益行政违法或不作为的行政检察监督（第25条）。四是公益诉讼监督，包括民事公益诉讼和行政公益诉讼。检察机关有权进行行政检察监督，督促行政机关依法履行职责。行政机关不依法履行职责的，人民检察院可提起行政公益诉讼（《行政诉讼法》第25条）。人民检察院发现破坏生态环境和资源保护、食品药品安全领域侵害众多消费者合法权益等损害社会公共利益的行为，若没有相应主体提起诉讼，可以提起民事公益诉讼（《民事诉讼法》第58条）。

从《宪法》及《人民检察院组织法》、三大诉讼法有关检察院制度的变迁中，我们可以从文义解释、历史解释、体系解释的角度，发现法律监督机关的宪法定位、法律监督与检察权的并行设置、法律监督机关与司法机关的并行构建恰恰是中国特色社会主义检察制度的重要内容。法律监督是检察机关的权能，涵盖了立案监督、审判监督、公益诉讼监督、执行监督和监所监督等基本内容，并在刑事侦查、审查批捕、审查起诉、提起公诉和公益诉讼等检察职权具体运用上体现法律监督职能。① 从逻辑学的角度来看，现行《宪法》第134条关于“人民检察院是国家的法律监督机关”的规定，人民检察院的外延已经周延，但国家的法律监督机关的外延并没有周延，不能从逻辑上排除其他国家机关所进行的法律监督。在宪法上，法律监督与人大监督均获得了宪法的授权，人大监督保证宪法、法律和法规被严格遵守和执行，但检察院的法律监督是对公权力的监督，是在人大监督位阶之下的监督，通过实施法律监督来具体落实人大监督，即法律监督对象是除了国家权力机关实施活动之外的公权力活动。“国家的法律监督机关”宪法化后十多年的时间一直未变，从结构解释的角度，契合“监督体系的持续发展”②，应该在当

---

① 参见朱全宝：《法律监督机关的宪法内涵》，载《中国法学》2022年第1期。

② 黄明涛：《法律监督机关——宪法上人民检察院性质条款的规范意义》，载《清华法学》2020年第4期。

前公权力监督的总体制度结构中去观察检察机关的角色以及与其他监督者的关联或异同，由此评估其独特的机构优势。[①] 随着国家监察机关的入宪，监察监督以一种新的权力监督方式登上历史舞台，宪法构建的权力监督体系发生变化，形成了以党的监督为根本，人大的监督为主导，检察监督、监察监督和审计监督相结合的权力监督体系。党的监督是政治方向的监督，人大监督是主导性的监督，检察监督是对公权力运行的监督，“在办案中监督，在监督中办案”[②]，监察监督是对所有公职人员的监督，审计监督是对财政收支和财务收支的监督。“法律监督机关”的宪法定位，也使得在权力监督存在空白的情况下，人民检察院应当伸出监督之手，尽管这要受制于其自身能力与资源及其他监督主体的具体监督情况。[③]

“人民检察院是国家的法律监督机关，是保障国家法律统一正确实施的司法机关，是保护国家利益和社会公共利益的重要力量，是国家监督体系的重要组成部分。”[④] 法律监督职能的实现主要依赖于检察官办案，社会公平正义的维护需要检察官在刑事检察、民事检察、行政检察、公益诉讼检察中自觉担当，真正在立案监督、审判监督和公益诉讼监督中承担起法律守护人的职责，在执行监督和监所监督中维护法律的正确统一实施。

中国检察机关是法律监督机关，并且是保障国家法律统一正确实施的司法机关，为中国检察官豁免权制度的构建奠定了宪法基础。法律监督机关的宪法定位为检察院成为国家权力监督体系的重要组成部分提供了坚实的宪制基础。检察机关的法律监督是对公权力的监督，是对事的监督。检察官是准司法官，决定了检察官在办案中履行监督职责，必须承担起法律监督者的职能，在法律监督新格局中担当法律的守护人；其依法独立行使检察权不受任

① 参见孙谦：《新时代检察机关法律监督的理念、原则与职能——写在新修订的人民检察院组织法颁布之际》，载《人民检察》2018 年第 21 期。

② 谢鹏程：《坚持“在办案中监督、在监督中办案”的检察理念》，载《检察日报》2021 年 1 月 22 日，第 3 版。

③ 参见姜明安：《论新时代中国特色行政检察》，载《国家检察官学院学报》2020 年第 4 期。

④ 《中共中央关于加强新时代检察机关法律监督工作的意见》，载《人民日报》2021 年 8 月 3 日，第 1 版。

何其他国家机关的干涉，作为办案主体，享有相应的独立判断和决定权，包括起诉与不起诉裁量权，目的是保障检察官能够公正地行使检察权，捍卫社会的公平正义。这恰恰契合了检察官豁免权维护公共利益的目的，为检察官豁免权提供了宪制保障，检察官履行法律监督职能的目的与设置检察官豁免权的目的契合，为检察官豁免权提供了制度上的保障。

（二）检察官职业保障制度

检察官是检察办案的主体，检察官的职业保障制度既是检察官依法独立、公正行使检察权的重要保障，又体现了检察官在法律职业共同体乃至整个社会中的身份地位与尊严，检察官的职业保障是否到位直接影响检察履职的充分性与有效性。检察官的职业保障制度包括身份保障制度和行为保障制度等。检察官身份保障是检察官的法律地位保障，“身份保障可以分为检察官办案的独立性和职业的终身制”①，行为保障是检察官履职行为不受非法干预和惩处。《宪法》第 136 条、《人民检察院组织法》第 4 条明确规定了，人民检察院依照法律规定独立行使检察权，不受行政机关、社会团体和个人的干涉。《检察官法》第 6 条规定，“检察官依法履行职责，受法律保护”。尽管宪法没有规定检察官独立行使检察权，但《人民检察院组织法》第 28 条规定了人民检察院办理案件，由独任检察官或两名以上检察官组成办案组办理。检察机关的法律监督职能与办案关系十分紧密，“在办案中监督，在监督中办案”，办案的主体是检察官，批准逮捕或不批准逮捕，提起公诉或不提起公诉，进行诉讼监督或不进行诉讼监督，对特定职务犯罪进行立案侦查或不立案侦查，提起公益诉讼或不提起公益诉讼都需要检察官对所承办案件在职权范围内就案件作出判断，并对作出的决定负责，检察官在承办案件时只受法律约束，不受行政机关、社会团体和个人的干涉，是检察官独立司法办案的具体体现。《人民检察院组织法》第 34 条规定，“检察官对其职权范围内就案件作出的决定负责”。《宪法》第 136 条、《人民检察院组织法》第 4 条的

---

① 周遵友、季美君：《德国检察官的职业保障及其对中国的借鉴意义》，载《中国法律评论》2020 年第 5 期。

规定是检察官独立办案的法律依据。检察官独立办案有宪法和法律的制度保障。检察官的独立受到检察一体制的制约，虽然不能与法官的独立相等同，但检察官独立行使检察权是检察官独立承担责任的前提，从而为检察官享有豁免权提供了制度支撑，若检察官不能在自己的职权范围内独立行使检察权，不能独立作出决定，根据权责一致的基本原则，则不能追究检察官的责任，检察官豁免权便会成为权力腐败的保护伞，也会失去存在的必要，缺乏正当性。

检察官身份保障还体现在检察人员实行分类管理制度中。2018 年新修订的《人民检察院组织法》规定，人民检察院的检察官、检察辅助人员和司法行政人员实行分类管理。对人员进行分类管理的目的是适应检察队伍专业化和职业化建设的需要，将检察官管理纳入单独职务序列，以专业等级为基础，提升检察官的政治地位和社会认可度。1995 年的《检察官法》只规定了“检察官的级别分为十二级。最高人民检察院检察长为首席大检察官，二至十二级检察官分为大检察官、高级检察官、检察官”，但没有将其与普通公务员序列相区别开。2019 年新修订的《检察官法》对检察官实行单独职务序列管理，检察官专业职务序列与行政职级完全脱钩，以专业等级为基础，从而将其与普通公务员管理相区别开来，将检察官等级细分为“四等十二级”，除首席大检察官外，依次逐等分为大检察官、高级检察官、检察官，等级上并无区别，不过明确规定了每一等级的检察官划分出来的几个层级。助理检察员和检察官助理两者名称相似，但性质和职责完全不同，原来的助理检察员属于检察官序列，实行检察人员分类管理后，检察官助理属于检察辅助人员，《检察官法》（2019）取消了助理检察员的规定，在概念上可以明确检察官的范围。专业化、职业化检察官职务序列管理大大拓宽了检察官（尤其是基层人民检察院检察官）的职业发展空间，能够增强检察官的职业荣誉感和使命感。检察人员分类管理制度及检察官单独职务序列管理制度清晰地界定了检察官的范围，将检察官助理与检察官区分开来。检察官豁免权的主体是检察官，检察官豁免权针对的是准司法行为，检察辅助人员和检察行政人员不属于豁免权的主体。检察人员分类管理和检察官单独职务序列管理制度是对检察官身份的保障，这种身份上的保障制度为界定检察官豁免权主体提供了制度基础。

检察官职业保障还体现在国家赔偿制度上。因检察官的履职行为造成受害人的权益遭受侵害的，受害人可以依《国家赔偿法》向检察机关提出赔偿申请，而不是向承办案件的检察官提出申请，是否同意赔偿与不赔偿的决定也是由检察机关作出。若申请人不服该决定，受害人还可以向人民法院提起诉讼要求赔偿，这使得受害人的权益得到切实保障。《国家赔偿法》所规定的国家赔偿主体是国家机关而不是国家机关工作人员，为国家机关工作人员包括检察官的责任豁免提供了基本的法律保障。根据《国家赔偿法》第16条规定，检察机关作为国家赔偿义务机关赔偿损失后，应当向有故意或者重大过失的检察官追偿部分或者全部赔偿费用，但仅限于第17条第4项和第5项的情形和第31条第2项的情形，即检察官在行使检察权过程中存在刑讯逼供或者以殴打、虐待等行为或者唆使、放纵他人以殴打、虐待等行为造成公民身体伤害或者死亡的；违法使用武器、警械造成公民身体伤害或者死亡的；在处理案件中有贪污受贿，徇私舞弊，枉法追诉行为的。至于其他情形，《国家赔偿法》并未规定检察机关可以向检察官进行追偿，这恰恰是对检察官责任豁免权的肯定，因为对国家公权力而言，法无授权即禁止，而对私权利而言，法无禁止即自由。《国家赔偿法》规定国家机关是赔偿义务机关，一方面是对受害人权利的保护，使得那些国家机关工作人员在履职过程中对其权利造成侵害的受害人的权利能得到救济，另一方面也是国家机关工作人员履职的保障，促进他们积极履职而不必担心成为国家赔偿义务主体，对于检察官而言，同样是对其履职的保障。国家对受害人的赔偿制度为检察官豁免权提供了制度基础。

（三）检察官司法责任制度

检察官“司法责任制”的提法最早出现在最高人民检察院《关于完善人民检察院司法责任制的若干意见》中。从近几年的司法体制改革历程来看，对检察官司法责任追究制度的强调远远大于对检察官职业保障制度的重视，检察官缺乏自主办案决定权，离权责统一的检察权运行机制的健全还有一段距离。为了巩固司法体制改革的成果，为深化司法体制改革提供合法依据，2018 年 10 月修订的《人民检察院组织法》第 8 条明确规定，人民检察院实行司法责任制，建立健全权责统一的司法权力运行机制。从此，司法责任制正式作为检察机关司法办案的法定制度，其重要性不言而喻。实行检察官司法责任制改革是司法体制改革中的重要改革内容之一，与法官司法责任制共同构成了司法体制改革的核心与关键。

检察官司法责任的实质是检察官的司法办案责任。无论是最高人民检察院 2015 年颁布的《关于完善人民检察院司法责任制的若干意见》，还是 2020 年的《人民检察院司法责任追究条例》，都明确列举了检察官司法责任的情形，其中故意违反法律法规责任的有 16 种情形、重大过失责任的有 11 种情形、监督管理责任的有 4 种情形，虽然表现形式存在差异，但都是检察人员在司法办案过程中违反检察职责的行为。与检察人员司法办案无关的违法违纪行为引发的责任不是司法责任，可以依照《刑法》《检察官法》《公职人员政务处分法》《监察法》《检察人员纪律处分条例》等有关规定追究相应责任。

从系统论的角度而言，检察官司法责任制是一项系统工程，办案检察官、独立自主决定权和司法责任是责任制系统中必不可少的要素，各要素之间需要相互配合，核心要素则为检察官的独立自主决定权。一方面，办案检察官是检察官司法责任的承担主体，但办案检察官的司法责任需要检察官独立自主决定权的支撑，这种检察官的自主决定权应与检察官司法责任一致，办案检察官如果缺乏自主决定权，则不应要求其承担司法责任，只有检察官真正享有并且敢于独立行使自主决定权，检察官才对自己享有决定权的司法办案行为承担司法责任，才能真正实现司法责任制的“谁办案谁决定，谁决定谁负责”的改革目的。权力与责任一致、办案权与决定权一致是检察官司法责任制的内在规律。另一方面，检察官司法办案责任制度与检察官职业专业化的定位相连，员额检察官制既体现检察官的专业化，又体现检察官的精英化定位。员额检察官经历了比较严苛的遴选，应是检察人员中的佼佼者或精英，应该被赋予足够的激励机制以提升检察官办案质量，而不是通过严厉的惩戒机制来弥补司法公信力的迷失。与检察官专业化和精英化追求相一致的检察官员额制度，更应体现对精英检察官的信任，重视对检察官职业的保障，因此应有相应的检察官司法责任豁免制度。检察官司法责任豁免可以使精英检察官不至于畏首畏尾，敢于行使自主决定权和独立行使决定权，检察官的独立自主权恰恰是符合司法规律的司法权运作的基本要义。因此，从系统论角度而言，检察官司法责任豁免制度恰恰是检察官司法责任制系统中的重要因素，也是检察官司法责任制目的能够得以实现的前提。可以说在检察官责任系统中，豁免是原则，责任是例外。

从认识论的角度而言，检察官不是完全理性的法律职业人，对法律事实的认定与对法律的理解认识能力不可能不出现偏差，如果偏差在合理的范围内，应该是可以容忍的。庞德认为："事实并不是现成地提供给我们的。确定事实是一个充满着可能出现许许多多错误的困难过程。错误认定导致过许多错判。为了预防舞弊和诈骗而规定各种办事规则和形式的必要性，由于一般安全的迫切需要牺牲了何止一个可贵的案件。"① 司法责任制的设计初衷是希望通过惩戒机制来提升司法质量、重塑司法公信力，设计者可能并未真正认识到人的认识能力的有限性，假定了检察官对法律事实的判断准确无误和法律的完美无缺。但法律事实与案件事实并不总是完全对接，检察官并不是案件事实的亲历者，只能依据证据作出对法律事实的判断，而这种判断不是纯事实的判断，受到其价值观、人生观、世界观等因素的影响，必然带有主观的判断，难以避免出现合理的误差。立法者不可能洞悉所有的法律需求，其立法能力并非无可挑剔，制定的法律具有概括性、抽象性的特点，并非能涵摄所有的法律事实，需要法律适用者在适用法律时对法律规则作出解释，

① ［美］罗斯科·庞德：《通过法律的社会控制》，沈宗灵译，商务印书馆1984年版，第29－30页。

而这种解释是建立在自己的认识理解能力的基础之上，可能会出现心理偏差。对心理偏差的研究表明，指责办错案的司法人员“业务素质和道德水准低下”是不适当的，因为这些心理偏差并非办错案的司法人员所独有，每个人（包括那些尚未被发现办过错案的司法人员）都可能受到这些心理偏差的影响。① 如果因检察官的认识能力不足追究办案检察官的司法责任，那么这种制度设计必须遭到诟病，也会遭到检察官的隐形抵抗，规避办案责任的风险。因此在设计检察官司法责任制时也必须充分考虑和容忍检察官认识能力不足，赋予办案检察官豁免权，保障检察官敢于行使自主决定权，更好地实现司法责任制改革的目标。

从平衡论的角度而言，检察官的权利配置与司法责任应该保持一种整体上的平衡关系，保证权利保障与供给抵消司法责任所带来的职业风险，避免出现权利保障与司法责任的失衡。《检察官法》明确规定了检察官权利与检察官义务与责任，但是未规定检察官豁免权。在现行司法体制改革强调司法责任追究的背景之下，对办案检察官职业权利保障构成新的侵害，权利保障与司法责任呈现出较为明显的失衡，豁免权作为检察官权利的保障恰恰能起到平衡作用。检察官司法责任制度为检察官豁免权提供了正当化的制度基础。

检察官豁免制度不仅有其存在的理论基础，也有其存在的制度基础，主要体现在我国《宪法》和《检察官法》中，《宪法》第136条规定，人民检察院依照法律规定独立行使检察权，不受行政机关、社会团体和个人的干涉。②《检察官法》第6条规定，检察官依法履行职责，受法律保护。但我国检察官豁免权的内容和界限到底是什么，立法中尚属空白。我们在严格检察官司法责任制的同时，也应弥补这一空白，一方面，我们不能照搬西方国家的检察官豁免权制度，但另一方面，又必须有所借鉴，在《检察官法》中应该明确检察官的豁免权及其界限。

---

① 参见黄士元：《刑事错案形成的心理原因》，载《法学研究》2014年第3期。

② 参见《宪法》第136条。

第四章
检察官豁免权制度的实证分析

第一节　美国检察官豁免制度的历史发展

美国检察官豁免制度起源于司法官员的绝对豁免制度，历经检察官民事责任绝对豁免到绝对豁免受到限制再到绝对豁免与相对豁免并行发展的历史阶段。美国最早确立司法官员豁免原则的是1868年的兰德尔诉布里格姆案（Randall v. Brigham），将司法豁免原则具体化为规则的是1871年的布拉德利诉费希尔案。可见，检察官豁免权源自兰德尔诉布里格姆案和布拉德利诉费希尔案所确立的司法官员豁免权。从1868年到1896年，经历了近三十年时间后，从司法官员豁免权到检察官豁免权，美国才真正确立检察官的民事责任豁免权。自1896年至1975年，美国检察官民事责任绝对豁免权制度得到了迅速发展，但1976年美国联邦最高法院通过伊布勒诉帕赫特曼案，确认了检察官绝对豁免权的界限，此后，对检察官绝对豁免权进行了限制，检察官相对豁免权与绝对豁免权进入平行发展阶段。

一、美国司法官员的绝对豁免（1868—1895年）

虽然有一些学者认为，美国早在1871年就已经确立了检察官绝对豁免权，但笔者认为，这种观点有待商榷。因为1871年的布拉德利诉费希尔案只是确立了司法豁免规则，司法豁免规则虽然包含了检察官豁免，但司法豁免毕竟最初只是指司法官员豁免，尚未明确检察官豁免。美国早在 1868 年 12 月通过兰德尔诉布里格姆案[①]确立了司法豁免原则，司法官员对其管辖范围内的任何司法行为免于民事诉讼；对超出其管辖范围的司法行为一般情况下也免于民事诉讼，不承担责任，除非法官超出其管辖范围的行为是恶意或腐败的行为。布拉德利诉费希尔案只不过对兰德尔诉布里格姆案确立的司法豁免原则进行了传承和肯定（但该案并没有确立检察官豁免权），由于该案与总统林肯被谋杀案密切相关，更加受到大家的关注。布拉德利是涉嫌谋杀总统林肯的犯罪嫌疑人约翰·H. 苏拉特的辩护律师，而费希尔是审理涉嫌谋杀总统林肯案的主审法官，美国司法部评注《全美检察准则》中的检察官豁免权时也引用了该判例。该判例所确立的司法豁免规则，即法官对其司法行为享有司法豁免权，不承担因司法行为引发的民事诉讼损害赔偿责任，无论司法官员的行为动机是什么，都受到绝对豁免权的保护。检察官是准司法官员，从这个角度而言，可以将该判例理解为检察官豁免权的源头，司法豁免是检察官豁免权的重要制度基础。虽然，布拉德利诉费希尔案只是确认了法官的绝对豁免权，但鉴于其在司法豁免权制度史上的重要影响和意义，它和兰德尔诉布里格姆案既确立了法官的司法豁免权，同时又作为检察官豁免权的渊源。

（一）兰德尔诉布里格姆案

1864 年 8 月，莱顿（Leighton）因盗窃罪被捕，因无力支付 400 美元的保释金而被关押于波士顿监狱，其辩护律师兰德尔（Randall）向马萨诸塞州的地方检察官提出中止起诉的申请，作为交换条件：莱顿加入美国陆军或海军服役。地方检察官对此未作出明确表示或进一步安排，兰德尔便让莱顿替代布朗（Brown）参加海军，自己则作为莱顿获释的担保人，与莱顿签署了一份协议，主要内容为：（1）莱顿替代布朗参加海军获得 400 美元，莱顿将不向兰德尔提出任何索赔，（2）兰德尔作为莱顿的担保人，莱顿支付兰德尔

① See Randall v. Brigham，74 U. S. 523（1868）.

400 美元保释金。[1] 兰德尔将这笔款项中的 110 美元分两次支付给了莱顿（兰德尔在莱顿入伍登船时给了他 10 美元。随后，他又支付给了莱顿 100 美元），其余则据为己有。

莱顿在服役几周后，由于家里贫穷，妻子和两个孩子都需要自己的帮助，多次向兰德尔索要入伍奖金 400 美元，但兰德尔认为他没有义务支付剩余的钱。于是，莱顿向其上司求助，希望上司为他主持公道。莱顿的上司便将此情况反映给了当时正在审理莱顿案的县大陪审团，该州高等法院的大法官布里格姆（Brigham）作为莱顿案的主审法官，因此传唤了兰德尔，兰德尔随后支付了莱顿认为他有权获得的入伍奖金 400 美元。[2]

法院认为，兰德尔与莱顿签订协议有敲诈勒索之嫌，兰德尔明知莱顿当时的处境，却诱使莱顿应征入伍，让他相信通过入伍的方式可获释。并且，兰德尔履行协议时也存在严重不当行为：先是否认其有义务向莱顿支付余下的费用，在有关部门对其职业行为进行调查之后才将 400 美元支付给莱顿，因此，违背了律师的职业伦理。据此，法院命令对兰德尔予以撤职，免除其在马萨诸塞州内的执业律师资格。兰德尔不服，提起对主审法官布里格姆的诉讼：诉称布里格姆法官在无合法授权的情况下，将其从律师协会予以除名的行为是肆意的行为，应承担该非法行为所造成的民事损害赔偿。布里格姆法官则辩称自己享有豁免权，因为除名是基于原告所提供的证据和州法院的记录所确定的基本事实所作出的决定，法官是代表法院所作出的决定。法院有权允许律师执业，也有权在听取了作为被投诉对象的律师的意见后，因其确实存在欺骗、渎职或其他严重不当行为而将该律师免职。即使法院在将律师除名时超出其管辖范围，法官也享有豁免权。马萨诸塞州高等法院于 1868 年 12 月作出判决，认为法院对律师的录用和

---

① 美国的新兵入伍之初可获得一笔入伍奖金，由于莱顿是替代布朗加入海军服役，布朗应当将这笔入伍奖金支付给顶替他入伍的莱顿，共计 830 美元，但这笔奖金交付给了兰德尔。兰德尔与莱顿的协议就是莱顿将获得 400 美元的入伍奖金，另外 400 美元用来抵付莱顿的保释金。

② See Randall v. Brigham，74 U. S. 523（1868）.

免职属于司法行为，将兰德尔免职的行为属于法院作出的司法行为，布里格姆无须承担民事损害赔偿。[①]

兰德尔诉布里格姆案的意义在于：（1）为美国南北战争后即着力确认的法官豁免权确立了司法豁免的基本原则，司法豁免是司法官员对其司法行为免于民事诉讼，不承担民事责任。该原则适用于所有治安法官，他们对在其管辖范围内进行的司法行为不承担民事损害赔偿责任。但对于具有一般管辖权的法官，无论是在其管辖范围内还是在其管辖范围之外，只要其行为是司法行为，在自己的职责范围内均受到司法豁免权的保护，甚至在超出其管辖范围的前提下，也免于承担民事责任。如果不忠、腐败、专横、不诚实或出现偏袒，他们可能会因弹劾而被追究责任，并被免职，但他们不对其司法行为承担民事责任，无论这些行为可能多么有害，无论他们应受到多少谴责。[②]超越了法官管辖范围的恶意或腐败的非司法行为不受豁免权保护。（2）明确了法官豁免的根本意义——为法官错误司法履职（包括恶意履职）提供保护。如果法官正确履职，所作出的判决或决定没有出现错误，法官不需要保护，因为决定本身的正确性将为他们辩护。如果法官不正确履职，恶意履职，出现错误的话，则法官需要豁免权的保护，免于为其错误承担个人责任。如果说只有在不需要保护的情况下，他才应该受到法律保护，这种观点是荒谬的。法官应该对其司法行为享有豁免权的理由，一方面是减少法官司法时的个人担忧，如果法官在审理某一个案件时均需要考虑自己可能会在某一方认为自己受害的情况下受到起诉，可能会在另一个民事诉讼中为他的行为辩护，那么，他在履职时可能会畏首畏尾；另一方面是更好地为公民的人身或财产提供保护，“民事诉讼的豁免是为了公众，而不仅仅是为了保护法官”[③]。

（二）布拉德利诉费希尔案

1867 年6 月10 日至8 月10 日，约翰·H. 苏拉特因涉嫌谋杀总统林肯在

① See Randall v. Brigham，74 U. S. 523（1868）.

② See Randall v. Brigham，74 U. S. 523（1868）.

③ Randall v. Brigham，74 U. S. 523（1868）.

哥伦比亚区刑事法院受审，布拉德利为约翰 · H. 苏拉特的辩护律师。1867 年 7 月 2 日法院审理该案休庭时，布拉德利走到主审法官费希尔法官面前，并对费希尔进行人身威胁。但没承想，法院竟先下发命令，将布拉德利从哥伦比亚区刑事法院及哥伦比亚区最高法院的执业律师名单中予以除名，即剥夺了布拉德利的执业权。[①] 布拉德利随后提起了对法官费希尔民事损害赔偿的诉讼，指控理由如下：（1）被告费希尔恶意将原告从地区最高法院执业律师名册中予以除名的命令严重侵害了原告享受其职务并获刑的权利；（2）将布拉德利从执业律师名册中除名的命令中所包含的几项陈述不真实；（3）法院发布该项命令之前没有通知原告，违反正当程序。布拉德利还声称，正是由于费希尔的行为，自己被剥夺了律师执业权，从而也失去了他本可以从律师的职位中获得的薪酬，布拉德利向费希尔索赔 20，000 美元赔偿金。被告费希尔则坚持认为自己在合法行使其作为主审法官的权力，其行为属于司法行为，因而不应负个人责任。费希尔作为主审法官对布拉德利有管辖权和酌情命令权，并且免于民事诉讼，原告无权索赔[②]。原告布拉德利不服判决，提起上诉。

负责审理该案的最高法院法官们的意见尽管不完全一致，但所有法官在“关于法官的司法行为可免于民事诉讼”的意见上不存在任何分歧，从而也确立了司法豁免权。法院在终审判决中指出，鉴于所有法院都享有将律师从其作为执业律师的名册中撤职的权力，哥伦比亚特区刑事法院虽然是与哥伦比亚特区最高法院不同的独立法院，但作为一般刑事管辖法院，同样拥有将原告撤职的权力。当然，法院在行使这种撤职权力时应当有充足理由，例如律师在司法执业中藐视法庭，公开在法庭上或在法官在场的情况下不尊重法院和法官。哥伦比亚区刑事法院的主审法官费尔德（Field）认为，法官对其

---

① 律师在被允许进入律师协会时就承担了相应的义务：在法庭上遵守礼貌行为规则，不得在法庭上对司法行为发布侮辱性语言和实施冒犯性行为。由于 Bradley 是在审判诉讼期间扬言向法官进行个人惩罚的，这是公开藐视法庭，是律师在法庭外向法官提出个人惩罚的威胁，这是法院发布命令将 Bradley 从法庭执业律师名册中罢免或剔除的原因。

② Bradley v. Fisher，80 U. S. 335，20 L. Ed. 646，13 Wall. 335（1871）.

司法行为免于民事诉讼即享有豁免权，即使此类行为超出其管辖权，并且据称是恶意或腐败的；或者，即便是在明显缺乏对该事项的管辖权的情况下做出的司法行为。[①]“司法官在其管辖范围内就其争议事项进行的所有司法行为均可免于民事诉讼……即使超出其管辖范围，法官也同样免除责任。”[②] 该案所体现的法官们关于司法豁免的分歧主要在于：如果法官的司法行为是恶意的或不道德的，是否同样享有豁免权。大多数意见认为，无论司法行为的动机善意与否，法官都享有绝对豁免权。“法官的民事责任豁免也不能受到其司法行为动机的影响。”[③] 尽管参与审理该案的两位法官戴维斯（Davis）与克利福德（Clifford）持否定意见，他们不同意“如果所控诉的司法行为是恶意或腐败的或不道德的，法官同样免除责任，享有豁免权”这种观点，但法院最终的判决确认了法官对其司法行为享有绝对豁免权，并且给出了无须考虑法官司法行为动机的理由：如果可以对法官司法行为的动机进行质疑，那么无论法官的恶意动机是否真实存在，败诉方随时可以提起对法官怀有恶意动机的指控，甚至无理取闹。

兰迪·布洛克（Randy Block）教授对各州的法官绝对豁免权进行调查研究后发现，自布拉德利诉费希尔案后，仅1871年全美37个州共13个州陆续确立了法官绝对豁免权，其余绝大多数州都未确立司法官的绝对豁免权。[④] 赋予司法官绝对豁免权意味着不应考虑司法官的司法行为动机，“如果他们在其管辖范围内行事，他们就免于任何民事赔偿诉讼。无论他们的动机是什么，他们都不应被审查”[⑤]。随着要求官员承担侵权民事责任的诉讼增

---

① 事实上该法院于1868年12月审理的Randall v. Brigham已经确立了司法责任豁免的一般原则，司法官员对其管辖范围内的任何司法行为免于民事诉讼；有人认为，比较低级法官的司法行为应限定在其管辖范围内，但对上级法官而言即使此类行为超出其管辖范围也免于民事诉讼，不承担责任。只不过大家一般认为Bradley v. Fisher确立了司法责任豁免原则。

② Bradley v. Fisher，80 U. S. 335，20 L. Ed. 646，13 Wall. 335（1871）.

③ Bradley v. Fisher，80 U. S. 335，20 L. Ed. 646，13 Wall. 335（1871）.

④ See J. Randolph Block，*Stump v. Sparkman and the History of Judicial Immunity*，1980 Duke L. J.，p. 899.

⑤ Cooke v. Bangs，31 F. 640（1887）.

加，司法官的范围也不再局限于法官，不仅延伸到律师，而且延伸到陪审团的陪审员。在没有充足证据或起诉没有可能原因的情况下，大陪审团可能会恶意起诉，大陪审员在整个诉讼过程中受到保护，以及作为大陪审团成员，不论是恶意还是没有什么根据的起诉，都不能因为他所说或所做的事即恶意起诉的行为而对受害方负责。随后大陪审员的这种特权也延及小陪审员，小陪审员对其在审议期间作出的任何陈述不需要承担责任，即享有豁免权。

二、美国检察官民事责任绝对豁免（1896—1975年）

美国从1868年确立司法官员的绝对豁免权到1896年确立检察官的民事责任豁免权经历了近三十年时间。而自1896年至1927年，美国检察官民事责任绝对豁免权制度得到了迅速发展。

（一）格里菲斯诉斯林卡德案（Griffith v. Slinkard）

1896年的格里菲斯诉斯林卡德案首次真正确认检察官的绝对豁免权。① 原告格里菲斯（Griffith）指控称：1893年，穆林斯（Mullins）因故意放火烧毁了价值400美元的谷仓以骗取保险金，涉嫌恶意投保；大陪审团虽然决定指控穆林斯，但认为格里菲斯不是该案的共犯，其行为不构成犯罪，决定不起诉格里菲斯；但检察官斯林卡德（Slinkard）仍然恶意将格里菲斯的名字列入大陪审团指控名单中。因格里菲斯涉嫌保险欺诈，印第安纳州提起了对他的诉讼，但最终撤销了对其所有指控。格里菲斯终获无罪后向印第安纳州最高法院提起对检察官斯林卡德的诉讼，诉称检察官斯林卡德恶意侵害了他的权利，要求法院判决检察官斯林卡德承担民事损害赔偿责任，但印第安纳州最高法院驳回了该诉讼。法院的理由是检察官是负责起诉的法律官员，属于司法官员。当检察官执行司法性质的任务时，必须作出判断，因此不受行为动机和行为方式的影响，无论其动机是多么恶劣，他都免于民事诉讼，不

① See Griffith v. Slinkard, 146 Ind. 117, 44 NE. 1001 (Ind. 1896).

承担民事责任。因此，斯林卡德即便恶意将原告的名字加入指控名单，也不需要承担民事责任。[1] 检察官享有绝对豁免权，是因为检察官必须对事实作出判断，是在履行司法职责，在角色地位上等同于司法官员，理所当然地享有与法官同等的民事责任绝对豁免权。

检察官作为准司法官员受到绝对豁免权的保护。自 1896 年真正确立检察官绝对豁免权制度之后的二三十年间，美国陆续出现了一些检察官民事责任豁免的案例，如 1915 年的迈克尔诉马森（Michael v. Matson）案和 1917 年的史密斯诉帕尔曼（Smith v. Parman）案。在这些案件中，法院将公诉检察官的职能与大陪审团的职能进行了比较，认为公诉检察官在决定是否应该提起某项检控时，与大陪审团的职能大致相同。如果犯罪嫌疑人最终被判无罪，可能会对公诉检察官提起 1983 条款诉讼，要求其承担民事责任。公诉检察官可以以豁免权为由进行辩护，授予法官、陪审员豁免权的理由同样适用于公诉检察官，公诉检察官对自己的履职行为不应承担民事责任。

（二）亚塞利诉戈夫案（Yaselli v. Goff）

亚塞利诉戈夫案的重要意义在于确立了准司法官（quasi judicial officer）的概念，“美国检察官，如果不是司法官员，至少也是政府的准司法官员，行使重要的司法职能并参与执法”[2]，因此，检察官作为准司法官员受到绝对豁免权保护。该案的简要案情如下[3]：盖伊·D. 戈夫（Guy D. Goff）（时任司法部长的特别助理）与另一名检察官，向美国纽约南区地方法院提起诉讼，指控 E. 保罗·亚塞利（E. Paul Yaselli）（时任意大利 Star Line 公司的总裁）及其所任职的公司与其他公司共谋，欺骗美国通过该公司从美国海运委员会购买自由之地蒸汽船（steamship Liberty Land）。法院于 1921 年 12 月 6 日经审理后判决亚塞利无罪释放。亚塞利随后提起对戈夫的民权诉讼，指控称，戈夫被任命为司法部长特别助理之前，就曾密谋恶意提起诉讼，事情的

① See Griffith v. Slinkard, 146 Ind. 117, 44 NE. 1001 (Ind. 1896).

② Yaselli v. Goff, 12 F. 2d 396 (1926), 56 A. L. R. 239.

③ See Yaselli v. Goff, 12 F. 2d 396 (1926), 56 A. L. R. 239.

起因是戈夫任命为意大利 Star Line 公司的接任人，但由于作为 Star Line 公司总裁的原告反对这一任命，戈夫威胁亚塞利要把他送监狱，作为计划的一部分，戈夫须获得任命为司法部长助理，以便提起针对亚塞利的调查和起诉。获得任命后，戈夫与另一名检察官试图利用这种任命作为盾牌和伪装来保护其行为，虽然已经执业 20 年，在非常熟悉民事和刑事法律程序的情况下，仍然恶意使用大量具有误导性的虚假传闻证词和证据，误导陪审团，严重侵害了其民事权利，因此要求被告戈夫等赔偿 300, 000 美元。被告戈夫答辩称他作为美国司法部长的特别助理，接受任命协助调查和起诉原告的违法行为是其职责所在。

1926 年 5 月，法院最后驳回了亚塞利的诉讼，但亚塞利诉戈夫案具有很大的意义，第一次提出准司法官的概念，检察官作为准司法官，与其他司法官员一样被赋予绝对豁免权。“如果美国的检察官不是司法官，至少是政府的准司法官。检察官不仅行使重要的司法职能，而且参与执法。赋予法官、陪审员、律师和政府执行官员豁免权的理由也同样适用于检察官。”① 正因为检察官是准司法官，那种认为美国的公诉检察官仅仅是在执行法律而不应享有豁免权的说法，违反了公共政策及基本的法理。美国司法部长的特别助理在履行准司法职责时，免于民事诉讼，享有绝对豁免权。豁免权以公共政策原则为基础，公共利益要求占据这些重要职位并与政府司法部门关系密切的人员，在履行其重要的司法职能时，应该自由而无畏地发言和行动，公共利益同样要求检察官在履行准司法职责时自由无畏地履行职责。因此，亚塞利诉戈夫案的另一个重要意义在于论证了检察官豁免权正当性的理论基础。

（三）检察官民事责任绝对豁免权受到限制

从 1928 年至 1975 年，随着 1983 条款诉讼的减少，检察官豁免权制度处于缓慢发展时期，直到 1951 年的坦尼诉布兰德霍夫（Tenney v. Brandhove）案，美国联邦最高法院法官第一次阐明了官员责任的豁免问题，强调了绝对

① Yaselli v. Goff，12 F. 2d 396（1926），56 A. L. R. 239.

豁免权产生于议会为保护其成员免遭官方报复的斗争，论证了立法豁免权的必要性，议员可以自由发言而不必担心司法干预。该案的基本案情如下[①]：威廉·布兰德霍夫（William Brandhove）认为坦尼（Tenney）等加利福尼亚立法委员会成员侵害了其受平等保护的民事权利，向法院提起 1983 条款诉讼，指控称被告侵犯了他的权利。但是法院驳回了其诉讼，随后布兰德霍夫提起上诉，上诉法院推翻了原判决。坦尼等加利福尼亚立法委员会议员们随之上诉。法院认为立法者不受威慑、不受限制地履行其立法职责，不是为了私人利益，而是为了公共利益。"为了使议员能够坚定和成功地代表公众履行其职责，行使立法权，议员应该享有充分的言论自由，并且应该保护他免受每一个人的怨恨。"[②] 因此，立法豁免权同样适用于 1983 条款诉讼，适用范围限制在立法职能范围内。最高法院裁定，以立法者身份行事的州立法者对 1983 条款诉讼引起的损害赔偿责任享有绝对豁免权。对以非立法者身份行事但其行为属于立法职能行为（通常该行为属于立法程序的一个组成部分）同样适用立法豁免权；立法豁免权不适用于立法职能之外的活动。立法豁免权保障议员们对其立法职责内活动的绝对豁免权，但是不能以法律作为幌子去侵害别人的受宪法保护的权利，否则将对受害方负责。[③] 坦尼诉布兰德霍夫的意义在于确立了官员对其履职行为享有豁免权的根本目的在于维护公共利益，且豁免权仅限于保护职务行为。

随着不端行为被不断曝光，人们对检察官绝对豁免权产生质疑，在理论界产生了绝对豁免权与相对豁免权之争，部分学者认为检察官绝对豁免权会引发道德风险，如果立法、执法、司法方面仍然放纵，无所作为，检察官将有可能继续利用强有力的刑事诉讼之剑，肆无忌惮地损害刑事被告的权利，因此，司法实践中，检察官绝对豁免权受到限制。

---

① See Tenney v. Brandhove, 341. U. S. 361 (1951).

② 转引自 Margaret Z. Johns, *Reconsidering Absolute Prosecutorial Immunity*, 2005 Brigham Young University Law Review, p. 75 (2005).

③ See Tenney v. Brandhove, 341. U. S. 361 (1951).

1955 年的李维斯诉布兰蒂根案（Lewis v. Brautigan）[①] 将检察官的调查行为排除在检察官的豁免权之外，确立了检察官的相对豁免权。在该案中，被告布兰蒂根（Brautigam）（佛罗里达州第十一司法巡回法院的州检察官），于 1953 年 10 月 14 日串谋，以州检察官办公室的名义提交了一份请愿书[②]，请求法院下令将李维斯（Lewis）从戴德县监狱转移到州立监狱，并且不通知李维斯的律师。获得法院的转移令后，随即将李维斯从戴德县监狱秘密转移到距迈阿密约 300 英里的佛罗里达州立监狱。李维斯在州立监狱被单独羁押，因不愿按检察官的要求将无罪抗辩改为有罪抗辩，既不愿接受辩诉交易，又无法向其律师求助，每天都遭受威胁和恐吓，每次都要接受长达几小时的讯问，被折磨了大约十天后，在布兰蒂根的指示和命令下，李维斯被迫跟重罪犯一样穿上囚服为一部电影摆拍剧照。无奈之下，李维斯被迫同意认罪，才得以被转回迈阿密。后来李维斯提起对州检察官布兰蒂根的诉讼，称被告等侵犯了其受宪法保护的无罪抗辩权，要求被告承担包括惩罚性赔偿在内的共 15 万美元的民事损害赔偿。李维斯诉布兰蒂根案中，检察官的绝对豁免权受到限制，理由是：并非检察官的所有履职行为均受到豁免权的保护，只有准司法行为才受到绝对豁免权的保护，检察官虽然是准司法官员，但行使自由裁量权时同样须履行相应义务，未经法律授权行事，不能以其公职身份行事为由进行抗辩而免于承担责任。如果州检察官指示下令检察官办公室工作人员及其他公职人员强迫原告认罪，这种行为不属于准司法行为，可归为对犯罪嫌疑人的调查行为，那么他的责任不亚于执行他命令的人，即检察官也应承担责任。

上诉法院也有检察官绝对豁免权受到限制的判例，如罗比肖诉罗南案（Robichaud v. Ronan）[③] 中的检察官罗南（Ronan），因其行为偏离了准司法

---

① See Lewis v. Brautigan, 227 F. 2d 124, 125 (5th Cir. 1955).

② 被告人布兰蒂根等知道该请愿书缺乏法律根据，违反了佛罗里达州有关囚犯转移的法律，即将犯罪嫌疑人由一个监狱转移到另一个监狱，只能在州长的要求下才能进行，而且只能转移到另一个县的监狱，但不能由县监狱转移到州监狱。

③ Robichaud v. Ronan, 351 F. 2d 533 (9th Cir. 1965).

官的行为[①]，只能受到有限豁免权的保护。年仅16岁的特蕾莎·罗比肖（Robichaud）因涉嫌一起谋杀案，被控犯有一级谋杀罪，被羁押早期，既没有被预审，又未被告知有获得律师帮助的权利，而且与成年女性囚犯一起被关在"酒鬼禁闭室"（drunk tank）中长达25天。被监禁期间，检察官罗南带她前往被指控的犯罪现场，试图通过诡计和欺骗获得她的有罪供认，但没有成功。特蕾莎·罗比肖最终因人身保护令而获释。后来因有一名男子承认了被指控的谋杀罪，罗比肖被证明无罪。特蕾莎·罗比肖获释后，提起对检察官罗南的民事诉讼，指控被告罗南拒绝提供证据或进行预审，非法剥夺其自由，给她造成巨大的身心伤害，侵害了其受宪法保护的权利。法院在审理该案时，认为检察官的行为偏离了准司法官的行为，当检察官的行为与司法程序的关系不是密切相关时，检察官的豁免权受到限制。"准司法甚至司法职位本身并不能免除官员对非法行为的责任，该非法行为并不构成司法程序的组成部分。"[②]

还有1973年的汉普顿诉芝加哥市案（Hampton v. City of Chicago）。原告汉普顿（Hampton）对14名芝加哥警察及其他15名被告［包括检察官汉拉罕（Hanrahan）、3名助理检察官、7名警察及戴利（Daley）市长在内］提起诉讼，指控称，14名警察在1969年打着法律的幌子，采取极端的、甚至致命的暴力非法强行闯入公寓，其他15名被告则滥用法律，密谋对其进行监禁和起诉，这些被告侵害了其受宪法保护的若干权利。原告要求地方法院根据《联邦民权法》和伊利诺伊州法律，判决被告承担惩罚性损害赔偿。地方法院虽然认定了指控属实，但驳回了对其余15名被告的所有赔偿请求。地方法院认为，检察官受到准司法豁免权的保护，对被上诉警察、市长戴利和警司康利斯克的指控不充分，市和县不是联邦民事意义上的"人"。但地方法院认为州豁免条款不保护被告人违背《联邦民权法》的行为，检察官汉拉罕和助理州检察官索尔斯基（Sorosky）和梅尔特雷格（Meltreger）授意或允许

① 蓝向东：《美国检察官的民事责任豁免权》，载《中国检察官》2006年第9期。

② Robichaud v. Ronan, 351 F. 2d 533 (9th Cir. 1965).

警察采取极端的、甚至致命的暴力行为对付被搜查者，剥夺了原告等的宪法权利，显然超出了他们的准司法豁免范围，因此，检察官及助理州检察官授意警察滥用侦查权的行为不能被豁免。[①]

1928 年至 1975 年是检察官豁免权制度缓慢发展时期，检察官绝对豁免权虽然受到了限制，检察官有限豁免权仍然有其存在的空间。综观上述案例，检察官豁免权受到限制的理由通常是检察官的履职行为不是准司法行为，但检察官的准司法行为还是会受到豁免权的保护。

三、美国检察官民事责任绝对豁免与相对豁免并行发展（1976 年以后）

自 1976 年后，理论界围绕检察官绝对豁免权与检察官有限豁免权展开激烈的争论，进入由绝对豁免权制度受到限制到绝对豁免与有限豁免权并行发展阶段。美国联邦最高法院通过 4 个典型案例［一是伊布勒诉帕赫特曼案[②]，二是伯恩斯诉里德案（Burns v. Reed）[③]，三是巴克利诉菲茨西蒙斯案[④]，四是卡琳娜诉弗莱彻案（Kalina v. Fletcher）[⑤]］，运用职能分析方法区分了检察官的准司法行为和侦查行为、行政管理行为，对前一类行为即准司法行为适用检察官绝对豁免权，对后两类行为适用检察官相对豁免权。自 1976 年联邦最高法院对绝对豁免权和有限豁免权进行了界分，更多地适用检察官有限豁免权而不是绝对豁免权，直到 1993 年 6 月的巴克利诉菲茨西蒙斯案完全适用有限豁免权。甚至有学者认为巴克利诉菲茨西蒙斯案是联邦最高法院对检察官绝对豁免权适用的终止。从伊布勒诉帕赫特曼案到巴克利诉菲茨西蒙斯案，这是美国检察官绝对豁免权制度发展到有限豁免权制度阶段。

（一）伊布勒诉帕赫特曼案

伊布勒诉帕赫特曼案[⑥]是美国检察官豁免权制度发展史上的经典案例。

---

① Hampton v. City of Chicago，484 F. 2d 602.

② See Imbler v. Pachtman，424 U. S. 409，47 L. Ed. 2d 128.（1976）.

③ See Burns v. Reed，500 U. S. 478（1991）.

④ See Buckley v. Fitzsimmons，509 U. S. 259（1993）.

⑤ See Kalina v. Fletcher，522 U. S. 118（1997）.

⑥ See Imbler v. Pachtman，424 U. S. 409 47 L. Ed. 2d 128.（1976）.

伊布勒是一起刑事错案的受害人，而当时指控伊布勒犯罪的检察官就是帕赫特曼。伊布勒认为正是因为帕赫特曼检察官未出示他不在犯罪现场的证据，其受宪法保护的权利遭受侵害，帕赫特曼应承担民事损害赔偿个人责任，但最高法院最终确认检察官帕赫特曼享有绝对豁免权。具体案情如下。

1961 年 1 月，加利福尼亚州发生了两起抢劫杀人案，前后相差 10 天。当第一起案件发生时，两名男子试图抢劫莫里斯·哈森（Morris Hasson）经营的一家洛杉矶市场，其中一名男子向哈森开了致命的一枪后，分头逃窜。第二起案件发生在 10 天后，其中一名抢劫犯伦纳德·林戈（Leonard Lingo）在波莫纳（Pomona）抢劫时被杀死，但他的两名同伙当时逃脱了，其中一名同谋保罗·伊布勒在第二天自首。洛杉矶地方检察官由此认定第一起案件是由伊布勒和林戈（Lingo）共同实施的，其中致命的一枪是由伊布勒所开，即伊布勒杀死了哈森。

检方指控伊布勒犯有一级谋杀重罪，其掌握的证据包括目击证人：哈森的妻子和三名男子，哈森的妻子指认林戈，三名男子指认伊布勒。三名男目击证人目击袭击者逃离市场，并且在经历严格的交叉质询后，依然肯定伊布勒就是枪手。第一名男证人阿尔弗雷德·科斯特洛（Alfred Costello）是主要的目击证人，他作证说清楚地看到枪手从市场上出现，并且肯定伊布勒就是枪手。第二名证人则是目击枪手最终逃脱的停车场服务员，该服务员指认说，他从侧面和正面看清了枪手就是伊布勒。此外，还有一名当时正要离开市场的客户作证称：劫匪进入市场时看起来就像伊布勒。但哈森太太作为目击证人作证时称：由于枪手戴的帽子遮住了他的脸，她看不清枪手的模样，只是从警方提供的照片中指认杀手的同伴是林戈。伊布勒则否认谋杀，并且提供了相反的证据。一是有证人能够证明自己不在现场：波莫纳抢劫案中的另一名帮凶梅斯（Mayes）作为证人，能够证据证明自己不在第一起抢劫案的犯罪现场，二是没有犯罪时间，有证人能够证明在哈森被杀害当晚，伊布勒与其他几个人一直在一起，直到波莫纳抢劫案发生的前一天早上才第一次见到林戈。

尽管存在相互矛盾的证据，但检方依然提起了对伊布勒的指控，陪审团则认定伊布勒犯有谋杀罪，法院据此判处伊布勒死刑。伊布勒不服，提出上诉，加利福尼亚州最高法院维持原判。在判决后不久，曾在伊布勒审判中担任检察官的帕赫特曼，基于检察官客观义务的信仰——"无论所看到的事实是否对案件有帮助，检察官都有义务公平地披露"[①]，写信给加利福尼亚州州长，称在审判后发现了有关伊布勒不在犯罪现场的确凿证据，检方的主要证人科斯特洛的证言不可信。帕赫特曼还指出，在审判之前，伊布勒的律师已经获得了伊布勒不在犯罪现场的证据，但未披露这一证据。与此同时，伊布勒向加利福尼亚州最高法院递交了人身保护令，检方的主要目击证人科斯特洛撤回了自己的证言。伊布勒的证人依然能够证明他不在现场，其律师则指控检察官使用了虚假证词和压制了物证。最后加利福尼亚州最高法院仍然驳回了伊布勒的人身保护令。但 1964 年法院将伊布勒由死刑判决改为终身监禁。1967 年末、1968 年初，伊布勒以同样的理由向联邦地方法院提交了联邦人身保护令申请，联邦地方法院根据先前记录发现了伊布勒案审判中的 8 处国家不端行为[②]，除非加利福尼亚州最高法院在 60 天以内重审伊布勒并且经过重新听证后才能拒绝颁发人身保护令，否则，必须给伊布勒颁发人身保护令。但加利福尼亚州最高法院没有重审伊布勒，而是选择释放伊布勒，伊布勒终获自由。

随后，伊布勒于 1972 年 4 月根据《美国法典》第 42 编第 1983 条[③]对帕

---

① Imbler v. Pachtman，424 U. S. 409 47 L. Ed. 2d 128. （1976）.

② 其中 6 处是在科斯特洛的证词中发现的法院认为起诉有罪使用误导性或虚假证言的罪行。另外 2 处就是压制有关对伊布勒有利的证据，这些证据是由一名在审判时作证的警察指纹专家作出的。

③ 《美国法典》第 42 编第 1983 条的原文："Every person who，under color of any statute，ordinance，regulation，custom，or usage，of any State or Territory or the District of Columbia，subjects，or causes to be subjected，any citizen of the United States or other person within the jurisdiction thereof to the deprivation of any rights，privileges，or immunities secured by the Constitution and laws，shall be liable to the party injured in an action at law，suit in equity，or other proper proceeding for redress. ""任何人以州或地区或哥伦比亚特区的法令、条例、规章、习俗或用法的名义或幌子，剥夺美国公民或其管辖范围内的其他人受宪法和法律保障的权利、特权或豁免权，都应对在法律诉讼、诉诸公平或其他适当的补救诉讼程序中受到损害的一方负责。"

赫特曼及警察指纹专家和洛杉矶警察署的其他官员提起诉讼，要求帕赫特曼等进行损害赔偿。伊布勒指控称，帕赫特曼明知测谎仪测试能够证明伊布勒清白仍坚持提起了对他的诉讼，向法院所呈示的证据中包括了警察艺术家制作的凶手的素描（但该素描被做了手脚）；伊布勒指控帕赫特曼“有意或粗心大意”地允许科斯特洛提供虚假证词，并且故意使用虚假证言，在审判中隐藏（压制）了物证。正是因为帕赫特曼等的行为最终使自己丧失自由严重侵害了其受宪法保护的权利，要求每位被告赔付 270 万美元的惩戒性赔偿金，加上 15, 000 美元的律师费。检察官帕赫特曼则根据 Fed. Rule Civ. Proc. 12（b）（6）提出动议，要求驳回起诉，地方法院认为，帕赫特曼的行为属于传统检察官的职能行为，享有绝对豁免权，免于承担民事赔偿责任，因此，驳回了伊布勒提起的诉讼。[①]

伊布勒不服地方法院的判决，上诉至联邦最高法院。联邦最高法院认为检察官对其履行行政管理职责和侦查职责的行为只享有有限豁免权，而不是绝对豁免权，但检察官对其职权范围内的司法行为有绝对豁免权，不需要对自己的司法行为造成的民事损害承担赔偿责任。其理由如下：如果检察官每次履行司法职责时都必须考虑其行为的后果，即必须考虑个人可能承担的民事责任，瞻前顾后，那么他有可能不积极行使其职权，最终给刑事司法带来不利的影响；如果检察官不享有绝对豁免权，不得不转移其时间和精力去应对诉讼，那么他不能集中精力去履行职责，也会背负无尽的负担。检察官披露对被告有利或无罪的证据是检察官的客观义务，但是，即便在审判中检察官使用伪造的证词、故意隐瞒无罪的信息或未能充分披露所有证据等，检察官绝对豁免权也无一例外地适用检察官所有的司法行为，即检察官绝对豁免权意味着不需要考虑检察官的动机。

在伊布勒案中，伊布勒对检察官帕赫特曼的指控是检察官知道或应该知道证人科斯特洛在某些方面作了虚假陈述，却压制了有关伊布勒的无罪证据

---

① Imbler v. Pachtman, 416 U. S. 409 47 L. Ed. 2d 128.（1976）.

和有关证人科斯特洛信誉的证据。然而，检察官在审判前并不知晓指纹专家的证据及其他无罪证据；检察官没有披露测谎结果的义务，伊布勒声称的检察官压制测谎结果的有关证据在该案中难以被接受。在伊布勒被确定为被告之后，警察艺术家并没有改变复合素描，所以检察官不存在压制或改变这一证据。也就是说伊布勒所提出的指控均不成立。因而，检察官在该案中仍然享有绝对豁免权，最高法院法官鲍威尔（Powell）认为，如同立法官员享有绝对豁免权一样，司法官员在其履行其司法职责时依然享有绝对豁免权，检察官作为国家公诉人，其职能不仅限于在法庭上出庭，而且包含了起诉之前必须进行的准备活动，检察官在其职责范围内，对其提起刑事诉讼追究犯罪嫌疑人刑事责任的行为享有绝对豁免权，免予民事诉讼及损害赔偿；[①] 尽管检察官可能对刑事被告怀有偏见，但绝对豁免权更符合公共利益，这样检察官能够积极、无所畏惧地行使其职权来实现刑事司法正义。

伊布勒诉帕赫特曼案在检察官豁免权制度史上的意义非常重大，作为检察官享有绝对豁免权的典型案例，确认了检察官绝对豁免权的界限，检察官对其准司法行为享有绝对豁免权，为法院审查该类案件指明了方向。检察官享有绝对豁免权的原因，一方面是要让检察官避免遭遇频繁诉讼的风险和危害其职责的潜在风险，另一方面是让检察官尤其是诚实的检察官免于承担可能的不公平责任。若检察官缺乏绝对豁免权的保护，刑事被告人被无罪释放后，或者出于其他原因没有被定罪，可能会频繁地提起针对其所谓的不诚信的检察官的民事诉讼。频繁的诉讼风险会使检察官担心自己成为可能的诉讼对象而不愿积极履责，也会使法院处理许多不必要的诉讼。在该案之前，几个上诉法院曾试图关注被起诉的行为是不是非法的，是否超出了司法管辖权的范围。该案之后，由于联邦最高法院确认检察官对其准司法行为享有绝对豁免权，不论其准司法行为是合法行为还是非法行为，法院审理此类案件关注司法行为是否非法或是否超出管辖权范围显然行不通，法院应该关注的是

---

① Imbler v. Pachtman, 424 U. S. 409 47 L. Ed. 2d 128. (1976).

检察官所执行的职能，以此界定豁免权的范围。只要检察官的行为属于起诉或代表国家进行公诉行为，检察官就绝对免于损害赔偿责任。①

在伊布勒诉帕赫特曼案之后，出现了大量判例认可检察官履行“行政”和“调查”职责的行为不在绝对豁免权范围之内，但尚没有明确的准则来界定检察官所从事的何种活动应被归类为“行政管理”或“侦查活动”。② 若检察官的行为触犯了刑事法律，法律并没有豁免检察官的刑事责任，即便是免于民事赔偿责任，也并不排除检察官的职业纪律责任，美国律师协会依然会对检察官的不端行为作出惩戒。

（二）伯恩斯诉里德案

伯恩斯诉里德案③在检察官豁免权制度发展史上的重要意义在于：在区分检察官的起诉职能与调查职能、侦察职能的基础上，对检察官绝对豁免权进行了限制。1982 年 9 月 2 日，凯西·伯恩斯（Kathy Burns）报警称有人闯入她家并开枪射杀了她的两个孩子，但她很快被列为首要的犯罪嫌疑人。虽然警方发现了很多有利于伯恩斯的证据，如警察发现她家的镜子上留有左撇子用口红写下的字迹，“我从你那里夺走了你的最爱”，但伯恩斯平时习惯用右手；在随后的进一步调查中，伯恩斯通过了测谎测试和心理压力测试，多次作了无罪供述，但是印第安纳州警方怀疑伯恩斯有多重人格障碍。为了获得伯恩斯的有罪供述，警察请示首席副检察官里克·里德（Rick Reed）对伯恩斯实施催眠术，以便在其被催眠的情况下展开讯问。检察官里德认为催眠是一种可接受的调查技术，于是，在其授权之下，警察对伯恩斯进行了催眠，伯恩斯在被催眠过程中作出了有罪的陈述。里德建议申请对伯恩斯的逮捕令，同时在逮捕令听证会上，警察作证说伯恩斯已经对枪击事件供认不讳。但在申请逮捕令时，警察和里德都没有告知法院法官事实的真相是：伯恩斯是在

---

① 参见蓝向东主编：《卓越与底限：美国检察官奖惩机制研究》，中国检察出版社 2015 年版，第27 页。

② See National Prosecution Standard, 3rd Edition.

③ See Burns v. Reed, 500 U. S. 478 (1991).

被催眠状态下作出的有罪供述。结果，凯西·伯恩斯被关押了近四个月，暂时失去了对子女的监护权并失去了工作。后来由于没有任何证据证明凯西·伯恩斯有任何不当行为，所有的指控被驳回，伯恩斯无罪释放。随后，她提起了对警察和检察官的1983条款诉讼，伯恩斯指控里德向县法院提供了虚假证据，才使得对她的逮捕令得以签发；要求检察官里克·里德承担个人民事责任，但检察官寻求绝对豁免权救济，案件上诉至联邦最高法院。

联邦最高法院判决，绝对豁免权适用于里德出庭支持搜查令申请以及他在听证会上提供证据的行为，因为这些行为与诉讼程序相关，检察官和其他律师一样，免于在司法程序中作出或从证人那里引出虚假或诽谤性陈述的民事责任。里德未能提供相应证据证明自己在刑事案件的调查阶段向警察提供建议是合理的，也不能提供证据证明向警方提供建议“与刑事诉讼的司法阶段密切相关”，因此，绝对豁免权不适用于检察官里德向警察提供建议的行为。[①] 在该案中，法院区分了相对豁免权与绝对豁免权，检察官对要求逮捕令这一起诉行为享有绝对豁免权，授权催眠本质上是调查或侦查性质的，检察官对此调查行为只有相对豁免权。

为了确定检察官的具体行为是否属于绝对豁免权的范围，法院采用功能测试或分析方法，检察官从事起诉等准司法行为享有绝对豁免权，检察官从事行政管理行为、侦查行为则享有相对豁免权。运用这种功能分析方法[②]时，起决定性作用的是特定检察官的行为性质到底是检察功能还是行政功能，而不是执行该行为的人的地位是不是检察官，因为即便是检察官，也会履行行政职能。如果该行为的功能是准司法职能则享有绝对豁免权，如果该行为的功能是其他职能则只享有对损害赔偿责任的有限豁免权。[③] 因此，检察官若寻求绝对豁免权的保护，则承担着举证责任，以证明受到争议的行为的功能

① Burns v. Reed, 500 U. S. 478 (1991).

② See Willis v. Blevins, 957 F. Supp. 2d 690 (E. D. Va. 2013). Van Guilder v. Glasgow, 588 F. Supp. 2d 876 (N. D. Ill. 2008).

③ See Nelson v. Green, 965 F. Supp. 2d 732 (W. D. Va. 2013).

是司法而非行政管理职能。[①] 相对豁免权取决于其行为动机和情境，取决于审判时所取得的证据。伯恩斯诉里德案确认了检察官绝对豁免权的界限，检察官对其准司法职能享有绝对豁免权，对其类似于警察的侦查职能或行政执法职能、行政管理职能享有有限豁免权。

（三）巴克利诉菲茨西蒙斯案

巴克利诉菲茨西蒙斯案[②]（1993）进一步限制了检察官的绝对豁免权，明确了在确定合理根据逮捕犯罪嫌疑人之前的行为不属于起诉行为，检察官的身份也不是公诉人的身份，检察官对此之前的行为不享有绝对豁免权，从而进一步明确了检察官豁免权的界限。主要案情如下。

巴克利（Buckley）涉嫌伊利诺伊州的一起奸杀案［11 岁的女孩尼卡里科（Nicarico）被人从家中劫走并被奸杀］。犯罪现场留存的唯一证据就是一只靴子印迹。为了验证这只靴子印迹是不是巴克利留下的，检察官联系了许多专家进行侦查实验，其中三项独立实验表明，谋杀现场的靴子印迹和巴克利的靴子之间不存在可靠联系，排除了巴克利作案的嫌疑，但是，还有一名专家罗宾斯（Robbins）通过每个人行走的特定方式和靴子留下足迹的重量来分辨，得出了相反的结论：不仅靴子印是巴克利的，而且只有巴克利才能留下这种靴子印。巴克利因此被捕。检察官举行新闻发布会宣布该案的“凶手”是巴克利，并且已经被捕。对巴克利的第一次审判中，陪审团未能达成有罪裁决，重审之前，另一名男子杜根（Dugan）承认是他谋杀了尼卡里科。尽管如此，检察官菲茨西蒙斯仍然坚持巴克利有罪。罗宾斯专家去世后，指控巴克利有罪的证据随之消失，经过长达三年时间的监禁后，巴克利获释。巴克利随后提起了 1983 条款诉讼，指控检察官菲茨西蒙斯的行为侵犯了他的受宪法保护的权利。[③]

地区法院的法官一致认为检察官召开新闻发布会的行为虽然基于公共目

---

① See Nelson v. Green, 965 F. Supp. 2d 732 (W. D. Va. 2013).

② See Buckley v. Fitzsimmons, 509 U. S. 259 (1993).

③ See Buckley v. Fitzsimmons, 509 U. S. 259 (1993).

的，但他不是以公诉人的身份，而且该行为在法庭之外作出，独立于起诉行为，甚至连侦查或调查行为都算不上，与刑事司法程序无关，只是一种行政行为或公关行为，检察官的此类行为不受绝对豁免权的保护；至于检察官在他有“合理的根据”申请逮捕令之前，既不是又不应该认为自己是一名公诉人，因此，寻找专家证人进行验证寻找证据的行为发生在“合理的根据”之前，不能算是起诉行为，只能算是侦查行为，因此检察官菲茨西蒙斯对该行为只享有有限豁免权。检察官菲茨西蒙斯对“捏造”证据的行为享有绝对豁免权，因为证据是诉讼行为的一部分。

可以说，巴克利诉菲茨西蒙斯案对检察官豁免权的限制更加清晰，但仍然存在一些形式上的缺陷，检察官绝对豁免权受到了不必要的限制：只有在作为公诉人的情况下，检察官才能获得绝对豁免，且检察官只有在找到申请逮捕令的“合理的根据”后才能作为公诉人享有绝对豁免权，而在出现合理的根据之前，检察官的行为只能界定为侦查行为或调查行为，因此，检察官只享有相对豁免权。此后的卡琳娜案进一步限制了检察官豁免权，即便取得合理理由，也不一定获得绝对豁免权。正如法院所解释的“即使在做出这一决定之后……检察官仍可以从事警察调查类工作，对此类工作只能是有限豁免”。[①]

有学者通过对2012—2018年8月检察官豁免权案例进行综合分析，归纳了影响检察官绝对豁免权的因素，得出了类似的观点：“确定检察官的某一行为是否免于1983条款诉讼的一个因素：是否存在逮捕的合理根据，在确定存在合理的根据之前，检察官不可能被认为是国家的公诉人。”[②] 可是，如果只有在作为公诉人的情况下或者说只有在诉讼时，检察官才享有绝对豁免权，那检察官本应承担的其他职责怎么办呢？由谁来确定何时存在必要的“合理根据”呢？即便检察官发现“合理根据”之后仍然可以进行调查或侦查，而对这种调查或侦查行为如果只有有限豁免权，则意味着检察官将被迫对在

---

① Kalina v. Fletcher，522 U. S. 118（1997）.

② 15 Am. Jur. 2d，Civil Rights § 106.

1983 条款诉讼中责任的可豁免性进行辩护，这将阻碍检察官积极履行职责，也将阻碍检察官依法独立行使检察权。因此，有学者指出，“具有讽刺意味的：在不知情的情况下出庭的检察官将获得绝对豁免权，而在获取和筛选证据方面发挥积极作用的检察官则面临民事责任的危险”[①]。

（四）卡琳娜诉弗莱彻案

卡琳娜诉弗莱彻案[②]（1997）在检察官豁免权制度史上的意义在于，沿用功能分析方法区分检察官绝对豁免权与相对豁免权，并对绝对豁免权进行了进一步限制，即便取得“合理根据”，检察官仍可以从事调查行为只能获得有限豁免权[③]使二者的界限更加清晰。回答了“检察官对其在支持逮捕令申请的宣誓书中虚假陈述事实的行为是否免于民事损害赔偿责任”问题，即检察官的此种行为是否受到绝对豁免权的保护问题。该案的具体案情如下。

1992 年 12 月 14 日，担任华盛顿州金县副检察官的卡琳娜（Kalina），按照惯例向金县（King County，Washington）高等法院提交了三份文件，一份文件指控被告弗莱彻（Fletcher）入室盗窃（涉嫌从学校盗窃计算机设备），一份文件则为逮捕令申请，还有一份是证明存在“确定可能原因”的文件，而根据华盛顿州有关刑法，逮捕令必须有宣誓书或“证明签发逮捕令理由的宣誓证词”，卡琳娜用第三份文件，证明所列事实的真实性，法院据此对弗莱彻发出了逮捕令，弗莱彻因此被监禁了一天。

然而一个月后，卡琳娜发现她提交的证明文件存在问题，因为她的证明与事实相悖：（1）卡琳娜曾证明在学校的玻璃板上发现弗莱彻的指纹，弗莱彻“从未以任何方式与学校有任何联系，也无权进入学校或拿走任何财产”。但事实是弗莱彻获得进入学校的允许才进入学校负责电脑安装分区。（2）卡琳娜曾证明一家电子商店员工依照片辨别出弗莱彻，说他曾带电脑进入商店

① James P. Kenner, *Prosecutorial Immunity: Removal of the Shield Destroys the Effectiveness of the Sword*, 33 Washburn Law Journal, p. 426 (1994).

② See Kalina v. Fletcher, 522 U. S. 118 (1997).

③ See Kalina v. Fletcher, 522 U. S. 118 (1997).

询问价格，但事实是该员工并未确认就是弗莱彻。于是，检察官卡琳娜提起驳回对弗莱彻入室盗窃指控的动议。

弗莱彻则提起1983条款诉讼，指控卡琳娜在证明中作出了虚假陈述，导致他被监禁，侵犯了其受宪法保护的权利，要求卡琳娜承担损害赔偿责任。卡琳娜则申请简易判决，理由是她为启动刑事诉讼和获得逮捕令而提交三份文件受到“绝对起诉豁免原则”的保护。但是地区法院驳回了她的动议，认为她无权获得绝对豁免，第九巡回上诉法院同样认为，根据Malley v. Briggs，475 U. S. 335（1986）案的裁决，“没有正当理由而获得逮捕令的警官不能主张绝对豁免辩护”，卡琳娜“撰写、签署和提交逮捕令声明”的行为与警察行为几乎相同，联邦最高法院判定检察官卡琳娜不得享有绝对豁免权。[①] 而根据在巴克利诉菲茨西蒙斯案中已经认可的功能性方法，检察官的此类行为不应受到绝对豁免权的保护，只能受到有限豁免权的保护。

也有学者从其他角度对检察官的行为是检察行为还是侦查行为或调查行为、管理行为进行了区分。如欧文·切梅林斯基认为有3个因素值得考虑：一是检察官的行为是发生在法庭之内还是法庭之外，如果检察官的行为发生在法庭之内，则是检察行为，受绝对豁免权的保护，如果检察官的行为发生在法庭之外，则是侦查行为或调查行为、行政管理行为，受有限豁免权的保护；二是由谁经常执行这一任务，如果这一任务通常由检察官来执行，则是检察行为，受绝对豁免权的保护，如果这一任务通常由其他官员来执行，则不是检察行为，只享有有限豁免权；三是检察官的自由裁量权到底有多大？如果检察官的自由裁量权越大，就越有可能推定为享有有限豁免权。[②] 其实这3个因素仅仅是参考因素，在很多案例中，法院并不是依据这3个因素来进行判断的。本人认为第一个因素和第三个因素均有值得商榷的地方，并非绝对的因素，尤其是第三个因素，检察官对起诉与否享有自由裁量权，检察

---

① See Kalina v. Fletcher，522 U. S. 118（1997）.

② See Erwin Chemerinsky，*Prosecutorial Immunity*，15 Touror Law Review，p. 1643（1999）.

官对起诉行为应该受到绝对豁免权的保护。如果检察官对此类行为都不享有绝对豁免权，尚须担心日后可能要承担的民事法律责任，那么检察官可能会消极怠工以逃避责任。

第二节 美国检察官责任豁免制度分析

作为美国检察官履行检察官职能准则的《全美检察准则》赋予了美国检察官责任豁免权。“检察官在其检察职责范围内行事时，应当享有最大程度的民事责任豁免。对于任何针对检察官提起的民事责任诉讼，首席检察官应采取措施以确保包括律师费和判决在内的所有费用均由检察官基金（funding entity）承担。”① 由于这笔费用支出的不可预见性，及支出可能导致检察院因资金短缺遭受公民的口诛笔伐，检察院不得不求助于各类保险。修订后的《美国法典》第 42 编第 1983 条和第 28 编第 1331 条均规定了检察官豁免权。修改前的第 1983 条主要为保护公民的民事权利不受政府官员的侵害，为公民提供一条权利救济途径，规定了公民可以依据 1983 条款提起民事诉讼的权利。“每个以州或地区或哥伦比亚特区的法规、条例、法规、习惯或惯例的名义行事的人，美国公民或管辖范围内的其他人被剥夺宪法和法律所保障的任何权利、特权或豁免的，应向在法律诉讼、衡平法诉讼或其他适当的补救程序中受害的一方承担责任。”但修改后的第 1983 条在同一条款的后半部分增加了司法豁免权的有关规定：“任何针对司法官员以其司法身份采取的作为或不作为而提起的民事诉讼，不得授予禁令救济，除非违反了宣告性法令或无法获得宣告性救济。”② 与第 1983 条共同发挥作用的是第 28 编第 1331 条，赋予联邦检察官豁免权。

美国的主权豁免原则上并不禁止个人针对政府官员的民事诉讼，并不

① National Prosecution Standard（3rd Edition）.

② National Prosecution Standard（3rd Edition）.

必然影响政府官员行使职能，但这并不意味着法官及检察官可听任私诉。[①]《联邦侵权赔偿法》[②] 旨在保护公民权利，为公民提起针对政府雇员的民事侵权索赔提供了立法保护，但第 2680 条规定了政府雇员豁免的范围，“本章规定……不适用于……基于政府雇员在执行法律法规时的作为或不作为，履行应当注意义务而提起的任何索赔，不管该法律法规是否有效（这部分的免责意在阻止公民利用侵权诉讼来质疑国会立法或法规的合法性），或者基于联邦机构或者政府雇员对酌处权或职责的履行或不履行而提起的任何索赔，不管所涉及的酌处权是否被滥用”[③]。这实际上是对政府官员自由裁量行为免受民事索赔的豁免权的规定。检察官是经选举产生的政治官员，既是政府官员，又是准司法官员，享有广泛的自由裁量权，对其行为享有民事责任豁免权。第 2680 条进一步规定了不适用于“因殴打、非法监禁、虚假逮捕、恶意起诉、滥用程序、诽谤、虚假陈述、欺骗或干扰合同权利而引起的任何索赔”[④]。该条还对“调查人员或执法人员”进行了界定，“是指依法有权执行搜查、扣押证据或因违反联邦法律而进行逮捕的任何美国官员”[⑤]，因此也实际上规定了检察官免于因其履职行为引起的民事诉讼，即确认了检察官豁免权。

一、美国检察官豁免权的主体

美国检察官豁免权的主体是检察官豁免权的依存者，是某些检察官职业或身份的主体或者是履行检察官职责的主体。检察官豁免权的主体因为履行公职或行使职责被给予特殊保护，国家豁免其因履职而侵害公民权利而产生的义务或责任，他们的法律地位不因被侵权人的行为而发生改变，或者说被

---

① See Currie D. P. , *Federal jurisdiction* (4*th edition*), Hong Kong, HK, Sweet & Maxwell Asia, 1990, p. 166. (法律出版社影印本，2004)。

② FTCA 的规定见 28 U. S. C. § 1346 (b)、§ 1402 (b)、§ 2401 (b) 和 § § 2671 – 2680.

③ 28 U. S. C. § 2680.

④ 28 U. S. C. § 2680.

⑤ 28 U. S. C. § 2680.

侵权人无能力改变他们之间的法律关系。即便那些他们认为自己的受宪法保护的权利受到了检察官准司法行为的侵害，因此提起了针对检察官的民事损害赔偿诉讼，检察官也不受侵权行为的法律后果约束，免于民事诉讼，最大限度地免于承担民事损害赔偿责任。

（一）联邦总检察长

美国司法部隶属于行政系统，司法部长由总统提名，并由美国参议院确认后，最终由总统任命，美国司法部长还兼作首席检察官，是美国联邦总检察长（U. S. Attorney General）。[①] 据美国司法部官网的数字，司法部长领导遍布全美约115,000个雇员[②]，是美国所有法律事务的代理人，在特别重要的案件中，可以在联邦最高法院法庭上代表美国，向总统和其他政府部门提供法律建议，负责提供指导法律解释，协助联邦检察官起诉或为美国辩护。此外，司法部长还负责确保法律得到公正和公平执行，对涉嫌违法行为进行审查。[③]

根据《美国法典》第42编第1983条，美国的公职人员，无论是州政府官员还是联邦政府官员，都享有豁免权，履行司法或准司法职能的官员还享有绝对豁免权，禁止对他们在其职权范围内的履职行为提起民事损害赔偿诉讼。[④] 其他官员对其善意履职行为享有有限豁免权。如果是恶意的或错误的履职行为，则受害人仍可提起针对官员的民事损害赔偿诉讼。[⑤]可见，美国官员豁免权制度蕴含了一条基本法律原则，即惩罚善意履行职责的公职人员是不公正的，让官员承担无限责任会使其疲于应对可能的诉讼，进而影响或妨碍公职人员正常履行职责，消极怠工，损害公共利益。

---

① 根据《美国法典》第28编第503条规定，总统应根据或基于参议院的建议和批准，任命合众国司法部长、总检察长（Attorney General）是司法部的首脑。在我国，Attorney General通常被翻译为总检察长，但也被翻译为检察总长。为了表述的统一，本书采用总检察长来代表Attorney General。

② https：//www. justice. gov/ag.

③ See 28 U. S. C. § 511——§ 513.

④ See Stump v. Sparkman，435 U. S. 349，355 –57（1978）.

⑤ See Scheuer v. Rhodes，416 U. S. 232，247（1974）.

“美国联邦总检察长实际上行使了包括检察官在内的所有与法律有关的职权，其核心功能在于‘公力救济’”①，豁免权同样适用于美国联邦总检察长。联邦总检察长的豁免范围涉及所有检察官的行为：下令调查、逮捕、拘留和起诉。② 但是，“如果总检察长的活动偏离了担任准司法角色的活动，那么总检察长将无法获得绝对豁免权的保护”③，即如果联邦总检察长的活动不能归类到检察官的准司法行为，则是否享有绝对豁免权需要视情况而定。虽然最高法院尚未就适用于美国司法部长豁免范围的案件作出裁决，但已确定起诉豁免的基本范围。司法部长的特别助理，若其履职行为与司法诉讼程序有关，意味着履行检察官的职能，应获得与司法部长同样的豁免权。

涉及联邦总检察长豁免权的典型案件为福赛斯诉克莱因迪斯特（Forsyth v. Kleindienst）案，该案是针对前联邦总检察长、前联邦调查局局长和特工提起的两项单独诉讼④而提出的联合上诉，指控在没有事先获得搜查令的情况下，联邦总检察长等进行的调查涉嫌非法窃听，要求民事损害赔偿。根据当时最高法院在美国诉美国地方法院案⑤中的裁定，原则上，窃听需要事先获得司法批准。两案中的原告指控被告的行为侵害了他们受宪法保护的权利。联邦总检察长等辩称他们享有绝对豁免权，提出了申请简易判决的动议。两个地区法院都驳回了即决判决的动议，并认为被告仅有权获得下令窃听的有限豁免权。第三巡回法院认为司法部长为了提起刑事诉讼，收集“检察官决定所必需的信息”而进行的调查活动，完全免于民事损害赔偿诉讼，即司法部长享有绝对豁免权。⑥ 法院的理由是，如果让司法部长承担“收集作出此类提起诉讼决定所需信息”的责任，只会“助长不知情的决策”。

---

① 张辉：《美国公民诉讼之“私人检察总长理论”解析》，载《环球法律评论》2014 年第 1 期。

② See Forsyth v. Kleindienst, 599 F. 2d 1203 (3d Cir. 1979), Apton v. Wilson, 506 F. 2d 83 (D. C. Cir. 1974).

③ Forsyth v. Kleindienst, 599 F. 2d 1203 (3d Cir. 1979).

④ See 2 Burkhart v. Saxbe, 448 F. Supp. 588 (E. D. Pa. 1978); Forsyth v. Kleindienst, 447 F. Supp. 192 (E. D. Pa. 1978).

⑤ See United States v. United States District Court 407 U. S. 297 (1972).

⑥ See Forsyth v. Kleindienst, 599 F. 2d 1203 (3d Cir. 1979).

“如果总检察长是在准司法职能的背景下作出授权无证电子监视的决定，则受到绝对豁免权的保护；但是，如果决定是在纯粹的调查或行政职能背景下产生的，则决定将不受绝对豁免权的保护。”① 通过该案，法院将检察官绝对豁免权的范围扩至与启动起诉程序密切相关的调查活动即具体调查，并且将那些与起诉决定不太相关的一般调查，排除在绝对豁免权之外。区分具体调查与一般调查的标准，是检察官进行调查的动机是否为作出起诉决定。如果检察官进行调查的动机是作出起诉决定，则可归类为具体调查。其职能可归类为准司法职能，检察官享有绝对豁免权。反之，检察官只能享有有限豁免权。法院须对检察官的调查动机展开特定调查，对于司法部长即联邦总检察长下令进行特定调查的行为同样适用。相同的调查行为，根据联邦总检察长使用调查收集的信息的动机而获得不同程度的豁免权。明确联邦总检察长意图的唯一直接证据，是联邦总检察长本人的证词，但该证词很少有用，因为他很清楚将面临可能的损害判决，会作出最有利于证明其调查动机的证词以获得绝对豁免权。法院为了确定联邦总检察长进行调查的目的或动机，将被迫对围绕调查的情况进行一般调查。这有可能会导致初审法院将在总检察长下令调查之前权衡其掌握的证据强度，然后自行决定是否考虑起诉，这样一来，考察联邦总检察长的动机决定的法律原则将难以适用。当然法律原则不应仅仅因为他们难以适用而被抛弃。但考虑到使用基于动机的标准所涉及的困难，规则只有在相关原则考虑得到充分支持的情况下，才能被证明是合理的。

“为什么检察官有限豁免权被视为对总检察长及检察官的保护不足”才是真正的问题所在。警察在调查过程中不断被要求作出艰难的决定，但只被赋予了有限的豁免权，司法部长启动起诉决定的调查却被赋予绝对豁免权，法院应该为其扩大豁免权提供了有说服力的理由，来证明授予绝对豁免权的正当性。因为类似于警察的一般调查和具有司法职能的具体调查的区别是如

---

① Forsyth v. Kleindienst, 599 F. 2d 1203 (3d Cir. 1979).

此模糊，以至于司法部长能否预测调查属于哪一类是值得怀疑的。除了在少数明显适用绝对豁免权的具体调查的情况下，他将不得不假设法院可能会发现他的行为是适用有限豁免的一般调查。因此，必须确定是否存在大量报复诉讼的可能性，这种报复性诉讼可能会影响司法部长的正常履职，或浪费他太多的时间；必须确定对他的活动是否有足够的控制，以作为对公民的替代保护。

（二）联邦检察官和地方检察官

美国的检察官制度不同于英国、法国和荷兰等国家的检察制度，但其检察官制度不仅传承了英国检察官制度，也学习和借鉴了法国检察官制度，甚至受到荷兰司法官制度的影响，当然更重要的是受内生的政治文化——独特的民主发展历程的影响，是双轨制检察官制度。当前美国联邦检察系统共有 94 个司法区，原则上每一个司法区设立一个联邦检察官办公室，任命一名联邦检察官（相当于中国的检察长），共设立 93 名联邦检察官（U. S. Attorney），（关岛和北马里亚纳群岛是独立的地区，共用一名联邦检察官），联邦检察官是他们所在地区的首席联邦执法官，参与美国作为一方当事人的民事诉讼，美国联邦系统约 9250 名检察官。[①] 据统计，在州检察系统约有 51 个州级检察院（51 名检察长）、2300 多个郡、市检察署约 5. 5 万名检察官。[②] 美国州检察系统中，辅助人员（support staffs）占比约 33%，助理检察官（assistant prosecutors）占比约 32%，侦查员（investigators）占比 9%，受害人救助员（victim advocates）占比 6%，法律服务员（legal services）占比约 5%，监管检察官（supervisor/managing attorneys）占比 7%，首席检察官（chief prosecutors）占比约 3%，民事检察官（civil attorneys）占比约 2%，其他占比约 2%。[③] 根据司法部统计数据，除辅助人员、受害

① 参见张永进：《美国检察官办案责任制及其对我国的启示》，载《政法学刊》2020 年第 3 期。

② 参见朱学元：《完善我国对检察官的监督制约机制》，载《民主与法制时报》2016 年 1 月 21 日，第 3 版。

③ 数据来源于美国司法部司法数据官方报告，2007 年度国家州检察官普查，本次普查自 2007 年开始，直到 2011 年年底才公布。

人救助员、法律服务人员等外，由于州系统的检察长基本采用选举制，具有较强的政治色彩，刑事起诉工作多由聘任的助理检察官完成，而根据判例法，豁免权适用于行为，只要其行为具有准司法职能都享有绝对豁免权，只不过检察官在履行调查职责时，对其行为是否享有绝对豁免权尚须看其行为是否属于准司法职能。《美国法典》第18编第201条将贿赂罪定义为，“任何人在联邦诉讼中为了或因为该人的证词而向任何人提供或承诺任何有价值的东西”①。第十巡回上诉法院裁定该条不适用于联邦特工或检察官。可见，检察官只要不明确要求或宽恕作伪证，几乎可以自由地与犯罪分子就其证词进行任何交易，检察官对此行为享有绝对豁免权。《加利福尼亚州刑事诉讼程序》（2021年12月）第1章第9条规定检察官豁免权。检察官有权提起诉讼享有绝对豁免权。这种豁免权延伸至大陪审团的起诉行为。然而，检察官在执行通常由警官履行的调查职能时不受绝对豁免权的保护。

州检察长和联邦检察长的产生方式并不完全一致，州检察长是所在州的最高法律官员，多采用选举制，但少数是由州长任命的（全美各州检察长只有36名通过任命产生，剩余的98.5%全部通过选举产生）。② 大多数州赋予其州检察长相当广泛的权力，如州检察长负责执行法律，主要职责包括保护消费者免受欺诈、诈骗和危险产品、人员和情况的侵害，通过维护州和联邦环境法，保护国家资源，监督或直接参与刑事法庭案件和上诉，甚至有些州的检察长可以起诉，州检察长还负责执行判决，但在某些州，州检察长无权起诉，只有地方检察官可以提起诉讼。但不管怎么样，州检察长担负着一定的准司法职能，这与他们的行政官员也可以担负准司法官职责的原则一致。州检察长也对他们的起诉、参与起诉、上诉等行为享有绝对豁免权，对他们的行政执法行为享有相对豁免权。

除田纳西和新泽西州外，美国其他州的地方检察官（district prosecutors）

---

① 18 U. S. C. §201,（c）（2）.

② 参见王禄生：《美国司法体制的数据观察》，法律出版社2018年版，第54页。

都是通过民选方式产生的，由所在地的司法行政管理部门通过公开竞聘等方式确定人选。[①] 通常一届任期四年，对选民负责，并且设立检察官办公室，检察官雇用助理检察官即检察员，授权助理检察官行使检察权。州地方检察官是检察官豁免权法律关系的主体。检察官的准司法行为被给予特殊保护，准司法行为导致的侵权行为，虽然事实上侵害了受害人的权利，但该准司法行为不受国家法律评价，国家豁免其有可能产生的义务或责任，即使受害人提起了针对检察官的侵权诉讼，要求其承担民事赔偿责任，检察官的法律地位也不因被侵权人的诉讼行为而发生改变，或者说被侵权人无能力改变他们之间的法律关系；或者说依据国家法律，他们的准司法行为不受司法管辖。因此，在具体的检察官豁免权法律关系中，还必须存在与豁免权依存者相对的另一主体，即检察官豁免权的享有者究竟相对于谁而言享有权利，我们将他称为检察官豁免权的相对人，也是无能力改变豁免权法律关系的主体，即因豁免权依存者即检察官行使职责行为而遭受权利侵害的人。检察官作为豁免权主体的法律地位因免受追诉受到法律的特殊保护，不会因这些受害人想追责而改变，因为受害人无能力通过自己的作为或不作为改变这种法律关系，即无力改变这种权利——非权利的法律关系。检察官行使公诉职责的准司法行为受到法律的特殊保护，如果因这些行为侵害了别人的权利，造成了损害事实，不用承担普通公民本应承担的民事责任。在首次确认检察官绝对豁免权的格里菲斯诉斯林卡德案[②]中，法院认为，检察官斯林卡德是负责起诉的法律官员，属于司法官员，当检察官执行司法性质的任务时，可作为检察官豁免权的主体。伊布勒诉帕赫特曼案[③]中，帕赫特曼检察官虽然在指控伊布勒犯罪时未能发现无罪证据，但在伊布勒被判有罪后，仍然在发现其辩护律师在审判时并未披露伊布勒不在犯罪现场的证据后，履行了自己的客观义务，写信给州长披露这一信息，帕赫特曼检察官最终获得绝对豁免权。伯恩斯诉

---

① 参见张福森主编：《各国司法体制简介》（修订版），法律出版社2006年版，第62－62页。

② See Griffith v. Slinkard, 146 Ind. 117, 44NE. 1001 (Ind. 1896).

③ See Imbler v. Pachtman, 424 U. S. 409 47 L. Ed. 2d 128. (1976).

里德案[1]中的检察官里德、巴克利诉菲茨西蒙斯案[2]中的菲茨西蒙斯检察官和卡琳娜诉弗莱彻案[3]中的检察官卡琳娜都是地方检察官，他们都被法院确认为检察官豁免权的主体。

美国检察官是依法行使国家诉讼职权的检察人员，对自己的准司法行为享有豁免权，检察官辅助人员、受害者维权人员（victim advocates）、法律服务员（legal services）、其他人员等的履职行为是保障检察官行使诉讼职权的辅助行为，其行为性质并非准司法行为，不是检察官豁免权法律关系的主体。

（三）行使检控职能的其他人员

美国检察官绝对豁免权适用于行为而非适用于职位[4]，保护检察官绝对豁免权并非基于对具有检察职位身份的人的特殊尊重，也非基于保护其滥用职权的行为，而是因为检察官的检控行为与司法程序密切相关，具有准司法行为的性质；因此，法官在确定起诉豁免的范围时，审查的是所履行职能的性质，而不是履行职能的行为者的身份。如同司法豁免权、立法豁免权分别适用于司法行为、立法行为，不适用于法官的行政行为、立法者的行政行为，检察官的绝对豁免权适用于检控行为，不适用于检察官的行政行为、调查行为。这意味着：（1）即便不是检察官，而是社会工作者，但只要其行为是检控行为，也可以成为检察官豁免权的主体；（2）即便其身份是检察官，但如果其履职行为不是检控行为，而是其他性质的行为，则该检察官也不享有绝对豁免权。

起诉职能是检控职能中的重要职能，在起诉制度上，美国实行的是陪审团与检察官双重起诉制度，美国各州都保留了大陪审团制度，作为社会民众参与司法和监督司法的有效途径。检察官则是代表公民行使检控职能，并非检察权的垄断者。美国的公诉权由大陪审团和检察官共同享有，大陪审团不仅享有审查起诉权，而且还有调查权。对检察官不便起诉的案件，大陪审团

---

① See Burns v. Reed, 500 U. S. 478 (1991).

② See Buckley v. Fitzsimmons, 509 U. S. 259 (1993).

③ See Kalina v. Fletcher, 522 U. S. 118 (1997).

④ See Erwin Chemerinsky, *Prosecutorial Immunity*, 15 Touro Law Review, p. 1643 (1999).

可以进行调查和起诉，当然这些案件多隐含政治因素或种族歧视等特别因素。陪审团虽然不是检察官，但由于行使了与检察官同样的检察职能，陪审团对其起诉等行为享有的豁免权可归类为检察官豁免权，陪审团是检察官豁免权利法律关系的主体。

同样存在很多判例，可以说明其他社会工作者同样因其履行检察职能而享有豁免权，如发生在1976年的托马森诉SCAN志愿者服务部案（Thomason v. SCAN Volunteers Services，Inc. ）。[①] SCAN志愿者服务部在阿肯色州公共服务部（Arkansas Department of Human Services）/儿童和家庭服务司（Division of Children and Family Services）（DHS/DCF）的指导下运作，有权对涉嫌虐待儿童的指控进行调查，将受害者从家中带走并为他们寻求监护。该案中的SCAN公司及其职员获悉了年仅八个月大的婴儿安东尼（Anthony）的病史以及其他医生的合理怀疑和担忧，孩子的主治医生迪塞萨（DiSessa）医生明确表示：怀疑托马森虐待其女儿安东尼，已经严重危及安东尼的生命。沃德洛（Wordlaw）根据安德烈·戈恩（Andrea Goin）的指示前往托马森住所，将安东尼从其家中带走，为其从州法院寻求获得单方保护性监护令，并提交了一份已签署的宣誓书，证明将其从家中带走并为其寻求监护的正当性。但安东尼的父母［原告凯利·托马森（Kelly Thomason）和她的丈夫兰迪·托马森（Randy Thomason）（以下简称托马森）］于1970年提起“1983条款诉讼”（§1983 action），指控称：被告SCAN和沃德洛将安东尼从家中带走，侵害了其受宪法保护的公民权利。但美国阿肯色州东区地方法院的苏珊·韦伯·赖特·J（Susan Webber Wright. J）作出了简易判决，认为SCAN将此类虐待行为提交给州检察机关，将疑似受父母虐待的受害者从家中转移，并通过阿肯色州普拉斯基县少年法院的命令，为这些受害者寻求保护性监护，并未侵害原告的权利。原因在于：如果主治医生完全有理由怀疑未成年子女遭受虐待，那么将未成年子女从其家中转移到一个安全和中立的环境中，这样

① See Thomason v. SCAN Volunteer Services，Inc. 85 F. 3d 1365 （1996）.

做带来的利益远远超过了父母要求维护其家庭完整的私人利益。根据 1983 条款，被告 SCAN 和沃德洛对将安东尼从原告家中带走不承担责任。沃德洛和 SCAN 绝对免于诉讼，该诉讼导致将安东尼的临时监护权授予州。检察官对提起诉讼等行为享有绝对豁免权，就沃德洛和 SCAN 因启动司法程序而被起诉而言，沃德洛的角色在功能上与检察官的角色相当。社会工作者提起诉讼以保护受虐未成年人在功能上类似于检察官启动司法程序，同样享有绝对豁免权权利。①

另一起案件恩斯特诉切斯特县儿童和青少年服务中心案（Ernst v. Child and Youth Services of Chester County）②：作为孙女苏珊（Susanne）的唯一监护人，祖母恩斯特（Ernst）将孙女从婴儿抚养至 9 岁，但是由于有人质疑恩斯特与苏珊的关系，以及学校反映苏珊对恩斯特的过分病态地依赖，在经过听证后，1988 年 5 月 18 日，儿童和青少年服务中心（Child and Youth Services, CYS）通过抚养诉讼程序取得了长达五年对苏珊的监护权，在这五年期间，CYS 与恩斯特之间围绕苏珊的监护问题的纷争不断。恩斯特在探望其孙女苏珊时总是抱怨 CYS 和寄养家庭，CYS 因此限制了恩斯特对苏珊的探望权。并且，CYS 经过切斯特县普通法院和宾夕法尼亚州高等法院的批准，从最初的让苏珊回归家庭改为长期寄养，结果是苏珊的情绪和智力发展明显恶化。因此，1993 年 4 月，一位新法官在重新审查这起案件时认为，州对苏珊生活的干预导致了更多的伤害，于 1993 年 11 月 7 日，将苏珊的法定监护权判给了恩斯特。在州法院诉讼期间，恩斯特还提起了 1983 条款诉讼，认为儿童福利部门及案件工作者、律师侵害了其受宪法保护的民事权利，美国宾夕法尼亚州东区地方法院判决律师违反实质性正当程序，要求被告给付祖母赔偿金和律师费。祖母向上诉法院提起上诉，律师则提起交叉上诉，上诉法院审理后，推翻了地方法院的部分判决，认为，代表国家起诉抚养人的儿童福利部门及案件工作者、律师等对在准备、起诉此类抚养人过程中的所有行为有权获得

---

① See Thomason v. SCAN Volunteer Services, Inc. 85 F. 3d 1365 (1996).

② See Ernst v. Child and Youth Services of Chester County, 108 F. 3d 486 (1997).

绝对豁免权。[①]

基恩诉柯林斯案（Jean v. Collins）[②] 比较好地阐释了行使检控职能的其他人员的豁免权问题。在该案中原告基恩（Jean）提起针对警察的 1983 条款诉讼，声称警察未能披露无罪证据，以致在审前刑事诉讼程序中，受到有罪假设影响的目击证人更加坚定了他们的假设，因而警察侵犯了其正当程序权利。美国北卡罗来纳州东区地方法院基于官员的有限豁免权作出了简易判决动议，但原告提出上诉，上诉法院撤销了判决并退回重审，重审确认了原判决。第四巡回法院认为，虽然未能将无罪材料转交给刑事被告即该案中的原告，但警察享有绝对豁免权，因为警察以此身份执行起诉任务，有权获得绝对豁免权，不需要承担责任。在这起案件中还涉及警察没有将无罪材料交给检察官的责任问题，此时警察获得的是有限豁免权。

以上案例均说明豁免权的有无与行为者所执行的职能有关，而非行为者的头衔或职位。检察官豁免权并非限于检察官身份，如果所担任角色的功能与检察官的功能相当，换句话说，只要其行使的是检控职能，同样享有豁免权。从这点上来说，检察官豁免权是“准司法官”职能权利。判断是否享有检察官豁免权的方法是职能主义方法。如果某行为从职能上来说属于检察官的职能，并且该行为类似于准司法行为，无论从事该行为的人是不是检察官，均享有豁免权。即使未担任检察官职位，但履行检察官职能，亦受到豁免权的保护。豁免权适用于 3 项职能：立法职能、司法职能和起诉（作为国家的辩护人）职能。当一个国家官员在其职责范围内行事，履行这 3 项职能时才享有豁免权，履行其他职能包括行政职能和调查职能，一般情况下不享有豁免权，但在特殊情况下，可享有有限的豁免权。

二、美国检察官豁免权的内容

检察官豁免权是国家为了保障检察官依法独立地积极履行其准司法职责，

---

① See Ernst v. Child and Youth Services of Chester County, 108 F. 3d 486 (1997).

② See Jean v. Collins, 221 F. 3d 656 (2000).

对其准司法行为导致的结果不予指控或者追究，即检察官的准司法行为不受某些法律后果约束或不适用某些法律规则，其法律地位不因其准司法行为的结果而改变的自由。检察官豁免权也是一种检察官的检控行为免受国家法律评价，排除国家司法管辖的权利。

（一）对其准司法行为及相关行为免于民事诉讼

如前所述，美国检察官豁免权的主体并非仅限于美国检察官，其他主体若履行检控职能，也同样享有检察官豁免权。美国检察官豁免权之所以产生，是对美国检察官及其他主体履职行为的特殊保护，也是《美国法典》第42编第1983条所明确规定的官员豁免权的具体体现。其内容主要体现在美国检察官及其他主体行使起诉等准司法职能时绝对免于民事诉讼的权利。当检察官面临民事损害赔偿责任诉讼时，可以以引发此诉讼的行为属于检察官的诉讼职权范围为由，提请驳回诉讼动议，这种驳回动议具有决定性的意义，通过简易判决终止诉讼或免于诉讼。伊布勒诉帕赫特曼案[①]中，在伊布勒提起对检察官帕赫特曼等的诉讼后，检察官帕赫特曼提出动议，要求将针对他的起诉驳回，地方法院批准了他的请求，认为帕赫特曼的行为属于检察官的职能行为，享有绝对豁免权，因此免于民事诉讼。巴克利诉菲茨西蒙斯案[②]中，巴克利因涉嫌一起奸杀案而被捕，但在缺乏有力证据的情况下，检察官菲茨西蒙斯坚持起诉巴克利，巴克利经过了三年时间的监禁之后才得以获释，出狱后提起了对检察官菲茨西蒙斯的诉讼，指控菲茨西蒙斯伪造证据和在新闻发布会上发布其有罪的消息，侵害了他的权利。地区法院在区分检察官两种行为性质的基础上，驳回了对检察官菲茨西蒙斯伪造证据行为的诉讼，免于民事诉讼，但对后一种行为，认为检察官只享有有限豁免权。检察官绝对豁免权还适用于与司法程序关系密切的履职行为，如检察官针对犯罪事实展开的调查行为及相关行为，包括启动调查、申请搜查令，以及与调查有关的战略决策。例如，2009年的范·德·坎普诉戈尔茨

① See Imbler v. Pachtman 424 U. S. 409 47 L. Ed. 2d 128. (1976).

② See Buckley v. Fitzsimmons, 509 U. S. 259 (1993).

坦案（Van de Kamp v. Goldstein）[①]，第九巡回法庭于2012年审理的斯莱特诉克拉克案（Slater v. Clarke）[②]，检察官在行使起诉裁量权或履行在刑事案件中的准司法职能时绝对免于民事诉讼。检察官向法院或大陪审团提起诉讼、出庭支持诉讼、审判期间进行陈述、审查和选择证人、签发传票以及在可能的听证会期间提供支持搜查令的证据[③]、辩诉交易及决定冻结嫌疑人的资产等，通常免于民事诉讼。[④]

（二）不受侵权行为民事法律责任后果的约束

确认检察官豁免权制度的目的是保护检察官积极履职，不仅保护了检察官的正常履职行为，而且在客观上保护了检察官的不端行为。这些不端行为可能会造成对受害人权益的侵害，如果缺乏豁免权的保护，需要承担民事责任，那么检察官可能怠于履行职责，但由于有豁免权的保护，检察官不需要承担民事侵权法律责任后果。美国检察官对其准司法行为不承担民事赔偿法律责任，只要是检察官履行其检控等准司法职能，就不适用有关民事侵权规则。检察官豁免权是“不受某些法律后果约束或不适用某些法律规则的自由状态”[⑤]。可以免受或排除国家某些法律约束或法院司法管辖与制裁，即检察官作为准司法官，可以不承担普通公民本应承担的义务、责任或免除法律程序，具体而言包括免受司法追诉或不受法律评价，可以不承担普通公民本应承担的侵权赔偿责任，即检察官对其依法提起公诉行为，及其出庭支持公诉过程中提出的对法律和事实的看法与意见免于被司法追诉，即便该案件后来被证明是错案，也不需要承担民事赔偿责任，可以不承担某些司法责任。检察官的这种自由受到法律的保护。美国检察官在行使检控权及辩诉交易中的自由裁量权特别大，由此容易造成权力的滥用，美国刑事错案率比较高，因

① See Van de Kamp v. Goldstein, 555 U. S. 335 129 S. Ct. 855 (2009).

② See Slater v. Clarke, 700 F. 3d 1200 (9th Cir. 2012).

③ See Rehberg v. Paulk, 598 F. 3d 1268 (11th Cir. 2010). Kanciper v. Lato, 989 F. Supp. 2d 216 (E. D. N. Y. 2013).

④ See Jones v. Dalton, 867 F. Supp. 2d 572 (D. N. J. 2012).

⑤ ［英］戴维·M. 沃克：《牛津法律大辞典》，李双元等译，法律出版社2003年版，第546页。

检察官滥用自由裁量权而造成的错案比较多，造成对刑事被告民事权益的侵害。刑事错案的受害者提起1983条款诉讼和比文斯诉讼，美国检察官可以豁免权为由不承担民事法律责任。格里菲斯诉斯林卡德案①中，法院判决检察官斯林卡德对其恶意起诉的行为免于承担民事责任，亚塞利诉戈夫案中法院判决司法部长的特别助理戈夫不受民事侵权行为法律责任后果的约束。在范·德·坎普诉戈尔茨坦案中，联邦最高法院一致裁定，检察官绝对豁免权保护地区检察官及副检察官免于承担民事赔偿责任。②

（三）其他主体无权力改变检察官的法律地位

无论是司法部长，还是各州检察长，无论是联邦检察官，还是地方检察官，都行使检控职能，即便其权力是行政权，也须承担准司法官的职能，都具有准司法官的角色地位。在与刑事被告形成的豁免权法律关系中，检察官是豁免权的主体，其法律地位受到法律的保护。检察官行使起诉权的行为若造成错案，造成其民事权益侵害的原案中的犯罪嫌疑人（也是受害人）无权力改变检察官的法律地位，即刑事错案受害人无权力建立起与检察官的损害赔偿法律关系，检察官无须对这种损害进行赔偿，不论检察官的行为是否善意，对于豁免权的依存者检察官等而言，不存在须对其准司法行为承担民事损害赔偿的责任。检察官豁免权是对检察官的准司法行为的法律保护，使其免受诉讼之累，从而促进其有更多的时间与精力积极行使检控职能。检察官豁免权也并不仅仅是为了维护检察官的个人利益，也是为了更好地维护司法秩序，维护公共利益。

检察官豁免权是一种权利，检察官可以选择行使豁免权，也可以选择不行使豁免权，可以选择保持其法律地位不受改变，也可以选择其法律地位受到改变，从法律逻辑上来说，这些规范模态判断可以同时为真，但不能同时为假。检察官豁免权是他人无权力改变检察官法律主体地位或法律关系的自由，因此，检察官豁免权的法律后果必然是肯定其法律主体地位或法律关系。

---

① Griffith v. Slinkard, 146 Ind. 117, 44NE. 1001 (Ind. 1896).

② Van de Camp v. Goldstein, 555 U. S. 335 129 S. Ct. 855 (2009).

检察官豁免权的法律对立项就是检察官的责任，对检察官豁免权的肯定恰恰是对检察官责任的否定，因检察官受到豁免权的保护，其准司法行为或与准司法行为相关的行为不受法律的评价，尽管可能存在权利人的权利遭受检察官侵害的事实或者存在不法事实，但是检察官的责任全部或部分免受法律的追究。

三、美国检察官豁免权的客体

检察官豁免权的客体，是检察官豁免权所指向、影响和作用的对象。“对于法律来说，除了我的行为以外，我是根本不存在的，我根本不是法律的对象。我的行为就是我同法律打交道的唯一领域。”[①] 检察官豁免权所指向、影响和作用的对象是检察官的行为，但并非所有行为，而是检察官履行其职责的行为，或者更确切地说是其准司法行为。尽管对于是否应包含检察官的不端行为，学术界尚存在争议，但根据美国有关检察官豁免权的法律原则及司法实践，均认可检察官对其不端行为也享有豁免权。检察官几乎不因为不端行为而承担民事法律责任或受到纪律惩戒。

根据美国错案登记处（The National Registry of Exonerations）所公布的错案来看，自 1989 年以来共发生 3266 件错案（统计数据截至 2022 年 10 月）[②]，官员不当行为是出现错案的主要因素，其中警察的不当行为位列第一、检察官不端行为名列第二，是出现错案的重要因素。但该登记处将隐瞒无罪证据、不扣留证据、作伪证和检察官在法庭上撒谎等不当行为与检察官的不当行为分别作为错案的因素，而事实上这些出现错案的因素在案例中往往是交织在一起的。笔者进行了粗略统计，在 3266 件错案中，检察官不当行为作为促成因素的错案达 990 件，占到错案总数的 30% 以上，如果将检察官在法庭上撒谎、隐瞒证据、作伪证等不端行为作为检察官不当行为，其比例

---

① 中共中央马克思恩格斯列宁斯大林著作编译局编译：《马克思恩格斯选集》（第 1 卷），人民出版社 1995 年版，第 16 页。

② https：//www. law. umich. edu/special/exoneration/Pages/detaillist. aspx.

要远远高于30%。而据美国错案登记中心对2021年记录的161起错案的调查结果，其中102起案件涉及官方不当行为，占所有案件的近70%，包括59起凶杀案，占2021年凶杀案的77%。[①] 而1989年至2020年9月的统计数据中，官方的不当行为导致54%的被告被错误定罪。[②] 美国公共廉政中心（Center for Public Integrity）在2003年也对全美2341个司法管辖区检察官不当行为进行过调查，自1970年由上诉法院法官审查有关检察官起诉不当行为的指控案件有11，452件，其中至少有2012件案件，法官将检察官的不当行为作为驳回指控、撤销定罪或减刑的因素，另外有531件案件，检察官出现了较为严重的不当行为，在数以千计的案件中，法官认为起诉行为不当，但允许审判继续进行或基于"无害错误"原则维持定罪。[③] 根据哥伦比亚大学詹姆斯·S. 利布曼（James S. Liebman）等教授对1973—1995年期间全美范围内5760项死刑案件的一项调查，死刑的总错误率为68%，其中被告是无辜的或不应判处死刑，却因检察官压制证据等不端行为造成的比例为16%或19%。[④] 根据马歇尔·J. 哈特曼（Marshall J. Hartman）和斯蒂芬·L. 理查兹（Stephen L. Richards）的调查研究，在美国伊利诺伊州，1980—1999年被撤销判决的死刑案件中，因司法错误造成的占50%，因检察官不端行为造成的占21%（略高于五分之一），因辩护律师的错误造成的占19%。[⑤]

检察官不端行为可能面临的责任风险包括刑事责任风险、民事责任风险和纪律责任风险，检察官可能会因刑事诉讼中的不端行为侵害被告的受

---

① See The National Registry of Exonerations 2021 Annual Report, https://www.law.umich.edu/special/exoneration/Documents/NRE%20Annual%20Report%202021.pdf.

② See Government Misconduct and Convicting the Innocent, https://www.law.umich.edu/special/exoneration/Documents/Government_Misconduct_and_Convicting_the_Innocent.pdf.

③ See Steve Weinburg, *Harmful errors: Breaking the rules*, https://publicintegrity.org/politics/state-politics/harmful-error/breaking-the-rules/.

④ See James S. Liebman, Jeffery Fagan et al., *Capital Attrition: Error Rates in Capital Cases, 1973-1995*, 78 Texas Law Review, p. 1850 (2000).

⑤ See Marshall J. Hartman & Stephen L. Richards, *The Illinois Death Penalty: What Went Wrong?*, 34 J. Marshall L. Rev. 409, p. 426 (2001).

宪法保护的权利，进而被提起民事损害赔偿诉讼，包括 1983 条款诉讼和比文斯诉讼，但是，根据美国联邦法律规定[①]，所有检察官享有绝对的民事责任豁免权，检察官豁免权是检察官承担民事责任的主要障碍，也是检察官很少因错案被律师协会惩戒的主要原因。检察官纪律责任主要有受到公开谴责、处置、训诫、停职、免职或取消其任职资格，但因美国检察官多是经选举产生的政治官员，纪律惩戒几乎没有意义，检察官很少因不端行为承担纪律责任，免于承担纪律责任也是检察官豁免权的一种体现。

检察官豁免权适用于根据联邦法律所提起的所有民事诉讼，无论不端行为是不是故意的，无论诉讼是否对刑事案件产生影响，无论不端行为是否剥夺被告的宪法权利。[②] "在其任职范围内，公职人员对因提起司法或行政程序而造成的伤害不承担责任，即使他的行为是恶意的且没有正当理由。"[③] 检察官对民事损害赔偿诉讼的豁免程度，取决于他们在特定案件中的活动；如果检察官履行司法或准司法职能，那么享有绝对的豁免权，如果检察官履行行政或调查职能，则有权获得相对豁免权。

（一）美国检察官绝对豁免权的客体

检察官不仅对其善意履行检察职责的行为享有绝对豁免权，而且对其在履行检控职责中的不端行为也享有绝对豁免权。对于善意履职行为，因不存在不良动机，即便产生了错案后果，事实造成了错案受害人的权利侵害，检察官也可以豁免权为由免于民事诉讼，不承担民事责任，此时，检察官豁免权的客体指向的是善意履职行为。问题主要在于：检察官的不当检控行为是否能成为检察官豁免权的客体？本书认为，检察官的不端行为也可构成检察官豁免权的客体。主要包括以下几类行为。

1. 起诉及相关行为

在已有的美国检察官豁免权案例中，检察官绝对豁免权所指向的客体主

---

① See 42 U. S. C. § 1983 (2006).

② See Imbler v. Pachtman, 424 U. S. 428 – 429, 47 L. Ed. 2d 128. (1976).

③ Cal. Gov. Code § 821. 6 (2011).

要有以下几种不当的起诉及相关行为：起诉不当行为（包括报复性起诉和歧视性起诉或选择性起诉）、延迟指控行为、陪审团选择中的歧视行为、使用虚假证据的行为、不披露无罪证据等与刑事诉讼程序密切相关的行为。此外，检察官作为证人支持逮捕令申请的虚假陈述，尽管可能是恶意提起刑事公诉的证据，但也同样构成检察官豁免权的客体。“检察官对其准备和提交指控文件（包括信息和逮捕令动议）的行为享有绝对检察豁免权。被告在检察官指控撤销后，若提起针对检察官的1983条款诉讼，检察官受到绝对检察豁免的保护。”在刑事司法程序中，检察官可以决定是否正式指控某人犯罪、对该人提出何种指控以及如何追究。对于轻微刑事案件，检察官多以分流程序替代起诉，涉及毒品案件要采取戒毒治疗，比公诉更便宜，即便已经提出指控，检察官仍然有权做撤诉决定。检察官在起诉与否的决定上，有着不受审查的自由裁量权，存在滥用的可能，因而容易遭到批评。例如，检察官在法律允许的最大范围内起诉案件，而案件可能根本不应该起诉，或者至少不应该审理。

检察官决定不起诉或延迟指控行为。被告获得快速而公开的审判权利，是由美国宪法第六修正案明确规定的，判断检察官过度延迟提起诉讼的不端行为，需要考虑延迟的时间长度、延迟是否因检察官过错而造成、给被告人造成的损害和被告主张自己权利的程度等因素。[①] 当检察官出现滥用自由裁量权，作出不起诉决定或延迟指控决定等不端行为，导致刑事被告遭受权利侵害后，嫌疑人提起民事损害赔偿诉讼，检察官可以豁免权为由对抗，免予民事诉讼，不承担民事责任。绝对豁免权保护检控官是否及何时检控的决定[②]，检察官之所以不批准指控或延迟指控，是需要证据来支持指控，而这种证据又是检察官准备在审判或大陪审团面前陈述时的必要组成部分，这种不批准指控或延迟指控实际上是检察官对起诉与否的决定，与决定不起诉的

① See Barker v. Wingo, 407 U. S. 514 (1972).

② See U. S. C. A. Const. Amend. 6.

行为同属于准司法行为，同样受到绝对豁免权的保护。在安德森诉西蒙案（Anderson v. Simon）[①] 中，一名寡妇提起了对检察官的1983条款诉讼，指控检察官未批准对她丈夫的指控，并命令警察将他拘留，导致她丈夫在被拘留期间自杀身亡，声称是检察官侵害了她丈夫受宪法保护的第四和第十四修正案权利。美国伊利诺伊州北区地方法院驳回诉讼后，这名寡妇又提出上诉。上诉法院巡回法官坎内（Kanne）认为，检察官延迟指控的行为受到绝对豁免权的保护。

检察官在指控刑事被告时使用不当论点证明犯罪事实，误导陪审员的行为。涉及不当论点的行为包括：在庭审中提及尚未证实的事实、提及不具可采性的事实。如在纽约州诉杰弗里·戴斯科维奇案（State of New York v. Jeffrey Deskovic）中，地区检察官推测事实。在2011年的多米尼克·斯特劳斯·卡恩性侵案中，在犯罪嫌疑人被逮捕后的4天内，检察官在缺乏确凿证据、未全面查清案件事实前，就将案件提交至大陪审团进行起诉。事实上，仅靠被害人的言词证据很难起诉卡恩，被害人的证言也不可信，随后，曼哈顿地方法院宣布撤销对卡恩性侵的指控。在陪审团面前错误陈述法律导致陪审员曲解法律（如检察官错误地描述什么是合理怀疑）；在正式庭审中，故意提交那些已在审前动议程序中排除的证据；在开庭陈词或最后陈述时引出毫无根据的论点，煽动陪审团的情绪等。[②] 检察官在刑事指控时尽管使用不当论点误导了陪审团，有可能导致错案，但该行为是与刑事诉讼密切相关的行为，因此检察官对使用不当论点的行为享有绝对豁免权。

使用虚假证据或伪造证据的行为。对原告提起刑事诉讼的过程中伪造证据和胁迫作伪证的行为，检察官享有绝对豁免权。在李诉威林斯案（Lee v. Willins）中，上诉法院首席法官欧文·考夫曼（Irving R. Kaufman）认为，

---

① See Anderson v. Simon, 217 F. 3d 472 (2000).

② See George A Weiss, *Prosecutorial Accountability after Connick v. Thompson*, 60 Drake L. Rev., p. 213 (2011).

对于根据民权法提起的指控检方不当行为的诉讼，包括在对原告提起的刑事诉讼中伪造证据和强迫提供伪证，检察官有权享有检控豁免权。[①] 在检察官故意使用伪证指控被告人的诸多案例中，要数穆尼诉霍罗汗案（Mooney v. Holohan）[②]（1935）最为典型。在向加利福尼亚州最高法院上诉时，穆尼（Mooney）诉称检察官所呈示的证据为伪证，但上诉失败，转而向联邦最高法院提交了人身保护令原件申请。联邦最高法院认为，检察官的起诉行为应归入美国联邦宪法第十四修正案的范围。如果检察官明知是伪证而故意使用伪证，则侵害了被告受宪法保护的正当程序权利。该案首次认定了检察官使用伪证的行为是不端行为。“检察官唆使伪证不仅被认为是一种违反正当程序的不当行为，而且也是检察官不当行为的首要形式，它会导致其他形式的不端行为被认定为违反正当程序。”[③] 莱尔斯诉斯帕克斯案（Lyles v. Sparks）中，上诉法院巡回法官尼迈耶（Niemeyer）认为：检察官对比文斯诉讼类型的指控享有绝对豁免权，同样，检察官对唆使他人作伪证的行为也享有绝对豁免权；检察官在起诉大陪审团之前出示证词和其他证据是与刑事诉讼的司法阶段密切相关的起诉行为，因此应该享有绝对豁免权。[④]

不披露无罪证据的行为。检察官负有客观义务向法院出示其所掌握的所有证据，包括被告人要求出示的，并且有利于被告人的证据，否则，检察官的行为就违反了布兰迪规则，即“布兰迪式违规”[⑤]。若检察官违反了布兰迪义务，不开示有利于被告人的无罪信息，则侵犯了被告人基于宪法享有的正当程序权利。不披露无罪证据的行为是检察官不端行为的主要形式。在美国诉阿古尔案（United States v. Agurs）[⑥] 中，美国联邦最高法院进一步拓展了布兰迪规则：尽管被告方未明确要求，检察官有义务主动出示所有有利于被

---

① See Lee v. Willins, 617 F. 2d 320 (1980).

② See Mooney v. Holohan, 294 U. S. 103, 112 (1935).

③ George A Weiss, *Prosecutorial Accountability after Connick v. Thompson*, 60 Drake L. Rev., p. 207 (2011).

④ See Lyles v. Sparks, 79 F. 3d 372 (1996).

⑤ 布兰迪规则源于1963年的布兰迪诉马里兰州案（Brandy v. Maryland）.

⑥ See United States v. Agurs, 427 U. S. 97 (1976).

告的重要证据。从而使得布兰迪义务成为检察官的一种主动性义务而非回应性义务。“由于检察官在司法程序中担任辩护人，索取和收受伪证、隐瞒证据或在审判中引入非法扣押的证据并不构成损害赔偿责任。”① 伊布勒诉帕赫特曼案同样确认了检察官绝对豁免权无一例外地适用检察官所有的司法行为，包括在审判中检察官故意隐瞒无罪的信息或未能充分披露所有证据等。② 在沃尼诉门罗县案（Warney v. Monroe County）中，在沃尼被定罪 2 个多月后，检察官才将 DNA 检测表明沃尼无罪结果告知律师。但法院裁定检察官的这一行为受到绝对豁免权的保护。③

2. 辩诉交易行为

《全美检察准则》规定的检察官辩诉交易规则如下：检方在达成认罪协议时，可以同意对案件进行处置，检方可以作出一项或多项承诺以换取被告的认罪，包括如果被告认罪，被告对目前被指控的一项或多项罪行认罪或不认罪，则同意放弃对被告其他犯罪活动的持续调查，被告同意不对受害者、证人、执法机构或人员或检察官提起潜在的民事诉讼，则驳回、寻求驳回或不反对驳回一项或多项被指控的罪行等。④ 美国联邦最高法院通过 1970 年的“布兰迪诉美利坚合众国”（Brady v. United States）案确认了辩诉交易的合法地位，1974 年的《联邦刑事诉讼规则》将“辩诉交易”作为一项诉讼制度确立下来。据有关统计，美国 85%—90% 的刑事案件是以辩诉交易结案的。美国重罪案件的结案方式多样化，只有 3% 的案件判决是经庭审判决结案，32% 的重罪案件被撤回或延期、变更管辖权等，其余的 65% 均以被告人认罪答辩而结案，其中又有大量案件以检察官与辩护律师辩诉交易的方式结案。⑤ 检察官、辩护律师、被告人、受害人和法官参与辩诉交易，前三者在最严厉

---

① Lofland v. Meyers, 442 F. Supp. 955、958 (S. D. N. Y. 1977).

② See Imbler v. Pachtman 424 U. S. 409 47 L. Ed. 2d 128. (1976).

③ See Warney v. Monroe County, 587 F. 3d 113 (2d Cir. 2009).

④ See National Prosecution Standards, Third Edition.

⑤ See C. Flango and B. Ostrum. *Examining the Work of State Courts*, 2003, Criminal, Williamsburg, VA, National Center for State Courts, 2003, p. 44.

的制裁与最宽容的结案之间通过谈判进行博弈，达成一致意见，检察官是辩诉交易的主导者，决定者是检察官、被告人和法官。受害人在辩诉交易中也有一席之地，有权知晓与辩诉协议相关的信息，有权在辩诉交易的任何公开程序中发表意见，法官最后进行裁决，谈判的内容不仅仅限于罪名、罪数和刑罚，还包括方便亲友探访、在离家较近的监狱中服刑、免于强制判刑、变更起诉等，谈判使得辩护律师与检察官能够根据案情和犯罪嫌疑人的具体情况进行预先判断。通常情况下，检察官与辩护律师之间能对犯罪行为形成可接受的量刑范围，这一量刑范围即"预判刑罚"范围，"预判刑罚"能够增加谈判的确定性和合理性，谈判过程恰恰是在"预判刑罚"范围内寻求各方均能接受的结果。[①] 辩诉交易是刑事诉讼的前置程序，辩诉交易是检察官检控行为的一个环节，是检察官起诉裁量权的重要体现，如果被告人对辩诉交易的结果不予认可，仍然可以提起上诉。

泰勒诉卡瓦纳案（Taylor v. Kavanagh）[②] 中原告罗德尼·泰勒（Rodney Taylor）对辩诉交易的结果不予认可，提起了对检察官卡瓦纳（Kavanagh）的民权诉讼，但最终法院确认检察官对辩诉交易行为的绝对豁免权。基本案情如下：泰勒分别于 1974 年、1975 年，因盗窃罪被逮捕，被指控犯有三级入室盗窃罪和企图盗窃罪、三级盗窃罪和七级非法持有管制物质罪，1976 年，泰勒（由代理律师代理）与助理地区检察官卡瓦纳通过辩诉交易达成协议，泰勒在阿尔斯特县法院对 1974 年 12 月起诉书中包含的三级入室盗窃指控认罪，泰勒和助理地区检察官卡瓦纳同意不会就将要判处的刑罚提出任何建议或声明。但在 1977 年，泰勒在州法院申请撤销因认罪而导致的刑事定罪，声称在辩诉交易谈判中，卡瓦纳对其撒谎，没有如实告诉大陪审团退回了第二次盗窃的起诉，并且违反了辩诉交易认罪协议的条款（卡瓦纳不推荐任何量刑建议）。泰勒于 1978 年 10 月提起民权诉讼，声称他因助理地区检察

---

① 参见［美］琼·E. 雅各比、［美］爱德华·C. 拉特利奇：《检察官的权力——刑事司法系统的守门人》，张英姿、何湘萍等译，法律出版社 2020 年版，第 121 页。

② See Taylor v. Kavanagh，640 F. 2d 450（2d cir. 1981）.

官对所谓的第二次起诉的失实陈述而认罪，指控卡瓦纳违反辩诉交易规则，损害了他的权利，他应该因此获得赔偿和550万美元的惩罚性补偿。泰勒在1979年9月向地方法院寻求令状，但法官驳回。原告提起上诉。上诉法院巡回法官欧文·考夫曼认为：（1）原告不能在民权诉讼中提出释放请求；（2）检察官在辩诉交易谈判中的行为和州法院的量刑程序受到绝对起诉豁免原则的保护。①

3. 其他准司法官角色行为

检察官的绝对豁免权甚至延伸至检察官的其他准司法官角色行为，如检察官在启动特定的民事程序和行政程序时执行类似于检察职能的行为。换句话说，检察官的绝对豁免权不仅与刑事诉讼程序相关，而且与民事司法程序和行政司法程序密切相关。如美国联邦第三巡回上诉法院审理的赖茨诉巴克斯郡案（Reitz v. County of Bucks）②，处理民事没收的检察官也被赋予绝对豁免权，因为检察官的此类行为与司法程序密切相关，如准备并提交没收诉状和参加没收听证会等行为。在肖伯诉卡特森案（Schrob v. Catterson）③中，检察官起草和备案起诉、申请逮捕令、在听证会上作出错误陈述等行为也被赋予绝对豁免权。此外，类似的案件还有第六巡回上诉法院审理的斯金纳诉戈沃尔钦案（Skinner v. Govorchin）④和布莱克利诉美国案（Blakley v. U. S. ）⑤、第七巡回上诉法院审理的托马斯诉皮奥里亚市案（Thomas v. City of Peoria）⑥和门登霍尔诉戈德史密斯案（Mendenhall v. Goldsmith）⑦等，处理民事程序案件的检察官同样被赋予绝对豁免权。甚至检察官绝对豁免权还适用于非检察官职位的主体所从事的相当于检察官职能的行为，即使行为主体不是检察

① See Taylor v. Kavanagh, 640 F. 2d 450 (2d cir. 1981).

② See Reitz v. County of Bucks, 125 F. 3d 139, 146 (3d Cir. 1997).

③ See Schrob v. Catterson, 948 F. 2d 1402, 1410, 23 Fed. R. Serv. 3d 235 (3d Cir. 1991).

④ See Skinner v. Govorchin, 463 F. 3d 518, 525, 2006 FED App. 0360P (6th Cir. 2006).

⑤ See Blakely v. U. S. , 276 F. 3d 853, 871, 89 A. F. T. R. 2d 2002 - 520, 2002 FED App. 0014P (6th Cir. 2002).

⑥ See Thomas v. City of Peoria, 580 F. 3d 633, 638 - 39 (7th Cir. 2009).

⑦ See Mendenhall v. Goldsmith, 59 F. 3d 685, 691 (7th Cir. 1995).

官，而是其他机构，包括福利院等机构。

赋予检察官绝对豁免权，一方面是因为，辩诉交易、认罪谈判是美国刑事司法系统的“基本组成部分”[①]，辩诉交易是检控行为的一个环节，“检察官的行为直接涉及案件的预审或审判阶段，则检察官免于承担责任”[②]。检察官对其辩诉交易行为享有绝对的豁免权。另一方面是为了促进检察官积极履职，促成有效的认罪谈判，节约司法资源，更好地维护社会利益。如果检察官一直担心在刑事程序的关键阶段作出的判决和决定可能导致毁灭性的个人责任，那么有效的认罪谈判就会受到严重影响。[③]

（二）美国检察官有限豁免权的客体

美国检察官有限豁免权所指向的客体主要有以下几种：申请法官批准逮捕、搜查及非法搜查、恐吓证人、侦查行为、向媒体发表声明、不当使用“媒体审判”的行为等独立于起诉的行为，以及检察官签署和提交逮捕令申请的行为类似于警察行为。

1. 涉及不当使用“媒体审判”的行为

尽管检察官向媒体传播虚假信息造成的刑事案件被告名誉损害是独立于起诉而造成的不端行为，检察官不能指望绝对豁免权的保护，但是仍然受到有限豁免权的保护。[④] 检察官向媒体披露或提供某案刑事被告罪行的太多信息的行为，此类行为有可能导致所谓的“媒体审判”。由于媒体的介入，在普通公众看来就是媒体已经确定了该案的犯罪嫌疑人就是罪犯，普通公众也会作出类似的判断，犯罪嫌疑人的名誉权及其他受宪法保护的权利遭受侵害。检察官不应该告诉媒体任何可能损害案件被告的事情，也不应该做任何事情来增加公众在判决之前将被告定为有罪的可能性。巴克利诉菲茨西蒙斯案[⑤]中，地区法院的法官一致认为检察官召开新闻发布会的行为不是以公诉人的身

---

① See Santobello v. New York，404 U. S. 257，260，92 S. Ct. 495、497、30 L. Ed. 2d 427（1971）.

② Daniels v. Kieser，586 F. 2d 64（7th Cir. 1978）.

③ See Taylor v. Kavanagh，640 F. 2d 450（2d cir. 1981）.

④ See Helstoski v. Goldstein，552 F. 2d 564（3d Cir. 1977）.

⑤ See Buckley v. Fitzsimmons，509 U. S. 259（1993）.

份，而且该行为在法庭之外作出，并非起诉行为的一部分，与刑事司法程序无关，只是一种行政行为或公关行为，检察官的此类行为不受绝对豁免权的保护。

2. 陪审团选择中的歧视行为

检察官在选任陪审团成员时，基于陪审员的性别、宗教、种族或其他类似的个人因素考虑，排除潜在的陪审员，此类歧视行为很容易侵犯被告的宪法权利。如在一些黑人是犯罪嫌疑人的案件中，检察官在挑选陪审团成员时，使用“无因回避”（没有理由地随意排除某些陪审员）排除黑人进入陪审团。无因回避为不公正的检察官打开了方便之门，有利于对犯罪嫌疑人的定罪。陪审团选择中的歧视行为是经常出现的检察官不端行为之一。“在路易斯安那州杰斐逊教区，高达 80% 的刑事审判中，陪审团中没有有效的黑人代表。”① 在加利福尼亚州，一项对 2006 年至 2018 年由州上诉法院裁决的近 700 起刑事案件进行调查的研究发现，检察官在近 72% 的案件中使用无因回避排除了黑人陪审员，而基于同样的理由排除白人陪审员的案件仅不到 1% 。对密西西比州进行的一项跨越 25 年（截至 2017 年）的研究发现，黑人陪审员候选人被排除的可能性是白人陪审员候选人的四倍。根据对 2011 年至 2017 年路易斯安那州 5000 多起案件的分析发现，检察官根据黑人在陪审团中所占比例以预期比率的 175% 排除黑人陪审员。②

3. 检察官侦查行为

根据《美国法典》第 42 编第 1983 条诠注（42 U. S. C. A. § 1983）：“检察官对于仅因起诉本身而产生的伤害享有豁免权；然而，如果所称损害是独立于起诉而造成的，则不具有绝对豁免权。”美国检察官从事的独立于起诉行为，不受绝对豁免原则的保护，③如检察官指导警察或授权非法搜查④和扣

① Equal Justice Initiative, Illegal Racial Discrimination in Jury Selection, A Continue Legacy, https://eji. org/reports/illegal – racial – discrimination – in – jury – selection/.

② See Equal Justice Initiative, Race and the Jury Illegal Discrimination in Jury Selection, https://eji. org/reports/race – and – the – jury – overview/.

③ See Lee v. Willins, supra, 617 F. 2d at 322.

④ See Lofland v. Meyers, 442 F. Supp. 955, 958 (S. D. N. Y. 1977).

押[①]、非法使用窃听手段[②]、自行侦查等。如果检察官通过非法搜查违反了宪法第四修正案，则无论在审判中是否开示了非法获得的证据，受害者都会因侵犯其隐私而受到伤害[③]，如果指控的伤害是独立于起诉而造成的，则不具有绝对豁免权。[④]

美国检察官履行侦查职能的方式主要包括领导或指导警察进行犯罪侦查、自行侦查，而自行侦查又可分为负责公诉的检察官对职务犯罪案件的侦查和美国的联邦检察长领导联邦调查局进行的侦查。美国只有少数几个州的首席检察官是通过任命方式产生的，如阿拉斯加州、康涅狄格州、哥伦比亚特区和新泽西州等，其余州的首席检察官都是经选举产生的政治官员，有权领导或指导警察机关对犯罪案件的侦查和调查取证，警察通常也乐于接受检察官在调查取证问题上的指导。“检察官可以与警察协商搜查令的必要性和可行性，以及逮捕是否存在合理依据。”[⑤] 基于集中打击某类犯罪的需要，检察官甚至会抽调警察组成专项行动小组，直接指挥专项侦查工作。对于涉及政府官员或公司高管的职务犯罪案件则由公诉检察官自行侦查，如美国股票市场“内幕交易”第一案和美国麦道飞机制造公司跨国行贿案。负责公诉的检察官很容易让大陪审团成员相信对犯罪嫌疑人进行强制传讯的必要性，并且享有对那些有罪的证人签发豁免书的权力，因此，检察官能够通过自行侦查获得重要证据。美国联邦调查局隶属于联邦最高检察机关，是司法部内设的侦查机关，主要负责侦查警察侵犯民权和公务人员受贿等职务犯罪案件，还负责侦查违反联邦法律的刑事案件，如杀人、抢劫、贩毒、爆炸和诈骗等犯罪案件。在侦查重大犯罪案件中，联邦调查局侦查人员与联邦地区检察署的检察官往往采取联合行动；在秘密侦查活动中，为了寻求“合法性”，采用侦

---

① See Mcsurely v. McClellan, 697 F A. L. R. Fed. 614 (D. C. Cir. 1982).

② See Mitchell v. Forythy, 472 U. S. 511 (1985).

③ See J. D. Pflaumer, Inc. v. United States Department of Justice, 450 F. Supp. 1125 (E. D. Pa. 1978).

④ See Hampton v. Hanrahan, 600 F. 2d 600 (7th Cir. 1979).

⑤ George A Weiss, *Prosecutorial Accountability after Connick v. Thompson*, 60 Drake L. Rev., p. 215 (2011).

查措施之前，应先征得联邦检察署当地联邦检察官的同意。

检察官在行使侦查职能或行政职能时，享有有限豁免权。[①] 有的法院则在衡量检察官在行使侦查职能时的动机是否善意的基础上决定检察官是否享有豁免权。但不管怎么样，能够得到检察官共识的是：检察官对其侦查行为享有有限豁免权，“如果检察官不是担任‘司法官员’，而是从事调查或行政行为，则绝对豁免权可能不适用”。第二巡回上诉法院在审理西蒙诉纽约市案（Simon v. City of New York）[②]、弗拉格勒诉特雷纳案（Flagler v. Trainor）[③]和鲁特诉利斯顿案（Root v. Liston）[④]、皮诺诉萨福克郡案（Pinaud v. County of Suffolk）[⑤] 时均认为检察官的行为仅在相对豁免范围之内，因为在这些案件中，检察官行为的功能相当于警察执法行为的功能。第三巡回上诉法院的朱弗雷诉比塞尔案（Giuffre v. Bissell）[⑥]、第七巡回上诉法院的佩纳诉马托克斯案（Pena v. Mattox）[⑦]、第九巡回上诉法院的波泰洛诉加米克案（Botello v. Gammick）[⑧]、第十巡回上诉法院的莱蒙斯诉莫里斯律师事务所及莫里斯案（Lemmons v. Law Firm of Morris and Morris）[⑨]等案件中均因为检察官的行为相当于警察的行政执法行为，只能被赋予有限豁免权。

第三节　中国检察官责任豁免制度的实践

中国已形成比较独特的检察官责任追究制度，检察官责任豁免与检察官

---

① See Van de Kamp v. Goldstein, 555 U. S. 335 (2009), 129 S. Ct. 855 (2009).

② See Simon v. City of New York, 727 F. 3d 167, 172 – 74 (2d Cir. 2013).

③ See Flagler v. Trainor, 663 F. 3d 543, 550 (2d Cir. 2011).

④ See Root v. Liston, 444 F. 3d 127, 131 – 132 (2d Cir. 2006).

⑤ See Pinaud v. County of Suffolk, 52 F. 3d 1139, 1151 (2d Cir. 1995).

⑥ See Giuffre v. Bissell, 31 F. 3d 1241, 1253 (3d Cir. 1994).

⑦ See Pena v. Mattox, 84 F. 3d 894, 896 (7th Cir. 1996).

⑧ See Botello v. Gammick, 413 F. 3d 971, 977, 978, 23 I. E. R. Cas. (BNA) 232, 151 Lab. Cas. (CCH) 60032 (9th Cir. 2005).

⑨ See Lemmons v. Law Firm of Morris and Morris, 39 F. 3d 264, 266 (10th Cir. 1994).

责任追究虽然存在矛盾，但二者又统一于检察官责任制度中。检察官责任豁免是检察官责任制度的必要组成部分，零散分布于检察官责任制度中，随着司法体制改革的深入，检察官责任追究制度及惩戒制度的改革也关系到检察官司法责任制改革的成败，各种规范性法律文件中有关“责任制”的表述也随之发生变化。

一、中国检察官责任制度

任何制度改革都有其历史背景和正当性依据。自 1997 年党的十五大明确提出要建立冤案、错案责任追究制度以来，检察官责任制的表述经历了“错案责任追究制→执法责任制→错案责任追究制→办案责任制→错案（责任）追究制→执法过错责任追究制度→司法责任制”的转变。随着各种文件在检察官责任制表述上的变化，国家所推行的制度也经历了推行冤案、错案责任追究制度，建立和全面推行主诉检察官责任制度和主诉检察官办案责任制度，完善执法责任制和执法过错责任制，落实司法责任制和司法责任制综合配套改革的转变。

（一）检察官责任制之改革依据

围绕着检察官责任制改革，党中央制定了相应的指导性文件，全国人民代表大会、最高人民检察院、最高人民法院相继制定、修改和完善了很多规范性法律文件，概括起来大致包括以下几大类：一是涉及追究检察官责任依据的法律，除了《人民检察院组织法》和《检察官法》外，还有《公职人员政务处分法》和《公务员法》《监察法》等。二是最高人民检察院颁行的内部规范性文件，如《人民检察院错案责任追究条例（试行）》（已失效）、最高人民检察院《关于完善人民检察院侦查工作内部制约机制的若干规定》（已失效）、《关于试行主诉检察官办案责任制的工作方案》（已失效）、最高人民检察院《关于人民检察院办理直接受理立案侦查案件实行内部制约的若干规定》（已失效）、《检察人员纪律处分条例》、《检察人员执法过错责任追究条例》（已失效）、《人民检察院司法瑕疵处理办法（试行）》（已失效）、

《人民检察院司法责任追究条例》、《保护司法人员依法履行法定职责规定》、《检察官惩戒工作程序规定（试行）》等。此外，最高人民检察院还出台了一些指导性意见和检察工作计划纲要，作为检察官责任制的指导性文件。三是最高人民检察院与最高人民法院、司法部、公安部和国家安全部联合制定的指导性文件。四是党内法规和指导性文件，如中共中央《关于全面深化改革若干重大问题的决定》，中央全面深化改革领导小组审议通过的规范性文件:《关于司法体制改革试点若干问题的框架意见》《关于建立法官、检察官惩戒制度的意见（试行）》等。根据最高人民检察院的工作报告所公布的数据，1997—2016 年，每年都有被查处的违法违纪检察人员，总体数量并不多，一般是三位数，其中最多的一年是 2012 年，达到四位数，1122 人；而最近五年，即从 2017 年中央推行落实司法责任制改革要求以来，每年被查处的违法违纪检察人员分别为 2089 人、1290 人、1318 人、2800 人。从人数的总体上升趋势来看，一方面体现了全面依法治国改革的决心，另一方面追究检察官司法责任的力度加强，检察官承担司法责任的人数在不断上升。我国追究检察官责任是党的十一届三中全会提出要纠正错案以来，2021 年，对 2018 年以来改判纠正的 246 件刑事错案启动追责，对“张玉环案”“张志超案”等错误关押 10 年以上的 22 件刑事错案直接督办，从严追责问责 511 名检察人员，其中相关检察院班子成员 134 人，退休人员 122 人。[①] 2022 年，组织排查了 2018 年以来再审改判的 325 件刑事错案，经对其中 10 件原判 10 年以上的重大冤错案件提出抗诉或再审检察建议，法院均改判无罪，如因一起灭门惨案被判处死缓的谭某义在被羁押 29 年后改判无罪，“辛龙案”则由无罪改判其死缓，对 551 名检察人员追责问责[②]（见表 4 -1）。

---

① 《对 2018 年以来改判纠正的 246 件刑事错案启动追责》，载最高人民检察院官网，https：//www. spp. gov. cn/spp/ttzgjgzbg/202203/t20220308_548075. shtml。

② 参见 https：//www. spp. gov. cn/spp/ttzgjgzbg/202303/t20230317_608765. shtml.

表 4－1　1997—2022 年检察官责任制改革依据及查处检察人员违法违纪人数统计

年份	检察官责任制改革依据和指导性文件	"责任制"表述	查处检察人员违法违纪	推行制度
1997	党的十五大提出要建立冤案、错案责任追究制度	办案责任制、错案责任追究制	360 人刑事责任	冤案、错案责任追究制度
1998	最高人民检察院颁布实施了《人民检察院错案责任追究条例（试行）》《关于完善人民检察院侦查工作内部制约机制的若干规定》（已失效）	错案责任追究制	1285 人党政纪处分/116 人刑事责任	建立主诉检察官责任制度
1999	最高人民检察院《关于试行主诉检察官办案责任制的工作方案》（已失效）	错案责任追究制	544 人党政纪处分/55 人刑事责任/24 人因错案被查处	主诉检察官办案责任制十个省市试点
2000	全国人大九届二次会议关于推进司法改革的要求。最高人民检察院制定《检察改革三年实施意见》、最高人民检察院办公厅《关于在审查起诉部门全面推行主诉检察官办案责任制的工作方案》	执法责任制/错案追究制	494 人（其中 470 人党政纪处分/54 人刑事责任），追究领导责任 102 名	全面推行主诉、主办检察官办案责任制
2001	《检察官法》（2001 修正）	错案责任追究制	406 名违法违纪（其中 56 人刑事责任）/60 名领导责任	实行主诉检察官办案责任制的检察院 2729 个，选任 9022 名主诉检察官

续表

年份	检察官责任制改革依据和指导性文件	"责任制"表述	查处检察人员违法违纪	推行制度
2002	党的十六大提出推进司法体制改革	深化主诉检察官办案责任制	262 名领导干部负领导责任	实行主诉检察官办案责任制（2960 个检察院选任主诉检察官 9000 多名）
2003	中央政法委向中央提出了《关于进一步推进司法体制改革的建议的请示》（已失效）	办案责任制、错案追究制	424 名违法违纪（其中 21 人刑事责任）	
2004	最高人民检察院《关于人民检察院办理直接受理立案侦查案件实行内部制约的若干规定》（已失效）、《检察人员纪律处分条例》（已失效）	办案责任制、错案追究制	345 名违法违纪	
2005	最高人民检察院实施《关于进一步深化检察改革的三年实施意见》	执法责任制、错案责任追究制	292 名违法违纪（其中 23 人刑事责任）	完善执法责任制、错案责任追究制
2006		执法过错责任追究制度	273 名违法违纪（其中 27 人刑事责任）	完善执法过错责任追究制度
2007	《检察人员执法过错责任追究条例》（已失效） 党的十七大提出深化司法体制改革	执法责任制		
2008	中央政法委向中央提出了《关于深化司法体制和工作机制改革若干问题的意见》	执法过错责任	258 名违法违纪（其中 24 人刑事责任）	落实《检察人员执法过错责任追究条例》

续表

年份	检察官责任制改革依据和指导性文件	"责任制"表述	查处检察人员违法违纪	推行制度
2009	《关于深化检察改革2009—2012年工作规划》	执法过错责任追究制度	247名违法违纪（其中25人刑事责任） 98名有执法过错	严格落实《检察人员执法过错责任追究条例》
2010	《检察机关执法工作基本规范》	执法过错责任追究制度	违纪违法的检察人员267人，其中追究刑事责任38人 91名有执法过错	
2011	《关于强化上级人民检察院对下级人民检察院执法办案活动监督的若干意见》，最高人民检察院《关于加强检察机关内部监督工作的意见》	执法过错责任追究制度	违法违纪的检察人员176人，其中追究刑事责任20人	严格落实执法过错责任追究制
2012	党的十八大提出"进一步深化司法体制改革"	执法过错责任追究制度	违法违纪的检察人员1122人，其中追究刑事责任124人	
2013	制定最高人民检察院《关于切实履行检察职能防止和纠正冤假错案的若干意见》	健全错案防范、纠正和责任追究机制	违法违纪检察人员210人，其中移送追究刑事责任26人	健全检察环节错案发现、纠正、防范和责任追究机制
2014	全面深化改革领导小组第三次会议审议通过了《关于司法体制改革试点若干问题的框架意见》，最高人民法院、最高人民检察院、公安部、司法部制定了《关于在部分地区开展刑事案件速裁程序试点工作的办法》，最高人民检察院制定了《人民检察院司法瑕疵处理办法（试行）》	司法责任制		推行主任检察官办案责任制改革试点，落实和强化执法办案责任

续表

年份	检察官责任制改革依据和指导性文件	“责任制”表述	查处检察人员违法违纪	推行制度
2015	最高人民检察院《关于深化检察改革的意见（2013—2017年工作规划）》、最高人民检察院《关于完善人民检察院司法责任制的若干意见》 中共中央办公厅、国务院办公厅印发《领导干部干预司法活动、插手具体案件处理的记录、通报和责任追究规定》	司法责任制	违纪违法检察人员465人（其中最高人民检察院4人）	建立检察机关办案部门和办案人员违法行使职权的纠正机制和记录、通报、责任追究制度
2016	《保护司法人员依法履行法定职责规定》、《关于推进以审判为中心的刑事诉讼制度改革的意见》、全国人大常务委员会《关于授权最高人民法院、最高人民检察院在部分地区开展刑事案件认罪认罚从宽制度试点工作的决定》、最高人民法院、最高人民检察院、公安部、国家安全部、司法部印发《关于在部分地区开展刑事案件认罪认罚从宽制度试点工作的办法》、（刑事速裁）最高人民检察院第十二届检察委员会第五十六次会议修订《检察人员纪律处分条例》	司法责任制	违纪违法检察人员474人，严肃追究121名领导干部失职失察责任	全面推进以司法责任制为核心的四项改革试点

续表

年份	检察官责任制改革依据和指导性文件	“责任制”表述	查处检察人员违法违纪	推行制度
2017	最高人民法院、最高人民检察院、公安部、国家安全部、司法部《关于办理刑事案件严格排除非法证据若干问题的规定》 党的十九大报告提出“深化司法体制综合配套改革，全面落实司法责任制”。 《最高人民检察院机关检察官司法办案权力清单（2017 年版）》	司法责任制	违纪违法检察人员 2089 人，其中最高人民检察院 11 人，违反中央八项规定精神 543 人。严肃追究 531 名领导干部失职失察责任	落实司法责任制改革，完善检察官权力清单
2018	2018 年 10 月 26 日，第十三届全国人大常委会第六次会议修订通过《人民检察院组织法》	司法责任制		深化司法体制综合配套改革，全面落实司法责任制
2019	2019 年新修订的《检察官法》 《2018—2022 年检察改革工作规划》	司法责任制	1290 名检察人员因违纪违法被立案查处，同比上升 66.7%，54 人被追究刑事责任	落实司法责任制，与公务员普遍责任区分
2020	最高人民检察院第 13 届检察委员会第 48 次会议通过《人民检察院司法责任追究条例》	司法责任制	1318 名检察人员因违纪违法被立案查处，移送追究刑事责任 142 人	制定发布《“十四五”时期检察工作发展规划》
2021	深化司法责任制综合配套改革	司法责任制，办案质量终身负责	2800 名检察人员被依纪依法查处，从严追究 511 名检察人员责任，落实办案终身负责制，其中移送追究刑事责任 202 人	
2022	《检察官惩戒工作程序规定（试行）》	司法责任制，办案质量终身负责	对 551 名检察人员追责问责	

注：数据主要来源于最高人民检察院工作报告。

（二）检察官错案责任制到司法责任制之嬗变

自 1997 年党的十五大提出要建立冤案、错案责任追究制度，到最高人民检察院《人民检察院错案责任追究条例（试行）》（1998）（已失效），提出“错案责任”概念，对检察人员责任的追究适用“错案责任”原则，其中第 2 条规定了界定错案的必备要件：检察官“故意或者重大过失”造成的，并且区分了错案的类型和范围。2007 年 9 月颁布《检察人员执法过错责任追究条例》（已失效），将“错案责任”转变为“执法过错责任”，并详细列举了执法过错行为，为司法责任追究奠定了以“行为”为导向的参照标准。2014 年明确提出要深化司法体制改革以来，制度的顶层设计者意识到检察官责任追究的重要性，但在有关错案责任追究制的表述上存在些许不同，除了检察官错案责任追究制表述外，还有执法责任制、办案责任制、错案追究制、执法过错责任追究制度等表述。在司法改革进程中，检察官错案责任似乎始终是检察官司法责任追究制中无法回避的一种责任形式。一方面缘于错案导致的司法公信力迷失，挽回司法公信力的突破口就是通过错案责任追究来倒逼司法质量的提升，让老百姓真正感受到司法的公平正义；另一方面，司法责任的追究必须要建构一定的追责标准。当将司法责任分为故意违法责任、故意和重大过失责任、监督管理责任时，“故意或重大过失”的界定变得十分模糊，主观性因素比较强，为此，一定要辅之以客观的标准，引入客观后果标准来限定“故意或重大过失”，错案作为客观后果标准便成为必然。但是检察官办案责任设计中的行政化因素又使错案责任追究背离检察官责任制改革初衷。检察官错案责任制的目的在于通过惩戒来约束检察官，实现对检察官的垂直管理。检察官为了避免承担责任、转移责任风险，进一步压缩原本有限的自主决定权，尤其是面临重大、疑难案件时，转而寻求检察长、检察委员会等对责任风险的分担，反而增加了办案环节，浪费司法资源和降低诉讼效率，错案标准模糊、追责目的行政化、追责机制不完善等弊端不可避免。检察官执法过错责任追究制中存在权责不清的情况，未区分办案检察官与其他检察人员在履职上的区别，未能体现检察官办案的司法特征，司法追责仍然存在很多问题。

从错案责任到执法过错责任，实际是对司法规律认识的转变，经由以结果为中心转变到以行为为中心追究检察官的责任，更能体现对检察官责任制度的科学认识。2014 年全面深化改革领导小组第三次会议审议通过了《关于司法体制改革试点若干问题的框架意见》，检察官责任追究制度从“错案责任制”“执法过错责任”变为“司法责任制”，检察机关与法院同时推行司法责任制改革，先后出台司法责任制意见。司法责任制是整个司法体制改革的关键，只有抓住司法责任制这一“牛鼻子”才能真正地推进司法体制改革的深入。同时，检察官司法责任制不是简单的检察官追责，而是涵盖了检察权的运行机制、检察官司法责任的认定与追究、检察官司法责任豁免等履职保障等多方面的内容，同时检察官司法责任也不是某种性质责任，而是一种责任体系，检察官司法责任指通过司法责任来约束权力，终身负责制更是对检察官行使检察权的一种监督与制约。最高人民检察院在《关于完善人民检察院司法责任制的若干意见》中明确司法责任制改革的目标及基本原则，明确规定检察机关办案组织及运行机制，明确了检察人员包括检察长、检察官办案组、独任检察官、主任检察官和检察官助理的职责权限。

检察院的司法责任制改革与法院的司法责任制改革还是存在很多差异。虽然从整体上看，检察权是司法权，其中的批捕权、审查起诉权、公诉权等属于办案权，具有明显的司法属性，监督权是检察权运行过程中所衍生的权力，是司法职能的延伸，但是，检察系统毕竟实行的是检察一体制原则：一方面，检察长拥有对员额检察官办案的指令权，若办案检察官不服从，检察长拥有职务移转和职务收取权，但办案检察官在检察长授权范围内拥有自主决定权。因此，检察官只是拥有相对独立性。所谓检察独立也仅指相对独立，决定了检察权运行机制不同于审判权运行机制，检察院的司法责任制改革与法院的司法责任制改革还是存在很多差异，法院司法责任制改革的目标是“让审理者裁判，由裁判者负责”，与之相似，检察院司法责任制改革的目标是“让办案者决定，由决定者负责”。但问题在于，根据《检察官法》和

《人民检察院组织法》，完整的检察权在检察长手中，检察官只是在检察长授权的情况下行使检察权。

（三）检察官司法责任制之实践

1. 顶层设计和试点改革相结合的检察官司法责任制

2015年9月颁布实施的最高人民检察院《关于完善人民检察院司法责任制的若干意见》，体现了中央关于检察机关司法责任制的总体制度设计要求，并对检察机关办案主体、检察人员职责权限、检察委员会运行机制和司法责任认定和追究等方面提出了具体要求，着力推行检察人员分类管理、员额制改革、检察官办案责任制、检察官职业保障制度、稳步开展内设机构改革，其中第34条和第35条分别规定了检察人员故意违法应承担司法责任的11种行为和有重大过失应承担司法责任的8种行为。2015年的最高人民检察院《关于完善人民检察院司法责任制的若干意见》和2007年的《检察人员执法过错责任追究条例》相比，只是增加了“毁灭、伪造、变造或隐匿证据”的行为，删除了“矛盾激化，引起涉检信访人多次上访、越级上诉”的行为，其余内容基本不变，但兜底条款的存在，“严重后果”“恶劣影响”等概念内涵上的模糊性，有可能导致检察人员行为和责任的不对等，使检察人员担心因履职而产生的办案责任。随后，上海市、青海省、海南省、湖北省等6个省市作为第一批司法改革试点省份，浙江省、江苏省、山东省、内蒙古自治区等12个省（市、区）作为第二批司法改革试点省份，北京市、天津市、河北省等13个省市作为第三批司法改革试点省份，为开展检察机关司法责任制试点工作，均出台了相应的实施细则。

在第一批司法改革试点省市中，上海市出台《上海检察改革试点工作实施方案》《关于进一步深化上海检察机关司法体制改革试点工作的意见》《上海检察机关落实司法责任制工作细则（试行）》《上海市各级人民检察院检察官权力清单（2015年版）》等司法责任改革配套文件。青海省颁布实施《青海省检察机关贯彻落实关于〈完善人民检察院司法责任制的若干意见〉的实施意见》《青海省检察机关司法体制改革试点工作实施方案》《青海省人民检察院主要业务条线检察官权力清单（试行）》等司法责任改革文件。海南省颁布实施《海南省检察机关完善司法责任制的实施意见》、《海南省检察机关司法办案核阅办法（试行）》、《海南省检察机关检察官权限指引》、《海南省检察机关司法办案内部监督制约办法（试行）》和海南省检察机关《关于检察官、检察官助理、书记员职责规范（试行）》等司法责任改革文件。湖北省颁布实施《湖北省司法体制改革试点方案》《关于检察机关实行司法责任制的方案》《湖北省检察机关规范和优化司法方案审批、指挥、指令的规定（试行）》《湖北省、市、县人民检察院司法办案权限划分的规定（试行）》等司法责任改革配套文件。

上海市、青海省、海南省、湖北省等都规定了检察官办案组织的基本形式是独任检察官和检察官办案组，司法责任的承担主体包括：检察官、主任检察官、业务部门负责人、检察长、检察委员会委员。各省对检察长的权限有明确的规定，但在具体分类时存在差异，检察长的一般职权主要是检察官办案审核权、监督权、对承办案件检察官的指挥权、必要时更换办案检察官的职务转移权和对文件的签发权，检察长也可以决定由自己担任检察官承办案件。在具体分类上各个检察院有所不同，海南省人民检察院规定检察长的审核权包括了指令权、审阅权和复核权，其审核权实际上是审批权，检察长不同意检察官的处理意见时可以直接作出决定，也可以要求检察官复核或提请检察委员会讨论决定。青海省人民检察院规定的检察长的权力与海南省差不多，但将检察长直接对办案检察官承办案件作出决定的权力称为指挥权。湖北省人民检察院明确规定检察长可直接办理案件，并行使上述权力，并明确规定了文书签发权，且不因签发法律文书承担司法责任；业务部门负责人除履行检察官职权外，还承担检察官承办案件的监督权和行政管理权，召集检察官联席会议讨论复杂疑难案件。青海、湖北、海南、上海检察机关为确保检察官依法独立行使检察权，真正还权于办案检察官，规定了业务部门负责人无权改变检察官决定，主任检察官也无权改变检察官决定，检察官对职权范围内的办案事项拥有决定权，但海南省人民检察院专门规定了业务部门负责人的核阅权（限于批捕、起诉和刑事申诉案件），这种核阅权是对检察官的一种内部监督。第一批试点改革中各省市都规定了主任检察官除了行使检察官办案组的管理权外，还对权力清单范围内所承办案件享有决定权或对办案组其他组成人员提出建议权。由于对检察官办案主体所规定的权力清单明确，按照谁决定谁负责的原则，检察长、检察委员会委员、主任检察官、业务部门负责人及检察官，都只能分别就自己职权范围内享有决定权的事项承担司法责任，检察长、检察委员会委员、主任检察官、业务部门负责人除承担直接办案责任外，就监督管理职责范围内有决定权的事项还须承担监督管理责任，在承担监督管理职责时，尽管签发法律文书，但若未改变检察官决定，不承担司法责任。检察官司法责任认定程序首先要由检察院纪检监察部门启动调查，将调查结果报检察长决定后，移送省检察官惩戒委员会审议。至于检察官司法责任豁免，基本上按照中央关于保护司法人员依法履行法定职责规定及最高人民检察院相关文件来执行，以及认定检察官司法责任的过程中充分保障检察官的程序性权利：有权进行陈述、辩解、申请复议。

在第二批司法改革试点省市中，浙江省、江苏省、山东省、内蒙古自治区、重庆市等省、自治区、直辖市均出台了本省（自治区、直辖市）司法体制改革试点方案，有的还出台了检察机关司法体制改革试点办法或实施办法，浙江省出台了三级检察院检察官权力清单、《浙江省检察机关司法体制改革试点工作实施方案》、《浙江省检察机关司法责任制改革试点办法》等司法责任制改革配套文件。江苏省颁布实施了《江苏省检察机关案件清单》、《江苏省检察机关办案组织实施办法》、《江苏省人民检察院检察官职权清单》和《江苏省设区市及基层检察院检察官职权清单》、江苏省人民检察院《关于检察辅助人员工作职责的规定》等司法责任制改革配套文件。山东省出台了《山东省检察机关司法体制改革试点实施方案》、《山东省检察机关检察官司法责任追究办法（试行）》、山东省人民检察院《关于检察人员司法责任认定的指导意见（试行）》和山东省人民检察院《关于检察官办案职权的指导意见（试行）》等司法责任配套改革文件。内蒙古自治区颁布实施内蒙古自治区人民检察院《关于贯彻落实〈关于完善人民检察院司法责任制的若干意见〉的实施意见》、《内蒙古自治区司法体制改革试点方案》、《内蒙古自治区检察机关检察官权力清单》、《内蒙古自治区司法工作人员违法办案责任追究条例》和内蒙古自治区人民检察院《关于检察机关办案组织的设置及运行办法》、《内蒙古自治区检察机关案件承办确定工作规定》等司法责任制改革配套文件。重庆市人民检察院以最高人民检察院《关于完善人民检察院司法责任制的若干意见》为总纲，结合重庆实际制定了《重庆市检察机关检察官权力清单（试行)》、检察官办案权限配置办法、检察官岗位职责规范、检察官履职监督办法和司法责任追究办法等配套文件。

浙江省、江苏省、内蒙古自治区、山东省、重庆市等都规定了检察官办案的基本形式是独任检察官和检察官办案组，但在江苏省，根据检察长特别授权，具有检察官身份的检察官助理在过渡期内与员额检察官一样承办案件。江苏省、山东省规定一名独任检察官配备一名检察官助理，内蒙古自治区规定独任检察官原则上不配备检察官助理，只有在独任检察官办理特殊重大疑难案件时，才可以配备检察官助理。内蒙古自治区检察官办案组有 4 种类型：团队制办案组、合议制办案组、专业化办案组和专案办案组。司法责任的承担主体包括：检察官、主任检察官、业务部门负责人、检察长、检察委员会委员。各省对检察长的权限有明确的规定，江苏省、山东省检察长对独任检察官和检察官办案组承办案件有审核权，与办案检察官意见不一致时，检察长也可以直接作出决定并对自己的决定负责或要求检察官进行复核或提请检委会诉讼决定。主任检察官系办案组负责人，与业务部门负责人、独任检察官一样，均对自己所承办的案件负责。江苏省检察官司法责任豁免主要体现在检察官履职保障相关规定上，非因法定事实、非经法定程序，不得将检察官调离、临时辞退或者作出降级等处分。山东省规定检察长有办案审核权、办案监督权和办案决定权以及职务转移权和职务收取权。山东省、内蒙古自治区均规定以决定权归属为依据，例如独任检察官承办并作出决定的案件由主任检察官承担责任，如果主任检察官与检察官办案组其他检察官意见相同，由主任检察官与其他检察官共同承担责任，如果主任检察官改变办案组内其他检察官意见，则由主任检察官负责。如果检察长直接改变或部分改变检察官和检察官办案组决定，检察长对改变的部分承担司法责任。内蒙古自治区还规定业务部门负责人在审核检察官承办的案件时无权直接改变检察官决定。

在第三批司法改革试点省市中，北京市、河北省、天津市等省、自治区、直辖市均出台了本省（自治区、直辖市）司法体制改革试点方案，北京市出台23份文件，包括北京市人民检察院《关于进一步完善司法责任制的意见（试行）》、《北京市检察机关检察官领导干部办案工作规定（试行）》、《北京市检察机关检察官在司法办案和检察监督中需亲自办理事项规定（试行）》、《北京市检察机关检察官联席会议工作办法（试行）》、《北京市检察机关检察官、检察辅助人员业绩考评办法（试行）》、《北京市检察机关检察官、检察辅助人员司法档案管理办法（试行）》、《北京市检察机关绩效考核及奖金分配办法（试行）》、《司法责任制改革试点工作实施意见》等司法责任制改革配套文件。河北省出台《关于贯彻落实〈最高人民检察院关于完善人民检察院司法责任制的若干意见〉的实施意见》《河北省检察机关检察官、检查辅助人员岗位职责规范（试行）》《河北省检察机关司法办案权力清单（试行）》《河北省检察机关办案组织设置运行办法（试行）》等司法责任制改革配套文件。天津市出台了天津市人民检察院《关于完善司法责任制的实施意见及检察官办案权力清单（试行）》、《天津市检察机关办案组织设置及运行办法（试行）》、《天津市检察机关院级领导干部直接办理案件规定（试行）》、《天津市检察机关检察官联席会议制度（试行）》、《天津市员额制检察官退出员额管理暂行办法》等司法责任制改革配套文件。

北京市、河北省、天津市规定检察官办案形式为独任检察官和检察官办案组。北京市规定业务部门负责人需具有检察官资格，认为有需要时为承办检察官提供办案参考意见。主任检察官与普通检察官仅在岗位设置上存在不同。北京市检察长有审批审核权和指挥指令权，独任检察官配备检察官助理，除了案件决定权和检察官亲历事项外，检察官助理可以承担部分司法办案权，规定了司法责任类型，细化了责任范围。北京市和天津市都明确规定了追责程序，当纪检监察部门认为应当追究检察官司法责任时，由检察长决定，然后提交检察官惩戒委员会审议，作出无责、免责或给予惩戒处分的建议，再由检察院制作决定书，送达被调查人及所在单位和部门。河北省规定检察官的职权来源于检察长的授权，尽管在权力数量配置上，检察长的数量要小于检察官的数量，但检察长掌握绝大部分决定权，检察官的权力主要为执行权和建议权，再加上部分决定权。在有关司法责任的分配上，河北省规定以决定权归属为依据，独任检察官承办并作出决定的案件由主任检察官承担责任，如果主任检察官与检察官办案组其他检察官意见相同，主任检察官对职权范围内决定事项承担司法责任。其他检察官对其承办的具体办案事项承担办案责任。河北省、天津市都规定了检察官责任的有限豁免制度。非因法定事由非经法定程序不得将检察官调离、辞退、免职或者作出降级处分，在案件处理阶段，除非确有证据证明检察官存在贪污受贿、徇私舞弊、滥用职权等严重违法行为，否则检察官依法履职的行为不得暂停或者终止。

2. 检察官承担司法责任的方式

检察官承担司法责任的方式主要有 2 种：组织处理和处分，二者可以单独或合并使用。《人民检察院司法责任追究条例》第 25 条基本沿袭了最高人民检察院《关于完善人民检察院司法责任制的若干意见》第 44 条和最高人民法院、最高人民检察院《关于建立法官、检察官惩戒制度的意见（试行）》第 10 条规定的组织处理方式，均包括免职、停职、辞退、责令辞职、延期晋升等，与最高人民检察院《关于完善人民检察院司法责任制的若干意见》一样，均将“调离司法办案工作岗位”作为组织处理的方式，但新增了“降低等级”组织处理方式。与《中国共产党组织处理规定（试行）》（2021）中规定的组织处理（停职检查、调整职务、责令辞职、免职和降职）的内涵基本相同。

《人民检察院司法责任追究条例》第 25 条规定将最高人民检察院《关于完善人民检察院司法责任制的若干意见》第 44 条和最高人民法院、高人民检察院《关于建立法官、检察官惩戒制度的意见（试行）》第 10 条以及《检察人员纪律处分条例》规定的“纪律处分”改变为“处分”，但“纪律处分”

和“处分”二者的实质、性质并未发生任何改变，其种类均为“警告、记过、记大过、降级、撤职和开除”。与《公务员法》和《公职人员政务处分法》中分别规定的“处分”“政务处分”的种类保持一致。《公务员法》规定了18种“不得有的行为”，与《公职人员政务处分法》规定的适用政务处分的违法行为基本相同；《人民检察院司法责任追究条例》第25条规定，按《公务员法》、《公职人员政务处分法》和《检察官法》等法律规定给予处分，而《公务员法》和《公职人员政务处分法》所适用的行为主要包括压制和打击报复行为、不作为侵害公民、法人或其他组织合法权益的行为、不正确履职及滥用职权行为、误导、欺骗行为等违纪违法行为。《检察官法》第47条规定的处分所适用的违法违纪行为的针对性更强，除了兜底条款之外，包括贪污受贿、徇私枉法、刑讯逼供、故意违法办理案件、因重大过失导致案件错误并造成严重后果等九项行为；启动处分的部门为检察院内设的检务督察部门。目前为止，有的检察院单独设立了专门的检务督察部门，最高人民检察院设立了检务督察局，但有的检察院仍未设立检务督察部门。

3. 违法违纪检察人员被追究司法责任之典型案例

自2017年开展以司法责任制为核心的司法体制改革以来，从中央到地方都狠抓司法责任制的落实，中央政法委和最高人民检察院及部分省市人民检察院也会及时公布检察人员违法违纪的典型案例（见表4－2）。

表4－2　2018—2021年检察人员违反“三个规定”案

所属单位	被追究责任人员/原任职务	违法违纪行为	承担司法责任的方式/时间	追责依据
某县级市人民检察院	赵某某/市检察长	未按规定如实记录报告领导干部干预司法和插手具体案件处理的情况；列席法院审委会会议时，未对适用缓刑的决议提反对意见	被省纪委给予党内警告处分/2019年12月	《领导干部干预司法活动、插手具体案件处理的记录、通报和责任追究规定》第5条

续表

所属单位	被追究责任人员/原任职务	违法违纪行为	承担司法责任的方式/时间	追责依据
某县级市人民检察院	刘某某/主任检察官、韩某某/办案检察官	未正确履行检察职责；未按规定提起抗诉意见；未对适用缓刑的错误判决提出抗诉意见；不如实向上级检察院汇报	被市监委给予政务警告处分/2019 年 7 月	《领导干部干预司法活动、插手具体案件处理的记录、通报和责任追究规定》第 5 条
某市人民检察院	陈某/上级检察院部门负责人（法警支队政委）	为请托人说情、要求违规会见等，多次干预下级检察院办案	被某市人民检察院免去职务，并被开除党籍/2019 年 8 月	《领导干部干预司法活动、插手具体案件处理的记录、通报和责任追究规定》第 8 条、《司法机关内部人员过问案件的记录和责任追究规定》第 9 条
	金某/检务管理部副部长	违规过问、干预办案，为“涉黑”人员谋求逃避刑责	受到开除党籍、开除公职处分，其涉嫌犯罪问题移送司法机关处理/2019 年 1 月	《司法机关内部人员过问案件的记录和责任追究规定》第 9 条
	陈某/市检察长	对检察机关内部人员违规过问司法办案不记录和不报告	被省人民检察院通报批评/2019 年 12 月	《司法机关内部人员过问案件的记录和责任追究规定》第 6 条、《关于建立过问或干预、插手检察办案等重大事项记录报告制度的实施办法》
某直辖市人民检察院	王某/政治部主任	插手干预司法办案、贪污、受贿、徇私枉法	开除党籍、开除公职处分，被追究刑事责任（有期徒刑 11 年 6 个月）/2018 年	《领导干部干预司法活动、插手具体案件处理的记录、通报和责任追究规定》第 2 条

续表

所属单位	被追究责任人员/原任职务	违法违纪行为	承担司法责任的方式/时间	追责依据
某县人民检察院	吴某/侦查监督科科长	徇私枉法，私下会见犯罪嫌疑人、主动放弃立案监督职责	开除党籍、开除公职处分，徇私枉法罪判处有期徒刑1年	最高人民法院、最高人民检察院、公安部、国家安全部、司法部《关于进一步规范司法人员与当事人、律师特殊关系人、中介组织接触交往行为的若干规定》第5条、《司法机关内部人员过问案件的记录和责任追究规定》第9条、《刑法》
某市人民检察院	刘某/副检察长	插手、干预下级检察院司法办案，组织、领导黑社会性质组织等罪	开除党籍，判处有期徒刑25年/2019年5月，2019年10月	《领导干部干预司法活动、插手具体案件处理的记录、通报和责任追究规定》第2条、《司法机关内部人员过问案件的记录和责任追究规定》第9条、《刑法》
	田某/该市某区人民检察院副检察长	对上级检察院领导提出的违规违法要求，未坚持原则进行拒绝并记录报告，而是积极迎合领导甚至违法办案	市委常委会决定给予田某开除党籍、开除公职处分/2018年12月	《领导干部干预司法活动、插手具体案件处理的记录、通报和责任追究规定》第2条、《司法机关内部人员过问案件的记录和责任追究规定》第9条

续表

所属单位	被追究责任人员/原任职务	违法违纪行为	承担司法责任的方式/时间	追责依据
某市人民检察院	高某某/公诉科科长	对上级院领导提出的违规违法要求，未坚持原则进行拒绝并记录报告，而是积极迎合领导甚至违法办案	区委常委会决定给予高某某开除党籍、开除公职处分/2018 年 12 月	《领导干部干预司法活动、插手具体案件处理的记录、通报和责任追究规定》第 2 条、《司法机关内部人员过问案件的记录和责任追究规定》第 9 条
某直辖市人民检察院	焦某某/副检察长	违规干预和插手司法活动；在案件办理过程中为他人谋取利益，并非法收受巨额财物	被开除党籍和开除公职，追究刑事责任，判处有期徒刑 11 年	《中国共产党纪律处分条例》《监察法》《公职人员政务处分法》
某省人民检察院	陈某某/林区分院检察长	接受案件当事人和利害关系人的请托，利用职权和职务影响，干预插手 6 起司法案件的处理；其还涉嫌其他严重违纪违法问题	陈某某受到开除党籍和开除公职处分，其涉嫌犯罪问题移送司法机关处理	《领导干部干预司法活动、插手具体案件处理的记录、通报和责任追究规定》第 2 条、《司法机关内部人员过问案件的记录和责任追究规定》第 9 条

2020 年，河南省人民检察院办理了全国检察机关首起检察官惩戒案件，洛阳市某检察院检察官李某某在案件办理过程中，为了争取更多办案时间，在已经两次退回公安机关补充侦查的情况下，第三次将案件退回补充侦查，违反《刑事诉讼法》175 条“补充侦查以二次为限”的程序规定，造成办案期限超期。后期李某某虽然已经意识到问题所在，但为了掩盖自身错误，在该院检察委员会研究此案时仍不如实汇报，李某某对案件实体的处理并无不当，但程序违法，存在重大过失。经初步审查，因李某某对调查认定的事实

予以认可，惩戒委员会办公室对司法责任调查材料进行审查后，经省检察院检察长签发，向河南省检察官惩戒委员会17名委员提请审议调查材料，经书面审议，15人同意李某某应承担相应司法责任，检察官惩戒办报经河南省检察官惩戒委员会主任委员同意，制发了审查意见书，决定追究李某某司法责任，洛阳市某检察院给予警告处分。

2020年，辽宁省18名法官、检察官被惩戒。某检察院检察长李某因改变承办检察官的意见，决定对某案提起公诉，但该案件在后来评查时被认为是瑕疵案件，按照惩戒程序在省检察官惩戒工作办公室第一次惩戒工作会议前夕，该检察长李某提交了异议听证申请书，认为自己的行为既非故意，又非重大过失，仅属一般过失，即便应受惩戒，也不应取消员额检察官身份。经过听证，认定该检察长的行为属于一般过失，其员额检察官身份予以保留。2022年5月31日，辽宁省检察官惩戒委员会通过现场听证、集中审议和投票表决，对省检察院提请审议的17名检察官惩戒事项提出了审查意见，最终认定6名检察官具有重大过失以上过错，11名检察官具有一般过失。上述典型案例中，除普通办案检察官被追究司法责任外，其他被追责的检察人员多为单位领导或部门负责人，涉及被追究司法责任的违规行为多为插手、干预、过问司法办案，未坚持原则拒绝领导的过问，不依法独立行使检察权等，与这些行为相伴而生的是贪污、受贿、枉法。

二、中国检察官司法责任豁免的规范分析

从最高人民检察院的工作报告统计数据来看，检察官被追究责任的不在少数，尤其是近五年以来惩处的检察官数量居高不下。一方面，是因为检察官确实存在各种违法行为；另一方面，也是因为检察官责任豁免制度不足，难以落实。如何既惩戒检察官的违法行为与不端行为，又保障检察官积极履职，是完善检察官责任豁免制度的关键所在，检察官责任豁免需要在检察官司法责任与检察官豁免之间找到最佳平衡点。那么，当前我国有关检察官责任豁免的规定到底有哪些呢？（见表4－3）

表 4－3　相关规定

年份	文件	主要条款	检察官责任豁免	检察官责任豁免相关法律制度（履职保障）及责任豁免空间	责任豁免类型
2018	《宪法》（2018年修正）	第136条		检察院依法独立行使检察权不受干涉	
2019	《检察官法》（2019年修订）	第11条、第53—58条		非因法定事由、非经法定程序不得调离、免职、降职等检察官履职保障	
2020	《人民检察院司法责任追究条例》	第12条	检察人员在事实认定、证据采信、法律适用、办案程序、文书制作以及司法作风等方面不符合法律和有关规定，但不影响案件结论的正确性和效力		检察官司法瑕疵责任豁免
2020	《人民检察院司法责任追究条例》	第10条	检察人员在司法履职中，虽有错误后果发生，但尽到必要注意义务，对后果发生没有故意或者重大过失		错案责任豁免
2020	《人民检察院司法责任追究条例》	第11条	检察人员能够主动说明情况，如实记录报告干预司法活动、插手具体案件处理、违规过问案件、不当接触交往等情况，未造成严重后果的，可以从宽处理		错案责任豁免

续表

年份	文件	主要条款	检察官责任豁免	检察官责任豁免相关法律制度（履职保障）及责任豁免空间	责任豁免类型
2020	《人民检察院司法责任追究条例》	第11条		司法责任追究应当坚持追责与保护并重原则	
2012	《国家赔偿法》	第2条、第17条、第18条		检察机关及其工作人员行使职权侵害公民、法人和其他组织合法权益（包括人身权和财产权）造成损害的，受害人有取得国家赔偿的权利	检察官民事责任豁免
2012	《国家赔偿法》	第19条	国家责任豁免	国家不承担赔偿责任的情形	检察官责任豁免空间
2012	《国家赔偿法》	第21条	行使检察职权的机关及其工作人员在行使职权时侵犯公民、法人和其他组织的合法权益造成损害的，该机关为赔偿义务机关。对公民采取逮捕措施后决定撤销案件、不起诉或者判决宣告无罪的，作出逮捕决定的机关为赔偿义务机关		检察官民事责任豁免

续表

年份	文件	主要条款	检察官责任豁免	检察官责任豁免相关法律制度（履职保障）及责任豁免空间	责任豁免类型
2012	《国家赔偿法》	第 31 条		赔偿义务机关赔偿后，应当向工作人员追偿部分或者全部赔偿费用的情形（《国家赔偿法》第 17 条第 4 项和第 5 项）	检察官民事责任等
2012	《国家赔偿法》	第 39 条		赔偿请求人请求国家赔偿的时效为两年	检察机关和检察官民事责任时效
2018	《人民检察院组织法》	第 8 条		人民检察院实行司法责任制，建立健全权责统一的司法权力运行机制	
2015	最高人民检察院《关于完善人民检察院司法责任制的若干意见》	第 33 条	司法办案工作中虽有错案发生，但检察人员履行职责中尽到必要注意义务，没有故意或重大过失的，不承担司法责任		错案责任豁免

续表

年份	文件	主要条款	检察官责任豁免	检察官责任豁免相关法律制度（履职保障）及责任豁免空间	责任豁免类型
2015	最高人民检察院《关于完善人民检察院司法责任制的若干意见》	第33条	检察人员在事实认定、证据采信、法律适用、办案程序、文书制作以及司法作风等方面不符合法律和有关规定，但不影响案件结论的正确性和效力的，属司法瑕疵，依照相关纪律规定处理		司法瑕疵责任豁免
2015	最高人民检察院《关于完善人民检察院司法责任制的若干意见》	第42条	对检察人员承办的案件发生被告人被宣告无罪，国家承担赔偿责任		民事责任豁免
2015	最高人民检察院《关于完善人民检察院司法责任制的若干意见》	第46条		检察官依法履职受法律保护。非因法定事由、非经法定程序，不得将检察官调离、辞退或作出免职、降级等处分。检察官依法办理案件不受行政机关、社会团体和个人的干涉	
2016	《检察人员纪律处分条例》	第17条	从轻或者减轻处分的情形		

续表

年份	文件	主要条款	检察官责任豁免	检察官责任豁免相关法律制度（履职保障）及责任豁免空间	责任豁免类型
2016	《保护司法人员依法履行法定职责规定》	第2条、第4条		检察官办理案件不受行政机关、社会团体和个人的干涉，非因法定事由，非经法定程序不得调离、免职、降职等	
2016	《保护司法人员依法履行法定职责规定》	第11条、第14条	法官、检察官非因故意违反法律、法规或者有重大过失导致错案并造成严重后果的，不承担错案责任；法官、检察官履行法定职责的行为，非经法官、检察官惩戒委员会审议不受错案责任追究		检察官错案责任豁免及程序
2016	《保护司法人员依法履行法定职责规定》	第13条、第14条		调查核实对法官、检察官履职的举报、控告和申诉过程中，当事法官、检察官享有知情、申辩和举证的权利；检察官错案责任案件应当举行听证	

续表

年份	文件	主要条款	检察官责任豁免	检察官责任豁免相关法律制度（履职保障）及责任豁免空间	责任豁免类型
2022	《检察官惩戒工作程序规定（试行）》	第10条、第13条、第14条、第18条、第21条等		当事检察官有权陈述、举证和辩解，检察官惩戒委员会应将提请审议意见书送达当事检察官；当事检察官有权申请回避；有权提出审查异议、有权提出复核和申诉	

（一）错案责任豁免规范

有关明确错案责任豁免的概括性规定体现在《保护司法人员依法履行法定职责规定》（2016年）第11条。该条明确规定了“法官、检察官非因故意违反法律、法规或者有重大过失导致错案并造成严重后果的，不承担错案责任”。从法律逻辑上来说，该条是一个假言复合判断或命题，前件是相容选言判断。相容选言判断的逻辑特征是：只要有一个选言肢为真，该选言判断就为真。因此，我们可以将第11条所规定的假言复合判断转换为三种情形：（1）检察官非因故意违反法律、法规并造成严重后果的，不承担错案责任；（2）非因有重大过失导致错案并造成严重后果的，不承担错案责任；（3）非因故意违反法律、法规和非因有重大过失导致错案并造成严重后果的，不承担错案责任。如果我们再对这三个进行换质位法推理，则第11条的表述可以转换为检察官承担错案责任的三种情形：（1）因故意违反法律、法规并造成严重后果；（2）因有重大过失导致错案并造成严重后果；（3）因故意违反法律、法规并且有重大过失导致错案并造成严重后果。可见，这三种情形均属于法律逻辑中的联言情形，联言判断的逻辑规则要求所有的肢判断均为真，因此，即便因检察官行使检察权的行为导致了错案，但并未造成严重后果的，检察官均不需要承担错案责任，即错案责任豁免。

有关明确错案责任豁免的具体规定体现在《人民检察院司法责任追究条例》第10条、第11条。这两条规定错案责任豁免的具体情形，明确规定检察官对错案后果发生不存在故意或重大过失，已尽到必要注意义务，不承担司法责任。

"非因故意违反法律法规或存在重大过失而导致错案结果"不承担错案责任。法律法规、司法解释如果规定不明确，检察官受知识理解能力上的差异，对法律推理的大前提如法律法规、司法解释等的具体条文内涵的理解和认识存在争议，但在专业认知范围内能够予以合理说明的，即因法律规则适用条件本身存在争议而导致错案结果的，检察官免于承担错案责任。"司法官不能因为善意的错误，或者由于不同意某个特殊的法律解释而被惩罚或者被免职。"① 具体包括：因法律、法规和司法解释等进行修改，或其他情况发生变化而改变案件定性，或者因法律、法规和司法解释的变化等改变案件最终处理决定的，或者有关政策调整，或者原结论所依据的法律文件被撤销或被变更等而改变原案件最终处理决定导致错案。

"非因故意或重大过失导致案件事实认定出现错误"导致错案结果不承担错案责任。因"当事人故意作虚假陈述、供述，或者毁灭、伪造证据等过错，导致案件事实认定或者处理出现错误的"，检察官对案件事实的判断存在争议，或者案件事实本身特别复杂疑难，但根据证据规则能够对"为什么采信的事实是该事实"予以合理说明的，在对案件进行定性或作出处理决定后因证据发生变化或者因出现新证据而改变原结论，检察官免于承担错案责任。因为证据发生变化，或者出现了新证据，由此法律事实认定发生变化，无论是检察环节改变了案件性质或者最终处理决定，抑或法官对案件作出了错误判断，犯罪嫌疑人最终被判无罪或有罪，只要不存在检察官隐瞒、歪曲

① 孙祥：《法国司法责任制度研究》，武汉大学出版社2020年版，第91页。

事实、证据的故意或者遗漏重要事实、证据的重大过失，不予追究检察官司法责任。

已尽到必要注意义务，非因重大过失导致错案结果不承担错案责任。检察官在履行职责中已采取合理措施避免造成错案，免于承担错案责任。如检察官发现存在相互矛盾或冲突的犯罪嫌疑人的证据，预见到该证据有利于犯罪嫌疑人，因而在法庭上同时提交了有罪证据和无罪证据，以预防错案发生，后来即使出现因法官采信证据出现错误导致错案，检察官也免于承担司法责任。此外，出于客观原因如受到技术条件限制，或者不能预见、无法抗拒等不受检察官控制等其他情况致使出现错案结果，检察官免于承担司法责任。

（二）司法瑕疵责任豁免规范

2015年最高人民检察院《关于完善人民检察院司法责任制的若干意见》在征求意见过程中，有关专家和学者认为，司法瑕疵在行为和后果方面与司法责任存在较大区别，检察人员办案时出现一些不影响案件处理、不影响案件结论的正确性的疏漏即司法瑕疵，在所难免，不宜追究司法责任，以保护检察官的办案积极性。在正式文本中，该意见第33条没有把司法瑕疵列入司法责任范围，依然规定按照相关纪律规定处理。2020年通过的《人民检察院司法责任追究条例》第12条同样对司法瑕疵作出了规定，明确规定检察人员对司法瑕疵不承担司法责任，包括：（1）文书制作瑕疵的责任豁免，如法律文书或案卷笔录的名称类型错误、文号错误、错别字、格式不规范、日期缺失、签名缺失等，但并不影响案件结论的正确性和法律效力，无须承担检察官司法责任。（2）证据采信瑕疵的责任豁免，如收集证据、调取证据、保存证据、移送证据或使用证据等不符合法律、规章、制度的有关规定，但依法可以作出合理解释或者补正，并未最终影响案件的正确性和效力的，应豁免检察官的司法责任。出现新证据或者证据发生变化而导致检察官在对证据作出判断时出现瑕疵，也不应承担司法责任。（3）事实认定瑕疵的责任豁免。检察官在对事实作出判断时，因犯罪嫌疑人故意作虚假供述或被害人作虚假陈述，或者毁灭证据或伪造证据等，导致对案件事实认定出现错误或者表述不准确，但不影响对案件的处理或不影响定罪量刑（不影响案件结论的正确性和效力）的，不予追究检察官司法责任。（4）法律适用瑕疵的责任豁免。检察官引用法律条文不规范，但不影响案件处理或定罪量刑的（不影响案件结论的正确性和效力），不承担司法责任。（5）司法作风瑕疵的责任豁免。检察官司法作风方面存在态度简单粗暴、作风懒散或语言不当等不符合检察官职业伦理的行为或不规范行为，但未对案件造成实质性影响的，不承担司法责任。（6）办案程序瑕疵的责任豁免。立案、办案程序不符合法律有关规定，如检察官告知当事人有关事宜、听取有关意见或送达立案决定书或不立案通知书等法律文书等不影响案件结论的正确性和效力的，属于办案程序豁免。检察官对司法瑕疵行为虽然不承担司法责任，但是根据《公职人员政务处分法》《公务员法》《中国共产党纪律检查机关监督执纪工作规则》对轻微违法违纪行为可以进行处理，其方式为对检察官进行批评教育或予以诫勉、谈话提醒，责令检查或通报等。《人民检察院司法责任追究条例》同样规定了司法瑕疵行为的处理方式，视情节进行“谈话提醒、批评教育、责令检查、通报或者予以诫勉”，这些处理方式并非司法责任的承担方式。

有关司法文件对错案责任豁免的具体条件的规定具有一定的合理性。从法律推理的大前提即法律规范来看，法律规则只能围绕着特定行为处境来设置行为模式和法律后果，法律原则的特点恰恰是灵活；而用来表达法律规则和法律原则的法律概念并不都是确定的概念，法律规则的适用条件也并非能符合简单化的规则要求，不能强求检察官对法律规范的理解完全相同。从小前提来看，办案检察官对事实的判断只能依靠证据，但证据未能真实地还原案件事实，因为当事人或者公安机关导致不能还原案件事实，与检察官压根就没有关系，仅仅是依据证据规则对法律事实的判断出现错误，从而导致检察官作出起诉与不起诉决定、批捕与不批捕决定出现错误，导致错案结果，本来就不应追究检察官的司法责任。如果是因法律法规本身变动或存在可能解释的情形，导致出现案件性质改变或者决定错误，这些原因也并非检察官所能控制的，也不应追究检察官司法责任。但是，有关兜底条款的存在，导致检察官错案责任豁免的边界出现了更大的模糊地带。

（三）检察官民事责任豁免规范

检察官民事责任豁免是指检察官不因履行职务而受到民事起诉和不承担民事损害赔偿责任，其与当事人的法律关系不受改变，此处的民事责任仅与检察官履行职务行为有关。检察官的依法善意履行诉讼职责行为免受指控；对于无罪判有罪、轻罪判重罪、重罪判轻罪等错案，检察官享有免受民事损害赔偿责任追究的自由。这意味着：检察官对其准司法行为导致的他人损失，可以绝对地或者附条件地不承担民事赔偿责任，是对第二性义务的免除。根据侵权法，如果受害人的人身权利和财产权利遭受检察官履职行为的侵害，其有权获得民事损害赔偿。但因检察官的履职行为代表着国家，而非检察官个人，若允许案件当事人恣意提起针对履职者的诉讼，要求其承担民事责任，无疑会加大检察官承担责任的风险，对办案检察官而言是不公平的。司法的功能是解决争端。根据《国家赔偿法》第 2 条有关规定，检察官在行使检察权时，对犯罪嫌疑人及其他公民、法人或非法人等的合法权益造成损害的，由国家对检察官履行职务所造成的损害承担赔偿义务。这实际上赋予了检察官民事责任豁免权。根据《国家赔偿法》第 17 条、第 18 条有关规定，行使检察职权的机关及其工作人员侵犯人身权或财产权，受害人有权获得国家赔偿的情形主要包括：对受害人采取逮捕措施后决定撤销案件、不起诉或者判决宣告无罪终止追究刑事责任的；依照审判监督程序再审改判无罪，原判刑罚已经执行的；违法使用武器、警械造成公民身体伤害或者死亡的；刑讯逼供或者以殴打、虐待等行为或者唆使、放纵他人以殴打、虐待等行为造成公民身体伤害或者死亡的；违法对财产采取查封、扣押、冻结、追缴等措施。根据《国家赔偿法》第 21 条有关规定，检察官在行使检察权时所在的人民检察院为国家赔偿义务机关，即对受害人所造成的损害应当由国家承担相应的赔偿责任。从《国家赔偿法》第 2 条、第 17 条、第 18 条、第 21 条有关规定来看，检察官不就履职行为直接针对错案的受害人承担侵权责任，而是由国家承担相关赔偿责任。第 19 条则规定了国家不承担赔偿责任的情形，事实上也是对检察官民事责任的豁免。另外，根据《国家赔偿法》第 31 条，检察官在履职过程中如果存在第 17 条中第 4 项、第 5 项规定情形，即存在刑讯逼供或者以殴打、虐待等行为或者唆使、放纵他人以殴打、虐待等行为造成公民身体伤害或者死亡的，违法使用武器、警械造成公民身体伤害或者死亡的，或者在处理案件中有贪污受贿、徇私舞弊的，人民检察院应当向违法滥权的检察官追偿部分或全部赔偿费用。有学者因此认为，检察官就其履职行为的民事责任豁免并非绝对的民事责任豁免。但是，笔者认为，由于检察官与诉讼当事人及其他人之间并非平等主体之间的关系，人民检察院对检察官的追偿并非检察官承担民事责任的体现，而是基于职权委托关系对检察官进行的惩戒，其体现了追偿的惩罚功能和预防功能，不具有对受害人的补偿功能。最高人民检察院《关于完善人民检察院司法责任制的若干意见》第 42 条明确规定，对检察人员承办的案件，发生被告人被宣告无罪，由国家承担赔偿责任，而非承办检察官承担赔偿责任；该条规定具有对检察官民事责任豁免的宣示意义。

（四）检察官、检察官办案组与检委会委员之间的司法责任及豁免

当前我国检察官司法办案组织主要有独任检察官、检察官办案组与检委会等。《人民检察院司法责任追究条例》第 13 条至第 17 条、最高人民检察院《关于完善人民检察院司法责任制的若干意见》第 37 条至第 41 条明确了司法责任承担的主体，并且对责任分担与责任豁免作了相应规定。独任检察官对自己承办并作出决定的案件负责；对其指使检察辅助人员违反检察职责的行为承担司法责任；对检察长（副检察长）要求其复核从而改变原处理意见进而导致的错案结果，也须承担共同的司法责任，但对检察长（副检察长）决定改变其处理意见的行为不承担司法责任。对检察官办案组承办的案件，主任检察官或主办检察官、承办检察官，对于各自有决定权的事项负责。因承办检察官故意隐瞒或歪曲事实、遗漏重要证据或事实情节，导致检委会依据这些错误的事实作出错误的决定，检察官需要承担司法责任。检察辅助人员承担相应的司法责任的范围包括：（1）因职权分工参与司法办案；

(2) 因其故意或重大过失行为导致检察官决定错误；(3) 执行明显违法的指令。由于检察辅助人员在司法办案中仅仅属于参与者的角色，无权作出决定，对其司法责任追究的表述均为“相应的司法责任”。检察长（副检察长）对自己决定的办案事项承担司法责任（包括直接改变检察官决定），对要求复核承办检察官改变原处理意见共同承担司法责任。检察委员会作出错误决定，委员根据具体情形和主观过错承担司法责任，如对错误决定没有过错如检察官故意隐瞒事实或者歪曲事实、遗漏重要证据和事实情节，则不需要承担司法责任。《保护司法人员依法履行法定职责规定》第 12 条同样明确规定了上级机关、检察长（副检察长）或者检察委员会、业务管理部门负责人等依职权改变检察官决定，检察官对后果不承担责任；但检察官故意隐瞒事实或者歪曲事实，遗漏重要证据和事实情节，或者提供虚假情况导致该检委会作出错误决定，检察长（副检察长）、检委会委员不承担司法责任，即责任豁免。《人民检察院检察委员会工作规则》第 8 条第 2 款规定，检察委员会讨论案件，委员对其发表的意见和表决负责，检察官对其汇报的事实负责。第 21 条规定，少数委员的意见应该记录在卷。总体上来看，责任主体之间分担司法责任秉持了“谁决定谁负责”的基本原则，对错案责任虽然豁免了其他主体的责任，但对错案这一结果终究是有规定某个主体来承担责任，所以这种责任豁免终究是从结果来进行考量的。

三、检察官职业保障制度及其规范分析

检察官豁免权是一种权利。检察官可以选择行使豁免权，也可以选择不行使豁免权；可以选择保持其法律地位不受改变，也可以选择其法律地位受到改变。而检察官职业保障首先是对检察官身份的保障，其次是对检察官职业权力的保障。检察官豁免权能够使检察官身份得到保护、检察官行使职权的行为受到法律保护，因此，检察官豁免权也是检察官职业保障制度建设的重要内容，对检察官职业保障意义重大。

（一）检察官职业保障制度与检察官司法责任豁免

检察官职业保障制度是检察官依法独立履职的前提，其外延十分丰富。

若以职业保障的对象来划分，可以将检察官的职业保障分为职业身份保障、职业权力保障、职业收入保障、职业安全保障等。所谓检察官职业身份保障是指非因法定事由、非经合法程序，作为法律职业人的检察官角色身份地位不受改变。而实行检察人员分类管理后，入额的检察官代表法律职业身份，更应受到法律保护；即便在行使检察权的过程中存在不当行为或者因为其履职行为导致错案，其检察官的身份地位也不受改变。所谓检察官职业权力保障是指检察官依法独立行使检察权的行为不受任何非法的干扰，包括不受检察系统内上级领导或其他部门负责人或检察人员的干扰，不受检察系统外其他领导干部过问案件的干扰，免于行政化或地方化的干扰，法律保护其依法独立行使职权。所谓检察官职业收入保障是指检察官不因错案造成对犯罪嫌疑人权益的侵害而遭受民事损害赔偿诉讼直至其物质利益或经济利益受损，检察官的物质生活利益包括工资待遇等受到相应的制度保护。检察官职业安全保障是指检察官不因依法独立履行职权受到任何陷害、诬告、打击报复等，其人身安全及家属人身安全受到法律的有效保护。检察官职业保障制度的有效运行能够使检察官的法律地位免受他人的干扰，免除检察官的各种担忧和顾虑，保障检察官行使职权免受干预或掣肘，保障检察官的核心权益。

检察官豁免权是国家为了保障检察官依法独立地积极履行其准司法职责，对其准司法行为导致的结果不予指控或者追究，即检察官的准司法行为不受某些法律后果约束或不适用某些法律规则，其法律地位不因其准司法行为的结果而改变的自由。检察官豁免权是“不受某些法律后果约束或不适用某些法律规则的自由状态”①。检察官豁免权其实也是一种免受国家法律评价、排除国家司法管辖的权利。在所有的检察官职业保障中，检察官的职业身份保障是首要的保障，检察官豁免权恰恰是检察官的身份地位免受他人改变的自由。检察官豁免权是检察官的职业身份保障的前提。如果没有检察官豁免权的保护，检察官的职业身份地位难以得到有效保护；只有确立检察官豁免权，

---

① ［英］戴维·M. 沃克：《牛津法律大辞典》，李双元等译，法律出版社2003年版，第546页。

检察官依法独立行使职权才能受到有效的保护。如果没有检察官豁免权的保护，检察官在行使职权时总是会担心因自己的履职行为有可能产生的责任，检察官便不能无所顾忌地行使职权，其职业权力将得不到有效保障；只有确立检察官豁免权，检察官才能积极无畏地行使职权。只有确立检察官豁免权，才能使检察官职业收入得到切实保障。检察官的职业收入保障不仅仅指检察官的工资待遇得到切实保障，还包括检察官的物质经济利益不致遭受损失。检察官民事责任豁免权是对检察官经济利益的一种保障；如果没有检察官民事责任豁免权的保护，检察官可能需要承担因办案导致错案的民事责任损害赔偿，检察官的职业收入便不能得到切实保障。无论是检察官错案责任豁免还是检察官司法瑕疵豁免，都是检察官职业保障的前提。

检察官职业保障制度建设应从检察官职业身份保障入手，建立起与职业权力保障、职业收入保障和职业安全保障协调一致的全方位保障体系。而要建立体系化的职业保障制度，应该紧紧围绕检察官职业保障的核心来构建。检察官职业保障其实是检察官的权益保障，其中最重要的权益内容则是检察官豁免权。检察官豁免权关系到检察官的身份权（履行检察官职责应当具有的身份地位和工作条件），关系到检察官免受惩戒的权利（非因法定事由、非经法定程序，其法律地位不受改变），关系到检察官人身权和财产权（人身、财产和住所受法律保护），关系到检察官的职业收入权（履行检察职责应当享有的职业保障和福利待遇），关系到检察官的申诉和控告权，即检察官的所有权利都与检察官豁免权息息相关。检察官职业保障所保障的检察官权益集中体现为检察官豁免权，检察官职业保障制度建设的重点内容应是保障检察官豁免权，检察官责任豁免制度是检察官职业保障制度的重要内容。

依据责任豁免的性质划分，检察官责任豁免可分为检察官的民事责任豁免和司法责任豁免，检察官责任豁免制度的内容包括上述两个方面。检察官代表国家行使检察权，如果检察官在行使检察权的过程当中，致使错案受害人的权益遭受侵害，无论是采用代位责任理论，还是自己责任理论，检察官都有可能需要对其侵权行为承担个人赔偿责任；错案受害人可能直接提起对检察官的民事诉讼，检察官甚至会遭遇错案受害人的报复性诉讼，陷入缠讼之累。但检察官民事责任豁免权不排除检察官民事责任逻辑上豁免的可能性，即检察官因行使职权而实施的准司法行为若造成了对受害人的侵权，检察官的民事责任存在豁免的可能。检察官民事责任豁免权是检察官的准司法行为不受民事法律规则的约束，即便其准司法行为事实上侵害了错案受害人的权益，也可免于民事诉讼、免于民事赔偿的责任。检察官民事责任豁免制度是检察官职业收入保障制度、职业权力保障制度和职业安全保障制度的重要内容。只有真正建立起检察官民事责任豁免制度，检察官的职业收入才能得以真正保障，检察官在行使职权过程中才不至于畏首畏尾，也才能免于遭受安全威胁，人身安全等才能得到真正的保障。

检察官的司法责任豁免制度同样是检察官职业保障制度建设的重要内容。司法实践中，检察官因坚持原则、依法办案，触动某些个人利益而遭受打击、报复，被调离原检察官业务岗位，甚至被免职，职业身份地位不保的情况时有发生。检察官司法责任豁免保障检察官非因法定事由、非经法定程序不得被追究司法责任、不得被调离原检察业务岗位。法定事由由检察官法明确规定，包括任职回避、任职交流、因编制变化等调整工作、违纪违法等不适合在检察业务岗位工作等情形。检察官司法责任豁免保障检察官职业权力的正常行使。司法责任的承担应坚持权责一致的原则。如果单位或个人要求检察官从事超出法定职责范围的事务，干涉检察官办理案件，检察官有权拒绝，这是对检察官独立行使职权的保障。检察官职业是极具尊严、受人尊敬的职业。检察官职业尊严是检察官豁免权赖以存在的伦理基础，又是检察官职业保障的内容。保障检察官职业尊严，亟须保障检察官豁免权，保护检察官依法履职，使检察官免于受到不法伤害。检察官豁免权保障检察官依法履职免遭诬告陷害、侮辱诽谤，而这恰恰是检察官职业保障的重要内容。对检察官处分错误、造成名誉损害或造成经济损失，应当及时予以纠正、恢复名誉或赔偿，保障检察官的职业身份、职业荣誉和职业收入等。

（二）检察官职业权力保障规范

检察官履职保障最为权威、效力级别最高的法律保障形式是宪法保障，其次才是法律、法规保障。检察官职业权力保障规范的核心是检察权保障规范。《宪法》第136规定明确规定了“人民检察院依照法律规定独立行使检察权，不受行政机关、社会团体和个人的干涉”。该条是经1982年修改《宪法》后才明确规定下来的，之后围绕着1982年《宪法》进行了多次修改，无论法条的顺序如何改变，法条的内容一直未做任何修改；而在1982年《宪法》之前的所有宪法都没有明确规定人民检察院依法“独立行使检察权，不受干涉”，只是概括规定人民检察院行使检察权。《宪法》第136条是对我国人民检察院司法活动准则的规定：既是对检察院依法履职的义务性规定，又是对检察院依法独立履职的保障性规定。一些学者认为《宪法》第136条规定了人民检察院行使检察权的条件——依法行使，保护的是人民检察院依法独立行使检察权，并未明确规定检察官依法独立行使检察权；还有学者认为，如果只是规定人民检察院独立行使检察权，不受干涉，不从宪法上确认检察官独立行使检察权，对于检察官的独立履职保障而言没有实质意义，独立行使检察权的初衷可能无法实现；因此，有观点认为我国虽然强调“人民检察院独立行使检察权”，但“检察官并无独立检察权”。笔者认为，虽然《宪法》第136条未明确规定全面保障检察官职权，但宪法作为国家的根本大法，主要规定国家根本的政治、经济、文化制度和公民的基本权利等，作为国家公职人员的检察官权利与义务应由法律具体规定。宪法就检察院的职权作出原则性规定，但法律原则可以指导立法，任何法律法规都不得同宪法相抵触。《人民检察院组织法》第4条和《刑事诉讼法》第5条就是对上述原则的复述性规定。

与《宪法》《人民检察院组织法》《刑事诉讼法》相比，《检察官法》（2019年）则对检察官履职保障的内容规定得更为明确和具体。如《检察官法》（2019年）总则第1条就阐明了其立法目的，“保障人民检察院依法独立行使检察权，保障检察官依法履行职责”；第6条不仅规定检察官依法履职受法律保护原则，还规定了检察官依法履职不受干涉的原则。[①]《检察官法》（2019年）第七章则将上述原则具体化，从第54条到第57条明确检察官职业保障的具体内容。第54条规定非因法定事由不得调离检察业务岗位。《检察官法》（2019年）第55条第1款规定："任何单位或者个人不得要求检察官从事超出法定职责范围的事务。"第55条第2款规定："对任何干涉检察官办理案件的行为，检察官有权拒绝并予以全面如实记录和报告；有违纪违法情形的，由有关机关根据情节轻重追究有关责任人员、行为人的责任。"可见，《检察官法》（2019年）对检察官履职保障的规定更为明确具体，确立了检察官的依法独立行使职权，确立了检察官的独立主体地位。该规定除了应涵盖检察官独立行使检察权之外，还应包含检察官不应从事与检察无关的其他事务；这也是检察官履职保障的题中应有之义。"对任何干涉检察官办理案件的行为，检察官有权拒绝并予以全面如实记录和报告"，与总则的规定相比，该条文对检察官依法独立行使检察权的规定不仅仅是"原则性的不受干涉"，而是明确了检察官有拒绝干涉的权利，以及对干预插手具体案件行为有全面如实记录和报告的义务；这是对干预插手具体案件行为的处理，其实质是对检察官履职保障制度的具体规范，在法律规则层面上制定了更加具体的行为模式。《保护司法人员依法履行法定职责规定》（2016）第2条不仅原则性地规定了对检察官职业性权力的保障，而且明确了操作规范："法官、检察官依法办理案件不受行政机关、社会团体和个人的干涉，有权拒绝任何单位或者个人违反法定职责或者法定程序、有碍司法公正的要求。对任何单位或者个人干预司法活动、插手具体案件处理的情况，司法人员应当全面、如实记录。有关机关应当根据相关规定对干预司法活动和插手具体案件处理的相关责任人予以通报直至追究责任。"最高人民检察院《关于完善人民检察院司法责任制的若干意见》第46条规定："检察官依法办理案件不受行政机关、社会团体和个人的干涉。检察官对法定职责范围之外的事务有权拒绝执行。"

---

① 《检察官法》（2019）第6条规定："检察官依法履行职责，受法律保护，不受行政机关、社会团体和个人的干涉。"

（三）检察官职业身份保障规范

对检察官职业身份保障的规定是对检察官履职的根本保障；检察官身份是检察官法律地位的体现，也是检察官行使检察权的前提条件。检察官身份保障首先体现在依法履职应受到法律保护；对其依法行使诉讼职权的行为保护则体现在检察官责任豁免，即非因法定事由、非经法定程序不受惩戒，检察官的身份和法律地位免于他人干涉的自由。对检察官的组织处理和处分是检察官司法责任承担的两种方式，事实上关系到检察官的职业身份能否得以存续，关系到检察官的法律地位是否被改变。检察官豁免权的依存者是检察官，得以产生的依据是检察官的准司法行为，其核心内容是检察官不承担责任或免于承担责任，其法律地位免于被相对人改变。检察官豁免权的实现是对检察官职业身份的保障。检察官豁免权的规定隐含在《检察官法》有关身份、地位的法律保障中。《检察官法》是确定检察官权利和义务，并保障检察官身份，以及规范检察官行为的规则，理所当然应对检察官责任豁免予以规定。《检察官法》（1995 年）第 9 条规定检察官权利时，第 3 项规定了“非因法定事由、非经法定程序，不被免职、降职、辞退或者处分”，《检察官法》（2001 年）和《检察官法》（2017 年）对此条未作任何修改，《检察官法》（2019 年）则变为第 11 条第 2 项“非因法定事由、非经法定程序，不被调离、免职、降职、辞退或者处分”，增加了检察官“不被调离”的保障性规定，也涉及了检察官的责任豁免。《保护司法人员依法履行法定职责规定》（2016 年）中也有复述性条款：“非因法定事由，非经法定程序，不得将法官、检察官调离、免职、辞退或者作出降级、撤职等处分”。最高人民检察院《关于完善人民检察院司法责任制的若干意见》第 46 条同样规定：“检察官依法履职受法律保护。非因法定事由、非经法定程序，不得将检察官调离、辞退或作出免职、降级等处分。”最高人民检察院《2018—2022 年检察改革工作规划》提出要完善落实检察人员履行法定职责保护机制，同样将上述保障性内容复述下来；当然，紧随其后的是提出要完善检察官申诉控告制度，健全检察官履行职务的合法权益保障救济机制。

这些复述性条款虽然没有明确规定检察官责任豁免的内容，但是限制了对检察官责任追究的条件，即非因法定事由和非经法定程序。“非因法定事由”必然将非法定事由的责任追究排除在外，因此，这种对检察官责任的限制性条件可以转换为责任豁免。与“不得调离、免职、辞退或者作出降级、撤职等处分”关联的是检察官身份的变动、组织处理和纪律处分，因此《检察官法》规定的检察官权利中所体现的责任豁免主要限于检察官身份变动、组织处理和纪律处分，没有涉及检察官刑事责任和民事责任，更没有明确规定检察官责任豁免的内容，因而被理解为检察官责任豁免的概括性规定。

（四）检察官职业尊严和人身安全保障规范

如果没有检察官豁免权的保护，检察官的人身安全可能受到威胁，错案的受害人可能会诬告、陷害办案检察官，甚至恶意提起诉讼；那么，不仅其法律地位受到恶意诉讼的威胁，而且危及人身安全，检察官职业安全得不到保障。因此，检察官依法履职应受到法律的保护，“依法保护检察官及其近亲属的人身和财产安全。对侵犯检察官人格尊严、泄露依法不能公开的检察官及其亲属隐私、干扰检察官依法履职的，依法追究有关人员责任”①。因此，2019 年新修订的《检察官法》新增有关“检察官的职业尊严和人身安全受法律保护”② 的规定，这是检察官依法履职的重要保障。第 56 条还细化了侵害检察官人身权益的情形，如暴力侵害、威胁恐吓、侮辱诽谤、报复陷害、滋事骚扰等，规定对违法犯罪行为应当依法从严惩治。第 57 条规定了“检察官名誉保障”。第 58 条规定了“对检察官及其近亲属采取人身保护、禁止特定人员接触等必要保护措施”③ 的前提条件是检察官因依法履职面临人身安全危险。

---

① 张永进：《检察权运行机制研究》，知识产权出版社 2021 年版，第 91 页。

② 参见《检察官法》（2019 年）第 56 条。

③ 参见《检察官法》（2019 年）第 58 条。

第五章
检察官豁免权制度构建

构建检察官豁免权制度是对检察官责任及豁免进行实证分析后的必然选择。为此，需要从检察官责任追究和检察官职业保障两方面入手：一方面要解决检察官责任豁免规则中存在的问题，另一方面要从检察官履职保障的角度入手解决检察官豁免权规范的细化问题。

第一节　检察官司法责任豁免制度

在进一步深化司法体制改革进程中，司法责任制一直作为“牛鼻子”，居于“支柱性地位”。[①] 党的十九大提出“全面落实司法责任制”，党的二十大则强调“全面准确落实司法责任制”，提法上的改变反映了我们在落实司法责任制过程中未能准确把握其关键，以致与实现司法改革目标还有一段距离，如过于强调责任而忽略对司法人员的履职保障。赋予司法人员相应的豁免权是对这种偏离的纠正，能够在很大程度上保障他们依法独立履职，真正实现权责一致。

而要“全面准确落实司法责任制”，不仅要重视对责任的追究，而且要重视豁免权的保护。在司法责任制改革背景下，作为司法人员履职保障的豁

① 参见宋远升：《司法责任制的三重逻辑与核心建构要素》，载《环球法律评论》2017 年第 5 期。

免权研究理应受到重视；但学者们往往从一般意义上论述司法责任豁免，认为构建司法人员豁免制度是司法人员履职保护机制的题中之义，司法豁免制度是职位保障机制中的重要制度。[①] 应通过司法责任豁免等职业保障而达到司法权力/权利与司法责任之间的适当平衡。[②] 司法人员豁免权研究集中于法官豁免权。有限的检察官豁免权研究主要从两个角度展开：一是从检察官职业保障角度，阐释了检察官司法责任豁免对检察官职业保障的重要意义。建立责任豁免制度是保证检察官依法履行职责的要求，应当建立检察官责任豁免机制，以法律形式明确检察官豁免权，明确检察官责任豁免的条件、界限，解除检察官的后顾之忧，保障检察官依法独立行使职权。[③] 建立有限的职务豁免制度是完善检察官身份保障的重要内容。[④]二是从检察官司法追责角度阐释了检察官豁免权与检察官责任之间的关系。检察官豁免权的设立是对司法追责制度的不断完善，具备法定情形予以责任豁免的原则应为司法问责的基本原则;[⑤] 检察官豁免制度和检察官惩戒制度均是法律职业制度的重要组成部分，必须解决司法改革过程中责任追究与免责的矛盾，应当注意对司法官责任的认定与适度豁免，这是贯彻司法责任制的要求和司法规律的体现;[⑥] 将规范司法人员追责程序、领导干部干预司法责任追究制度作为司法人员豁免制度的补强。[⑦] 赋予检察官豁免权与要求检察官独立承担责任都是为了保障检察官独立办案。[⑧] 上述研究都是检察官豁免权研究的重要方面。构建与司法责任相契合的检察官豁免权制度，不仅需要研究检察官司法责任与检察官责任豁免之间的关系，而且需要从规范分析的角度研究我国检察官责任豁

---

① 参见陆旭、王文萍:《错案责任制视角下的司法人员豁免制度》，载《犯罪研究》2016 年第 2 期。

② 参见宋远升:《司法责任制的三重逻辑与核心建构要素》，载《环球法律评论》2017 年第 5 期。

③ 参见谭世贵、陈党:《依法独立行使审判权检察权的保障机制研究》，载《江汉论坛》2015 年第 10 期。

④ 参见高丽蓉、姜昕:《检察官身份保障制度之完善》，载《人民检察》2011 年第 6 期。

⑤ 参见谭世贵:《试论构建新的司法问责制度》，载《中国司法》2014 年第 9 期。

⑥ 参见龙宗智:《影响司法公正及司法公信力的现实因素及其对策》，载《当代法学》2015 年第 3 期。

⑦ 参见陆旭、王文萍:《错案责任制视角下的司法人员豁免制度》，载《犯罪研究》2016 年第 2 期。

⑧ 参见莫丽华:《美国检察官豁免制度与启示》，载《人民检察》2016 年第 1 期。

免制度的现状、司法责任豁免判断标准及检察官惩戒与豁免程序存在哪些问题，为构建中国特色的检察官司法责任豁免制度提供可行的路径。这些问题都是彼此相关且值得研究的。鉴于此，本书将检察官豁免权的研究放在司法责任制改革的背景之下，从司法责任豁免制度完善的角度，分析我国检察官司法责任豁免实体规则和程序规则存在的主要问题，尝试提出有关制度构建的思考和具体建议。

一、检察官司法责任豁免制度之特点

（一）检察官司法责任豁免权得到有限的承认

检察官司法责任制的源头可追溯至1997年，党的十五大报告明确提出要“建立冤案、错案责任追究制度”。自最高人民检察院于1998年颁布施行了《人民检察院错案责任追究条例（试行)》（已失效）之后，检察官责任制改革经历了错案责任制，主诉、主办检察官办案责任制到检察官司法责任制的历史演进过程。2015年最高人民检察院颁布实施的《关于完善人民检察院司法责任制的若干意见》，最早在检察官司法责任制度体系中明确司法责任豁免，将检察官的司法责任分为故意违法责任、重大过失责任和监督管理责任，并规定了错案责任豁免和司法瑕疵豁免等责任豁免的情形。此后，《保护司法人员依法履行法定职责规定》（2016年）和《人民检察院司法责任追究条例》（2020年)，通过排除法（其表述为“不予追究司法责任”或“不承担司法责任”)，规定了检察官责任豁免的条件或情形。有关检察官责任豁免的条文总数量不超过19条，其中不乏重复性规定。《保护司法人员依法履行法定职责规定》第11条规定了错案责任豁免的条件。《人民检察院司法责任追究条例》第10条、第11条规定再次肯定了错案责任豁免，并在内容上进行了扩充，将原来的概括性规定细化为检察官错案责任豁免的具体条件。《人民检察院司法责任追究条例》第12条规定了检察官司法瑕疵豁免的具体情形，但与最高人民检察院《关于完善人民检察院司法责任制的若干意见》第33条完全相同。重复性规定虽然一方面表示检察官责任豁免确实受到了最高人民检察院和中央的重视，力图通过责任豁免的规定，促进检察官积极履职，从而确保司法体制改革过程中检察官权力—责任—保障的协调统一；另一方面也表明检察官责任豁免规则的具体内容尚未明晰，豁免权尚未法定化，其实效大打折扣。

检察官豁免权未被《检察官法》（2019 年）所明确规定，只能依据相关条款推定，如涉及纪律处分和工作调动的条款（第 11 条）、检察官的职业保障条款（第 53 条至第 58 条）和追究检察官责任的条款（第 47 条）。但各项之间逻辑上的划分并未能遵守划分的规则，以致出现逻辑上的混乱，表现在多项之间存在交叉或从属关系。以第 47 条为例，如第 4 项的“故意违反法律法规办理案件”与第 1 项、第 2 项、第 9 项、第 8 项存在逻辑上包含或被包含关系或交叉关系，“因重大过失导致案件错误并造成严重后果”与第 1 项和第 2 项中的某些情形也存在逻辑上的交叉关系，第 10 项兜底性条款“其他违纪违法行为”与其他项之间的逻辑关系混乱，由此而产生的后果便是有关责任追究与豁免范围的表述逻辑混乱。《国家赔偿法》（2012 年）也仅涉及检察官民事责任有限豁免权的间接性规定（见第 19 条、第 21 条、第 31 条、第 39 条），第 19 条规定了国家不承担赔偿责任的情形，可以推定检察官民事责任豁免包括：（1）因公民本人故意虚假供述或伪造其他有罪证据而导致被羁押的；（2）因公民故意行为如自伤、自残等致使损害发生的。《国家赔偿法》第 21 条规定了检察环节的国家赔偿责任主要由检察机关承担，由此可以推定检察官民事责任的豁免。因检察机关及检察人员行使职权，对不追究刑事责任的人进行羁押，侵犯了受害人的合法权益，如逮捕后决定撤销案件，或者酌定不起诉，或者附条件不起诉，或者对达成和解协议不起诉或者被判决宣告无罪，检察人员所在的检察机关为国家赔偿义务机关，受害人可以向检察机关申请国家赔偿。虽然我国的法律并未将上诉类型案件定位为错案，但是检察官对其准司法行为不承担民事赔偿责任，免于受害人的民事责任索赔诉讼。《国家赔偿法》第 31 条同时保留了国家对检察官的民事赔偿追偿权，因此，即便是推定的检察官民事责任豁免也仅为有限的豁免。检察机关赔偿受害人之后，应当向存在不当行为且对公民造成身体伤害甚至导致公民死亡的检察人员进行追偿，并且给予处分。检察官还是存在民事赔偿的可能，只是赔偿法律关系不同而已；检察官的民事责任并非绝对豁免，而是有限的豁免。而且，当案件当事人或其亲属要求检察官承担民事赔偿责任提起诉讼时，检察官不能以豁免权为由进行对抗；遭受举报、控诉、控告的检察官因缺乏法定的豁免权保护，也容易陷入疲于应对责任追究的困扰。可见，检察官责任豁免权虽然得到有限承认，但未从法律上得到确认，甚至可以说在立法上尚处空白。

（二）检察官司法责任豁免权为相对豁免权

根据检察官的行为是何种性质的行为及其行为动机是否善意，检察官豁免权可划分为绝对豁免权和相对豁免权（国外往往将其称为有限豁免权）。检察官绝对豁免权，是指检察官对其准司法行为及与准司法相关的行为免于诉讼或责任追究，绝对地无条件地不承担责任，不因其他因素而改变其法律地位的自由。世界很多国家首先确认的是检察官绝对豁免权。检察官绝对豁免意味着：即使检察官的履职行为涉嫌不当，包括“心态不当或动机不当”①，或者被指控隐瞒证据、故意使用伪证或以其他方式恶意行事，② 也不允许调查检察官行为的“客观合理性”。检察官只要能说明其行为属于诉讼职权范围，并且履职行为属于准司法行为或与司法行为相似或密切相关，就享有绝对豁免权。检察官相对豁免权是为了限制和约束，以防检察官滥用绝对豁免权而产生的权利，是一种有条件的豁免权；检察官对其行为是否享有豁免权需要视其行为动机来确定。检察官相对豁免权允许调查检察官行为的“客观合理性”，检察官相对豁免权可为一定的事实所推翻，能否豁免尚须看具体事实。如果其行为动机是恶意的，故意违法或存在重大过失，则需要承担司法责任，不享有豁免权。检察官的履行职责行为如果是善意的，那么检

---

① Shmueli v. City of N. Y.，424 F. 3d 231，237（2d Cir. 2005）[citing Bernard v. County. of Suffolk，356 F. 3d 495（2d Cir. 2004）].

② See Imbler v. Pachtman，424 U. S. at 409；Mueller v. The Florida Bar，390 So. 2d 449（Fla. 4th DCA 1980）；Hansen v. State，503 So. 2d 1324（Fla. 1st DCA 1987）.

察官享有豁免权。

我国检察官司法责任豁免权属于相对豁免权。检察官在司法履职中，已尽到必要注意义务，虽有错案后果发生，但检察官对错案后果的发生不存在故意或者重大过失，而是其他原因导致了错案的发生，不应追究检察官司法责任。例如，（1）因法律渊源本身或对其解释差异等导致错误的司法责任豁免。“司法官不能因为善意的错误，或者由于不同意某个特殊的法律解释而被惩罚或者被免职。”[①] 因法律法规和司法解释本身存在漏洞或规定不明确，检察官在办理案件时对法律法规和司法解释的理解及认识出现差异，在专业认知的范围内能够予以合理解释和说明，或者与特定的法律解释不符合，基于有限理性理论，不管有没有出现错案（哪怕该案最后被定性为错案），也并不能作为检察官应被惩戒的正当理由，即检察官不应承担司法责任。还有因法律渊源发生变化，如法律法规或司法解释或者有关刑事政策进行调整等，或者因相关法律文书被撤销、变更最终导致检察官所办理案件的定性发生改变或者处理决定发生改变，检察官不应承担司法责任。（2）因不受检察官控制的情形导致事实认定错误的司法责任豁免。检察官对事实的认定依赖于所取得的证据，如果犯罪嫌疑人为了逃脱制裁或者基于其他原因，故意作虚假陈述或供述，或者犯罪嫌疑人及其他人员（包括证人、鉴定人等）毁灭证据或伪造证据或者提供不确切的证明或者歪曲事实真相等，或者因出现新的证据或者证据变化而导致事实认定错误，从而改变了案件处理结果导致错案，检察官不应承担司法责任。“证据材料错误或者不充实，但出于种种原因而形成了合乎逻辑的结论……大多数裁判错误是如此造成的。”[②] “假证是大多数裁判错误的起因。”[③] 证人作假证，原因有很多方面：得到一笔报酬、出于报复、“好意”给朋友帮忙、感觉到事实会妨碍自己的利益、想象力过于发达、毫无任何动机等。证人的假证导致检察官对事实的认定出现错误，而检

① 孙祥：《法国司法责任制度研究》，武汉大学出版社2020年版，第91页。

② ［法］勒内·弗洛里奥：《错案》，赵淑美、张洪竹译，法律出版社2013年版，第49页。

③ ［法］勒内·弗洛里奥：《错案》，赵淑美、张洪竹译，法律出版社2013年版，第87页。

察官对该错误不存在故意或重大过失，不需要承担司法责任。还有一种情形是客观技术条件限制以致证据认定错误和事实认定错误的司法责任豁免。鉴定人因客观技术条件限制可能在工作中犯下一些违背司法规定的司法鉴定错误，或者出于不能预见、无法抗拒的其他客观原因致使检察官所认定的主要事实或重要情节缺乏足够证据，导致事实不清楚，出现错案结果，检察官的司法责任豁免。（3）如实记录报告领导干部或内部人员干预办案责任豁免。检察官应当根据司法亲历性原则、谁办案谁决定原则独立处理案件。检察官依法司法办案应当受到相应的保护，行政机关、其他国家机关、社会团体和个人不得干涉检察官办案，如果在办案过程中，遭遇领导干部直接插手或间接插手所经办案件或者试图干预办案，领导干部、内部人员违规过问案件（包括但不限于领导干部授意或纵容身边工作人员以及亲属在检察办案环节为案件当事人请托说情，要求办案检察官或所属单位负责人私下会见案件当事人，或要求办案检察官私下会见案件当事人的辩护人、诉讼代理人，或者要求办案检察官私下会见近亲属以及其他与案件有利害关系的人，领导干部通过召开案件协调会、听取办案检察官汇报、超越职权对检察官办案提出倾向性意见等隐蔽方式过问案件），检察官应该严格按照有关程序规定，主动如实记录并报告说明情况，如检察官与当事人、律师等存在不当接触交往行为，也应如实报告。因其他人员插手或者干预办案，但办案检察官主动如实记录并报告，尚未造成严重后果的，司法责任豁免。

我国有关责任豁免规则将检察官不承担司法责任的条件限定为检察官的准司法行为对错案结果或严重后果的发生不存在故意或重大过失，因此就其实质来说是相对豁免权。如果存在故意或重大过失，检察官仍然需要承担司法责任。检察官错案责任豁免为有条件的豁免。对什么是错案，至今没有法定的标准，在司法性文件中的表述不太一样：既有明确的“错案”表述，又有隐晦的“错误后果发生”表述。如最高人民检察院《关于完善人民检察院司法责任制的若干意见》（2015 年）第 33 条和《保护司法人员依法履行法定职责规定》（2016 年）第 11 条规定明确表述为“错案”；在《人民检察院司法责任追究条例》(2020年)第10条中的表述为"错误后果发生"。不管语词形式上有什么变化，但表述的核心内容相同：应尽到必要注意义务，并且对该错案或错误后果发生不存在故意或者重大过失，检察官不承担司法责任，或者对检察官不予追究司法责任，检察官的法律地位免于被改变，即错案责任豁免，不仅包括免于诉讼、原有的法律关系不受到任何改变，不承担任何责任，而且也包括减轻责任。

检察官司法办案瑕疵豁免同样为相对豁免，体现在检察官并非对所有的司法瑕疵都享有豁免权，而是仅对不影响案件结果的司法瑕疵享有豁免权，包括：(1) 准司法行为瑕疵豁免，包括对事实及证据认定瑕疵豁免和法律适用瑕疵豁免。检察官在对事实及证据作出判断时，因犯罪嫌疑人故意作虚假陈述或供述，或者犯罪嫌疑人及其他人员毁灭证据或伪造证据等，导致对证据采信和案件事实认定出现错误或者表述不准确，但不影响对案件的处理或者定罪量刑，不予追究检察官司法责任。此外，检察官在收集证据、调取证据、保存证据、移送证据或使用证据时不符合法律规章制度等有关规定，但依法可以作出合理解释或者补正，并未最终影响证据效力或案件的正确性的，也应豁免检察官的司法责任。出现新证据或者证据发生变化，导致检察官在对证据作出判断时出现错误或者表述错误，但可以作出合理解释等。检察官在司法办案中，引用法律条文不规范，但不影响案件处理或定罪量刑，属于法律适用司法瑕疵，其司法责任应被豁免。(2) 非准司法行为瑕疵，包括文书制作瑕疵的豁免和司法作风瑕疵的豁免。检察官在司法办案过程中，若在司法作风方面存在态度简单粗暴、作风懒散或语言不当等不符合检察官职业伦理的行为或不规范行为，未对案件造成实质性影响，即不影响案件处理或定罪量刑，不承担司法责任。但可以视情节对检察人员进行警醒或诫勉，如批评教育或谈话提醒、责令检察官检查司法作风等。另外，检察官在制作法律文书或案卷笔录时，行文不规范，导致法律文书的名称类型错误、文号错误、错别字、格式不规范、日期缺失、签名缺失等，但并不影响案件结论的正确性和法律效力，不应承担检察官司法责任。此外，检察官受理案件和办理案件时，告知当事人有关事宜、听取有关意见或送达法律文书等程序不符合法律有关规定，不影响案件结论的正确性和效力的，属于非准司法行为豁免。可见，司法瑕疵能否予以豁免需要满足相应的条件，其中一个很重要的判断标准就是是否影响到案件结论的正确性。因此，最高人民检察院《关于完善人民检察院司法责任制的若干意见》第 33 条与《人民检察院司法责任追究条例》第 12 条规定的司法瑕疵豁免的适用条件为：虽然存在司法瑕疵，但不影响案件结论的正确性，及不影响案件结论的效力。所有条件必须同时具备才能豁免检察官的司法责任。如果缺少了其中任一条件，则检察官不享有豁免权；也就意味着，如果存在司法瑕疵，但因该瑕疵影响到案件结论和效力，则检察官不享有豁免权。

（三）“错案”为连接检察官司法责任与责任豁免的桥梁

国家一方面希望通过强化对检察官司法责任的追究解决“错案”频出、司法公信力不足的问题；另一方面希望可以通过检察官司法责任豁免，保障检察官依法积极独立履职，提升司法质量。但是，对检察官司法责任的豁免又不能是无限制的豁免：对于检察官准司法行为的责任可予以豁免；对准司法行为以外的行为，则需要根据责任追究的一般原则，如果不符合责任的构成要件，即达不到追责的要求，检察官司法责任应该豁免。如虽然存在司法作风瑕疵、文书制作瑕疵、证据采信瑕疵、事实认定瑕疵、法律适用瑕疵等，但不实质影响到案件的结果，没有造成错案的后果或者损害事实，即达不到责任的实体要件，当然应该豁免检察官的司法责任。如果造成了损害事实或者造成错案的后果，则需要考虑检察官的行为是否属于准司法行为；基于准司法行为的特性，也应当豁免检察官的司法责任。办案检察官已经尽到必要注意义务、不存在故意或重大过失，而是其无法控制的其他因素导致对事实的认定出现错误，或者因证据发生重大变化或出现新证据导致案件性质发生变化或者改变处理决定，或者对法律的解释和适用出现错误导致错案，或者因领导干部干预而无权决定或者因客观技术条件限制导致错案，检察官错案责任应当予以豁免。但检察官故意违法违规或在办案过程中存在重大过失导致错案，按照权责一致原则，应当承担错案责任。

从现有的司法责任制改革文件来看，错案责任制仍然是司法责任制的主要形式；错案承载了连接司法责任与司法豁免的中介功能，成了司法责任追究与司法责任豁免的共同对象。而判断错案是否需要承担责任的标准为是否存在故意或重大过失，是否尽到必要注意义务。《检察官法》第 49 条规定，检察官惩戒委员会负责从专业角度审查认定检察官是否存在《检察官法》第 47 条第 4 项“故意违反法律法规办理案件”和第 5 项“因重大过失导致案件错误并造成严重后果”的行为。这两项规定涉及检察官对事实的认定、证据的取舍、法律的适用等专业问题，不同检察官可能有不同的认识。《人民检察院司法责任追究条例》第 7 条和最高人民检察院《关于完善人民检察院司法责任制的若干意见》第 34 条列举了检察人员应承担故意违法责任的情形。《人民检察院司法责任追究条例》第 8 条则列举了检察官存在重大过失应被追责的情形，所有的重大过失责任均以发生某种严重后果、错案后果、出现办案事故、严重事故或造成恶劣影响等作为必要条件。其中第 3 项有明确的“错案”概念表述，可知检察官承担重大过失司法责任的重要条件是“重大过失 + 错案”或“重大过失 + 严重后果”或“重大过失 + 恶劣影响”等；该条虽然没有对“错案”概念进行任何界定，但可以发现重大过失责任与错案责任的关系显然非常紧密。第 1 项规定为“导致案件错误处理”，第 2 项规定为无罪判有罪，第 4 项规定为造成错误羁押或超期羁押，可以将它们都视为错案责任。最高人民检察院《关于完善人民检察院司法责任制的若干意见》第 35 条同样列举了检察人员应承担重大过失责任的情形。上述条款为追究检察官的故意违法责任和重大过失责任提供了参照标准，可能并不存在特别多的异议，但是都存在兜底性条款。故意违法责任的兜底条款是最高人民检察院《关于完善人民检察院司法责任制的若干意见》第 34 条第 11 项（“其他违反诉讼程序或司法办案规定，造成严重后果或恶劣影响的”）和《人民检察院司法责任追究条例》第 7 条第 16 项（“其他违反诉讼程序或者司法办案规定，需要追究司法责任的”），重大过失责任的兜底条款是最高人民检察院《关于完善人民检察院司法责任制的若干意见》第 35 条第 8 项（“其他严重后果或恶劣影响的”）和《人民检察院司法责任追究条例》第 8 条第 11 项（“其他造成严重后果或者恶劣影响的”）。“故意违法责任”将检察官承担司法责任的主观故意和客观违法行为结合起来。“故意”是指检察官明知自己的行为是违法行为却依然违法办案以获得自己期待的结果；但由于“故意”这一构成要件的判断标准具有模糊性，客观“违法行为”便成了判断检察官是否承担该类司法责任的主要标准。“重大过失责任”的构成要件主要包括“重大过失”、“违法违规行为或不正确履职行为”和“错案后果”这三个构成要件。“重大过失”是指检察官虽然不是故意违法违规，但在履职中未尽到必要注意义务，未能尽职尽责。“重大过失”这一构成要件的判断标准同样具有模糊性，“错案后果”则成为判断检察官是否承担重大过失司法责任的主要标准；正因为如此，重大过失责任往往被错案责任所替代（尽管二者之间的关系并非全同关系，而是交叉关系）。无论是“故意违法”，还是“重大过失”，都带有主观化的判断。而兜底性条款的存在，使得“故意”“重大过失”这些原本就是主观上的判断标准变得更加模糊。这些规定中的错案并非追究错案责任的充分条件，而仅仅是必要条件。

《人民检察院司法责任追究条例》第 10 条列举了检察官对错误后果发生不存在重大过失，对检察官不予追究司法责任的几种情形。规定的责任豁免虽然没有明确使用“错案”概念，但该条所规定的责任豁免六种情形中，有三种情形是出现改变案件定性或者处理决定等错误后果。其中的第 5 项规定了出于客观或无法抗拒的原因使司法履职出现错误，但这种履职错误能否被排除在重大过失之外，其判断标准并未予以明确规定。第 12 条规定的司法瑕疵豁免也规定了“不影响案件结论的正确性”为司法瑕疵豁免的前提条件，《保护司法人员依法履行法定职责规定》第 11 条规定检察官错案责任豁免的条件之一是非因重大过失导致错案，并且造成严重后果。换句话说，该规定考虑到了过失的不可避免性，将除了检察官存在重大过失导致错案之外的准司法行为，包括存在一般过失的准司法行为，都纳入了检察官责任豁免的对象范围。可见，案件结论正确与否或者说处理决定是否出现错误后果是检察官是否承担责任或是否豁免的中介。在司法责任制制度设计中，错案作为连接司法责任与豁免的关键术语，错案责任作为最简单最省事的一种责任制形式成为检察官司法责任的重要形式。

检察官司法责任豁免权得到有限的承认，足以证明我国已经意识到检察官司法履职行为的特殊性，不再一味地强调通过对检察官的惩戒提升司法质量，而是实现了司法责任制度改革的转向，惩戒与保障并行，提升司法公信力。检察官司法责任豁免权为相对的豁免权，表明我国并未照搬西方国家的绝对豁免权制度，而是结合了中国特色的社会主义司法体制改革：既为检察官积极司法履职提供制度上的保障；又为防止检察官滥用检察权，从而避免检察环节出现错案，提供了可靠的司法责任制度改革路径。“错案”成为连接检察官错案责任与责任豁免的桥梁，则体现了司法责任制改革坚持权责一致的原则：如果是存在故意或重大过失造成错案，检察官应承担司法责任，对办案质量终身负责；如果对错案后果不存在故意或重大过失，则检察官司法责任豁免。

二、检察官司法责任及豁免权制度之问题

（一）以结果为中心的司法责任豁免权制度的误导性

检察官司法责任主要有故意违法违规责任和重大过失责任；然而，“故意”或“重大过失”均属于主观判断标准，存在模糊性。为了弥补主观判断标准的不足，寄希望于损害后果——错案来作为司法责任制度的核心要素。错案的风险始终存在：对所有法律的认识与理解，不可能都如立法者所期望的那样；对法律事实的认定，不可能均符合案件事实。既然如此，错案原本就无法避免，无论检察官多么优秀、多么公正无私，都无法保证对作为法律推理的大小前提的认识绝对正确，即便不存在故意或重大过失的情形，也无法避免出现错案，不能因为出现错案的风险而禁止检察官司法履职行为。从法律推理的角度，“是否每一个案件都有唯一正确的结论或者‘唯一正解’”

是一个非常值得探讨的问题。一项判决要得到“唯一正解”必须满足的前提条件是：（1）用来进行法律推理的大前提——法律规范必须是不存在任何歧义，而且是确定不变的；（2）小前提——法律事实必须是案件事实本身；（3）大前提能够涵摄小前提。法律规范是在法律概念的基础上形成的；其逻辑结构应该是完整的，包括条件假设必须是清晰的。第一个条件要求用来表达法律规范的法律概念必须是确定的，但并不是所有的法律概念都是确定性的法律概念；显然第一个条件很难满足。第二个条件则依赖于所取得的证据能否还原案件事实，要求取得所有能够还原每一个案件事实的证据，这一个条件也难以实现。第三个条件则要求不存在任何法律漏洞或者法律缺陷，法律能够对人类的所有行为作出调整，每一起案件都有对应的法律规范，疑难案件要满足这一条件也很难。归根到底，每一个案件得出唯一正解似乎是不可能的。从司法的特性和司法程序角度看，错案在司法中不是一个合理的概念。① 在批捕、提起诉讼等环节上，检察官需要对证据进行审查，对案件事实作出判断，不但承担着审查证据是否具有真实性、合法性进而对法律事实作出判断的职能，而且承担着在侦查人员未能查清案件事实的情况下对相关疑点予以查清的职责，即检察官需要亲自去查明案件事实。检察官司法办案中所作的判断或决定，不是因为其决定的正确性或判断的正确性，而是因为他有相应的独立自主办案决定权。如果检察官没有独立的办案自主决定权，那么他也无须对所承办的案件承担责任。无论检察官是否有足够的知识作出所谓的正确判断，都不影响刑事司法程序的进行。既然从结果的角度而言，每一个案件的唯一正解是不可能的，错案的出现也是不可避免的，那么，错案责任又从何而来？因此，检察官对自己无法把控的后果或者影响因素而导致错案、严重后果或者恶劣影响的，不应承担司法责任。如案件当事人或其近亲属不服检察机关决定而上访，引发重大舆情，这属于检察官无法把控的后果，检察官对此类所谓严重后果享有豁免权。现有制度设计中的错案责任

① 参见陆幸福：《我国法官责任豁免制度之改进——从错案责任到司法裁判行为》，载《浙江社会科学》2021 年第 1 期。

是司法责任追究中的误导性概念。如果将错案作为检察官责任豁免的对象，构建责任豁免规则时将遭遇逻辑上的困难，检察官司法责任制度和检察官责任豁免制度之间将难以实现平衡，检察官司法责任制改革的目标难以实现，检察官司法责任与责任豁免难以实现统一。

法律责任的基本构成要件为责任主体、违法行为或违约行为、过错、损害后果等。责任主体之所以应当承担责任是有违法行为或违约行为的发生，损害后果也是违法行为或违约行为导致，违法行为或违约行为是核心要件。但在错案责任制度中，错案结果成了责任的核心所在；这种以结果为导向的检察官司法责任制度，将极大损害检察官的积极性与主动性，也决定了检察官司法责任制度中所设计的责任豁免对象主要针对错案，为错案责任豁免。错案后果的发生可能是很多主体参与造成的，既有可能是独任检察官，又有可能是检察官办案组，还有可能是检察委员会，甚至还有可能是这些主体因素的共同作用。根据现行规定，由办案者决定和负责：独任检察官承办案件对其作出的办案决定负责；检察官办案组承办案件，主办检察官和检察官共同承担司法责任；检察委员会作出决定的，发表错误意见的检委会委员承担司法责任。以结果为导向的错案责任使得案件的结果与检察官之间产生了直接的利害关系，错案责任的风险凸显。检察官为了规避风险，有可能将本应由自己决定的案件交由检察委员会来做决定；而检察委员会委员为了避免发表错误意见，而不愿积极发表独到的意见，也可能导致司法责任的落空。检察官为了防止所承办的案件被定性为错案，必然听命于检察长及案件管理部门负责人、上级人民检察院的指示，丧失检察官应有的独立性。以结果为导向的追责其实质是注重实体公正，容易导致检察官为追求实体结果正确而忽视办案程序正义，忽视客观行为与主观因素的考量。

（二）检察官司法责任与豁免制度的封闭性

检察官司法责任与豁免规则主要由最高人民检察院等颁发的司法文件予以规定，位阶较低，对国家监察机关和国家审判机关不具备当然的效力。检察官豁免权属于检察官的职业保障权利和程序性权利，是对检察官的法律地位和职业身份的保障，关系到检察官司法责任的承担，对于检察官积极履行准司法职责起着重要的促进作用。检察官履职豁免一般规定的缺乏，不利于实现对检察官责任豁免情形中兜底条款的合法合理解释，带来的结果是检察官司法责任追究的封闭性。换句话说，检察官司法责任追究的封闭性源于检察官司法责任豁免规则的低位阶性。

检务督察部门对可能需要承担司法责任的检察官展开的调查行政色彩浓厚，是一种内部的单向调查，检察官的豁免权被排除在程序之外。检务督察部门立案报请检察长批准后成立调查组，调查的方式采用明察和暗访相结合，具体有参加会议、听取汇报及意见和建议、查阅各种材料和数据、谈话和询问或视情暗访等。虽然在《人民检察院司法责任追究条例》第22条中规定，检务督察部门调查结束前，应听取当事检察官陈述和申辩，是对检察督察部门的应为义务的规定，但所用的模态词是“应当”而非“必须”，其强度显然不是那么高，可能会存在例外。这种单向的调查程序设计初衷或许是更好地监督制约检察官，但检察官的合法权益容易受到侵害。在实质性调查阶段，检察官是被排除在程序之外的，基本上丧失了豁免权等自我防卫的权利。《人民检察院司法责任追究条例》第24条规定，调查终结后，如认为应追究检察官司法责任，按照检察官惩戒工作程序继续进行。但没有规定如果认为检察人员不承担司法责任，是否终结调查程序乃至整个惩戒程序；除了教育、诫勉谈话之外，是否还有其他的处理方式。对司法瑕疵豁免可以采用教育、诫勉谈话等方式，但对于准司法行为豁免，不予以明确规定，检察官的豁免权难以得到保障。

对检察官司法责任的追究与豁免的认定主要是由检察系统内部职能部门负责，主体是检务督察部门。受到检察官司法履职行为影响的直接对象如受害者及其家属作为控告举报一方，被排除在司法责任追究与豁免程序之外。《人民检察院检务督察工作条例》第11条规定了线索来源主要是检察系统所发现的线索，但未明确规定“线索”的来源包含当事人及其近亲属的举报、投诉和控告，未明确规定对实名举报者应予以告知受理与否、是否立案及处理结果的程序。对于未知的线索举报人又如何告知有关受理情况及处理决定及告知的方式，未予以规定。从线索的收集、初核、立案、处理、反馈等环节来看，受害者、控告举报者难以实质性地参与检察官责任惩戒程序，也被当然地排除在司法责任豁免程序之外，知情权再次遭受侵犯，必然会影响到其对司法公正的信仰，进一步加剧对司法的不满。

根据《人民检察院司法责任追究条例》第 19 条、《人民检察院检务督察工作条例》第 11 条和《检察官惩戒工作程序规定（试行）》第 9 条，统一受理检察官司法责任追究线索的主体是人民检察院的检务督察部门，但检务督察部门与派驻纪检监察组的分工协作关系不明确。尽管规定了检务督察部门在受理司法责任追究线索后应与派驻纪检监察组协商是否立案，但没有规定检务督察部门与派驻纪检监察组之间协商立案意见的方式，也没有规定检务督察部门与派驻纪检监察组之间协商时意见出现不一致的处理原则。如果是报请检察长批准，这一前置性程序是否有必要？又是否能对派驻纪检监察部门产生足够的约束力？《纪检监察机关处理检举控告工作规则》规定纪检监察机关不受理通过诉讼等途径解决的事项，对检察官司法责任的追究主要限于检察系统内部。根据《监察法》第 15 条，检察官被纳入了国家监察机关的监察范围。根据第 11 条和第 18 条的规定，监察机关有权对检察官的职务违法行为进行监督、调查和处置；但是对于司法诉讼程序中出现的检察官违法行为是否应纳入国家监察机关的监察范围，缺乏明确的界定。如果国家监察机关既对司法人员进行监察，有权力对违法的公职人员包括检察官作出政务处分决定，又负责职务犯罪和职务违法的调查，当国家监察机关对检察官在调查阶段采取留置措施，检察院无法直接介入，对检察官法律地位产生威胁，检察官的豁免权难以受到实质性的保护。

（三）惩戒与豁免程序参与主体关系的错位性

检察官惩戒与豁免程序参与主体之间关系的错位主要体现在检务督察部门与检察长的关系错位、检务督察部门与检察官惩戒委员会的关系错位的空间关系及行为方式。根据当前的规定，检察官参与司法归责的主体主要有人民检察院及其内设机构、国家监察机关及派驻纪检监察组与检察官惩戒委员会及检举、控告主体等，它们之间关系的错位主要体现在以下方面：

（1）作为司法责任追究线索受理主体的检务督察部门与人民检察院其他内设机构的关系不明确。检察机关内设机构如信访部门、直属单位、检察院驻派出所检察室等。所有部门接收到或发现的线索应当移送给检务督察部门，但是各内设部门对于收到的投诉举报是否也作为司法责任追究线索移送？移送部门在移送前是否需要初步核实？核实到什么程度可以移送或必须移送？检务督察部门统一受理的形式是什么？对于检务督察部门“受理”是指仅仅作出接受的行为，还是需要作出受理或不受理的决定等，都未明确规定。

（2）人民检察院检务督察部门与检察长的关系未理顺。《人民检察院司法责任追究条例》第6条规定，人民检察院检务督察部门承担司法责任追究工作，在整个检察官惩戒程序中，对检察官的司法追责从初核、立案到调查、处理，都需要经过检察长的审批。检务督察部门认为需要初核的线索，在初核之前“应当报检察长批准”，这一前置性程序规定是否有必要？如果检察长不批准，意味着检察长实际上有一票决定权，那么检务督察部门作为司法责任追究主体从一接到线索开始就缺乏任何实质性的权力，就只能沦为检察长意志的执行机构。在立案批准程序上，检察长与检务督察部门之间在是否予以立案的权力上究竟该如何分配？检务督察部门与派驻纪检监察组协商是否立案后，需要报请检察长批准，两头制约，显然缺乏自主决定权。立案批准的标准是什么？如果检察长作出错误的批准立案或者不立案的决定，检务督察部门是否需要承担责任？

（四）检察官责任追究与豁免程序时限的不明确性

检察官惩戒与豁免程序涉及有惩戒权或豁免权主体依法作出惩戒或豁免的过程、方式和关系，包含时间要素与空间要素。检察官惩戒与豁免程序最早被规定在2016年《关于建立法官、检察官惩戒制度的意见（试行）》中。随后，依据《检察官法》第52条的授权性规定，最高人民检察院颁布了《人民检察院检务督察工作条例》（2019年）、《人民检察院司法责任追究条例》(2020 年)和《检察官惩戒工作程序规定(试行)》(2022 年),也相继作出规定,涉及人民检察院及其内设部门、检察官惩戒委员会和纪检监察组等在检察官司法责任认定与归结中的职责范围及工作程序,包括发现线索、移送线索、受理线索、初核、立案、调查及提出审查意见等的时限不明。虽然没有规定检务督察部门“统一受理”线索,但表述上的些许差异可以忽略不计;如果受理主体是唯一的,那么应为“统一受理”,这也意味着人民检察院所有职能部门及下级检察院和驻派出所机构收到的线索应当移送给检务督察部门。有关各主体收到线索后的移送时间及后续跟进或未按时移送的后果缺乏明确规定。检务督察部门的初核程序中,没有明确检务督察部门“及时”分析研判线索的具体时限。虽然规定了检务督察部门制作立案决定书后 7 日内需要备案,但未规定向被调查检察官宣布以确保其知情权的时限,更没有规定检察官可以豁免权为由对抗检务督察部门的初核。惩戒委员会组织听证的程序规定中,仅仅规定了“收到提请惩戒审议意见书与材料后 60 日内”完成听证和审议工作,没能明确检察官惩戒委员会作出“组织听证”决定后,通知检察官举行听证的时间,应该在听证会召开之前的 3 日之内,还是应与行政听证的 7 日期限保持一致。对于检察官权利救济的程序规则规定得相对简单,仅仅规定当事检察官不同意检察官惩戒委员会所作出的审查意见,提出异议的时间是 10 日内,提出异议的方式为书面形式,对惩戒决定有异议可以提出复核和申诉,从检察官提出复核申请到申诉再到人民检察院作出处理决定,最长时间期限为 165 天,复核和申诉期间不停止责任追究处理决定的执行,但处理决定事实上会影响到检察官。

(五)检察官惩戒委员会的定位及职责不明

《检察官法》第 49 条规定了检察官惩戒委员会的职责范围——从专业的角度进行审查认定,并提出审查意见:故意违法违规、重大过失、一般过失和不违反检察职责四种。根据《关于建立法官、检察官惩戒制度的意见(试行)》第 9 条,当事检察官及人民检察院可以提出异议;检察官惩戒委员会应当审查异议及其理由,作出决定,并回复异议人。但相关规定并未明确检察官惩戒委员会的定位，举行听证的程序设计不符合其作为中立的第三方的要求，未对审查意见的表决通过方式予以明确规定。审查意见由全体委员的2/3 以上的多数表决通过，是全体参加听证会的委员，还是包括未参加听证会审议惩戒事项的全体惩戒委员会委员？无论是哪一种情形，都应有明确的规定。惩戒委员会提出的审查意见主要有需要或不需要追究司法责任的意见两种，未明确规定检务督察部门“认为需要”追究司法责任的客观标准。需要追究司法责任的意见则分为两种：故意违反职责和存在重大过失；不需要追究司法责任的意见则分为：存在一般过失或不存在违反职责。检察官惩戒委员会只有两级，分别设在最高人民检察院和各省、自治区和直辖市人民检察院，实行的是分级负责制。当事检察官所属的人民检察院检务督察部门经检察长批准后，向检察官惩戒委员会提交提请惩戒审议意见书。若当事检察官所属的人民检察院是省级人民检察院或最高人民检察院，检察官惩戒委员会有可能被作为负责检察官惩戒委员会日常工作部门的检务督察部门驾空，使得检察官惩戒委员会的作用无法得到真正发挥。

检察官惩戒委员会具体审议范围有待厘清。惩戒委员会是司法体制改革的大背景下，顺应司法责任制改革的需要而设立的，其职责范围应限定在：对检察官的司法办案行为是否违反检察职责进行专业审查，并对是否承担司法责任作出断定。司法履职行为以外的违纪违法及违反职业伦理行为不在审查范围，但在实践中，各省对检察官惩戒事由的规定却未能限定这一范围。如《山东省法官检察官遴选和惩戒委员会章程》第 12 条规定检察官惩戒工作办公室除了向惩戒委员会提交当事检察官办案过错责任报告之外，还要提交其他违纪违法行为核查报告。《广东省法官、检察官惩戒委员会章程（试行)》则规定了检察官惩戒委员会审议范围限于检察官涉嫌违反检察职责行为，其他违法违纪行为应由有关部门进行调查。但《宁夏回族自治区法官、检察官惩戒委员会章程（试行)》则规定检察官惩戒委员会审议范围包括检察官违反检察职责、违反司法伦理，造成严重后果的行为。各地规定的检察官惩戒委员会所要求审议的事项范围不一致，有待厘清。根据《监察法》，国家监察机关有权力评判检察官职务的行为，以实现对检察官的监督。可见，检察官违反检察职责行为既是检察官惩戒委员会审议和评判的对象，又是监察机关的管辖对象，若两者相冲突，可能会导致检察官惩戒委员会被架空，专业的审查会被非专业的审查所替代。

检察官惩戒委员会提出的审查意见仅为意见，没有实质决定权。检察官惩戒或提交需要追究司法责任审查意见的，检务督察部门商职能部门提出处理建议，由党组作出相应的处理决定。《关于建立法官、检察官惩戒制度的意见（试行）》中规定了检察官对司法责任追究有关决定不服的救济途径，如对惩戒委员会作出的四种审查意见决定不服和对人民检察院作出的组织处理或处分决定不服的救济途径。虽然无论是谁作出处理决定都是在代表人民检察院作出，但是当前规定并没有明确党组决定的性质到底是组织处理还是党纪处理，二者的处理对象不完全相同，处理的方式也不一样：党纪处理针对党员检察官；组织处理既可以针对党员检察官，又可以针对非党员检察官。对检察官追究司法责任应该是组织处理，但是《人民检察院司法责任追究条例》及相关规则并没有明确党组决定的程序及方式。对于检察官惩戒委员会提交不需要追究司法责任审查意见的，检察人员没有故意或重大过失或虽存在司法瑕疵但不影响案件结论的正确性的，仅仅是原则性地规定了不承担司法责任，而未从规则层面明确规定检察官应该享有豁免权。不承担司法责任虽然也是对检察官依法履行法定职责的保护，但毕竟是对检察官是否需要承担责任的一种认定，在责任未做最终认定之前，检察官不能以豁免权为由对抗惩戒程序的启动。人民检察院和惩戒委员会启动并完成作出的不承担司法责任的结论，并不能从程序上保障检察官受到豁免权的保护。

三、检察官司法责任豁免制度之构建

检察官司法责任制改革是司法责任制改革的重要组成部分；国家一方面寄希望于通过强化对检察官司法责任的追究解决“错案”频出的问题，另一方面希望通过检察官司法责任制改革保障检察官的独立自主办案权。然而，如果缺乏豁免权对检察官准司法行为的保障，检察官在办案时总是担心“错案”所带来的责任风险，检察官在从事准司法行为时难以独立自主、积极行使检察职权，“权责一致”的改革目标也将难以实现。

（一）检察官豁免权的法定化

检察官责任豁免权规则的低位阶性及有限性所带来的效力困境，需要通过豁免权的法定化来破解，即在法律层级规定检察官司法责任豁免权。“能够实质变更法秩序的活动，必须具有立法性质，而符合法定限定条件的司法解释无任何立法性质”①。虽然最好的方式是将检察官豁免权直接入宪，但笔者认为，《检察官法》是构建检察官制度的专门法律，豁免权作为检察官的职业保障性权利，由《检察官法》予以明确规定较为可行。当然，其他法律须作相应修改，从而构造系统的检察官责任豁免制度。

首先，应由《检察官法》明确检察官豁免权为检察官的权利。建议修改《检察官法》第二章第 11 条“检察官的权利”，可以考虑在第 5 项后增加一项，作为第 6 项，原兜底条款变为第 7 项，明确规定“履行检察官准司法职责，应当免受司法责任追究”，由此明确检察官司法责任豁免权。豁免权仅适用于检察官履行准司法职责的行为，检察官的准司法行为是检察官司法责任豁免的对象。原则上，检察官对其履行准司法职责的行为享有司法责任豁免权。在《检察官法》第六章“检察官的考核、奖励和惩戒”中增加“豁免”的规定，修改为“检察官的考核、奖励、惩戒和豁免”。这是基于对检察官奖惩制度的完整性考量：豁免是对检察官惩戒制度的反向落实，“不仅能够完善检察官司法责任追究的整体规范结构，更能够体现保障检察官公平公正履职的制度关怀”②。鉴于惩戒委员会审议具体程序必然包含惩戒委员会的听证与审议程序、人民检察院作出惩戒或豁免决定的程序及复议、申诉和救济程序，建议修改《检察官法》第 52 条，完善“检察官惩戒委员会审议

---

① 聂友伦：《刑事诉讼法时间效力规则研究》，载《法学研究》2020 年第 3 期。

② 原宇航：《〈检察官法〉司法责任制的体系定位与规范构造》，载《司法文明论坛》2019 年卷。

具体程序”的授权性规定，改为“检察官惩戒委员会审议惩戒、豁免事项的具体程序，由最高人民检察院商有关部门确定”。第52条后增加检察官责任豁免的概括性规定，作为第53条，具体内容为“检察官在司法履职中，虽有错误后果发生，但尽到必要注意义务，对后果发生没有故意或者重大过失，享有豁免权，不承担司法责任”。该条文设计可以从三个方面界定检察官豁免权的必要条件范围：一是检察官豁免权仅限于其司法履职行为；二是检察官在履行职责行为时必须尽到必要注意义务；三是对错误后果发生没有故意或重大过失。只有检察官司法履职，才能享有豁免权，如果不是司法履职则不享有豁免权；只有尽到必要注意义务，检察官才能享有豁免权；只有检察官在司法履职中不存在故意或重大过失，检察官才能享有豁免权。将《人民检察院司法责任追究条例》第12条有关检察官司法瑕疵豁免规定固定进《检察官法》，作为第54条，可以表述为“检察官在事实认定、证据采信、法律适用、办案程序、文书制作以及司法作风等方面不符合法律和有关规定，但不影响案件结论的正确性和效力”。

其次，检察官豁免权的法定化须构造检察官豁免制度体系。为避免规则的冲突，维护检察官豁免权法制的统一，还应修改《国家赔偿法》（2012年）有关检察官民事责任豁免的有关规定。检察官对其依法履行准司法职责的行为享有绝对的民事责任豁免权，意味着：当案件当事人或其亲属要求检察官承担民事赔偿责任提起诉讼时，检察官能以豁免权为由进行对抗，避免遭受举报、控诉、控告的检察官因缺乏法定的豁免权保护而陷入疲于应对民事责任追究的困扰。根据《国家赔偿法》第19条的规定，公民故意作虚假供述，或者伪造其他有罪证据等导致错误后果发生或损害发生，国家不承担赔偿责任，检察官当然不承担赔偿责任。或者公民自伤、自残导致损害后果发生，责任主体也不在检察官等，检察官的民事赔偿责任豁免。人民检察院可以酌定不起诉的案件，或者应当附条件不起诉的案件，或者达成和解协议可以不起诉的案件中，符合不追究刑事责任的人被羁押等损害后果发生的，人民检察院不承担赔偿责任，检察官的民事责任也随之豁免。《国家赔偿法》（2012年）第19条所涉及的人民检察院责任及检察官责任承担与责任豁免的具体规定不存在理论上的问题，但由于法官对其司法行为和检察官对其准司法行为享有豁免权，应将《国家赔偿法》（2012 年）第 31 条的规定修改为，“赔偿义务机关赔偿后，对于属于工作人员对事实进行判断和对法律适用加以选择的司法或准司法行为，原则上不得向工作人员追偿赔偿费用；但应当向有下列情形之一的工作人员追偿部分或者全部赔偿费用”。

最后，检察官豁免权的法定化，还应有相应的实施细则细化检察官豁免权规则。对司法瑕疵责任豁免规则的细化应综合考虑检察官准司法行为的特性，尤其是证据采信瑕疵、案件事实认定瑕疵和法律适用瑕疵；这些瑕疵与检察官的裁量权息息相关，受到检察官的有限理性的限制，或者受到检察官所无法控制的外界因素制约，并非检察官所能左右的，瑕疵决定存在不可避免性，因此应扩大检察官在司法办案中出现的司法瑕疵责任豁免范围。同时，由于检察官豁免权是基于检察官的准司法行为而产生的，更多地应考虑这些司法瑕疵是否由检察官准司法行为而引起，至于是否影响到案件结论和效力，不应作为硬性的判断标准。可以将《人民检察院司法责任追究条例》（2020 年）第 12 条中的证据采信、事实认定、法律适用方面的瑕疵具体化，明确规定证据采信瑕疵的情形为：检察官对证据的收集、调取、保存、移送或使用等虽然存在不规范的情形，但能够对之作出合理解释；明确规定事实认定瑕疵的情形为：对案件事实的表述不准确或对事实的认定存在遗漏，但能够对之作出合理解释；明确规定法律适用瑕疵的情形为：引用法律条文不规范、不完整，但适用法律条文正确。

将检察官豁免权明确规定在法律中，能够弥补检察官责任豁免低位阶性和有限性的缺陷，为检察官司法责任豁免提供法律依据；但检察官责任豁免权是检察官的基本权利，在检察官豁免权制度体系中，必须明确检察官豁免权所指向的对象，才能在检察官与相对人之间真正建立检察官豁免权法律关系，实现由法定权利向现实权利的转化。

（二）明确检察官司法责任豁免对象

检察官豁免权是检察官对其准司法行为享有的免受责任追究的自由，检察官也仅对其履行准司法职责的行为享有豁免权；检察官司法责任豁免的对象应该是行为，与错案结果没有必然的关联。对故意违法违规行为，无论是否担任检察官，无论是否因该行为导致错案，原本就应当追究其责任，符合违法必究的法理。检察官故意违法违规的实质是检察官不忠诚于法律，将自己凌驾于法律之上，丧失了最基本的职业伦理底线，追求利己的结果而非司法公正。检察官的依法独立办案行为属于准司法行为。检察官在从事准司法行为时，应基于对法律的信仰，忠诚法律和服从法律，追求司法公正。若检察官在行使自由裁量权或判断权时出现了失误，但在合理范围内能予以解释，符合基本法理，则不应追究其责任。检察官尽管是法律精英，但作为人，其知识能力、专业水平都不可能是完美无缺的，同样并不具备完全的理性，也不可能达到绝对的高度。检察官办案时有可能会受到自身的限制，对法律法规的解释和理解不能达到立法者的期待，对证据的判断会出现失误；但只要其不受案外因素的影响，始终站在中立的立场上，在法律的范围内进行判断和决定，就应该将检察官的办案行为归为准司法行为。这种准司法行为与检察官违法违规行为在本质上存在不同。不能将检察官故意违法违规的司法办案行为归属于准司法行为，因为其不具有检察官准司法行为的特征，因而不能将检察官的故意违法违规行为作为检察官责任豁免的对象。

检察官豁免权的客体为行为，其适用的界限为准司法行为。如果检察官的履职行为不是准司法行为，则检察官不应享有豁免权，如监督管理等其他履职行为不在检察官豁免权适用之列。因此，《人民检察院司法责任追究条例》（2020 年）第 8 条第 8 项和第 10 项规定的履行刑罚执行和监管执法监督职责中发生在押人员脱逃、非正常死亡或服刑人员被违法减刑、假释等严重事故，泄露国家秘密、商业秘密、个人隐私等案件信息造成严重后果或者恶劣影响等重大过失、怠于或不正确履行职责情形不属于检察官的司法办案履职，不能将这些行为界定为准司法行为，对这些重大过失的行为进行追责没有任何问题。而第 4 项则属于违法行为，也应追究司法责任。第 5 项规定检察官在行使检察权过程中发生“涉案人员自杀、自伤、行凶、脱逃、串供或者案卷、证据、涉案财物遗失、毁损”等重大办案事故，应被追究司法责任，因为检察官的这种履职行为不属于准司法行为。检察官豁免权是检察官的准司法行为不受某些法律后果约束或不适用某些法律规则的自由。检察官的司法办案行为是准司法行为，具有司法权属性，需要检察官履行客观义务，作出相应的决定，以保障司法正义的实现，需要豁免的应该是检察官的准司法行为。检察官司法责任豁免是检察官对其准司法行为享有不承担司法责任的自由，因此，司法责任豁免的对象是检察官的准司法行为。检察官责任豁免的目的是保障检察官依法独立地积极履行其准司法职责，保障司法正义。司法正义要求检察官在行使司法权时保持中立，能够独立自主地作出决定，不受外界干涉。如果检察官处理的事务不需要其独立自主决定权，则检察官的身份并不构成其享有豁免权的理由，如检察官在履行诉讼监督职责中不及时纠正侦查违法行为和审判违法行为，检察长等负责监督管理职责的检察人员不当行使监督管理权等。检察官对其未能正确履行非司法职责的行为应当承担责任。此类行为不具有司法办案行为的基本特征，不应享有责任豁免权。

检察官司法责任追究及豁免对象的中心应转向司法履职行为本身。由于检察官在司法办案中的故意违法违规行为与准司法行为存在本质上的不同，《人民检察院司法责任追究条例》第 7 条及最高人民检察院《关于完善人民检察院司法责任制的若干意见》第 34 条规定的故意违法违规行为不具有准司法行为的属性，不属于准司法行为，故意违法违规责任不能被豁免。但最高人民检察院《关于完善人民检察院司法责任制的若干意见》第 35 条第 1 项、第 2 项和《人民检察院司法责任追究条例》第 8 条第 1 项、第 2 项、第 3 项和第 6 项应予以修改，不应作为检察官重大过失责任的情形，因为这些情形属于检察官的准司法行为，检察官对此应享有绝对豁免权。而其他重大过失情形则仍然予以保留，同时应该在《人民检察院司法责任追究条例》总则中增加一条，明确规定“检察官对其准司法行为享有豁免权”，并对检察官的准司法行为予以明确规定，可以将准司法行为界定为检察官有独立办案自主决定权的司法履职行为。

此外，应限缩错案责任范围，为构建以准司法行为为中心的检察官责任豁免制度体系尽可能地扫除障碍。尽管检察官须尽到必要注意义务，但由于司法责任应该是行为责任而不是后果责任，不应将“对后果发生没有故意或者重大过失”作为检察官司法责任豁免的条件。从法律逻辑上来说，“对后果发生没有故意或者重大过失，不予追究司法责任”与“对后果发生存在故意或者重大过失，予以追究司法责任”这二者的关系①并非矛盾关系，而是反对关系，从“对后果发生没有故意或者重大过失，不予追究司法责任”并不能必然推出“对后果发生存在故意或者重大过失，予以追究司法责任”，只能推出“对后果发生存在故意并且存在重大过失，予以追究司法责任”。判断检察官是否应当承担司法责任时应考虑的要件，应是准司法行为本身是否违反了法律义务，以司法行为是否存在故意违法违规或存在重大过失为司法责任的构成要件。由于检察官司法责任豁免是检察官司法责任的法律对立项，具体到检察官错案责任豁免，应保持逻辑上的一致性，应该限缩错案责任豁免的构成要件，将《人民检察院司法责任追究条例》（2020 年）第 10 条“没有故意或重大过失”修改为“没有故意且没有重大过失”，表述为“检察人员在司法履职中，虽有错误后果发生，但尽到必要注意义务，对后果发生没有故意并且没有重大过失，具有下列情形之一的，不予追究司法责任”。“司法行为是否存在故意违法违规或存在重大过失”与“对后果发生存在故意且存在重大过失”之间的关系非同一关系，检察官豁免权的对象也只能针对检察官的准司法行为，已经将检察官尽到必要注意义务作为责任豁免的要件，则没有必要将“对后果发生没有故意或者重大过失”这一主观上的要件作为责任豁免的要件，应将检察官错案责任追究的要件进行限缩，将《人民检察院司法责任追究条例》（2020 年）第 10 条的条件部分修改为“检察人员

---

① 如果将“对后果发生没有故意或者重大过失”理解为“不予追究司法责任”的必要条件，即构成要件之一，则“对后果发生没有故意或者重大过失，不予追究司法责任”，可以转换为充分条件的假言判断，即“对后果发生存在故意或者重大过失，应当予以追究司法责任”。换句话说，“对后果发生存在故意或者重大过失”是“予以追究司法责任”的充分条件，意味着：只要有“对后果发生存在故意或者重大过失”前件存在，就有“予以追究司法责任”的后件结果发生；但在逻辑上，“对后果发生存在故意或者重大过失”并不能必然导致“予以追究司法责任”后件结果的发生，“对后果发生存在故意或者重大过失”仅为“予以追究司法责任”的复合条件之一，即为必要的构成要件。此外，“对后果发生没有故意或者重大过失”这一构成要件可以转换成选言判断，该判断的负判断的等值判断为“对后果发生存在故意且存在重大过失”。

在司法履职中，已尽到必要注意义务，具有下列情形之一的，不予追究司法责任”。虽然，最高人民检察院《关于完善人民检察院司法责任制的若干意见》（2015 年）第 33 条的规定也存在类似的问题，但该文件仅属于“意见”，且按照新法优于旧法的原则，《人民检察院司法责任追究条例》（2020 年）才是真正的对检察官进行司法责任追究的实施细则，因此，也可不修改；如果修改，则将“没有故意或重大过失的”这一要件加以删除。至于《保护司法人员依法履行法定职责规定》（2016 年）第 11 条规定不承担错案责任的条件是“非因故意违反法律、法规或者有重大过失导致错案并造成严重后果”，与“对后果发生没有故意或者重大过失”的内涵不一样，“故意”与“故意违反法律、法规”是两个概念，第 11 条规定可以不用修改。在检察官错案责任豁免条件中，需要明晰的是“检察官尽到必要注意义务”，在后文中将进行讨论，在此不赘述。

围绕检察官准司法行为构建检察官绝对豁免权条款，有着重要的现实意义。首先，对“错案责任”的有关规则进行修改，解决饱受诟病的错案判断标准模糊问题，克服原有规定将错案责任作为检察官司法责任追究与司法责任豁免平衡中介的弊端，转而以“准司法行为”作为检察官司法责任豁免的对象，并将“准司法行为”作为平衡检察官司法责任追究与司法责任豁免的重要因素，以保障检察官积极行使其司法权，积极履职。其次，改变因重大过失导致错案或造成重大损失追究检察官重大过失责任的严苛局面。对检察官的准司法行为无论其是否存在重大过失，无论其是否造成错案后果，都应豁免其司法责任，为积极自主地行使职权提供有力的保障，免除检察官在司法办案时的后顾之忧。最后，将检察官履职时的故意违法违规行为排除在准司法行为之外，检察官对其违反程序规则或职业伦理规则的不端行为仍然需要承担相应的司法责任，将权力限制在法律的范围之内，防止司法专横，保障检察官依法独立履行其准司法职责，行使检察权，使之达到适当的平衡。将检察官司法责任豁免的对象界定为检察官的准司法行为，不仅可以规避“故意或重大过失”的模糊性，实现司法责任追究和司法责任豁免之间的平衡，而且能够避免将重大过失责任转化为错案责任。实现对检察官司法履职行为的责任追究及责任豁免重心的同时转向，由以错案结果为中心转向以司法履职行为为中心。

（三）明晰检察官必要注意义务

已尽“必要注意义务”是检察官司法责任豁免的必要条件，检察官没有尽到必要注意义务，存在主观上的故意或重大过失，可以被归责；如果不能认定其存在主观上的故意或重大过失，便是法所能容许的风险，可以排除司法履职行为的可归责性，检察官因此享有豁免权。检察官必要注意义务的范围与故意或重大过失的成立范围成正向的共变关系：检察官的必要注意义务范围越多，故意或重大过失的成立范围随之扩大，检察官被司法追责的范围就越广。[①] 检察官必要注意义务与司法责任豁免的范围成反向的共变关系：检察官的必要注意义务越多，享有豁免权的范围就越窄。如果检察官违反法律法规和有关办案规定，已尽“必要注意义务”便变为一个假命题，未能正确履行职责，即便未发生错案结果，也不属于“容许风险”的范畴。如检察官违反有关批准逮捕程序的规定，即便被逮捕的对象后来被证实为真正的罪犯，未出现事实上的错案后果，也不能因此说该批准逮捕行为就属于合法行为。此种批准逮捕行为不属于合理的、正当的风险。检察官是否承担司法责任并不能以错案后果作为判断标准，而应以检察官的司法履职行为本身作为判断标准：检察官如果在司法履职中已经尽到必要注意义务，则享有豁免权，不承担司法责任。由于对“故意或重大过失”判断存在理论和实践上的难度，应对《人民检察院司法责任追究条例》第10条不予追究司法责任的适用条件部分进行修订，将“虽有错误后果发生”和“对后果发生没有故意或者重大过失”予以删除，改为“检察人员在司法履职中，尽到必要注意义务”。

“如何判断检察官已尽到必要注意义务”是司法实践中的一个难题，应明晰必要注意义务，由程序规则和实体规则明确分配必要注意义务。风险分

---

① 参见马骏：《司法责任制下的法官责任豁免权研究》，载《云南社会科学》2020年第5期。

配的实质是注意义务的分配，应以参与者各自的法律地位以及社会的具体要求为根据。[①] 检察官的必要注意义务，应该限定于法律的强制性规定，如法定程序、证据采信规则的强制性规定等[②]，此外还应包括证据呈示规则的强制性规定。检察官的准司法行为的一个重要特征在于其司法判断性，无论是事实和证据的判断，还是对法律的判断，检察官审查批捕、决定是否予以起诉的行为属于准司法行为。建议在《检察官法》第 10 条“检察官义务”中增加一项，作为第 8 项，“办案须尽到必要注意义务”，并在《人民检察院司法责任追究条例》中将必要注意义务进行细化，明确其情形：确保侦查机关和犯罪嫌疑人能够实质性地平等参与到程序中，依据双方提供的证据，保持独立、中立地审查有关证据，并公正地作出决断；因侦查机关和犯罪嫌疑人举证不实或举证不能而导致检察官对证据的审查判断出现错误的，应当尊重检察官对证据和案件事实的司法判断，认可其判断的正当性。检察官不应因判断失误而承担法律责任。“检察官的判断本身不应成为遭受惩罚的依据。”[③] 检察官在向法院提起诉讼时，无论是有利于犯罪嫌疑人的证据还是不利于犯罪嫌疑人的证据，应全部出示给法庭，而不应为了追求实现追诉犯罪的目的隐匿无罪证据。检察官在履行职责中已采取合理措施避免造成错案，不承担错案责任。如检察官发现存在相互矛盾或冲突的犯罪嫌疑人的证据，预见到该证据有利于犯罪嫌疑人，因而在法庭上同时提交了有罪证据和无罪证据，以预防错案发生，后来即使因法官采信证据出现错误导致错案，检察官也不承担司法责任。此外，出于技术条件限制、不能预见或无法抗拒等客观原因导致出现错案结果的，因检察官已经尽到必要注意义务，已经为防范错案的发生履行了客观义务，即使法院对证据的判断出现错误导致错案结果，检察官也应享有司法责任豁免权。

---

① 参见［日］大塚仁：《犯罪论的基本问题》，冯军译，中国政法大学出版社 1993 年版，第 235 页。

② 参见汪国平：《检察人员司法责任追究与免责范围的文本分析及完善建议》，载《西南政法大学学报》2018 年第 4 期。

③ 陈瑞华：《遵循司法规律 推进检察制度改革》，载《人民检察》2014 年第 22 期。

在涉及检察官的职务犯罪侦查行为和诉讼监督行为时，分配检察官的必要注意义务则应考虑上下级检察官各自的职责。办案检察官负有调查收集证据的义务，上级检察官负有审查判断决定证据的职责。办案检察官按法定程序调查取证，并向上级如实汇报；因其对证据的处理无决定权，无论最后是否出现错案，都不能对他进行归责。但是如果办案检察官违反法律法规调查取证，则不属于容许风险的范畴。如果故意隐瞒或歪曲事实、伪造或隐匿证据，遗漏重要事实，导致行使监管职责的上级检察官、检察长或检察委员会作出错误决定，由于办案检察官违背了有关程序规则，属于“不能容许”的风险范畴，应承担相应的责任。可见，办案检察官在行使办案职责时应履行必要注意义务，上级检察官在行使监管职责时也应履行必要注意义务。问责范围既包括违反注意义务的办案行为，又包括违反注意义务的监管行为。[①] 建议将检察官隐匿、伪造证据、隐瞒事实等违反必要注意义务的行为认定为司法追责的范围，除此之外，检察官对其司法履职行为享有豁免权。

（四）规范检察官惩戒与豁免程序

首先，应理顺惩戒与豁免参与主体之间的关系。通过各参与主体职责范围的划分明确各自的法律地位。检察官惩戒委员会的组成人员不仅有占到半数以上的检察官，并不是来自同一个人民检察院而是来自不同层级；而且还有来自法律职业共同体的人员如法官、律师，还有来自高校的法学专家及人大代表、政协委员，此外还有组织部门及监察部门和其他社会各界的代表。检察官惩戒委员会作为独立、中立的第三方机构，对当事检察官的准司法行为进行专业审查，享有对事实的认定决定权，也是决定是否可予以豁免的主体。检察官惩戒委员会从专业角度提出的审查意见不仅是建议，而且也是对事实的一种认定结论；不仅是人民检察院检务督察部门会商有关部门提出处理建议的依据，而且对人民检察院应该具有约束力。因此，检察官惩戒

① 参见马骏：《检察一体化下的检察官问责》，载《政法学刊》2022年第1期。

委员会作为“专业评定机构”，解决检察官是否具有违纪违法行为的事实认定问题[①]，在对事实进行认定时处于居中的地位。惩戒委员会须听取人民检察院意见和当事检察官的意见，检务督察部门应承担举证责任；惩戒委员会在双方辩论的基础上来对当事检察官的行为作出认定，对有关惩戒形式和幅度提出审查意见；人民检察院根据惩戒委员会的审查意见作出处理决定，或者执行惩戒委员会的意见。在《检察官法》第49条有关检察官惩戒委员会职责范围的规定中增加一款“检察官司法履职行为，非经检察官惩戒委员会审议不受司法责任追究”，既可以保证从专业的角度进行审查，保证客观公允，又可以保证维护检察官的合法权益，使检察官惩戒委员会可以决定检察官责任追究及责任豁免，将检察官责任豁免制度落到实处。检察官惩戒委员会进行审议时，当事检察官有权申请惩戒委员回避。

检务督察部门作为负责惩戒委员会日常工作的部门，不得在后续的司法责任追究工作中作出与审查意见不一致的决定。如果人民检察院检务督察部门不依据审查意见提出处理建议，则检察官惩戒委员会提出审查意见仅仅是一个虚设的程序，没有任何实质意义。因此，建议检察官惩戒委员会的职责范围不局限于提出审查意见，而且应根据审查意见提出相应的处理建议，这种处理建议类似于“量刑建议”。同时，应理顺检察长与检务督察部门的关系。在对检察官进行司法责任认定与归结时，检务督察部门的法律定位应为负责检察官惩戒委员会日常工作的部门，其所代表的是检察官惩戒委员会，其工作程序不应受制于检察长，在决定是否受理线索、对线索进行初核等无须检察长批准这一前置程序中应享有自主决定权。原则上，应是检务督察部门会商有关部门依据处理建议作出具体处理决定，检察长不宜拥有对检察官是否予以惩戒的一票决定权。建议将《检察官法》第49条修改为“提出构成故意违反职责、存在重大过失、存在一般过失或者没有违反职责等审查意见，并作出无责、豁免或给予惩戒处分的建议，人民检察院依照处理建议和

---

① 参见最高人民检察院监察局课题组、王洪祥：《检察官惩戒委员会制度研究》，载《人民检察》2017年第1期。

有关规定作出是否予以惩戒的决定，并给予相应处理”。

其次，应在制度上保证检察官司法责任追究与豁免程序的开放性，明确规定受害者、控告举报者可以实质性地参与检察官司法责任追究程序。当事人及其近亲属有权向检务督察部门举报、投诉和控告检察官在履行准司法职责中存在的问题，这些线索应作为“责任追究线索”的来源；无论检务督察部门是否作出予以受理的决定，都应明确规定应告知举报人或控告人，以保证他们的知情权，并让他们有机会参与到程序中来，尤其是听证程序。

再次，应对检察官惩戒时限进行合理限制。检察院内设所有职能部门及下级检察院和驻派出所机构收到的线索应当在收到线索后的 7 日之内，移送给检务督察部门；未在指定期限内移送，应当承担相应的不利后果。线索移送给检务督察部门，应该规定初核阶段的“及时分析”的期限，根据违反检察职责行为的性质、严重程度来判断，“及时分析研判”的最长期限可以规定为 7 日。检察官惩戒委员会作出“组织听证”决定后，应该明确规定在听证会召开之前的 7 日之内，通知检察官举行听证的时间。应规定听证的方式一般为公开听证，但可以通过列举的方式明确不公开听证的特殊情形。如检察官不服决定，可以申请复核和申诉，无论是组织处理还是处分都会影响到检察官的实质权益，应将“复核和申诉期间不停止责任追究处理决定的执行”修改为“复核和申诉期间停止责任追究处理决定的执行”。

最后，应加强检察官责任认定与归结过程的对抗性，促进检察官责任追究与责任豁免的司法化。“对抗性”的检察官惩戒与豁免程序，意味着检察官惩戒委员会要听取人民检察院检务督察部门的“控诉”意见和当事检察官的“辩护”意见，双方要在举证、质证的基础上进行充分平等和实质性的交涉与对抗；而且对检察官违法违纪行为或重大过失行为应坚持举证责任倒置原则，如果检务督察部门不能举出足够的证据证明，则检察官只要证明自己的行为是准司法行为，就享有豁免权。除非检务督察部门能够提出有力证据证明检察官存在不当行为，否则，检察官有权拒绝出席惩戒委员会的听证程序。在专业的审查意见未作出前，检察官无须承担举证自己不存在不当行为的义务，实行举证责任倒置，该证明责任由检务督察部门或纪检监察部门承担。如果检务督察部门提供的证据达不到证明标准，对检察官应作无责推定；或者惩戒委员会认为不当行为存在疑问，应推定检察官行为正当，不承担司法责任。此外，应明确规定当事检察官参与调查程序，检察官在调查程序中即可主张豁免权，以自己的履职行为属于准司法行为为由对抗；只要是准司法履职行为，无论是否造成错案或者其他严重后果，是否存在故意或重大过失，检察官都应享有豁免权。如发现当事检察官确实不存在司法责任，应规定调查程序终结，并向当事检察官、线索移送部门和举报、控告者说明不承担责任的理由，对于司法瑕疵豁免也应告知豁免的理由。

（五）完善检察官惩戒委员会制度

检察官惩戒委员会在一定程度上缓解了检察官司法责任追究的内部封闭性与司法性要求之间的矛盾；但由于检察官惩戒委员会仍然存在行政化色彩、专业性特色不足，司法责任认定与追责忽略了检察官合法权益的保障，重惩戒轻豁免，重单向调查轻对抗，未能实现检察官惩戒与豁免程序机制的司法化。完善检察官责任追究与豁免运行程序机制，应从以下几个方面着手：

淡化检察官惩戒委员会的行政化色彩，突出专业性。现行的检察官惩戒委员会由专家委员和专门委员构成。其中的专门委员名额“席位化”，[①] 主要来自省级检察院、政法委、纪检委等单位的分管领导，代表单位发表惩戒意见。由他们从专业的角度审查当事检察官，专业性易受到质疑，纪检委、组织部门等有关代表已经或将要参与检察官惩戒与豁免程序，没有必要再担任专门委员，以避免检察官惩戒委员会的行政化色彩。检察官惩戒委员会应以法律职业共同体成员为主，广泛吸收法学专业教师、律师、法律工作者和人大代表等人员作为专家委员。为此，应根据不同的标准建立分类别专家库。检察官委员应为具有办理大要案经历并且从事办案工作 10 年以上的员额检察官，法学专家应从事法学理论研究 10 年以上、在全国具有较大影响等，律师

① 参见葛琳：《检察官惩戒委员会的职能定位及其实现——兼论国家监察体制改革背景下司法责任追究的独立性》，载《法学评论》2018 年第 2 期。

应为资深专业律师，其他法律工作者也应具有10年以上的从事法律专业经历等。只有依据分类别的标准建立专家库，并按比例从各类人员中抽取委员，才能保持检察官惩戒委员会的专业性，才能保证他们用法律职业思维模式，真正从专业角度审查被调查检察官的行为是否为准司法行为及有没有违背司法原则。

明确检察官惩戒委员会审议范围和方式。应统一明确规定审议范围限于检察人员的司法办案行为是否违反检察职责。至于“违反政治纪律的行为、违反组织人事纪律的行为和违反廉洁纪律行为”不应属于审议范围；但“贪污贿赂行为、失职渎职行为、违反办案纪律的行为”与检察官司法办案违反检察职责的行为属于交叉关系，只有那些发生在履职过程中、与正在办理案件有关的行为才能被纳入检察官惩戒委员会审议的范围。检察官惩戒委员会分为两级，最高人民检察院检察官惩戒委员会和省级检察官惩戒委员会，前者负责审议最高人民检察院检察官的履职行为是否存在故意或重大过失，同时负责审议省级以下检察院检察官不服各省检察官惩戒委员会惩戒意见时提出的申诉（必须规定不服惩戒决定提请重新审议的期限）；后者负责审议省级以下检察院检察官的履职行为是否存在故意或重大过失。就审议方式而言，应当按需要审议的事实认定问题逐项审议，就审议建议应当给予何种惩戒进行表决，表决应采取逐项表决的方式。

检察官豁免权法律关系应以检察官准司法行为为媒介建立。将检察官司法责任豁免对象定位为检察官的准司法行为，为检察官的司法履职行为提供了坚实的制度保障；明晰检察官的必要注意义务，为检察官司法责任及豁免提供明确的判断标准。检察官责任豁免权制度不仅应包括检察官司法责任豁免权及相应义务的实体性规定，而且应包含检察官司法责任豁免的程序性规则。

在检察官司法责任制改革过程中，如何平衡检察官司法责任与豁免的关系，保障检察官积极履行司法职责而不至于担心可能将要承担的司法责任，同时通过检察官豁免权的法定化、具体化，完善检察官司法责任豁免规则，实现对司法责任豁免标准和范围的界定，通过对司法责任豁免程序的规范化来理顺检察官惩戒与豁免程序参与主体的关系、完善惩戒与豁免程序运行机制，是检察官司法责任豁免制度的重要内容。检察官司法责任豁免制度也仅仅是检察官司法责任制度体系中不可或缺的一部分，真正应该建立的是权责明晰的检察权独立运行机制和权责一致的检察官司法责任制度体系，保障检察官依法独立行使检察权，维护检察官职业尊严，以提升检察官办案质量，提高司法公信力。

第二节　检察官职业保障制度

检察官的司法责任豁免制度同样是检察官职业保障制度建设的重要内容。应明确规定检察官的民事责任豁免权，使检察官免于缠讼之累，保障检察官行使职业权力。应适当对检察长的权力作出限定。推进司法瑕疵责任豁免和准司法行为责任豁免制度建设，促进检察官职业身份免于被改变，完善检察官的申诉控告权利制度，保护检察官的豁免权。

一、检察官职业权力保障制度之司法责任豁免规范完善

（一）检察官职业权力保障制度之问题

检察官职业权力保障是对检察官职业保障的核心，也是建立检察官豁免权制度的目的。尽管现行法律规范不乏检察官职权保障的原则性规定，如《检察官法》第 6 条规定检察官依法履行职责，“不受行政机关、社会团体和个人的干涉”，虽然有专章规定了“检察官的职业保障”，但从第 53 条至第 66 条，总共 14 条，涉及职业权力保障、职业身份保障、职业安全保障等方面，其中直接涉及检察官行使检察权保障的条款也只有 3 条（第 53 条、第 55 条、第 57 条）。有关检察官职业权力保障的条款是比较概括性、原则性的规定，立法比较粗疏，如何保障检察官依法履行职责不受到干涉，缺少配套

的制度安排。检察官依法行使职权时的独立办案权不能得到切实保护，检察官办案中的决定权很少，往往是一些事务性的权力；真正的决定权在检察长，他们才是真正的检察官。另外，领导干部及司法机关内部人员干涉检察官办案、干涉检察官行使检察职权应该承担何种责任？如何追究他们的责任？有关规定仅存在于适应司法体制改革的需要而颁布的政策文件中，主要是2015年3月中央政法委员会审议通过的《司法机关内部人员过问案件的记录和责任追究规定》。中央全面深化改革领导小组分别于2015年3月、2016年7月审议通过了《领导干部干预司法活动、插手具体案件处理的记录、通报和责任追究规定》《保护司法人员依法履行法定职责规定》，但这些文件的位阶比较低，对检察官职业权力保障不足，也缺乏相应的检察官豁免权方面的规范。《保护司法人员依法履行法定职责规定》第2条只是原则性规定了检察官对于单位或个人干预司法办案的情况应该予以全面如实记录。《司法机关内部人员过问案件的记录和责任追究规定》第3条规定了检察官应当“公正司法”，应当拒绝“内部人员的干预、说情或者打探案情”。《领导干部干预司法活动、插手具体案件处理的记录、通报和责任追究规定》第6条和《司法机关内部人员过问案件的记录和责任追究规定》第7条概括性规定了办案人员如实记录“受法律和组织保护”，检察官的职业权力受到法律保障；但是“受法律和组织保护”并不等同于“免于承担司法责任”，即没有明确规定检察官的豁免权。《司法机关内部人员过问案件的记录和责任追究规定》第11条和《领导干部干预司法活动、插手具体案件处理的记录、通报和责任追究规定》第10条规定了办案检察官不记录或者不如实记录内部人员过问案件情况应当承担司法责任的种类：警告、通报批评或纪律处分。《领导干部干预司法活动、插手具体案件处理的记录、通报和责任追究规定》第7条作了类似规定，同时规定司法机关应当对领导干部干预司法办案情况进行汇总分析并报告，但没有规定检察官应该报告或进行控告，向哪个国家机关报告。检察官究竟是向所在的检察院，还是向干预办案的领导干部所在的国家机关，还是向政法委、纪委、监察等部门报告？事实上，检察人员被追究违法违纪的案例中，不乏领导干部干预检察官办案，但公开披露的检察官能够如实记录领导干部干预司法活动、插手具体案件处理的案例罕见，从最高人民检察院公布的典型案例中，笔者只看到了1例检察官如实做了记录。

检察官依法行使追诉权是其典型的职权，但其人身安全也更易遭受不法分子恶意骚扰、威胁；而现行的检察官职业安全保障规范的缺失，缺少检察官因履行职责受到侵害或威胁的事前保障制度，缺乏承担自侦案件侦查任务的检察官保管、使用枪支制度，缺乏专门的职业伤害保险制度和基金制度等。与此同时，检察官可能遭受当事人及其近亲属因为对案件处理结果不满而威胁的人身、财产安全，缺乏对犯罪嫌疑人定罪后的事后保障制度，如缺乏发生错案后的司法豁免权规范，即检察官司法履职事后保障救济制度不完善，检察官及其家属的人身、财产安全等与职务密切相关的合法权益得不到法律的切实保护。

（二）完善检察官责任豁免规范，保障检察官职业权力

应明确规定检察官的民事责任豁免权，免于检察官的缠讼之累，保障检察官行使职业权力。检察官履行职责，行使司法办案权，是一种职业权力；只要其依法行使，无论其作出的决定是否损害案件当事人的权益，都不应对自己的行为承担民事损害赔偿责任，都可以以豁免权为由免于民事诉讼。如前所述，《国家赔偿法》仅间接规定了检察官有限的民事责任豁免权。而且，有关民事责任豁免并没有得到《国家赔偿法》的明确表达。当案件当事人或其亲属要求检察官承担民事赔偿责任提起诉讼时，检察官便不能以豁免权为由进行对抗；遭受举报、控诉、控告的检察官因缺乏法定的豁免权保护，容易陷入疲于应对民事诉讼的困扰，为此也必须耗费大量的时间与精力。因此，要保障检察官行使职业权力，应在《国家赔偿法》中明确检察官的民事责任豁免权。应为检察官设立职业保险制度，出于检察官过失或其他原因导致错案受害人损害的，由保险公司赔付，真正免除检察官被追究民事赔偿责任的风险。

随着2019年《检察官法》和2018年《人民检察院组织法》的修订，检

察长保留了重大事项决定权，同时确定了检察官作为检察权的主体，检察官对自己承办的案件行使决定权，按照谁决定谁负责的原则，通过权力清单的形式分别规定了检察长与检察官的权力。应切实保障检察官对其准司法行为的豁免权，但又应防止其滥用豁免权，辅之以检察官责任制度，防止检察官“放权不敢用，用权不监督”。应在《检察官法》中明确规定，除非有确凿证据证明检察官存在依法受贿、徇私舞弊、滥用职权等严重故意违法行为，否则检察官依法履职的行为不得被暂停或终止。若检察长或检察委员会改变检察官的决定，由检察长或检察委员会负责任，检察官责任豁免；若检察官自主决定，则由检察官负责，检察长或检察委员会责任豁免。检察官辅助人员通过单独职务序列管理，明确各自的职责、权限，司法行政人员的管理依然按照公务员的管理，但应在《公务员法》中增加“人民检察院司法行政人员适用公务员法”的明文规定。检察官办案组的主任检察官、作为业务管理部门负责人的检察官及副检察长之间的关系是监督、管理关系，切实保障检察官能够独立行使办案权，成为检察权事实上的主体。

应对检察长责任作出适当限定。检察长承担办案责任和监督管理责任的双重责任；责任的泛化容易导致检察长对检察官授权不充分，检察官行使职业权力更加难以得到切实。应进一步明确检察官是行使检察权的司法官员，具有相对独立的法律地位，[①] 科学划分检察长与检察官的办案责任，从而使得各自的责任豁免范围更加明晰。

完善检察官单独职务序列，变更行政化的检察官等级设定，压缩检察官等级。首席大检察官、一级大检察官和二级大检察官实际上是行政级别的复制，人数不足百人，没有设置的必要。应压缩检察官的等级，建议设定具有检察官特色的等级制度，采用专业化的设置；虽然检察院有层级之分，但每个层级检察院都设置高级检察官、中级检察官和初级检察官三等，等级的确定标准是检察官的任职年限、法学知识的掌握及办案经验的丰富程度等，类

---

① 参见龙宗智：《检察官办案责任制相关问题研究》，载《中国法学》2015年第1期。

似于高校教师应区分职务与职称。

二、检察官职业身份保障制度之豁免权规范完善

（一）检察官职业身份保障制度之问题

检察官职业身份保障是检察官职业保障的基础，检察官豁免权是检察官的法律地位免受他人改变的自由，检察官法律地位的重要体现在于检察官的职业身份，受到《检察官法》《人民检察院组织法》等法律的确定。《检察官法》第11条规定了检察官的职业身份保障权利，“非因法定事由，非经法定程序”，其法律地位不被改变，包括“不被调离、免职、降职、辞退或者处分”。第54条规定了调离检察业务岗位的五种法定事由，第20条规定了检察官免职的八种法定事由。但总体上而言，这些都是原则性规定，并未就检察官辞退的程序作出严格的规定，但是辞退前首先要按照与任命程序相同的程序免除检察官职务，然后再按照公务员辞退程序来进行。检察官被辞退是对检察官的不利处分，关系到检察官的切身权益，有关法律中没有规定检察官的申诉及听证程序，缺乏检察官对被辞退的处理决定存在异议如何救济的程序，检察官职业身份缺乏制度上的保障，致使检察官办理案件时，难免有身份不保的后顾之忧。《检察官法》第20条规定的检察官免职情形中，其中第3项“职务变动不需要保留检察官职务的”，这里的“职务变动”主要是检察官因职务调整到其他岗位任职，可是“职务变动”是基于检察官因严格依法行使职权而被迫调离还是检察官自愿调离，具体调离到什么单位什么岗位，职务变动前是否需要事先征求检察官本人的同意，如果规定不具体，则难免有检察官可能因为依法履职被打击报复而调离检察业务岗位。而在现实中，检察官的职务变动随意现象较为突出，甚至存在出于个人恩怨、个人目的而免职的情况。

《检察官法》第20条第8项“因违纪违法不宜继续任职”中的“违纪”的解释空间很大，违反党纪政纪、违反检察官纪律处分条例、违反所在单位纪律规章都可以被包含，致使可操作性差；“违法”也可以被解释为违反民

事法律法规和治安管理处罚法等，如果这些也被解释为不宜继续任职的情形，则检察官的职业身份保障似乎与检察官的准司法行为关联性程度低。检察官因履职行为受到不当责任追究的情况时常出现的原因之一就是检察官豁免权规范的缺失，尤其是缺少有关错案结果的发生是否属于不可抗力、办案检察官主观上是否有过错等免于承担司法责任的具体规定。《检察官法》第 63 条规定了“检察官的退休制度，根据检察工作特点，由国家另行规定”。虽然是对检察官职业身份的一种保障条款，但这一原则性规定尚须完善。《检察官法》第 65 条规定了检察官的申诉控告权利，也仅为原则性规定，无明确的保障检察官申诉控告权利的制度，检察官权利遭受侵害后缺乏相应的救济渠道，检察官的职业身份难以得到有效保障。

（二）完善豁免权规范，丰富检察官职业身份保障制度

推进司法瑕疵责任豁免和准司法行为责任豁免制度建设，促进检察官职业身份保障。检察官依法办案应受到豁免权的保护，检察官豁免权是不受某些法律后果约束或不适用某些法律规则的自由，豁免权保护的对象是检察官的准司法行为，检察官不因司法履职行为而被改变法律地位和身份。作为法律职业共同体成员，与法官、律师群体一样，办案检察官已经过很高程度的知识训练和专门的职业训练，拥有相对抽象和系统的法律学科专业知识，所从事的职业显然符合波斯纳对职业的界定：“职业不仅要求诀窍、经验以及一般的‘聪明能干’，而且还要有一套专门化的但相对（有时则是高度）抽象的学科知识或其他认为该领域内有某种智识结构和体系的知识。”[①] 员额检察官经由检察官遴选委员会的遴选，是在专业化的人才选拔机制的基础上产生的，也是检察人员中的精英。可见，检察官是职业化和精英化的人才，具有高度的身份荣誉意识，与职业化和精英化要求相对应的应是对检察官的充分信任；因此，应赋予他们豁免权，保障他们的职业身份，未经法定事由、未依法律程序不得改变其法律地位与身份。建议对《检察官法》第 20 条第 8

---

① ［美］理查德·A. 波斯纳：《超越法律》，苏力译，中国政法大学出版社 2001 年版，第 44 页。

项“因违纪违法不宜继续任职”中的“违纪违法”进行相应的司法解释，检察官在司法履职中出现的司法瑕疵不应被纳入“违纪”中，不因司法瑕疵而被调离办案岗位或免职。检察官违反党纪政纪、违反检察官纪律处分条例、违反所在单位纪律规章也应被排除在豁免范围之外。

完善检察官的职业身份保障制度，对检察官的惩戒必须经由法定的事由，并且经过检察官惩戒委员会决定。因此，应在《人民检察院组织法》中，明确规定分别设立专门的检察官惩戒委员会、检察官遴选委员会这两个组织机构及各自职责。检察官惩戒委员会的设立层级可规定为两级：各省检察官惩戒委员会和最高人民检察院检察官惩戒委员会。应在《检察官法》第七章“检察官的职业保障”中，增设“非经检察官惩戒委员会决定，不得追究检察官违法履职责任”和“非经选举或任免该检察官的机关许可，不受逮捕或者刑事审判”的规定。同时，明确规定不服检察官惩戒委员会决定，提请最高人民检察院检察官惩戒委员会重新审议的期间。

完善检察官的申诉控告权利制度，完善检察官豁免权的程序规则。应明确《检察官法》第65条规定的检察官的申诉控告权利到底有哪些。在对检察官办案责任的认定与归结的过程中，检察官的申诉权应体现为：当人民检察院检务督察部门经检察长批准决定对检察官违反检察职责的行为予以立案时，检察官享有对立案决定提出异议的申诉权利，申诉的理由是检察官对准司法行为享有豁免权；对检察官惩戒委员会作出的专业审查意见不服，享有提出异议的申诉权利，对人民检察院作出的惩戒决定不服享有申诉权利。同时应规定申诉期间停止原决定的执行，确保检察官豁免权及检察官的职业身份不被改变。

在检察官司法责任制改革过程中，如何平衡检察官司法责任与豁免之间的关系，如何通过完善检察官司法责任豁免制度来完善检察官职业保障制度，促进检察官积极履行司法职责、提升司法质量是必须认真思考的问题。通过检察官豁免权的法定化、具体化，完善检察官司法责任豁免规则，实现对司法责任豁免标准和范围的界定；通过对司法责任豁免程序的规范化来理顺检察官惩戒与豁免程序参与主体的关系、完善惩戒与豁免程序运行机制，是检察官司法责任制度改革的重要内容。检察官司法责任豁免制度是检察官司法责任制度体系中不可或缺的一部分，应该建立权责明晰的检察权独立运行机制和权责一致的检察官司法责任制度体系，保障检察官依法独立行使检察权，维护检察官职业尊严，以提升检察官办案质量，提高司法公信力。检察官职业保障制度是对检察官豁免权制度的丰富，是检察官豁免权制度的配套制度，通过职业权力保障制度和职业身份保障制度的完善也能更好地保障检察官的豁免权。

参考文献

一、专著类

1. 王禄生：《美国司法体制的数据观察》，法律出版社2018年版。

2. 张亚军：《刑法中的客观归属论》，中国人民公安大学出版社2008年版。

3. 张鸿巍：《美国检察制度研究》（第3版），法律出版社2019年版。

4. 蓝向东主编：《卓越与底限：美国检察官奖惩机制研究》，中国检察出版社2015年版。

5. 陈兴良：《走向哲学的刑法学》，法律出版社1999年版。

6. 徐亚文：《程序正义论》，山东人民出版社2004年版。

7. 薛波主编：《元照英美法词典》，法律出版社2003年版。

8. 许崇德主编：《中华法学大辞典：宪法学卷》，中国检察出版社1995年版。

9. 高铭暄主编：《刑法学原理》（第3卷），中国人民大学出版社1994年版。

10. 高铭暄、马克昌主编：《刑法学》（第7版），北京大学出版社、高等教育出版社2016年版。

11. 林山田：《刑法通论》（增订10版），北京大学出版社2012年版。

12. 马克昌主编：《刑罚通论》（根据 1997 年刑法修订），武汉大学出版社 1999 年版。

13. 力康泰、韩玉胜：《刑事执行法学原理》，中国人民大学出版社 1998 年版。

14. 高仰止：《刑法总则的理论与实用》，台北，五南图书出版公司 1986 年版。

15. 王利明：《侵权责任法研究》（第 2 版），中国人民大学出版社 2016 年版。

16. 马跃：《美国刑事司法制度》，中国政法大学出版社 2004 年版。

17. 《彭真传》编写组编：《彭真传》（第 2 卷），中央文献出版社 2012 年版。

18. 何勤华主编：《西方法律思想史》，复旦大学出版社 2005 年版。

19. 孙祥：《法国司法责任制度研究》，武汉大学出版社 2020 年版。

20. 林钰雄：《检察官论》，法律出版社 2008 年版。

21. 舒国滢：《法哲学沉思录》，北京大学出版社 2010 年版。

22. 杨仁寿：《法学方法论》，中国政法大学出版社 1999 年版。

23. 甄贞等：《检察制度比较研究》，法律出版社 2010 年版。

24. 王然冀主编：《当代中国检察学》，法律出版社 1989 年版。

25. 魏武：《法德检察制度》，中国检察出版社 2008 年版。

26. 彭真：《加强司法工作（一九五三年三月十四日）》，载彭真：《彭真文选（一九四一——一九九〇年）》，人民出版社 1991 年版。

27. 《中华人民共和国中央人民政府组织法的草拟经过及其基本内容》，载董必武：《董必武选集》，人民出版社 1985 年版。

28. 张智辉、杨诚主编：《检察官作用与准则比较研究》，中国检察出版社 2002 年版。

29. 林钰雄：《刑事诉讼法》，台北，元照出版有限公司 2005 年版。

30. 张翔：《基本权利的规范建构》，高等教育出版社 2008 年版。

31. 中国政法大学刑事法律研究中心组织编译:《英国刑事诉讼法(选编)》,中国政法大学出版社 2001 年版。

32. [英] 戴维·M. 沃克:《牛津法律大辞典》,李双元等译,法律出版社 2003 年版。

33. [日] 北川善太郎:《日本民法体系》,李毅多、仇京春译,科学出版社 1995 年版。

34. [美] 乔治·恩德勒等主编:《经济伦理学大辞典》,李兆雄、陈泽环译,上海人民出版社 2001 年版。

35. [美] 艾瑞克·卢拉、[美] 玛丽安·L. 韦德主编:《跨国视角下的检察官》,杨先德译,法律出版社 2016 年版。

36. [英] 戴雪:《英宪精义》,雷宾南译,中国法制出版社 2001 年版。

37. [美] 罗·庞德:《通过法律的社会控制》,沈宗灵译,商务印书馆 1984 年版。

38. [美] 雅各比:《美国检察官研究》,周叶谦等译,中国检察出版社 1990 年版。

39. [美] 琼·E. 雅各比、[美] 爱德华·C. 拉特利奇:《检察官的权力——刑事司法系统的守门人》,张英姿、何湘萍等译,法律出版社 2020 年版。

40. [英] 李约翰·J. 爱德华兹:《英国总检察长政治与公共权利的代表》,王耀玲等译,中国检察出版社 1991 年版。

41. [日] 大塚仁:《犯罪论的基本问题》,冯军译,中国政法大学出版社 1993 年版。

42. [法] 菲利普·米尔本、[法] 卡蒂亚·科斯图斯基、[法] 丹尼斯·萨拉斯:《法国检察官:司法使命与政治功能》,刘林呐、单春雪译,中国检察出版社 2021 年版。

43. [法] 托克维尔:《论美国的民主》(上卷),董果良译,商务印书馆 1993 年版。

44. ［美］E. 博登海默：《法理学：法律哲学与法律方法》，邓正来译，中国政法大学出版社 1999 年版。

45. ［日］小岛武司等：《司法制度的历史与未来》，汪祖兴译，法律出版社 2000 年版。

46. ［美］肯尼思 · F. 沃伦：《政治体制中的行政法》，王丛虎等译，中国人民大学出版社 2005 年版。

47. ［英］梅特兰：《普通法的诉讼形式》，王云霞、马海峰、彭蕾译，商务印书馆 2009 年版。

48. ［美］约书亚 · 德雷斯勒、［美］艾伦 · C. 迈克尔斯：《美国刑事诉讼法精解》（第 2 卷 · 刑事审判），魏晓娜译，北京大学出版社 2009 年版。

49. 王桂五：《王桂五论检察》，中国检察出版社 2008 年版。

50. ［美］理查德 · A. 波斯纳：《超越法律》，苏力译，中国政法大学出版社 2001 年版。

51. ［美］霍菲尔德：《基本法律概念》，张书友编译，中国法制出版社 2009 年版。

52. ［德］卡尔 · 拉伦茨：《法学方法论》，陈爱娥译，商务印书馆 2003 年版。

53. ［美］小詹姆斯 · R. 斯托纳：《普通法与自由主义理论》，姚中秋译，北京大学出版社 2003 年版。

54. ［意］乔瓦尼 · 萨尔托尔：《法律推理——法律的认知路径》，汪习根等译，武汉大学出版社 2011 年版。

55. ［英］弗里德利希 · 冯 · 哈耶克：《法律、立法与自由》（第 1 卷），邓正来、张守东、李静冰译，中国大百科全书出版社 2000 年版。

56. ［德］阿图尔 · 考夫曼、［德］温弗里德 · 哈斯默尔主编：《当代法哲学和法律理论导论》，郑永流译，法律出版社 2002 年版。

57. ［英］罗杰 · 科特威尔：《法律社会学导论》，潘大松等译，华夏出版社 1989 年版。

58. ［美］汉密尔顿、［美］杰伊、［美］麦迪逊：《联邦党人文集》，程逢如、在汉、舒逊译，商务印书馆 2004 年版。

59. ［美］爱伦·豪切斯泰勒·斯黛丽、［美］南希·弗兰克：《美国刑事法院诉讼程序》，陈卫东、徐美君译，中国人民大学出版社 2002 年版。

60. ［奥］凯尔森：《法与国家的一般理论》，沈宗灵译，中国大百科全书出版社 1996 年版。

61. ［英］边沁：《道德与立法原理导论》，时殷弘译，商务印书馆 2000 年版。

62. ［奥］凯尔森：《纯粹法理论》，张书友译，中国法制出版社 2008 年版。

63. ［瑞士］皮亚杰：《结构主义》，倪连生、王琳译，商务印书馆 1984 年版。

64. 中共中央马克思恩格斯列宁斯大林著作编译局编译：《马克思恩格斯选集》（第 1 卷），人民出版社 1995 年版。

65. ［英］A．布洛克等编：《枫丹娜现代思潮辞典》，社会科学文献出版社 1998 年版。

66. ［德］格奥格·耶利内克：《主观公法权利体系》，曾韬、赵天书译，中国政法大学出版社 2012 年版。

67. ［美］史蒂芬·霍尔姆斯、［美］凯斯·R. 桑斯坦：《权利的成本——为什么自由依赖于税》，毕竞悦译，北京大学出版社 2004 年版。

68. ［瑞士］古尔蒂斯·里恩：《美国和欧洲的检察官——瑞士、法国和德国的比较分析》，王新玥、陈涛等译，法律出版社 2019 年版。

69. ［法］勒内·弗洛里奥：《错案》，赵淑美、张洪竹译，法律出版社 2013 年版。

70. ［英］丹宁勋爵：《法律的正当程序》，李克强、杨百揆、刘庸安译，法律出版社 2015 年版。

71. 《最高人民检察院关于〈各级人民检察院侦查工作试行程序〉的说

明》，载闵钐编：《中国检察史资料选编》，中国检察出版社 2008 年版。

72. ［美］肖恩·玛丽·博伊恩：《德国检察机关职能研究：一个法律守护人的角色定位》，但伟译，中国检察出版社 2021 年版。

73. ［日］田口守一：《刑事诉讼法》（第 5 版），张凌、于秀峰译，中国政法大学出版社 2010 年版。

74. ［美］罗纳德·德沃金：《认真对待权利》，信春鹰、吴玉章译，上海三联书店 2008 年版。

75. 陈启育：《新中国检察制度概论》，新华书店 1950 年版。

76. ［美］基思·福克斯：《公民身份》，郭忠华译，吉林出版集团有限责任公司 2000 年版。

77. ［美］肯尼斯·S. 亚伯拉罕、［美］阿尔伯特·C. 泰特选编：《侵权法重述——纲要》，许传玺、石宏等译，法律出版社 2006 年版。

二、期刊论文类

1. 魏腊云：《检察官豁免权的法理分析——兼论检察官豁免制度与司法责任制度的契合》，载《广东行政学院学报》2016 年第 6 期。

2. 林竹静：《检察官司法责任豁免的规则构建》，载《国家检察官学院学报》2017 年第 2 期。

3. 朱孝清：《错案责任追究与豁免》，载《中国法学》2016 年第 2 期。

4. 钟琦：《检察官司法责任豁免制度探析》，载《司法改革论评》2017 年第 2 期。

5. 刘仁文：《论我国赦免制度的完善》，载《法律科学（西北政法大学学报）》2014 年第 4 期。

6. 陆旭、王文萍：《错案责任制视角下的司法人员豁免制度》，载《犯罪研究》2016 年第 2 期。

7. 万毅、杨炯：《检察官责任追究制：现状、解读与完善》，载《江苏行政学院学报》2020 年第 6 期。

8. 陈景辉:《合规范性:规范基础上的合法观念——兼论违法、不法与合法的关系》,载《政法论坛》2006 年第 2 期。

9. 高丽蓉、姜昕:《检察官身份保障制度之完善》,载《人民检察》2011 年第 6 期。

10. 蒋鹏飞:《浅析美国检察官的豁免权》,载《中国检察官》2014 年第 2 期。

11. 汪海燕:《建构我国污点证人刑事责任豁免制度》,载《法商研究》2006 年第 1 期。

12. 张玉洁、王永贤:《利益衡量方法的立法运用及规则设置》,载《广西警察学院学报》2020 年第 5 期。

13. 曾晶:《论我国人大代表司法豁免权》,载《湖南社会科学》2015 年第 2 期。

14. 詹世友:《论权利及其道德基础》,载《华中科技大学学报(社会科学版)》2013 年第 1 期。

15. 王福玲:《尊严:作为权利的道德基础》,载《中国人民大学学报》2014 年第 6 期。

16. 葛洪义:《理性化的社会与法律——略论韦伯社会理论中的法律思想》,载《比较法研究》2000 年第 3 期。

17. 张先昌、田坤:《检察官在刑事司法正义中的地位与作用》,载《江苏大学学报(社会科学版)》2010 年第 2 期。

18. 罗庆东:《检察官在刑事诉讼中主导责任的履行》,载《人民检察》2020 年第 5 期。

19. 朱学元:《完善我国对检察官的监督制约机制》,载《民主与法制时报》2016 年 1 月 21 日,第 7 版。

20. 胡玉鸿:《"人的尊严"的法理疏释》,载《法学评论》2007 年第 6 期。

21. 原宇航:《〈检察官法〉司法责任制的体系定位与规范构造》,载

《司法文明论坛》2019 年卷。

22. 宋远升：《司法责任制的三重逻辑与核心建构要素》，载《环球法律评论》2017 年第 5 期。

23. 陆幸福：《我国法官责任豁免制度之改进——从错案责任到司法裁判行为》，载《浙江社会科学》2021 年第 1 期。

24. 汪国平：《检察人员司法责任追究与免责范围的文本分析及完善建议》，载《西南政法大学学报》2018 年第 4 期。

25. 陈瑞华：《遵循司法规律　推进检察制度改革》，载《人民检察》2014 年第 22 期。

26. 马骏：《检察一体化下的检察官问责》，载《政法学刊》2022 年第 1 期。

27. 最高人民检察院监察局课题组、王洪祥：《检察官惩戒委员会制度研究》，载《人民检察》2017 年第 1 期。

28. 葛琳：《检察官惩戒委员会的职能定位及其实现——兼论国家监察体制改革背景下司法责任追究的独立性》，载《法学评论》2018 年第 2 期。

29. 龙宗智：《检察官办案责任制相关问题研究》，载《中国法学》2015 年第 1 期。

30. 陈云生：《大赦经纬》，载《国家检察官学院学报》2010 年第 1 期。

31. 赵秉志、阴建峰：《和谐社会呼唤现代赦免制度》，载《法学》2006 年第 2 期。

32. 陈云生：《中国的特赦及其宪政意义》，载《广州大学学报（社会科学版）》2010 年第 1 期。

33. 于猛：《检察官司法责任豁免与追责的契合》，载《人民检察》2018 年第 20 期。

34. 梁经顺：《检察官履职保障机制有待完善》，载《检察日报》2015 年 6 月 15 日，第 3 版。

35. 高健：《法律关系客体再探讨》，载《法学论坛》2008 年第 5 期。

36. 王莉君、孙国华：《论权力与权利的一般关系》，载《法学家》2003 年第 5 期。

37. 郭道晖：《试论权利与权力的对立统一》，载《法学研究》1990 年第 4 期。

38. 孙国华、孟强：《权力与权利辨析》，载《法学杂志》2016 年第 7 期。

39. 孙国华：《权利——被认为是正当的权力》，载《河南政法管理干部学院学报》2002 年第 2 期。

40. 沈岿：《国家赔偿：代位责任还是自己责任》，载《中国法学》2008 年第 1 期。

41. 张梁：《检察官司法责任层次划分与追责机制完善》，载《人民检察》2016 年第 3 期。

42. 张卫平：《证明标准建构的乌托邦》，载《法学研究》2003 年第 4 期。

43. 王一俊：《检察机关审查起诉中的证据运用》，载《国家检察官学院学报》2016 年第 2 期。

44. 周遵友：《法治国的理想与现实——评〈德国检察机关职能研究：一个法律守护人的角色定位〉》，载《人民检察》2021 年第 19 期。

45. 韩登池：《司法理性与理性司法——以法律推理为视角》，载《法学杂志》2011 年第 2 期。

46. 姚中秋：《技艺理性视角下的司法职业化》，载《华东政法大学学报》2008 年第 6 期。

47. 李路曲：《经验理性及其分析方法的演进》，载《政治学研究》2010 年第 6 期。

48. 季金华：《权利推定的三个维度：价值、理性和经验》，载《江苏社会科学》2017 年第 1 期。

49. 张新宝：《侵权责任法立法的利益衡量》，载《中国法学》2009 年第

4 期。

50. 梁上上：《利益的层次结构与利益衡量的展开——兼评加藤一郎的利益衡量论》，载《法学研究》2002 年第 1 期。

51. 黄士元：《刑事错案形成的心理原因》，载《法学研究》2014 年第 3 期。

52. 黎敏：《联邦制政治文化下美国检察体制的历史缘起及其反官僚制特征》，载《比较法研究》2010 年第 4 期。

53. 李六如：《人民检察任务及工作报告大纲在第一届全国司法会议上的报告》，载《福建政报》1950 年第 11 期。

54. 莫丽华：《美国检察官豁免制度与启示》，载《人民检察》2016 年第 1 期。

55. 黄明涛：《法律监督机关——宪法上人民检察院性质条款的规范意义》，载《清华法学》2020 年第 4 期。

56. 朱全宝：《法律监督机关的宪法内涵》，载《中国法学》2022 年第 1 期。

57. 韩彦霞、李乐平：《检察官办案责任制的比较法考察及启示》，载《人民检察》2014 年第 20 期。

58. 孙谦：《新时代检察机关法律监督的理念、原则与职能——写在新修订的人民检察院组织法颁布之际》，载《人民检察》2018 年第 21 期。

59. 谢鹏程：《坚持“在办案中监督、在监督中办案”的检察理念》，载《检察日报》2021 年 1 月 22 日，第 3 版。

60. 姜明安：《论新时代中国特色行政检察》，载《国家检察官学院学报》2020 年第 4 期。

61. 《中共中央关于加强新时代检察机关法律监督工作的意见》，载《人民日报》2021 年 8 月 3 日，第 1 版。

62. 周遵友、季美君：《德国检察官的职业保障及其对中国的借鉴意义》，载《中国法律评论》2020 年第 5 期。

63. 梁上上：《制度利益衡量的逻辑》，载《中国法学》2012 年第 4 期。

64. 江国华：《常识与理性（八）：司法理性之逻辑与悖论》，载《政法论丛》2012 年第 3 期。

65. 江国华、周海源：《司法理性的职业性与社会性——以裁判效果为视角》，载《学习与探索》2015 年第 2 期。

66. 江国华：《司法改革方法论》，载《湖北社会科学》2019 年第 7 期。

67. 汪栋：《普通法令状与英国司法化国家治理路径的形成》，载《经贸法律评论》2020 年第 2 期。

68. 孟建柱：《创新理念思路体制机制推动政法工作再上新台阶——学习贯彻习近平总书记关于政法工作的重要指示》，载《民主与法制》2017 年第 7 期。

三、网络文章类

1. 李剑：《对霍菲尔德法律权利概念的分析》，http：//www. iolaw. org. cn/shownews. asp？ id = 10461。

2. https：//constitutioncenter. org/interactive – constitution/amendments/amendment – xiv.

3. https：//www. justice. gov/ag.

4. https：//www. law. umich. edu/special/exoneration/Pages/detaillist. aspx.

5. The National Registry of Exonerations 2021 Annual Report，https：//www. law. umich. edu/special/exoneration/Documents/NRE% 20Annual% 20Report% 202021. pdf.

6. Steve Weinburg，*Harmful errors：Breaking the rules*，https：//publicintegrity. org/politics/state – politics/harmful – error/breaking – the – rules/.

7. https：//www. law. umich. edu/special/exoneration/Pages/detaillist. aspx.

8. Equal Justice Initiative，*Race and the Jury Illegal Discrimination in Jury Selection*，https：//eji. org/wp – content/uploads/2005/11/race – and – the –

jury – digital. pdf.

9. Government Misconduct and Convicting the Innocent, https://www.law.umich.edu/special/exoneration/Documents/Government_Misconduct_and_Convicting_the_Innocent.pdf.

10. https://constitutionus.com/.

11. An Epidemic of Prosecutor Misconduct, http://www.prose cutorintegrity.org/wp-content/uploads/EpidemicofProsecutorMisconduct.pdf.

四、外文文献

1. James S. Liebman & Jeffery Fagan et al., *Capital Attrition: Error Rates in Capital Cases*, 1973 – 1995, 78 Texas Law Review, p. 1850 (2000).

2. Marshall J. Hartman & Stephen L. Richards, *The Illinois Death Penalty: What Went Wrong?*, 34 J. Marshall L. Rev, p. 426 (2001).

3. Peter A. Joy & Kevin C. McMunigal, *Do Two Wrongs Protect a Prosecutor?* 25 – *SPRG*, Criminal. Justice, pp. 23, 24 (2010).

4. Steven Mark Laiderman, *District and Prosecuting Attorneys: Absolute Immunity Granted to Prosecutors is Limited to Quasi – Judicial Acts*, Washburn L. J, p. 632 (1980 – 1981).

5. Lawrence Adler Dvorin, *Constitutional Law – Prosecutors Right To Qualified Immunity*, Suffolk U. L. Rev, p. 1259 (1988).

6. Erwin Chemerinsky, *Prosecutorial Immunity*, 15 Touror L. Rev, p. 1643.

7. Margaret Z. Johns, *Reconsidering Absolute Prosecutorial Immunity*, 2005 Brigham Young University Law Review 53 (2005).

8. John P. Tadde, *Beyond Absolute Immunity: Alternative Protections for Prosecutors Against Ultimate Liability for § 1983 suits*, Northwestern University Law Review, Vol. 106: 4, p. 1883.

9. Herbert Simon, *Models of Bounded Rationality*, Vol. 2, Cambridge:

Mass MIT Press, 1982.

10. George. Mason, *Prosecutorial Accountability*, 26 University Civil Rights. Law Journal, p. 349 (2016).

11. Joseph F. Lawless, *Prosecutorial misconduct*, Matthew Bender & Company, Inc, p. 2.

12. Daniel Woislaw, *Absolute Immunity: Applying New Standards for Prosecutorial Accountability*, 26 George. Mason University Civil Rights. Law Journal, pp. 349, 350 (2016).

13. Lawrence Clyde Morrison, *Absolute Immunity for Prosecutor; Too Broad a Protection: Imbler v. Pachtman*, 10 Southwestern University Law Review, p. 305 (1978).

14. George A Weiss, *Prosecutorial Accountability after Connick v. Thompson*, 60 Drake L. Rev, p. 215 (2011).

15. J. Randolph Block, *Stump v. Sparkman and the History of Judicial Immunity*, Duke L. J. , pp. 879, 899 (1980).

16. H. L. A. , *Varieties of Responsibility*, 83 Law Quarterly Review, pp. 346 - 364 (1967).

17. C. Flango & B. Ostrum, *Examining the Work of State Courts*, 2003, Criminal, Williamsburg, VA, National Center for State Courts, 2003, p. 44.

18. Louis L. Jaffe, *Suits Against Government and Officers: Sovereign Immunity*, 77 Harv. L. Rev. , pp. 1, 15 - 16 (1963).

19. Currie D. P. , *Federal jurisdiction (4th edition)*, Hong Kong, HK, Sweet & Maxwell Asia, 1990, p. 166.

20. James P. Kenner, *Prosecutorial Immunity: Removal of the Shield Destroys the Effectiveness of the Sword*, 33 Washburn Law Journal, p. 426.

21. Thomas J. Foltz, *Prosecutorial Immunity No Longer Absolute*, 8 Crim. Just, p. 21 (1993 - 1994).

22. Peter Cane & Joanne Conaghan, *The New Oxford Companion to Law*, Oxford University Press, 2008, pp. 571 – 572.

23. Wesley Newcomb Hohfeld, *Fundamental Legal Conceptions*, New Haven and London Yale University Press, 1964, p. 60.

24. Mary Rose Strubbe, *Section* 1983 *and the Limits of Prosecutorial Immunity*, 56 Chi. – Kent L. Rev. , p. 1029 (1980).

25. Herbert A. Simon, *Administrative Behavior*, New York: Macmillan Company, 1947, p. 24.

26. Mariusz Jerzy Golecki, *Judicial Reasoning From the Perspective of Behavioral Law and Economics*, 69 IUS Gentium 57.

27. Edwin M. Borchard, *Governmental Liability in Tort*, 34 YALE L. J. 1, pp. 7 – 8 (1924).

28. Arnd Pollmann, *Embodied Self – respect and the Fragillity of Human Diginity: a Human Rights Approach*, Paulus Kaufmann, Hanneskuch, Christiam.

29. Paulus Kaufmann & Hannes Kuch et al. , *Humiliation*, *Degradatipn*, *Dehumanization*, Springer Dordrecht Heidelberg:, 2011, p. 247.

30. Jeff Malpas & Norelle Lickiss, *Perspectives on Human Dignity: A Conversation. Dordrecht*, Springer, 2007, p. 162.

31. John M. Scheb II & William Lyons, *Judicial Behavior and Public O – pinion: Popular Expectations regarding the Factors That Influence Supreme Court Decisions*, Political Behavior, Vol 23. No. 2 June 2001.

32. Bennett L. Gershman, *Misuse of Scientific Evidence by Prosecutors*, 28 Okla. City U. L. Rev. , p. 19 (2003).

33. Hugo Adam Bedau, *Death is Different: Studies in the Morality, Law, and Politic of Capital Punishment*, Northeastern University Press, Boston 1987, p. 67.

34. Bianehi & Herman, *Justice as Sanctuary: Toward a system of Crime*

Control, Bloomington: Indiana University Press, 1994, p. 26.

35. Bryan A. Garner, *Black's Law Dictionary*, Thomson Reuters, Tenth edition, 2014, p. 867.

36. Taylor v. Kavanagh, 640 F. 2d 450 (2d cir. 1981).

37. Botello v. Gammick, 413 F. 3d 971, 977, 978, 23 I. E. R. Cas. (BNA) 232, 151 Lab. Cas. (CCH) 60032 (9th Cir. 2005).

38. Lemmons v. Law Firm of Morris and Morris, 39 F. 3d 264, 266 (10th).

39. Thomas v. City of Peoria, 580 F. 3d 633, 638 – 39 (7th Cir. 2009).

40. Mendenhall v. Goldsmith, 59 F. 3d 685, 691 (7th Cir. 1995).

41. Yaselli v. Goff, 12 F. 2d 404, 56 A. L. R. 239 (1926).

42. Willitzer v. McCloud, 6 Ohio St, 3d 447, 449 (1983).

43. Gregoire v. Biddle, 177 F. 2d 579 (1949).

44. Buckley v. Fitzsimmons, 509 U. S. 259, 274 (1993).

45. Imbler v. Pachtman, 424 U. S. 409 (1976).

46. Shmueli v. City of N. Y. , 424 F. 3d 231, 237 (2d Cir. 2005).

47. Bernard v. County. of Suffolk, 356 F. 3d 495 (2d Cir. 2004).

48. Van de Kamp v. Goldstein, 129 S. Ct. 855 (2009).

49. Willis v. Blevins, 957 F. Supp. 2d 690 (E. D. Va. 2013).

50. Slater v. Clarke, 700 F. 3d 1200 (9th Cir. 2012).

51. Sankar v. City of New York, 867 F. Supp. 2d 297 (E. D. N. Y. 2012).

52. Rehberg v. Paulk, 598 F. 3d 1268 (11th Cir. 2010).

53. Kanciper v. Lato, 989 F. Supp. 2d 216 (E. D. N. Y. 2013).

54. Jones v. Dalton, 867 F. Supp. 2d 572 (D. N. J. 2012).

55. Reitz v. County of Bucks, 125 F. 3d 139, 146 (3d Cir. 1997).

56. Schrob v. Catterson, 948 F. 2d 1402, 1410, 23 Fed. R. Serv. 3d 235 (3d Cir. 1991).

57. Skinner v. Govorchin, 463 F. 3d 518, 525, 2006 FED App. 0360P

(6th Cir. 2006).

58. Blakely v. U. S. , 276 F. 3d 853, 871, 89 A. F. T. R. 2d 2002 - 520, 2002 FED App. 0014P (6th Cir. 2002).

59. Hart v. Hodges, 587 F. 3d 1288 (11th Cir. 2009).

60. Robichaud v. Ronan, 351 F. 2d 533 (9th Cir. 1965).

61. Napue v. Illinois, 360 U. S. 264, 79 S. Ct. 1173, 3 L. Ed. 2d 1217 (1959).

62. Brady v. Maryland, 373 U. S. 83, 83 S. Ct. 1194, 10 L. Ed. 2d 215 (1963).

63. Van Guilder v. Glasgow, 588 F. Supp. 2d 876 (N. D. Ill. 2008).

64. Kauffman v. Moss, 420 F. 2d 1270 (C. A. 3 1970).

65. Bauers v. Heisel, 361 F. 2d 581 (C. A. 3 1965).

66. Bradley v. Fisher, 80 U. S. 335 (1871) 20 L. Ed. 646. Wall. 335 (1871).

67. Tyler v. Witkowski, 511 F. 2d 449 (C. A. 7 1975).

68. Hampton v. City of Chicago, 484 F. 2d 602 (C. A. 7 1973).

69. Barnes v. Dorsey, 480 F. 2d 1057 (C. A. 8 1973).

70. Duba v. McIntyre, 501 F. 2d 590 (C. A. 8 1974).

71. Paul Kern Imbler v. Richard Pachtman, 424 U. S. 409, 96 S. Ct. 984, 47 L. Ed. 2d 128 (1976).

72. Bianchi v. McQueen, 917 F. Supp. 2d 822 (N. D. Ill. 2013).

73. Carmichael v. City of Cleveland, 881 F. Supp. 2d 833 (N. D. Ohio 2012).

74. Office of the State Attorney v. Parrotino, 628 So. 2d 1097 (Fla. 1993).

75. Lyles v. Sparks, 79 F. 3d 372 (1996).

76. Randall v. Brigham, 74 U. S. 523 (1868).

77. Robichaud v. Ronan, 351 F. 2d 533 (9th Cir. 1965).

78. PJ Ex Rel. Jensen v. Wagner, 603 F. 3d 1182, 1195 (10th Cir. 2010).

79. Burns v. Reed, 500 U. S. 478 (1991).

80. Kalina v. Fletcher, 522 U. S. 118 (1997).

81. Stump v. Sparkman, 435 U. S. 349, 355 –57 (1978).

82. Scheuer v. Rhodes, 416 U. S. 232, 247 (1974).

83. Apton v. Wilson, 506 F. 2d 83 (D. C. Cir. 1974).

84. Forsyth v. Kleindienst, 599 F. 2d 1203 (3d Cir. 1979).

85. Burkhart v. Saxbe, 448 F. Supp. 588 (E. D. Pa. 1978).

86. United States v. United States District Court 407 U. S. 297 (1972).

87. Ernst v. Child and Youth Services of Chester County, 108 F. 3d 486 (1997).

88. Jean v. Collins, 221 F. 3d 656 (2000).

89. Griffith v. Slinkard, 146 Ind. 117, 44NE. 1001 (Ind. 1896).

90. Cooke v. Bangs 31 F. 640.

91. Holcomb v. Cornish, 8 Conn. 375.

92. Santobello v. New York, 404 U. S. 257, 260, 92 S. Ct. 495、497、30 L. Ed. 2d 427 (1971).

93. Pearson v. Callahan, 555 U. S. 223 (2009).

94. Lewis v. Brautigan, 227 F. 2d 124, 125 (5th Cir. 1955).

95. Nelson v. Green, 965 F. Supp. 2d 732 (W. D. Va. 2013).

96. Berger v. United States, 295 U. 5. 78 (1935).

97. Thomason v. SCAN Volunteer Services, Inc. 85 F. 3d 1365 (1996).

98. Thomason v. SCAN Volunteer Services, Inc. 85 F. 3d 1365 (1996).

99. Anderson v. Simon, 217 F. 3d 472 (2000).

100. Barker v. Wingo, 407 U. S. 514 (1972).

101. Lee v. Willins, 617 F. 2d 320 (1980).

102. Mooney v. Holohan, 294 U. S. 103, 112 (1935).

103. United States v. Agurs, 427 U. S. 97 (1976).

104. Lofland v. Meyers, 442 F. Supp. 955、958 (S. D. N. Y. 1977).

105. Mueller v. The Florida Bar, 390 So. 2d 449 (Fla. 4th DCA 1980).